복 있는 사람은
오직 여호와의 율법을 즐거워하여
그의 율법을 주야로 묵상하는도다

팀 켈러의
묵상

The Songs of Jesus
by Timothy Keller and Kathy Keller
Copyright © 2015 by Timothy Keller and Kathy Keller
Korean Translation Copyright © 2016 by Duranno Ministry

This Korean edition published by arrangement with Redeemer City to City c/o McCormick Literary,
New York, through Duran Kim Agency, Seoul.

# 팀 켈러의 묵상

지은이 | 팀 켈러, 캐시 켈러
옮긴이 | 최종훈
초판 발행 | 2016. 12. 19
13쇄 | 2024. 10. 17
등록번호 | 제1988-000080호
등록된 곳 | 서울특별시 용산구 서빙고로65길 38
발행처 | 사단법인 두란노서원
영업부 | 02)2078-3333  FAX | 080-749-3705
출판부 | 02)2078-3330

책값은 뒤표지에 있습니다.
ISBN 978-89-531-2725-8  03230 (네이비)

독자의 의견을 기다립니다.
tpress@duranno.com  www.duranno.com

# 팀 켈러의 묵상

팀 켈러, 캐시 켈러 지음 | 최종훈 옮김

두란노

예수님과 더불어 온 힘을 다해 노래하고 있는
남편, 아내, 아버지, 어머니, 친구, 멘토,
복음 사역자에게 이 책을 드립니다.
특히 루이스, 제시, 맥, 애비를 비롯한 미드우드 식구들과
존경하고 사랑하는 친구 데이비드(1949-2004)에게 바칩니다.

# 시편의 기도로
# 하나님께 나아가십시오

시편은 거룩한 영감을 받아 기록한 찬양 모음으로 옛 이스라엘에서는 하나님을 찬양하는 공식적인 예배에 쓰였습니다(대상 16:8-36). 시편은 단순한 문서가 아니라 입으로 부르는 노래이므로 음악의 속성이 그대로 살아서 인간의 정신과 심상에 깊이 스며듭니다. 얼마나 속속들이 마음과 생각을 적시는지, 예수님이 예루살렘에 입성하실 때 백성들이 한목소리로 시편의 한 구절을 음송하며 주님을 환영했던 것은 지극히 자연스러운 일이었습니다(막 11:9, 시 118:26).

초대교회 그리스도인들도 시편을 즐겨 노래하고 그 구절을 암송하며 간구했습니다(골 3:16, 고전 14:26). 베네딕트 수사는 수도회를 만들면서 규정을 정해 시편을 남김없이 음송하고, 읽고, 적어도 일주일에 한 번은 거기에 기대어 기도하게 했습니다. 중세 내내 시편은 대다수 그리스도인들에게 가장 익숙한 성경 말씀이었습니다. 평신도들이 품에 쉽게 지닐 수 있는 거의 유일한 본문들이기도 했습니다. 종교개혁기에도 시편은 교회 갱신에 중요한 역할을 감당했습니다. 마르틴 루터는 "온 시편을 한 편 한 편 빠트리지 말고 사용해야 한다"고 가르쳤습니다. 장 칼뱅은 예배하는 회중들이 반드시 섭취해야 할 영양식으로 시편의 시가들을 처방했습니다.[1] 칼뱅은 이렇게 적었습니다. "성령님의 뜻은 … 온 교회를 아우르는 기도 양식을 가르쳐 주시는 데 있었습니다."[2]

신학자들과 교회 지도자들은 모두, 하루하루 사사로이 하나님 앞에 나갈 때든 공적인 예배를 드릴 때든 그리스도인은 누구나 시편을 노래하고 또 노래해야 한다고 보았습니다. 시편은 그저 읽기만 하는 책이 아닙니다. 그 안에 깊이 침잠해서 하나님과 교제하는 통로로 삼아야 합니다. 시편은 그분을 예배하는 방법을 가르치는 도구로 설계되었습니다.

이유가 무엇일까요? 루터가 '미니 바이블'(mini Bible)이라고 불렀던 시편의 고유한 속성 때문이기도 할 것입니다. 시편은 천지창조에서부터 시내산에서 허락하신 율법, 장막과 성전 건립, 불성실로 말미암은 포로 생활을 거쳐 장차 만물을 대속하고 새로이 하는 오실 메시아의 역사에 이르기까지 구원 역사의 전반을 두루 섭렵합니다. 계시(19편), 하나님(139편), 인간의 본성(8편)과 죄(14편)와 같은 교리들을 다룹니다.

하지만 시편은 신학적인 내용을 전하는 도구에 그치지 않습니다. 옛 교부 아타나시우스(Athanasius, 4세기에 활동했던 아프리카의 신학자)는 말했습니다. "부족하고 어려운 게 구체적으로 무엇이든지, 이 한 권(시편)에서 거기에 들어맞는 말씀을 골라내 … 병을 고칠 법을 배울 수 있습니다."³ 시편은 삶의 온갖 상황들을 품고 있습니다. 인간에게 닥칠 수 있는 영적, 사회적, 감정적인 환경들을 미리 내다보고 단련시킵니다. 무엇이 위험하고, 무엇을 명심해야 하며, 마음가짐이 어떠해야 하고, 하나님이 어떤 말씀을 하시며, 어떻게 주님의 도우심을 받을 수 있는지 소개합니다. 시편의 노래들은 "주님의 위대하심에 대한 정확한 인식을 인생의 상황과 나란히 대비시키므로 일이 돌아가는 형편과 관련해 올바른 균형감을 가질 수 있습니다." 삶의 온갖 사건과 환경들을 "주님의 임재 안으로 가져가 그분의 참모습에 비추어 해석합니다."⁴ 시편은 이처럼 거룩한 가르침으로 통하는 더없이 훌륭한 입문서일 뿐만 아니라 마음을 치료하는 구급상자이자 실질적인 생활 지침을 제공하는 최상의 안내서이기도 합니다.

'약'에 빗대는 것은 다른 성경들과 구별되는 시편의 특성을 제대로 평가해 보려는 뜻입니다. 여기 실린 시가들은 기도하고 낭독하고 노래하게 되어 있습니다. 그저 읽는 게 아니라 행동에 옮기도록 만들어졌다는 말입니다. 신학자 고든 웬함(Gordon Wenham)은 시편을 되풀이해 활용하는 노력은 "하나님과의 관계를 단순히 귀 기울이는 차원이 아닌 '수행하는 행위'로 바꿔 놓습니다"라고 분명하게 말합니다.⁵

많은 그리스도인들이 시편 말씀을 기도에 넣거나 시편에 스스로의 기도를 싣는 방식으로 하나님께 나아갑니다. 새로운 마음가짐과 헌신, 약속, 심지어 감정까지도 그 안에 아우릅니다. 예를 들어, "하나님이여 나를 살피사 내 마음을 아시며 나를 시험하사 내 뜻을 아옵소서. 내게 무슨 악한 행위가 있나 보시고 나를 영원한 길로 인도하소서"라고 기록된 시편 139편 23-24절을 읽는 데 머무르지 않고 더불어 기도합니다. 마음의 동

기를 살피시도록 하나님을 초청하고 성경이 요구하는 생활 방식에 기꺼이 동의합니다.[6]

　시편은 독자들을 기자가 하는 일에 끌어들입니다. 맹세와 약속을 통해 하나님께 자신을 드리고, 간구와 수락의 표현들을 통해 주께 의지하며, 탄식과 불평을 통해 그분 안에서 위로를 찾고, 묵상과 회고와 성찰을 통해 새로운 지혜와 시각을 얻습니다.

　한 걸음 더 나아가, 시편은 하나님을 바라보게 해 줍니다. 인간들이 그러면 좋겠다고 기대하거나 소망하는 모습이 아니라 하나님이 친히 보여 주시는 진면목을 바라보게 합니다. 시편이 내놓는 하나님에 대한 설명은 너무 풍부해서 인간의 생각에서 나왔다고 보기 어려울 지경입니다. 주님은 어떠한 분이실 거라는 그 어떤 예상보다도 더 거룩하고 더 지혜로우며 더 두려우며 더 다정하고 더 사랑이 넘치는 모습을 그려 냅니다. 시편은 인간의 상상력에 불을 지펴 새로운 경지에 이르게 할 뿐만 아니라 실존하는 하나님을 향하게 이끕니다. 시편은 기도 생활에 다른 무엇으로도 불가능할 만큼 강력한 현실감을 불어넣습니다. "내 뜻대로 기도하면 내가 듣고 싶어 하는 이야기를 해 주는 신, 또는 저마다 애써 알아낸 부분적인 하나님께 간구하게 될 것입니다. 하지만 여기 아주 중요한 사실이 있습니다. 그리스도인은 우리에게 말씀하시는 하나님, 우리에게 말씀하시는 바를 만물에게 이르시는 하나님과 대화하고 있다는 점입니다. … 기도의 핵심은 스스로를 표현하는 법이 아니라 하나님께 대답하는 법을 배우는 데 있습니다."[7]

　성경 전반의 내용을 염두에 두고 시편을 읽어 가노라면 저절로 예수님께 눈길이 가기 마련입니다. 시편은 예수님의 노래책이라고 해도 지나치지 않습니다. 주님이 유월절 성만찬 자리에서 부르신 찬양은 아마 '할렐'(Hallel)이라고 부르는 시편 113-118편이었을 것입니다. 예수님은 지상에 계시는 동안 끊임없이 시편을 노래해 마음에 아로새기셨을 것입니다. 그렇게 짐작할 만한 이유는 한두 가지가 아닙니다. 무엇보다 그 어떤 성경 말씀보다 시편을 자주 인용하셨습니다. 그러나 시편은 단순히 주님이 즐겨 부르셨던 노래가 아니라 그분 자신에 관한 노래입니다.

시편은 결국, 말 그대로 예수님의 노래들입니다.

## 하나님께 마음으로
## 다가가는 길 안내서

이 책은 365일 동안 날마다 시편 본문을 읽고 깊이 새기도록 꾸민 매일 묵상집입니다. 한편으로는 굳이 이런 형식을 갖출 필요가 있을까 하는 생각이 들기도 합니다. 시편 자체가 거룩한 영감을 받아 기록된 묵상집이기 때문입니다.

요즘 나오는 많은 묵상 책자들은 너무 가볍거나, 너무 감상적이거나, 너무 교리적이거나, 너무 신비적인 경향이 있는 게 사실입니다. 특정한 저자의 시각과 경험만을 되비치기 때문입니다. 이에 비해 시편은 거룩한 영감을 담은 광범위한 음성으로 다양한 기질과 체험을 두루 아우릅니다. 하루하루 묵상하기에는 세상에 그 어떤 책도 따를 수 없을 만큼 단연 최고입니다. 신약 성경은 직접적으로 예수 그리스도를 훨씬 더 선명하게 드러내 보여 줍니다. 하지만 하나님에 관한 진리를 통해 한 사람 한 사람의 상황을 조명하는 기도 신학 과정으로 쓰인 부분은 신약 어디서도 찾아볼 수 없습니다.

시편은 따로 손대지 않아도 이미 하나님이 준비하신 묵상집입니다. 그럼에도 불구하고, 대다수 그리스도인들에게는 시편과 함께 떠나는 처음 몇 차례 여정을 도와줄 가이드가 필요합니다. 역사적으로 복잡한 사정을 이면에 깔고 있는 노래들이 많아서 여러 차례 읽어도 참뜻을 바로 파악하기 어렵기 때문입니다. 읽었을 때 혼란스럽기만 하다면 어떻게 그 본문을 가지고 기도를 드릴 수 있겠습니까?

이 책은 날마다 시편을 한 편씩 읽을 수 있게 구성했습니다. 아울러 하나님께 마음으로 다가서는 통로로 활용할 수 있도록 본문의 속뜻을 간략하게 살필 수 있는 글과 기도를 실었습니다. 여기 소개한 기도는 머리와 꼬리를 다 갖춘 온전한 형태가 아닌 일종의 '마중물'입니다. 읽는 것에서 그치지 말고, 이 기도가 이끄는 궤적을 계속 따라가며 예수님의 이름으로 구하는(요 14:13) 특별한 기도를 각자 완성해야 합니다.

이 책은 세 가지 방법으로 활용할 수 있습니다. 우선, 시편을 읽고 천천히 곱씹은 뒤에 수록된 기도문을 좇아 스스로 시편 기도를 드리는 가장 단순한 방식이 있습니다. 이런 기도는 무엇이든 그 순간 마음에 떠오르거나 하루하루 마주하는 개인적인 일들을 두고 하나님께 간구하는 기회가 될 것입니다. 대략 15분 정도면 묵상을 마칠 수 있을 것입니다.

이 책을 활용하는 두 번째 길은 묵상, 또는 기도의 이면에 깔린 성경적인 배경을 시간을 두고 찬찬히 돌아보는 방식입니다. 물론 일부러 관련 구절을 찾아보지 않아도 이해하는 데는 아무 어려움이 없습니다. 하지만 연관된 말씀들을 살피고 공부하면 본문의 의미를 한층 정확하게 파악할 수 있으며 기도 시간 역시 한결 풍성해질 것입니다.

마지막 방법은 이 책과 함께 빈 노트를 마련해 일지를 써 나가는 것입니다. 정해진 시편 본문을 두 번쯤 집중해서 읽으십시오. 그리고 나서 스스로 다음 세 가지 질문을 던지고 답을 적어 보십시오.

· 찬양(Adore) - 하나님께 찬양과 감사를 올려드릴 것은 무엇입니까?
· 고백(Admit) - 하나님 앞에 나아가 고백하고 회개해야 할 것은 무엇입니까?
· 소망(Aspire) - 어떤 삶을 기대하고 간구하며 실천해야 합니까?

세 질문에 답했다면 개인적인 묵상을 마친 셈입니다. 이제 책에 적힌 글을 읽고 일지에 새로 깨달은 바를 적으십시오. 마지막으로, 위에 제시한 질문에 따라 '찬양, 고백, 소망'으로 구분하여 묵상한 내용을 기도로 바꾸십시오. 책에 소개된 마중물 기도도 적극 활용하시기 바랍니다. 시편이 제공하는 한 차원 더 깊은 지혜와 깨달음에 이를 수 있을 것입니다.

이제 묵상하는 한 해를 시작할 준비가 끝났습니다. 하나님이 "지혜와 계시의 영을 여러분에게 주셔서, 하나님을 알게"(엡 1:17, 새번역) 하시기를 간절히 바랍니다.

‘예수의 노래’로 주님께 나아가다

이 책은 예수님을 가르쳐 보여 주는 노래,

예수님이 부르신 노래,

예수님을 향한 노래라는 의미를 담고 있습니다.

# January 1

시편 1편    1 복 있는 사람은 악인들의 꾀를 따르지 아니하며 죄인들의 길에 서지 아니하며 오만한 자들의 자리에 앉지 아니하고 2 오직 여호와의 율법을 즐거워하여 그의 율법을 주야로 묵상하는도다. 3 그는 시냇가에 심은 나무가 철을 따라 열매를 맺으며 그 잎사귀가 마르지 아니함 같으니 그가 하는 모든 일이 다 형통하리로다. 4 악인들은 그렇지 아니함이여 오직 바람에 나는 겨와 같도다. 5 그러므로 악인들은 심판을 견디지 못하며 죄인들이 의인들의 모임에 들지 못하리로다. 6 무릇 의인들의 길은 여호와께서 인정하시나 악인들의 길은 망하리로다.

**영혼에 살과 피가 되는 말씀**    1편은 나머지 시편으로 들어가는 대문입니다. 율법은 모든 성경을 가리킵니다. '묵상'이란 인생 전반에 걸쳐 그 의미를 새긴다는 뜻입니다. '즐거워하다'는 그저 따른다는 뜻을 넘어 하나님의 계명을 사랑하는 것을 가리킵니다. 십자가에서 이루신 그리스도의 역사는 하나님을 바라보는 그리스도인의 마음을 변화시켰습니다. 우리는 의무의 차원을 뛰어넘어 자발적으로 즐거이 자신을 하나님께 맡깁니다. 따라서 성경을 묵상하고 말씀 안에서 기뻐하는 일은 하나님과의 관계는 물론이고 삶 그 자체를 풀어가는 비결입니다. 하나님 말씀에 어긋나는 시각과 관점들은 우리가 어려움에 처했을 때 이겨 낼 힘을 주지 못합니다. 주님의 말씀은 결코 마르지 않는 생수의 근원이 되어 우리 삶에 생명력을 공급합니다.

*Prayer*    말씀의 주님, 세상의 유혹에 휩쓸리지 않게 지켜 주시기를 원합니다. 순진하게 사람들이 가는 길을 무작정 따라가거나 마음이 딱딱해져서 매사에 부정적이고 냉소적으로 살아가지 않게 해 주십시오. 말씀을 깊이 묵상하여 그 안에서 즐거워하는 경지에 이르기를 원합니다. 주위의 형편이 어떠하든지 요동하지 않고 늘 자족하는 마음을 주십시오. 내겐 그 마음이 꼭 필요합니다. 아멘.

# January 2

시편 2편 1-4절  1 어찌하여 이방 나라들이 분노하며 민족들이 헛된 일을 꾸미는가. 2 세상의 군왕들이 나서며 관원들이 서로 꾀하여 여호와와 그의 기름 부음 받은 자를 대적하며 3 우리가 그들의 맨 것을 끊고 그의 결박을 벗어 버리자 하는도다. 4 하늘에 계신 이가 웃으심이여 주께서 그들을 비웃으시리로다.

한 점 겁먹지 않고  날마다 온갖 미디어들은 무서운 이야기들을 수없이 쏟아 냅니다. 사회에서 '힘깨나 쓰는 사람'들은 하나님께 순종하는 것이야말로 우리를 옭아매서 자유롭지 못하게 한다고 말합니다. 하지만 실제로 참 자유는 우리를 지으신 분을 섬기고 예배할 때 찾아옵니다. 세상을 지배하는 것처럼 보이는 사람들이나 권력은 모두 주님의 주권 아래 있으며 언젠가 그들도 그러한 사실을 알게 될 것입니다. 하나님은 변함없이 세상을 다스리십니다. 따라서 어떤 두려운 일이 닥치든 주님은 우리의 피난처가 되어 주십니다. 세상에 굴복하는 것은(시 2편) 세상을 따라 사는 것만큼이나 영적으로 치명적입니다(시 1편). 주님이 세상의 주인임을 기억하십시오.

*Prayer*  세상의 주인이신 하나님, 주님이 인간의 삶에 주권을 행사하신다는 사실에 사람들은 거부하고 온몸으로 저항합니다. 그런 분위기 때문에 놀림을 받거나 험한 꼴을 당할까 봐 주님 이야기를 하는 게 겁이 납니다. 하지만 하나님은 세상의 힘에 눌리지 않으시는 분이며 하나님의 자녀인 나도 마땅히 그러해야 합니다. 순종의 기쁨을 알게 하시고 거기에 뒤따르는 담대함을 체험하도록 도와주십시오. 아멘.

# January 3

시편 2편 5-12절  5 그 때에 분을 발하며 진노하사 그들을 놀라게 하여 이르시기를 6 내가 나의 왕을 내 거룩한 산 시온에 세웠다 하시리로다. 7 내가 여호와의 명령을 전하노라. 여호와께서 내게 이르시되 너는 내 아들이라. 오늘 내가 너를 낳았도다. 8 내게 구하라. 내가 이방 나라를 네 유업으로 주리니 네 소유가 땅 끝까지 이르리로다. 9 네가 철장으로 그들을 깨뜨림이여, 질그릇 같이 부수리라 하시도다. 10 그런즉 군왕들아 너희는 지혜를 얻으며 세상의 재판관들아 너희는 교훈을 받을지어다. 11 여호와를 경외함으로 섬기고 떨며 즐거워할지어다. 12 그의 아들에게 입 맞추라. 그렇지 아니하면 진노하심으로 너희가 길에서 망하리니 그의 진노가 급하심이라. 여호와께 피하는 모든 사람은 다 복이 있도다.

**피난처 되시는 하나님**  인간의 교만과 권력에 대한 하나님의 대응은 '아들'을 시온에 세우는 것이었습니다. 이는 이스라엘의 왕 정도가 아니라 하나님의 참 아들이신 예수님을 가리킵니다. 언젠가 하나님은 모든 것을 바로잡으시겠지만 우선은 인류의 죄를 지고 돌아가시기 위해 시온, 곧 예루살렘으로 가실 것이라는 뜻입니다. "그의 아들에게 입 맞추라"는 말은 주님 안에 머물며 그분을 위해 사는 걸 가리킵니다. 그렇게 하면 무슨 일이 일어나든 결국은 만사가 제대로 돌아가리라는 확신을 품게 됩니다. 주님을 위해 살지 않으면 마침내는 하나님과 싸우게 됩니다. 그러므로 "아들을 떠나서는 어디서도 피난처를 찾을 수 없습니다. 피할 곳은 오로지 주님 안에만 존재할 뿐입니다."[8]

*Prayer*  뒤죽박죽 뒤엉키고 갈등으로 가득 찬 이 세상에 내놓으신 주님의 해답은 바로 독생자 예수 그리스도입니다. 그분은 끝내 깨어짐을 깨트리고, 죽음을 죽이며, 멸망을 멸망시키고, 모든 슬픔을 삼키실 것입니다. 주님 안에서 피난처를 찾는 법을 배우기를 원합니다. 예수님을 통해 베푸시는 용서 안에서, 하나님의 지혜로운 뜻 안에서, 그리고 어김없이 다가올 영광스러운 미래 안에서 피난처를 찾게 해 주십시오. 아멘.

# January 4

시편 3편  1 여호와여 나의 대적이 어찌 그리 많은지요. 일어나 나를 치는 자가 많으니이다. 2 많은 사람이 나를 대적하여 말하기를 그는 하나님께 구원을 받지 못한다 하나이다 (셀라). 3 여호와여 주는 나의 방패시요 나의 영광이시요 나의 머리를 드시는 자이시니이다. 4 내가 나의 목소리로 여호와께 부르짖으니 그의 성산에서 응답하시는도다(셀라). 5 내가 누워 자고 깨었으니 여호와께서 나를 붙드심이로다. 6 천만인이 나를 에워싸 진 친다 하여도 나는 두려워하지 아니하리이다. 7 여호와여 일어나소서. 나의 하나님이여 나를 구원하소서. 주께서 나의 모든 원수의 뺨을 치시며 악인의 이를 꺾으셨나이다. 8 구원은 여호와께 있사오니 주의 복을 주의 백성에게 내리소서(셀라).

**위기 속에서 누리는 평안**   다윗의 아들 압살롬은 아버지를 살해하려고 했습니다. 다윗이 스스로 저지른 실수가 가족 해체의 씨앗이 된 것입니다. 다윗은 아들의 사랑을 얻고 싶은 마음이 간절한 나머지, 배다른 형을 죽였을 때조차 압살롬의 잘못을 바로잡지 않았습니다. 이제 다윗은 목숨을 부지하기 위해 정처 없이 달아나는 신세가 되었습니다. 이 기도에는 아들의 사랑도, 대중의 환호도 인간의 가치나 안전을 보장하는 장치가 될 수 없다는 깨달음이 담겨 있습니다. 다윗은 영광과 소망을 주께로 돌리고 위험을 넘어서는 평안을 구합니다. 인생을 지탱해 주는 분은 하나님뿐입니다. 군대에 쫓기는 중이든, 집에 편히 누워 있든 마찬가지입니다. 하나님은 숨결 하나하나까지 붙들어 주십니다.

*Prayer*   구세주 예수님, 지금 나는 수많은 어려움들과 마주하고 있습니다. 더러는 스스로 빚어낸 문제들입니다. 하지만 낙담해서 고개를 떨구지는 않겠습니다. 나는 주님의 자녀이고 심부름꾼이기 때문입니다. 방패가 되어 나를 보호해 주십시오. 나의 영광이 되어 주십시오. 언제나 함께하시고 이 어려움을 뚫고 나가게 해 주신다는 분명한 믿음을 갖게 해 주십시오. 아멘.

# January 5

> 시편 4편　1 내 의의 하나님이여 내가 부를 때에 응답하소서. 곤란 중에 나를 너그럽게
> 하셨사오니 내게 은혜를 베푸사 나의 기도를 들으소서. 2 인생들아 어느 때까지 나의 영
> 광을 바꾸어 욕되게 하며 헛된 일을 좋아하고 거짓을 구하려는가(셀라). 3 여호와께서 자
> 기를 위하여 경건한 자를 택하신 줄 너희가 알지어다. 내가 그를 부를 때에 여호와께서
> 들으시리로다. 4 너희는 떨며 범죄하지 말지어다. 자리에 누워 심중에 말하고 잠잠할지
> 어다(셀라). 5 의의 제사를 드리고 여호와를 의지할지어다. 6 여러 사람의 말이 우리에게
> 선을 보일 자 누구뇨 하오니 여호와여 주의 얼굴을 들어 우리에게 비추소서. 7 주께서 내
> 마음에 두신 기쁨은 그들의 곡식과 새 포도주가 풍성할 때보다 더하니이다. 8 내가 평안
> 히 눕고 자기도 하리니 나를 안전히 살게 하시는 이는 오직 여호와이시니이다.

**형편이 어떠하든 한결같은 기쁨**　다른 사람들은 모두 잘 살아가는 것 같은데
나만 그렇지 못할 때, 어떻게 하면 맘 편히 잠들고(8절) 즐거워할 수 있을까요?
마음이 둘로 나누어지지는 않았는지, 성공이나 관계를 우상으로 삼지는 않았
는지 돌아보고 회개하십시오. 누군가를 미워하고 있지는 않은지 살펴보고 용
서하십시오. 마지막으로 기도하며 하나님의 얼굴을 구하십시오. 주님의 임재
와 사랑을 마음으로 느끼십시오(6절). 어떤 어려운 상황에 놓이든 하나님 안
에서 안전하리라는 사실을 실감할 것입니다.

*Prayer*　주님, 다른 '신들'이 내 마음을 차지하려고 주님과 경쟁을 벌입니다.
나에게 못되게 구는 이들에게 원망하는 마음을 품곤 했습니다. 때로는 그 마
음이 하나님을 향한 원망이 되기도 했습니다. 이런 마음가짐들이 주님의 거
룩한 임재와 보호 가운데 평안을 누리지 못하게 가로막습니다. 이런 마음을
모두 떨쳐 내고 주님이 주시는 기쁨을 마음 중심에 가득 채우기를 원합니다.
나를 도와주십시오. 아멘.

# January 6

시편 5편 1-6절  **1** 여호와여 나의 말에 귀를 기울이사 나의 심정을 헤아려 주소서. **2** 나의 왕, 나의 하나님이여 내가 부르짖는 소리를 들으소서. 내가 주께 기도하나이다. **3** 여호와여 아침에 주께서 나의 소리를 들으시리니 아침에 내가 주께 기도하고 바라리이다. **4** 주는 죄악을 기뻐하는 신이 아니시니 악이 주와 함께 머물지 못하며 **5** 오만한 자들이 주의 목전에 서지 못하리이다. 주는 모든 행악자를 미워하시며 **6** 거짓말하는 자들을 멸망시키시리이다. 여호와께서는 피 흘리기를 즐기는 자와 속이는 자를 싫어하시나이다.

**마음을 쏟아 내다**  시편 가운데는 마음 깊은 데서부터 도움을 갈구하는 절박한 '탄식'으로 시작하는 노래가 많습니다. 거르지 않고 중심에서 곧바로 나오는 기도입니다. 우리 역시 너무 괴로워 구구절절 말로 표현하기 어려운 상황에서도 마음의 소원을 주님께 아뢸 수 있습니다. 자녀들이 괴로움과 두려움, 아픔을 피할 피난처를 구하러 찾아오기를 주님은 기다리고 계십니다. 세상의 즐길거리나 반짝반짝 눈길을 끄는 것들을 쫓아다니며 이런 감정들을 방치하지 말고 주님께 나아가십시오. 세상의 방식은 모두 그럴듯한 축복을 약속하지만 결코 지켜질 수 없는 약속입니다. 죄에 물들고 흠이 많음에도 불구하고 그 백성들을 변함없이 사랑하시며 은혜를 베푸시겠노라고 모세에게 약속하셨던(출 6:7) 바로 그 하나님을 믿는 길뿐이 없습니다.

*Prayer*  모든 것을 아시는 주님은 내 마음에 무엇이 들었는지도 아십니다. 더없이 큰 권세를 가지신 주님! 주님은 내 마음에 소원을 두셨지만 그것을 이룰 힘이 내게는 없습니다. 그래서 내 마음의 소원을 주님 앞에 늘어놓습니다. 한없이 지혜로우신 주님이 간구를 듣고 역사하실 줄 믿습니다. 하지만 주님이 정하신 정확한 타이밍이 있음을 알기에 그때를 기다리겠습니다. 아멘.

# January 7

시편 5편 7-12절  7 오직 나는 주의 풍성한 사랑을 힘입어 주의 집에 들어가 주를 경외함으로 성전을 향하여 예배하리이다. 8 여호와여 나의 원수들로 말미암아 주의 의로 나를 인도하시고 주의 길을 내 목전에 곧게 하소서. 9 그들의 입에 신실함이 없고 그들의 심중이 심히 악하며 그들의 목구멍은 열린 무덤 같고 그들의 혀로는 아첨하나이다. 10 하나님이여 그들을 정죄하사 자기 꾀에 빠지게 하시고 그 많은 허물로 말미암아 그들을 쫓아내소서. 그들이 주를 배역함이니이다. 11 그러나 주께 피하는 모든 사람은 다 기뻐하며 주의 보호로 말미암아 영원히 기뻐 외치고 주의 이름을 사랑하는 자들은 주를 즐거워하리이다. 12 여호와여 주는 의인에게 복을 주시고 방패로 함 같이 은혜로 그를 호위하시리이다.

보호해 주시길 구하는 기도  다윗의 시편들은 자주 원수들에 대해 이야기합니다. 옛 왕들은 늘 모반의 위험에 노출되어 있었습니다. 우리도 마찬가지입니다. 물리적 폭력을 휘두르는 적들은 예전에 비해 훨씬 적지만 여전히 세상에는 재정과 정서, 신체와 영혼을 파멸로 몰아갈 수 있는 세력들이 널려 있습니다. 그러므로 다윗처럼 처신할 필요가 있습니다. 다윗은 하나님이 보호의 손길을 펼쳐 주시고 지켜 주시길 간청했습니다. 그리고 성전, 곧 죄를 대속해 주는 곳을 바라본다면 반드시 그리해 주시리라 확신했습니다. 그리스도인들도 그래야 합니다. 최후의 성전이자 마지막 희생양이며, 인생을 향한 하나님의 한없는 사랑을 입증하는 최종 증거가 되신 분을(요 2:20-21) 기억할 때마다 같은 믿음을 품어야 합니다.

*Prayer*  의로우신 주님, 사방을 에워싼 적대적인 세력에서 나를 지켜 주시길 간구합니다. 다른 이들이 저지르는 악을 보면서 화가 치밀 때마다 내 죄를 떠올립니다. 거룩한 은혜가 아니었더라면 주께 이토록 가까이 다가설 수 없었음을 기억합니다. 어떻게 하면 죄는 미워하지만 분노하거나 스스로 남보다 낫다고 여기지 않을 수 있겠습니까? 나를 안전하게, 그러나 오만해지지 않게 지켜 주시길 원합니다. 아멘.

# January 8

시편 6편　1 여호와여 주의 분노로 나를 책망하지 마시오며 주의 진노로 나를 징계하지 마옵소서. 2 여호와여 내가 수척하였사오니 내게 은혜를 베푸소서. 여호와여 나의 뼈가 떨리오니 나를 고치소서. 3 나의 영혼도 매우 떨리나이다. 여호와여 어느 때까지니이까? 4 여호와여 돌아와 나의 영혼을 건지시며 주의 사랑으로 나를 구원하소서. 5 사망 중에서는 주를 기억하는 일이 없사오니 스올에서 주께 감사할 자 누구리이까. 6 내가 탄식함으로 피곤하여 밤마다 눈물로 내 침상을 띄우며 내 요를 적시나이다. 7 내 눈이 근심으로 말미암아 쇠하며 내 모든 대적으로 말미암아 어두워졌나이다. 8 악을 행하는 너희는 다 나를 떠나라. 여호와께서 내 울음소리를 들으셨도다. 9 여호와께서 내 간구를 들으셨음이여, 여호와께서 내 기도를 받으시리로다. 10 내 모든 원수들이 부끄러움을 당하고 심히 떪이여, 갑자기 부끄러워 물러가리로다.

기다림은 고단하다 "언제까지, 주님, 언제까지입니까?" 감당하기 힘든 큰 아픔과 괴로움을 경험하고 있는 이의 부르짖음입니다. 하나님은 한결같은 사랑(히브리어 헤세드[chesedh], 우리가 완전해서가 아니라 그분이 완전한 까닭에 우리를 돌보시는 언약 하나님의 변함없는 사랑)으로 영혼이 요동치고 있는 이의 기도를 들으십니다(4절). 간신히 드린 기도이기는 했지만 다윗의 눈물은 헛되지 않았습니다. '응답하시는 하나님의 손길'(8-9절)을 경험했기 때문입니다. 즉 아직 상황은 바뀌지 않았지만 주님이 기도를 귀 기울여 들으신다는 사실을 실감했습니다 (10절). 하나님은 우리와 함께 걸으시고 "인내로써 우리 앞에 당한 경주를"(히 12:1) 계속하도록 도우십니다.

*Prayer* "오직 주님의 약속에 기대어 주께로 나아갑니다. 무거운 짐 진 영혼을 불러 모으시니, 오 주님, 나도 그 앞에 나아갑니다."⁹ 내가 느끼지 못하는 순간에도 나를 향한 주님의 사랑은 변함이 없음을 잘 압니다. 하지만 부디 은혜를 베푸셔서 나를 어루만져 주시고 함께하시는 주님의 임재를 늘 느끼게 하옵소서. 아멘.

# January 9

시편 7편 1-5절  1 여호와 내 하나님이여 내가 주께 피하오니 나를 쫓아오는 모든 자들
에게서 나를 구원하여 내소서. 2 건져 낼 자가 없으면 그들이 사자 같이 나를 찢고 뜯을까
하나이다. 3 여호와 내 하나님이여 내가 이런 일을 행하였거나 내 손에 죄악이 있거나 4
화친한 자를 악으로 갚았거나 내 대적에게서 까닭 없이 빼앗았거든 5 원수가 나의 영혼을
쫓아 잡아 내 생명을 땅에 짓밟게 하고 내 영광을 먼지 속에 살게 하소서(셀라).

인신공격   나에 대한 뒷말과 모함, 평판에 흠집을 내는 이야기들에 어떻게
대처해야 할까요? 다윗은 그 답을 제대로 보여 줍니다. 다윗은 "주께 피해야
겠다"고 말하는 정도가 아니라, 이미 그렇게 해서 안전하다는 사실을 선명하
게 보여 주었습니다. 나를 향한 모함이 물거품으로 돌아갈지 여부를 아직 가
늠하지 못하는 상태에서 다윗은 어떻게 그런 생각을 할 수 있었을까요? 답은
간단합니다. 우리가 하나님의 지혜와 그분의 뜻을 신뢰한다면 눈앞의 결과가
어떠하든 평안할 수 있기 때문입니다. 중요한 건 우리를 향한 하나님의 시선
과 견해이며 결국 그것만 남을 것입니다.

*Prayer*   주님, 어떤 이들의 손가락질은 견디기 힘들 정도로 부당합니다. 주
님이 일의 전후를 모두 보고 계시며 마침내 억울했던 일들이 다 바로잡히리
라는 사실이 내게 큰 위안이 됩니다. 그러기에 필사적으로 변명하거나 비난
하고 비아냥거리는 이들과 맞서 싸우지 않겠습니다. 주님이 진실을 아시니
그걸로 충분합니다. 모든 일을 주님의 손에 맡깁니다. 아멘.

# January 10

시편 7편 6-11절  6 여호와여 진노로 일어나사 내 대적들의 노를 막으시며 나를 위하여 깨소서. 주께서 심판을 명령하셨나이다. 7 민족들의 모임이 주를 두르게 하시고 그 위 높은 자리에 돌아오소서. 8 여호와께서 만민에게 심판을 행하시오니 여호와여 나의 의와 나의 성실함을 따라 나를 심판하소서. 9 악인의 악을 끊고 의인을 세우소서. 의로우신 하나님이 사람의 마음과 양심을 감찰하시나이다. 10 나의 방패는 마음이 정직한 자를 구원하시는 하나님께 있도다. 11 하나님은 의로우신 재판장이심이여 매일 분노하시는 하나님이시로다.

높은 자리에 앉으신 하나님  다윗은 비난받을 만한 일을 하지 않았습니다 (8절). 그래서 비난에 맞서기보다 하나님이 보좌에 높이 앉아(7절) 굽고 그릇된 모든 일들을 바로잡아 주시길 소망했습니다. 응징과 심판은 하나님께 맡겼습니다. 그분이야말로 한 사람 한 사람에게 마땅히 돌아가야 할 몫을 판단하실 지혜를 가지셨을 뿐 아니라 거기에 합당한 값을 치르게 하실 능력과 권리를 가지신 유일한 존재이기 때문입니다. 우리도 그래야 합니다. 하지만 마지막 심판 날에 살아남을지 어떻게 알 수 있습니까? 그리스도인이라면 누구나 아는 사실이지만, 그리스도는 보좌에 올라 심판하시기 전에 먼저 십자가에 달려 우리 죄를 대속하셨습니다(요 12:32). 그러므로 마지막 날, 죄 사함을 받은 이들은 기쁨에 겨워 주님의 발 아래로 모여들 것입니다(7절).

*Prayer*  의로우신 주님, 부당하게 나를 비난하는 이들이 많습니다. 나를 지켜 주십시오. 하지만 나 역시 죄인임을 고백합니다. 내 마음이 나를 정당하게 고발합니다. 목숨을 버려 나를 대속하신 주님께 기댑니다. "나의 방패와 은신처가 되어 주소서. 고발자의 사나운 얼굴에 대고 주님이 죄 짐을 지고 돌아갔노라 당당히 말하겠습니다."[10] 아멘.

25

# January 11

시편 7편 12-17절  12 사람이 회개하지 아니하면 그가 그의 칼을 가심이여, 그의 활을 이미 당기어 예비하셨도다. 13 죽일 도구를 또한 예비하심이여, 그가 만든 화살은 불화살들이로다. 14 악인이 죄악을 낳음이여, 재앙을 배어 거짓을 낳았도다. 15 그가 웅덩이를 파 만듦이여, 제가 만든 함정에 빠졌도다. 16 그의 재앙은 자기 머리로 돌아가고 그의 포악은 자기 정수리에 내리리로다. 17 내가 여호와께 그의 의를 따라 감사함이여, 지존하신 여호와의 이름을 찬양하리로다.

자멸의 씨앗을 품은 악  우리가 사는 세상은 이미 깨지고 망가졌기에, 적잖은 불의가 척결되지 않은 채 마지막 심판 날까지 계속 이어질 것입니다. 하지만 일반적으로는 하나님의 정의가 역사의 틀 속에 스스로 작용하고 있음을 알 수 있습니다. 악에는 이미 자멸의 씨앗이 내포되어 있습니다. 악은 만족이 없고 공허하기만 한(14절) 지겨운 노릇일뿐더러 그 열매가 고스란히 악을 행한 사람에게 돌아옵니다. 남을 겨냥하고 판 함정에 자신이 빠지는 꼴입니다. 미워하는 이들은 미움을 받게 되고, 속이는 이들은 속아 넘어가고, 뒷말을 하는 이들은 뒷말을 듣게 됩니다. 두려움에 사로잡히거나 낙담하거나 주위의 달콤한 말에 넘어가 잘못을 저지르지 않도록 이러한 사실을 마음에 새겨야 합니다.

*Prayer*  주님, 못되게 구는 이들을 원망하는 마음에는 솔직히 그들을 시기하는 마음이 있었음을 인정합니다. 그들은 마음먹은 대로 사는 것 같고 나보다 더 행복해 보입니다. 하지만 그건 환상일 뿐입니다. 악은 암세포와 비슷해서 점점 자라 몸을 망가뜨리고 파멸시킬 것입니다. 그러한 사실을 명확히 깨달아 다른 사람을 용서하게 하시고 그 유혹에서 벗어나게 해 주십시오. 아멘.

# January 12

시편 8편   1 여호와 우리 주여 주의 이름이 온 땅에 어찌 그리 아름다운지요. 주의 영광이 하늘을 덮었나이다. 2 주의 대적으로 말미암아 어린 아이들과 젖먹이들의 입으로 권능을 세우심이여, 이는 원수들과 보복자들을 잠잠하게 하려 하심이니이다. 3 주의 손가락으로 만드신 주의 하늘과 주께서 베풀어 두신 달과 별들을 내가 보오니 4 사람이 무엇이기에 주께서 그를 생각하시며 인자가 무엇이기에 주께서 그를 돌보시나이까. 5 그를 하나님보다 조금 못하게 하시고 영화와 존귀로 관을 씌우셨나이다. 6 주의 손으로 만드신 것을 다스리게 하시고 만물을 그의 발 아래 두셨으니 7 곧 모든 소와 양과 들짐승이며 8 공중의 새와 바다의 물고기와 바닷길에 다니는 것이니이다. 9 여호와 우리 주여 주의 이름이 온 땅에 어찌 그리 아름다운지요.

**놀랍고 근사한 보살핌**   우주는 하나님의 영광을 드러냅니다. 광대한 우주 속에서 인간은 그저 먼지나 다름없습니다. 하지만 인간은 동시에 하나님의 마음속을 꽉 채우는 존재입니다(4절). 시편 기자가 느꼈던 경이감을 우리도 느껴야 합니다. 하나님은 도대체 왜 인류를 보살펴 주시는 걸까요? 우리를 그분의 형상대로 지으시고 충실한 일꾼 삼으셔서 친히 창조하신 세상을 다스리게 하셨기 때문입니다. 땅과 바다, 하늘과 거기에 깃들어 사는 모든 것들을 보살피며 살게 하셨습니다. 주님의 형상을 품은 인간에게 정의를 베푸는 것은 하나님을 영화롭게 하는 일입니다. 아쉽게도 인류는 그 역할을 제대로 해내지 못하고 있습니다. 하지만 예수님이 이 땅에 오셨고 언젠가는 마침내 온 세상이 주님의 발 아래 있게 되면(6절, 히 2:5-9) 만물의 질서가 바로잡힐 것입니다.

*Prayer*   높으신 하나님, 우리가 주님을 흡족하게 한다는 게 과연 가능한 일이겠습니까? 그럼에도 불구하고 하나님은 사랑으로 우리를 보살피시기 위해 기꺼이 연약한 갓난아이와 상처받기 쉬운 어린아이가 되셨습니다. 처음부터 끝까지 우리를 구원하기 위해서였습니다. 하루하루 관계를 맺어 갈 때, 주님의 눈을 주셔서 만나는 이들마다 아낌없이 소중히 여기게 해 주십시오. 아멘.

# January 13

시편 9편 1-12절 1 내가 전심으로 여호와께 감사하오며 주의 모든 기이한 일들을 전하리이다. 2 내가 주를 기뻐하고 즐거워하며 지존하신 주의 이름을 찬송하리니 3 내 원수들이 물러갈 때에 주 앞에서 넘어져 망함이니이다. 4 주께서 나의 의와 송사를 변호하셨으며 보좌에 앉으사 의롭게 심판하셨나이다. 5 이방 나라들을 책망하시고 악인을 멸하시며 그들의 이름을 영원히 지우셨나이다. 6 원수가 끊어져 영원히 멸망하였사오니 주께서 무너뜨린 성읍들을 기억할 수 없나이다. 7 여호와께서 영원히 앉으심이여 심판을 위하여 보좌를 준비하셨도다. 8 공의로 세계를 심판하심이여 정직으로 만민에게 판결을 내리시리로다. 9 여호와는 압제를 당하는 자의 요새이시요 환난 때의 요새이시로다. 10 여호와여 주의 이름을 아는 자는 주를 의지하오리니 이는 주를 찾는 자들을 버리지 아니하심이니이다. 11 너희는 시온에 계신 여호와를 찬송하며 그의 행사를 백성 중에 선포할지어다. 12 피 흘림을 심문하시는 이가 그들을 기억하심이여, 가난한 자의 부르짖음을 잊지 아니하시도다.

감사  이 시편은 마음을 감사로 향하게 해서 영적인 건강을 지키게 해 줍니다. 그리스도인은 일상 속에서 하나님의 '기이한 일'을 분별할 줄 알아야 합니다. 이는 기본적으로 홍해가 갈라지는 것과 같은 극적인 기적을 가리키는 표현입니다. 하지만 더 이상 버티지 못하고 포기하려 할 때 하나님이 위로를 베푸신다든지, 꼭 필요한 순간에 맞춤한 친구를 보내시거나, 퍼뜩 생각이 떠오르게 하시는 등의 훨씬 은밀한 손길들도 감지해 내야 합니다. 하나님이 날마다 행하시는 기이한 일들을 알아보고 이웃과 나누십시오. 기뻐하며 감사하는 마음이 음표가 되어 인생의 배경음을 이룰 것입니다.

*Prayer*  주님은 어려움을 겪으며 고통스러워하는 이들을 결코 외면하지 않으십니다. 내게 베풀어 주신 이루 헤아릴 수 없는 자비를 떠올릴 때마다 절로 눈물이 납니다. 얼마나 감사한지요! 하나님이 베푸신 사랑이 얼마나 큰지요! 날마다 뒤를 받쳐 주시고 인도해 주시는 주님의 손길을 선명히 볼 수 있기를 원합니다. 늘 새롭게 감사할 일들을 찾아내게 해 주십시오. 아멘.

# January 14

시편 9편 13-20절  13 여호와여 내게 은혜를 베푸소서. 나를 사망의 문에서 일으키시는 주여, 나를 미워하는 자에게서 받는 나의 고통을 보소서. 14 그리하시면 내가 주의 찬송을 다 전할 것이요 딸 시온의 문에서 주의 구원을 기뻐하리이다. 15 이방 나라들은 자기가 판 웅덩이에 빠짐이여 자기가 숨긴 그물에 자기 발이 걸렸도다. 16 여호와께서 자기를 알게 하사 심판을 행하셨음이여, 악인은 자기가 손으로 행한 일에 스스로 얽혔도다(힉가욘, 셀라). 17 악인들이 스올로 돌아감이여, 하나님을 잊어버린 모든 이방 나라들이 그리하리로다. 18 궁핍한 자가 항상 잊어버림을 당하지 아니함이여, 가난한 자들이 영원히 실망하지 아니하리로다. 19 여호와여 일어나사 인생으로 승리를 얻지 못하게 하시며 이방 나라들이 주 앞에서 심판을 받게 하소서. 20 여호와여 그들을 두렵게 하시며 이방 나라들이 자기는 인생일 뿐인 줄 알게 하소서(셀라).

절대로 잊지 말라  이 시편은 감사를 이야기하다가 갑자기 고난의 한복판에서 도와주시길 간구하는 호소로 넘어갑니다. 인생이란 그렇게 좋은 일이 있다가도 고난을 마주치곤 합니다. 그럴 때 다윗은 침몰하지 않도록 지탱해 주는 한 조각 진리를 단단히 붙들고 있습니다. 우리 역시 이 모든 일 이면에 주님이 함께하신다는 진리를 붙잡아야 합니다. 우리가 아니라 하나님이 주권자라는 사실을 잊어버리는 것이야말로 참된 죄입니다. 또한 하나님을 잊어버린 이는 잊히고 기억하는 이만 기억하심을 받는 것이야말로 참된 정의입니다(사 56:5). 그런데 그리스도인이라면 누구나 알다시피, 하나님을 똑똑히 기억함에도 불구하고 철저하게 외면당한 분이 있습니다(마 27:46). 예수님이십니다. 바로 그분이 우리 대신 돌아가신 덕분에, 하나님이 늘 함께하심을 우리는 다윗보다 더 확실하게 믿을 수 있습니다.

*Prayer*  내가 가진 수없이 많은 문제들은 주님을 기억하지 못해서 생긴 것입니다. 하나님의 지혜를 잊어버리고 스스로 걱정합니다. 은혜를 잊고 불평합니다. 자비를 잊어버렸기 때문에 남들을 원망합니다. 하루를 사는 동안 한 순간도 빠짐없이 주님이 어떤 분이신지 기억하기를 원합니다. 도와주십시오, 주님. 아멘.

# January 15

고통스러운 현실   어거스틴은 두 개의 '도성'(city), 또는 사회에서 살아가는 방
식이 있다고 했습니다. 자기희생에 토대를 둘 수도 있고 자기 잇속을 챙기는
데 뿌리를 둘 수도 있다는 것입니다. 마음의 욕심을 섬기고 따르면 희생적인
사랑보다 자기표현이나 자기주장에 치중하는 습관을 갖게 될 것입니다. 이는
세상에서 '잘나가는' 것처럼 보이는 생활 방식입니다. 하나님은 멀찌감치 떨
어져 두 손 놓고 계신 것만 같습니다(1절). 시편 기자는 이러한 상황을 아프도
록 상세하게 설명하며, 우리 생활 방식 가운데 교묘하게 스며들지 않도록 조
심해야 한다고 지적합니다. 시편 기자처럼 우리도 기도와 삶을 통해 이런 마
음가짐과 맞서 싸워야 합니다.

*Prayer*   주님, 인간의 악한 본성에 대해 순진한 생각을 품지도, 그와 관련해
자기 의에 빠지지도, 그 앞에서 냉소적인 태도를 보이지도 않게 지켜 주십시
오. 불의에 익숙해지거나 한 걸음 더 나아가 동참하지 않도록 붙들어 주십시
오. 스스로 돌아보아 어떻게 살아가고 있는지 끊임없이 경계하고 성찰하게
해 주십시오. 주님이 사랑하는 것을 사랑하고 미워하는 것을 미워하기를 원
합니다. 아멘.

# January 16

시편 10편 12-18절  12 여호와여 일어나시옵소서. 하나님이여 손을 드옵소서. 가난한 자
들을 잊지 마옵소서. 13 어찌하여 악인이 하나님을 멸시하여 그의 마음에 이르기를 주는
감찰하지 아니하리라 하나이까? 14 주께서는 보셨나이다. 주는 재앙과 원한을 감찰하시
고 주의 손으로 갚으려 하시오니 외로운 자가 주를 의지하나이다. 주는 벌써부터 고아를
도우시는 이시니이다. 15 악인의 팔을 꺾으소서. 악한 자의 악을 더 이상 찾아낼 수 없을
때까지 찾으소서. 16 여호와께서는 영원무궁하도록 왕이시니 이방 나라들이 주의 땅에서
멸망하였나이다. 17 여호와여 주는 겸손한 자의 소원을 들으셨사오니 그들의 마음을 준비
하시며 귀를 기울여 들으시고 18 고아와 압제 당하는 자를 위하여 심판하사 세상에 속한
자가 다시는 위협하지 못하게 하시리이다.

격려   시편 10편의 후반부는 여전히 불의한 세상을 향한 "왜?"라는 질문에
아무런 답도 얻지 못했지만 하나님을 전폭적으로 신뢰하는 이를 소개합니다
(13절). 정의가 실현되는 건 미래에 닥칠 어느 날의 일이지만, 주님이 약속하
신 격려는 그분을 바라보기만 하면 지금도 누릴 수 있습니다. 여전히 억압적
인 통치를 받는 상황에서 어떻게 주님을 신뢰할 수 있을까요? 그리스도인이
라면 다 아는 사실이지만, 주님은 의지할 만한 대상이 없는 이들(12절), 큰 슬
픔에 빠진 이들(14절), 압제를 당하는 이들(18절)을 지극히 사랑하셔서 스스로
"곤욕과 심문을 당하고 끌려"(사 53:3-8)가기까지 하셨습니다. 그러므로 주님께
온전히 의탁하십시오.

*Prayer*   주님, 세상은 온갖 비극과 불의로 가득 차 있습니다. 그런 일들 이
면에 감춰진 '원인'을 알고 싶습니다. 하지만 겉으로 보이는 것이나 나의 극히
제한된 관점으로 보는 것에도 불구하고, 주님은 누구에게도 잘못하지 않으셨
습니다. 주님의 지혜를 신뢰하고 주님께 내 마음을 맡겨서 주님만이 주실 수
있는 격려와 능력을 경험하기 원합니다. 아멘.

# January 17

> 시편 11편 1 내가 여호와께 피하였거늘 너희가 내 영혼에게 새 같이 네 산으로 도망하라 함은 어찌함인가? 2 악인이 활을 당기고 화살을 시위에 먹임이여, 마음이 바른 자를 어두운 데서 쏘려 하는도다. 3 터가 무너지면 의인이 무엇을 하랴? 4 여호와께서는 그의 성전에 계시고 여호와의 보좌는 하늘에 있음이여, 그의 눈이 인생을 통촉하시고 그의 안목이 그들을 감찰하시도다. 5 여호와는 의인을 감찰하시고 악인과 폭력을 좋아하는 자를 마음에 미워하시도다. 6 악인에게 그물을 던지시리니 불과 유황과 태우는 바람이 그들의 잔의 소득이 되리로다. 7 여호와는 의로우사 의로운 일을 좋아하시나니 정직한 자는 그의 얼굴을 뵈오리로다.

낙심하지 말라  삶이 요동치면 멀리 도망쳐 절망의 구덩이에 몸을 숨기고 싶은 욕구가 강해집니다. 다윗의 고백은 세 가지 측면에서 이런 충동에 맞섭니다. 신학적인 측면에서, 하나님은 여전히 보좌에 계시며 가장 슬기로운 시점에 공의를 행하시는 분임을 선포합니다(4절). 실제적인 측면에서, 위기는 참되고 견고한 게 무엇이며 조잡해서 내버려야 할 게 무엇인지 검증하고 평가하는 기회가 된다는 것을 깨닫습니다(4-5절). 영적인 측면에서, 정말 필요한 건 하나님의 임재와 얼굴을 아는 지식임을 되새기게 됩니다(7절). 오로지 사랑할 때만 상대방의 얼굴에 관심이 생기고, 보면 볼수록 더 보고 싶어지는 법입니다. 하나님과 그분의 사랑이 더 생생하게 다가오게 해 주시길 간구하십시오. 그러고 나면 쓸데없이 겁먹고 달아나지 않게 될 것입니다.

*Prayer*  사람들이 모두 나에게 "다 끝났으니 이제 포기해!"라고 말합니다. 하지만 두려움에 사로잡혀 허둥대지 않겠습니다. 아니면 "주님, 공포의 구덩이에 빠지지 않게 해 주십시오!"라고 부르짖기라도 해야 할 것 같습니다. 주님이 하늘 보좌에 앉아 계심을 믿지만 사실 마음의 느낌은 전혀 다릅니다. 그러므로 내 중심에 말씀해 주십시오. 주님을 깊이 사랑하므로 겁내지 않는 경지에 이르게 도와주십시오. 아멘.

시편 12편  1 여호와여 도우소서. 경건한 자가 끊어지며 충실한 자들이 인생 중에 없어 지나이다. 2 그들이 이웃에게 각기 거짓을 말함이여 아첨하는 입술과 두 마음으로 말하는 도다. 3 여호와께서 모든 아첨하는 입술과 자랑하는 혀를 끊으시리니 4 그들이 말하기를 우리의 혀가 이기리라. 우리 입술은 우리 것이니 우리를 주관할 자 누구리요 함이로다. 5 여호와의 말씀에 가련한 자들의 눌림과 궁핍한 자들의 탄식으로 말미암아 내가 이제 일어나 그를 그가 원하는 안전한 지대에 두리라 하시도다. 6 여호와의 말씀은 순결함이여 흙 도가니에 일곱 번 단련한 은 같도다. 7 여호와여 그들을 지키사 이 세대로부터 영원까지 보존하시리이다. 8 비열함이 인생 중에 높임을 받는 때에 악인들이 곳곳에서 날뛰는도다.

**말의 힘** "비열함이 인생 중에 높임을 받는 때"라는 말이 지금보다 더 어울리는 시절은 아마 없을 것입니다. 그리스도인들에게는 거짓과 비방, 기만과 같은 것들로부터 지켜 주시는 하나님의 특별한 보호가 절실합니다. 말에는 사실을 왜곡하고 상처를 입히는 정도가 아니라 문화 전체를 뒤엎을 수도 있는 엄청난 힘이 담겨 있기 때문입니다(3-5절, 7-8절, 약 3:1-11과 비교해 보십시오). 가장 위험한 일은 비열한 세상에 똑같은 방식으로 대응할 때 벌어집니다. 그리스도인의 말은 도리어 하나님의 말씀을 그대로 보여 주는 본보기가 되어야 합니다. 진실하며 잘 다듬어진 말이어야 한다는 뜻입니다(6절). 우리의 몫은 하나님의 보호하심을 신뢰하며 매도를 당하면서도 상대를 매도하지 않았던 우리의 주인이신 구세주 예수님의 행동을 따르는 것입니다. 고난을 당한다 할지라도 미움이나 원한을 품지 않고 하나님께 영광을 돌려야 합니다.

*Prayer*  주님, 내 주변에는 아양을 떨며 알랑거리거나 아니면 독기 서린 말로 마음을 상하게 하는 이들뿐입니다. 그런 사람들을 흉내 내지 않게 해 주십시오. 내 말을 정직하고 참되게, 실속 있으면서도 간결하게, 슬기롭고 정선되게, 차분하면서도 친절하게 다듬어 주십시오. 사랑과 은혜를 더하셔서 그런 말들이 자연스럽게 흘러나오게 해 주십시오. 아멘.

# January 19

시편 13편　1 여호와여 어느 때까지니이까? 나를 영원히 잊으시나이까? 주의 얼굴을 나에게서 어느 때까지 숨기시겠나이까? 2 나의 영혼이 번민하고 종일토록 마음에 근심하기를 어느 때까지 하오며 내 원수가 나를 치며 자랑하기를 어느 때까지 하리이까? 3 여호와 내 하나님이여 나를 생각하사 응답하시고 나의 눈을 밝히소서. 두렵건대 내가 사망의 잠을 잘까 하오며 4 두렵건대 나의 원수가 이르기를 내가 그를 이겼다 할까 하오며 내가 흔들릴 때에 나의 대적들이 기뻐할까 하나이다. 5 나는 오직 주의 사랑을 의지하였사오니 나의 마음은 주의 구원을 기뻐하리이다. 6 내가 여호와를 찬송하리니 이는 주께서 내게 은덕을 베푸심이로다.

솔직함　다윗은 너무 괴로워서 하나님의 임재를 전혀 느낄 수 없을 지경이었습니다. 그래서 자신의 고통과 괴로움을 외면하시느냐고 하나님께 울부짖었습니다. 거의 비명에 가까운 수준입니다. 어떻게 성경에 이런 내용까지 담겼을까요? 하나님은 우리의 진실한 마음과 느낌을 듣고 싶어 하신다는 점을 분명하게 보여 주는 것입니다. 주께 분노를 쏟아 낸다 해도 그분은 괘념하지 않으십니다. 이를 알기라도 하듯 다윗은 결코 기도를 멈추지 않았습니다. 핵심이 거기에 있습니다. 하나님 앞에서 울부짖되 그분이 은혜로 구원해 주셨음을 기억하기만 하면(5절) 결국 평안에 이를 것입니다. 인류의 죗값을 치르기 위해 십자가에 달리신 예수님이 하늘 아버지마저 얼굴을 돌리신 상황에서 드렸던 1-4절의 기도에 귀를 기울이는 그리스도인이라면 참 마음으로 5-6절의 기도를 드릴 수 있을 것입니다.

Prayer　"세상 풍파에 시달린 영혼아 잠잠하여라. 내가 약속한 은혜를 받으라. 예수님이 말씀하시네. 반드시, 그리고 의지적으로 믿으리라. 믿을 수 있으니 내가 정녕 믿습니다."[11] 주님, 이 노래가 나를 일깨워 고난을 당하는 동안 함께하시겠다는 약속의 말씀을 믿게 합니다. 기도의 단계를 하나씩 지날 때마다 서서히 성장할 것입니다. 그러므로 나의 마음이 주님 안에서 기뻐할 때까지 기도하겠습니다. 아멘.

# January 20

시편 14편  1 어리석은 자는 그의 마음에 이르기를 하나님이 없다 하는도다. 그들은 부패하고 그 행실이 가증하니 선을 행하는 자가 없도다. 2 여호와께서 하늘에서 인생을 굽어살피사 지각이 있어 하나님을 찾는 자가 있는가 보려 하신즉 3 다 치우쳐 함께 더러운 자가 되고 선을 행하는 자가 없으니 하나도 없도다. 4 죄악을 행하는 자는 다 무지하냐? 그들이 떡 먹듯이 내 백성을 먹으면서 여호와를 부르지 아니하는도다. 5 그러나 거기서 그들은 두려워하고 두려워하였으니 하나님이 의인의 세대에 계심이로다. 6 너희가 가난한 자의 계획을 부끄럽게 하나 오직 여호와는 그의 피난처가 되시도다. 7 이스라엘의 구원이 시온에서 나오기를 원하도다. 여호와께서 그의 백성을 포로 된 곳에서 돌이키실 때에 야곱이 즐거워하고 이스라엘이 기뻐하리로다.

어리석음  성경에서 말하는 어리석음은 파괴적인 자기중심성을 가리킵니다. 어리석은 이들은 누군가가 자기 위에 있는 것을 견디지 못합니다. 그래서 하나님을 무시하고 그분의 존재를 부정합니다. 누구에게나 이런 마음이 어느 정도씩은 있습니다. 모든 죄는 결국 무신론의 일종입니다. 마치 하나님이 없는 것처럼 행동하기 때문입니다. 이를 뒤집어 말하면 주님을 믿는 믿음은 선물임에 틀림없다는 뜻이 됩니다. 널리 알려진 대로, 로마서 3장 11절은 이 시편을 그대로 인용합니다. "깨닫는 자도 없고 하나님을 찾는 자도 없고." 제멋대로 살도록 내버려 두면, 인간은 하나님을 알기는커녕 찾으려 들지도 않을 것입니다. 그러므로 기운을 내십시오. 하나님을 간절히 원합니까? 그것은 그분도 우리가 찾아오길 기다리고 계신다는 뜻입니다.

*Prayer*  주님, 더러 주님에 대한 의심이 들어 한바탕 씨름을 벌일 때가 있습니다. 오늘 시편은 회의가 모두 지성과 정신에서 비롯되는 게 아니라 마음에서 출발하는 경우도 많다는 것을 알려 줍니다. 아직도 내 마음 한구석에는 하나님이 거기 계셔서 반드시 순종해야 한다는 점을 못마땅하게 여기는 심리가 남아 있습니다. 말씀과 성령님, 그리고 '의인의 세대'라고 일컫는 신앙의 친구들을 통해 믿음이 갈수록 깊어지게 도와주십시오. 아멘.

# January 21

성실하고 정직한 마음   어떤 이가 하나님께 가까이 갈 수 있습니까? 진실을 말하되(3절) 사랑으로 하며(4절) 너그럽게 베풀 줄 아는 사람입니다. 투명하고 정직하며 주님 말씀을 신실하게 따르고 마음이 수시로 바뀌지 않는 사람입니다(4, 5절). 속이고 헐뜯고 알랑거린다면, 지키지 못할 약속이나 부풀린 말을 늘어놓는다면 우리 삶 가운데 하나님이 임재하시길 기대하기 어렵습니다. 이런 기준은 그리스도인에게 도전이 될 뿐만 아니라 오로지 은혜로만 주께 다가설 수 있음을 되새기게 해 줍니다. 예수님 말고는 아무도 한 점 흠 없는 완전한 삶을 살지 못하지만, 그분이 우리의 구세주이시므로 담대하게 하나님 앞에 나아갈 수 있습니다(히 4:16).

*Prayer*   주님, 혀로 얼마나 많은 죄를 짓는지요! 교만해서 너무 많은 말을 늘어놓고, 두려워서 좀처럼 말하지 않으며, 오만과 공포에 눌려 진리를 말하지 않으며, 듣는 이의 가슴을 후벼 파는 가혹한 말을 서슴지 않으며, 뒷말로 누군가를 깎아내리는 말을 일삼은 죄를 용서해 주십시오. 주님 말씀으로 내가 내뱉는 말을 깨끗이 씻어 주십시오. 아멘.

# January 22

시편 16편 1-6절 **1** 하나님이여 나를 지켜 주소서 내가 주께 피하나이다. **2** 내가 여호와께 아뢰되 주는 나의 주님이시오니 주 밖에는 나의 복이 없다 하였나이다. **3** 땅에 있는 성도들은 존귀한 자들이니 나의 모든 즐거움이 그들에게 있도다. **4** 다른 신에게 예물을 드리는 자는 괴로움이 더할 것이라. 나는 그들이 드리는 피의 전제를 드리지 아니하며 내 입술로 그 이름도 부르지 아니하리로다 **5** 여호와는 나의 산업과 나의 잔의 소득이시니 나의 분깃을 지키시나이다. **6** 내게 줄로 재어 준 구역은 아름다운 곳에 있음이여 나의 기업이 실로 아름답도다.

**삶을 피폐하게 만드는 우상들** 문자적으로는 미의 여신, 부의 신, 쾌락의 신, 또는 풍요의 신 따위의 잡신을 믿지 않을지도 모릅니다. 하지만 인간은 누구나 무언가를 추구하며 살기 마련이며, 그걸 하나님보다 더 사랑하며 삶의 목표로 삼는 순간, 곧바로 덫에 걸리게 됩니다. 반드시 손에 넣어야 한다는 생각에 죽도록 그 뒤를 좇아 '달리고' 또 달리지만, 삶은 어김없이 그걸 앗아 가고 결국 갈수록 고통만 커질 뿐입니다(4절). 그러므로 우리는 하나님을 진정한 부(산업)와 참다운 기쁨(잔), 궁극적인 선으로 삼아야 합니다.

*Prayer* 주님의 얼굴에서 나오는 영광보다 손으로 베푸시는 선물에 더 큰 관심을 두고 삽니다. 온갖 즐거운 일들과 음악, 먹거리, 또는 화창한 날씨 같은 것들을 행복의 원천으로 삼곤 합니다. 하지만 그 그림 속에 고난이 들어오면 싸구려 모조 보석이라는 본색이 금방 드러나고 맙니다. 주님의 한결같은 임재와 사랑이 없으면 그 무엇도 '복'이 될 수 없습니다. 그러므로 베풀어 주시는 선물은 감사함으로 받되 마음과 소망만큼은 항상 주께 두겠습니다. 아멘.

# January 23

으뜸가는 선물은 아직 도착하지 않았다  하나님을 가장 큰 복으로 삼으면, 절대로 사라지는 법이 없습니다. 오히려 갈수록 무한정 커지는 선물을 누리게 됩니다. 주님은 우리의 오른쪽에 계십니다. 누군가의 오른편에 선다는 건 법정에서 변호를 해 주거나, 전장에서 뒤를 받쳐 주거나, 나그네 길의 동행이 되어 준다는 뜻입니다. 그리스도 안에 있으면 이 모두가 분명한 사실이 됩니다(행 2:24-36). 주님은 인류를 위해 죽고 또 부활하셨으므로 하늘나라에서 우리를 변호하실 뿐만 아니라(덕분에 온전히 죄를 용서받았습니다) 세상을 사는 동안에도 동행이 되어 주십니다(덕분에 가까이 사귀며 사랑을 만끽합니다). 그리고 언젠가는 우리가 막연히 느낌으로 가늠하는 것이 아니라 주님을 얼굴과 얼굴을 맞대고 보게 될 것입니다. 그날에 우리는 부활의 몸을 가지고 영원히 상상할 수 없는 영광스러운 즐거움으로 가득차게 될 것입니다(9-11절). 이제는 더 두려워할 게 없습니다.

*Prayer*  밤에 눕고 아침에 다시 일어나는 게 모두 주님의 은혜입니다. 무슨 일이 벌어지든지 그 사실을 기쁜 마음으로 생생하게 기억하게 해 주십시오. 나로 하여금 의롭다 여김을 받게 하시려고 예수님이 죽음에 누웠다가 다시 일어나신 덕분에, 언젠가는 나도 마지막으로 일어나게(부활하게) 되리라는 사실을 마음에 새기겠습니다. 아멘.

# January 24

시편 17편 1-9절  1 여호와여 의의 호소를 들으소서. 나의 울부짖음에 주의하소서. 거짓되지 아니한 입술에서 나오는 나의 기도에 귀를 기울이소서. 2 주께서 나를 판단하시며 주의 눈으로 공평함을 살피소서. 3 주께서 내 마음을 시험하시고 밤에 내게 오시어서 나를 감찰하셨으나 흠을 찾지 못하셨사오니 내가 결심하고 입으로 범죄하지 아니하리이다. 4 사람의 행사로 논하면 나는 주의 입술의 말씀을 따라 스스로 삼가서 포악한 자의 길을 가지 아니하였사오며 5 나의 걸음이 주의 길을 굳게 지키고 실족하지 아니하였나이다. 6 하나님이여 내게 응답하시겠으므로 내가 불렀사오니 내게 귀를 기울여 내 말을 들으소서. 7 주께 피하는 자들을 그 일어나 치는 자들에게서 오른손으로 구원하시는 주여 주의 기이한 사랑을 나타내소서. 8 나를 눈동자 같이 지키시고 주의 날개 그늘 아래에 감추사 9 내 앞에서 나를 압제하는 악인들과 나의 목숨을 노리는 원수들에게서 벗어나게 하소서.

**깨끗한 양심**  다윗은 한 인간으로서 죄가 없다고 주장하는 게 아닙니다. 통치자로서 부패하지 않았노라고 항변하고 있습니다. 우선, 백성들에게 거짓말을 하거나(3절) 뇌물을 받지 않았습니다(4절). 억울한 비난을 받고 있을지언정 양심은 깨끗했습니다. 어떻게 하면 항상 깨끗한 양심을 지킬 수 있을까요? 두 가지 측면이 있습니다. 바르게 행동하십시오. 그러지 못했다면, 스스로 '하나님의 눈동자'임을 기억하고 즉시 회개하십시오. 놀랍게도 하나님은 그리스도 안에서 우리를 한 점 흠이 없는 자녀로 보십니다(빌 3:9-10). 그러므로 억울한 비난을 받든지, 아니면 실족했다가 회복했든지 간에 당당히 고개를 들 수 있습니다.

*Prayer*  주님 남들이 나를 어떻게 생각하는지에 너무 연연하지 않게 해 주십시오. 뿐만 아니라 내가 나를 어떻게 생각하는지 역시 크게 신경 쓰지 않게 해 주십시오. 주님은 '그리스도 안에서' 나를 보시고 아름답게 여긴다는 사실을 늘 떠올리기 원합니다. 나를 도우시옵소서. 아멘.

# January 25

시편 17편 10-15절  10 그들의 마음은 기름에 잠겼으며 그들의 입은 교만하게 말하나이다. 11 이제 우리가 걸어가는 것을 그들이 에워싸서 노려보고 땅에 넘어뜨리려 하나이다. 12 그는 그 움킨 것을 찢으려 하는 사자 같으며 은밀한 곳에 엎드린 젊은 사자 같으니이다. 13 여호와여 일어나 그를 대항하여 넘어뜨리시고 주의 칼로 악인에게서 나의 영혼을 구원하소서. 14 여호와여 이 세상에 살아 있는 동안 그들의 분깃을 받은 사람들에게서 주의 손으로 나를 구하소서. 그들은 주의 재물로 배를 채우고 자녀로 만족하고 그들의 남은 산업을 그들의 어린 아이들에게 물려주는 자니이다. 15 나는 의로운 중에 주의 얼굴을 뵈오리니, 깰 때에 주의 형상으로 만족하리이다.

어둠 속의 희망  거침없이 선을 넘고, 습관적으로 법을 어기며, 따뜻한 마음을 비웃고, 당장 만족스러운 일이라면 무엇이든 다 하는 냉담한 이들이야말로 우리가 이 세상에서 경계해야 할 부류입니다. 자신만을 위한 삶을 살자면 다른 누군가를 희생시키지 않을 수가 없습니다. 그처럼 어두운 세상을 살면서도 다윗은 소망을 지켰습니다. 잔인하고 무정한 행동들은 결국 부메랑이 되어 돌아온다는 사실을 잊지 않았습니다(14절). 하지만 15절은 그런 계산을 훌쩍 뛰어넘어, 언젠가는 주님을 있는 그대로 마주하는 날이 오리라는 사실을 일깨웁니다(요일 3:2, 고후 3:18). 무한한 아름다움에 주목하고 무한한 사랑을 받아들이는 마음가짐은 영원히 사라지지 않는 기쁨을 선사합니다.

*Prayer*  주님의 부활에 힘입어 마지막 날에 모든 뒤틀리고 그릇된 일들이 한꺼번에 바로잡히리라는 사실을 확신하게 해 주셔서 감사합니다. 장차 부활해 주님과 더불어 영원히 살게 되리라는 확신 속에 머물게 하셔서 감사합니다. 이 진실이 모든 상처를 치유합니다. 아멘.

시편 18편 1-6절  1 나의 힘이신 여호와여 내가 주를 사랑하나이다. 2 여호와는 나의 반
석이시요 나의 요새시요 나를 건지시는 이시요 나의 하나님이시요 내가 그 안에 피할 나
의 바위시요 나의 방패시요 나의 구원의 뿔이시요 나의 산성이시로다. 3 내가 찬송 받으
실 여호와께 아뢰리니 내 원수들에게서 구원을 얻으리로다. 4 사망의 줄이 나를 얽고 불
의의 창수가 나를 두렵게 하였으며 5 스올의 줄이 나를 두르고 사망의 올무가 내게 이르
렀도다. 6 내가 환난 중에서 여호와께 아뢰며 나의 하나님께 부르짖었더니 그가 그의 성
전에서 내 소리를 들으심이여, 그의 앞에서 나의 부르짖음이 그의 귀에 들렸도다.

내가 주를 사랑하나이다!  시편 기자는 되풀이해서 하나님을 피난처라고 부
릅니다. 우리에게는 항상 피난처가 필요하기 때문입니다. 습관적으로 하나님
께 돌아가서 피난처를 구하는 행위야말로 삶을 지탱하는 유일한 버팀목입니
다. 시편 2편에서 다윗은 그날이 오면 하나님이 마침내 모든 일을 바로잡으시
리라는 사실을 기억하는 데서 피난처를 찾습니다. 시편 7편에서는 눈앞에 펼
쳐진 삶의 조건과 환경들을 하나님이 슬기롭게 조절해 주시리라는 확신으로
피난처를 삼습니다. 지난날 베풀어 주신 축복에 풍성한 감사를 드리는 데서
피난처를 구합니다. "내가 주를 사랑하나이다!"라고 말할 때 다윗은 더 깊은
감정과 열정을 전하는 아주 독특한 히브리어(라함, racham)를 사용합니다. 하나
님이 어떻게 십자가의 드라마를 통해 구원을 베풀어 주셨는지 곰곰이 되새기
면서 사랑을 키워 가십시오(롬 5:8). 심령이 강건해질 것입니다.

*Prayer*  주 예수님, 나를 위해 한없이 낮아지고 목숨을 버리기까지 하시면서
하늘나라에 영원한 피난처를 마련해 주셔서 감사합니다. 주님의 역사에 힘입
어, 죄인임에도 불구하고 아버지 하나님의 환영을 받으며 그 품 안에서 피난
처를 구할 수 있게 되었습니다. 내게 베푸신 역사와 주님의 성품을 생각하면
주님을 사랑할 수밖에 없습니다. 아멘.

시편 18편 7-19절   7 이에 땅이 진동하고 산들의 터도 요동하였으니 그의 진노로 말미암음이로다. 8 그의 코에서 연기가 오르고 입에서 불이 나와 사름이여 그 불에 숯이 피었도다. 9 그가 또 하늘을 드리우시고 강림하시니 그의 발 아래는 어두캄캄하도다. 10 그룹을 타고 다니심이여, 바람 날개를 타고 높이 솟아오르셨도다. 11 그가 흑암을 그의 숨는 곳으로 삼으사 장막 같이 자기를 두르게 하심이여, 곧 물의 흑암과 공중의 빽빽한 구름으로 그리하시도다. 12 그 앞에 광채로 말미암아 빽빽한 구름이 지나며 우박과 숯불이 내리도다. 13 여호와께서 하늘에서 우렛소리를 내시고 지존하신 이가 음성을 내시며 우박과 숯불을 내리시도다. 14 그의 화살을 날려 그들을 흩으심이여 많은 번개로 그들을 깨뜨리셨도다. 15 이럴 때에 여호와의 꾸지람과 콧김으로 말미암아 물 밑이 드러나고 세상의 터가 나타났도다. 16 그가 높은 곳에서 손을 펴사 나를 붙잡아 주심이여, 많은 물에서 나를 건져 내셨도다. 17 나를 강한 원수와 미워하는 자에게서 건지셨음이여, 그들은 나보다 힘이 세기 때문이로다. 18 그들이 나의 재앙의 날에 내게 이르렀으나 여호와께서 나의 의지가 되셨도다. 19 나를 넓은 곳으로 인도하시고 나를 기뻐하시므로 나를 구원하셨도다.

**뒤늦게 찾아오는 믿음**   다윗은 하나님이 자신을 구원하기 위해 뇌우와(8-9절, 12-13절) 거센 바람이(15절) 몰아치는 가운데 하늘에서 내려오셨다고 말합니다. 주님이 이렇게 임하신 사례는 이전에도 있었지만(수 10:11, 출 14:21), 사울을 피해 도망치는 다윗을 돕는 데는 전혀 사용하신 적이 없습니다. 다윗은 나중에야 하나님이 모든 일의 이면에서 활발하게 움직이고 계셨다는 사실을 깨달았습니다. 주님이 없는 것만 같은 상황에서도 하나님은 다윗을 "기뻐하시므로"(19절) 여전히 역사하셨습니다. 그리스도인들이 알고 있는 대로, 하나님은 세상을 지극히 사랑하사 하늘에서 내려오셔서 십자가에서 자신을 버리셨으며(갈 2:20) 그리스도 안에서 우리를 기뻐하십니다(골 1:22).

*Prayer*   내 삶에 하루가 더 보태지는 사건 자체가 주님의 과분한 자비와 살아 역사하는 임재 덕분입니다. 하루를 더 살 때마다, 흠이 많고 자꾸 실수함에도 불구하고, 그리스도 안에서 나를 온전히 용납하시고 온전히 사랑하신다는 사실을 점점 더 깊이 알아 가게 도와주십시오. 아멘.

# January 28

시편 18편 20-27절   20 여호와께서 내 의를 따라 상 주시며 내 손의 깨끗함을 따라 내게 갚으셨으니 21 이는 내가 여호와의 도를 지키고 악하게 내 하나님을 떠나지 아니하였으며 22 그의 모든 규례가 내 앞에 있고 내게서 그의 율례를 버리지 아니하였음이로다. 23 또한 나는 그의 앞에 완전하여 나의 죄악에서 스스로 자신을 지켰나니 24 그러므로 여호와께서 내 의를 따라 갚으시되 그의 목전에서 내 손이 깨끗한 만큼 내게 갚으셨도다. 25 자비로운 자에게는 주의 자비로우심을 나타내시며 완전한 자에게는 주의 완전하심을 보이시며 26 깨끗한 자에게는 주의 깨끗하심을 보이시며 사악한 자에게는 주의 거스르심을 보이시리니 27 주께서 곤고한 백성은 구원하시고 교만한 눈은 낮추시리이다.

하나님과 나누는 우정   25절에서 말하는 '자비'는 언약 당사자들끼리 맹세하고 나누는 사랑을 가리킵니다. 하나님은 그렇게 반응하시므로(25-26절) 우리의 왕이 되실 뿐 아니라 친구가 되시기도 합니다. 아리스토텔레스는 친구란 어딘가 공통점이 있어서 "너도?"라고 말할 수 있어야 하므로, 인간이 신과 친구가 되는 건 불가능한 일이라고 생각했습니다. 그러나 하나님은 사람이 되셨습니다. 인간과 친구가 되기 위해 주님이 내리신 첫 번째 위대한 결단이었습니다. 우리 가운데 하나와 같이 되셔서 가까이 다가오셨으며 우리 역시 그분께 다가설 수 있게 되었습니다. 인류와 가까워지기 위해 주님이 그처럼 스스로 낮아지셨으므로, 교만하지 않고 겸손한 사람만이 그분의 친구가 될 수 있습니다. 주님은 인간들과 우정을 쌓기 위한 두 번째 발걸음을 내딛으셨습니다. 우리를 위해 목숨을 내주신 것입니다(요 15:13). 그러기에 어려운 일을 당할 때마다 예수님을 바라보며 고백할 수 있습니다. "나의 친구이신 예수님께서 내 마음을 충분히 아십니다."

*Prayer*   온 우주의 주인이신 하나님이 내 마음의 벗이 되실 수 있다는 게 도무지 상상이 가지 않지만, 분명한 사실임을 믿습니다. 하나님 말씀에 귀를 기울이고, 솔직한 기도를 꾸준히 드리며, 사랑을 베풀어 주시는 주님을 예배하면서 우정을 키우고 친밀한 교제를 나누기를 원합니다. 아멘.

시편 18편 28-33절 28 주께서 나의 등불을 켜심이여, 여호와 내 하나님이 내 흑암을 밝히시리이다. 29 내가 주를 의뢰하고 적군을 향해 달리며 내 하나님을 의지하고 담을 뛰어넘나이다. 30 하나님의 도는 완전하고 여호와의 말씀은 순수하니 그는 자기에게 피하는 모든 자의 방패시로다. 31 여호와 외에 누가 하나님이며 우리 하나님 외에 누가 반석이냐? 32 이 하나님이 힘으로 내게 띠 띠우시며 내 길을 완전하게 하시며 33 나의 발을 암사슴 발 같게 하시며 나를 나의 높은 곳에 세우시며.

**말씀을 통해 강건해짐** 첫 절부터 끝 절까지, 이 시편은 줄곧 어떻게 하나님이 힘을 주셔서 온갖 어려움에 대처하게 하는지 설명합니다. 어떻게 그 힘을 얻을 수 있을까요? 여기서 다윗은 하나님의 길은 완벽하며 그분의 말씀에는 한 점 흠이 없어서 높은 성벽이라도 뛰어넘을 수 있다고 말합니다. 온전하신 하나님은 그분의 백성들과 그만큼 온전하게 소통하십니다. 그럼에도 불구하고 우리는 건성건성 성경을 읽고, 기도를 건너뛰며, 제대로 묵상하지 않으면서 무슨 말인지 모르겠다고 불평합니다. 말씀이 인간이 되신 예수님 다음으로 하나님이 세상에 베푸신 큰 선물은 그분의 기록된 말씀입니다. 말씀에 기회를 주기만 하면, 그 말씀이 우리 심령을 불타오르게 할 것입니다.

*Prayer* 하나님의 말씀, 곧 성경을 주셔서 감사합니다. 얼마나 다양하고, 지혜로우며, 진실하고, 온전하며, 또 얼마나 큰 능력이 그 말씀에 있는지 모릅니다. 내 눈을 여셔서 그 가운데서 놀라운 일들을 점점 더 많이 보게 하시고, 날로 강건해져서 어떤 삶의 문제들이 무섭게 달려든다 하더라도 당당히 맞서게 도와주십시오. 아멘.

# January 30

시편 18편 34-45절 **34** 내 손을 가르쳐 싸우게 하시니 내 팔이 놋 활을 당기도다. **35** 또 주께서 주의 구원하는 방패를 내게 주시며 주의 오른손이 나를 붙들고 주의 온유함이 나를 크게 하셨나이다. **36** 내 걸음을 넓게 하셨고 나를 실족하지 않게 하셨나이다. **37** 내가 내 원수를 뒤쫓아 가리니 그들이 망하기 전에는 돌아서지 아니하리이다. **38** 내가 그들을 쳐서 능히 일어나지 못하게 하리니 그들이 내 발 아래에 엎드러지리이다. **39**주께서 나를 전쟁하게 하려고 능력으로 내게 띠 띠우사 일어나 나를 치는 자들이 내게 굴복하게 하셨나이다. **40** 또 주께서 내 원수들에게 등을 내게로 향하게 하시고 나를 미워하는 자들을 내가 끊어 버리게 하셨나이다. **41** 그들이 부르짖으나 구원할 자가 없었고 여호와께 부르짖어도 그들에게 대답하지 아니하셨나이다. **42** 내가 그들을 바람 앞에 티끌 같이 부서뜨리고 거리의 진흙 같이 쏟아 버렸나이다. **43** 주께서 나를 백성의 다툼에서 건지시고 여러 민족의 으뜸으로 삼으셨으니 내가 알지 못하는 백성이 나를 섬기리이다. **44** 그들이 내 소문을 들은 즉시로 내게 청종함이여 이방인들이 내게 복종하리로다. **45** 이방 자손들이 쇠잔하여 그 견고한 곳에서 떨며 나오리로다.

**진정한 위대함** 다윗은 자신을 죽이라는 명령을 받고 광야로 파견된 군대에 맞서 싸운 것을 칭송하는 찬양 한복판에 놀라운 고백을 합니다. "주의 온유함이 나를 크게 하셨나이다"라는 말씀입니다. 여기 쓰인 '온유'(gentleness)는 '겸손' 또는 '온화'라는 말에서 나왔습니다. 하나님이 불완전한 인간에게 보여 주시는 이 '온유'야말로 다윗을 성공으로 이끌었던 결정적 요인이었습니다. 오랜 세월에 걸친 고단한 훈련 과정을 통해 주님이 다윗에게 가르치신 덕목 역시 온유였으며 그분의 위대함도 거기서 찾을 수 있습니다.[12] 인류를 위해 스스로 약해지고 급기야 죽기까지 하셨던 그 능력과 자발성이야말로 위대함의 절정입니다.

*Prayer* 주님은 직접 말씀하신 그대로 "마음이 온유하고 겸손한"(마 11:29) 분입니다. 하지만 나는 그러지 못할 때가 너무나 많습니다. 예수님은 영광이나 평판에 관심이 없으셨지만 난 그렇지 않습니다. 주님은 어떤 부당한 일을 당해도 분노로 되갚지 않으셨지만 나는 늘 그렇게 합니다. 나를 용서하시고 불쌍히 여겨 주십시오. 내게 베푸신 주님의 온유를 잊지 않고 다른 이들에게 온유하게 대하게 도와주십시오. 아멘.

# January 31

시편 18편 46-50절 **46** 여호와는 살아 계시니 나의 반석을 찬송하며 내 구원의 하나님을 높일지로다. **47** 이 하나님이 나를 위하여 보복해 주시고 민족들이 내게 복종하게 해 주시도다. **48** 주께서 나를 내 원수들에게서 구조하시니 주께서 나를 대적하는 자들의 위에 나를 높이 드시고 나를 포악한 자에게서 건지시나이다. **49** 여호와여 이러므로 내가 이방 나라들 중에서 주께 감사하며 주의 이름을 찬송하리이다. **50** 여호와께서 그 왕에게 큰 구원을 주시며 기름 부음 받은 자에게 인자를 베푸심이여 영원토록 다윗과 그 후손에게로다.

**은혜를 받아 누리는 기쁨** 4-19절까지, 다윗은 스스로 원수들을 물리친 것처럼 이야기하지만, 여기서는 하나님이 그 일을 하셨다고 밝힙니다. 누가 일합니까? 인간입니까, 하나님입니까? 둘 다입니다. 이는 역설이지만 모순은 아닙니다. 다윗은 자신의 불완전한 노력에도 불구하고 결국 하나님이 은혜를 베푸셔서 뜻을 이루신다는 사실을 누구보다 잘 알고 있었습니다. 하지만 그게 다윗을 수동적으로 만들지는 않았습니다. 모든 게 자신에게 달렸다고 믿으며 일하면 기쁨은 사라지고 끔찍할 정도로 삐걱거리기 마련입니다. 인간의 수고가 아니라 철저하게 하나님의 은혜로 구원을 얻게 된다는 것을 아는 이들만이 감사와 감격이 넘치는 내면의 기쁨을 맛보고(골 3:15-17) 거기에 힘입어 더없이 큰 노력을 기울이게 됩니다.

*Prayer* 주님, 그리스도 안에서 한 점 부족하거나 일그러짐 없는 구원을 받았음을 잊지 않기를 원합니다. 이미 위대한 역사가 일어났고 엄청난 빚이 탕감되었으며, 더없이 무거운 병이 치료되었습니다. 그러한 사실이 확신과 기쁨을 가지고 상대적으로 작은 과제와 난관들을 헤쳐 나가게 해 주십시오. 나를 주님의 손에 맡깁니다. 나를 통해 일해 주십시오. 아멘.

# February 1

시편 19편 1-6절   1 하늘이 하나님의 영광을 선포하고 궁창이 그의 손으로 하신 일을 나타내는도다. 2 날은 날에게 말하고 밤은 밤에게 지식을 전하니 3 언어도 없고 말씀도 없으며 들리는 소리도 없으나 4 그의 소리가 온 땅에 통하고 그의 말씀이 세상 끝까지 이르도다. 하나님이 해를 위하여 하늘에 장막을 베푸셨도다. 5 해는 그의 신방에서 나오는 신랑과 같고 그의 길을 달리기 기뻐하는 장사 같아서 6 하늘 이 끝에서 나와서 하늘 저 끝까지 운행함이여 그의 열기에서 피할 자가 없도다.

소리 없는 말   산과 바다, 해와 별들이 예술 작품처럼 마음을 깊이 흔들어 놓는 까닭은 무엇일까요? 자연은 '들리는 소리'도 없이(3절) 온 세상을 향해 이야기합니다(2절). 이는 비언어적 커뮤니케이션의 일종으로 하나님은 살아 역사하시며 세상은 분자와 분자가 저절로 서로 연결되어 태어난 우연의 산물이 아니라 예술가의 손끝에서 태어난 의미심장한 작품이라는 사실을 전달합니다. 그러므로 자연환경 앞에서 숙연한 마음을 가질 필요가 있습니다. 다들 억누르고 있어서 그렇지 인간에게는 어느 정도 하나님의 진리와 의미, 지혜와 아름다움을 아는 지식이 있다는 뜻이기도 합니다(롬 1:18-21). 그럼에도 불구하고 이처럼 훌륭한 비언어적 의사소통은 그릇 해석되기 일쑤입니다. 그 이상의 무언가가 필요합니다.

*Prayer*   하늘과 땅을 지으신 주님, 온갖 피조물들이 창조주의 위대함을 전하고 또 노래합니다. 자연을 경멸해서 온전함을 지키지 못하거나, 숭배의 대상으로 삼아 그 하나하나가 고유한 가치를 넘어 하나님의 영광을 드러내고 있음을(드물지만 '갑자기 되비쳐 보일지라도')[13] 놓치지 않게 도와주십시오. 아멘.

# February 2

시편 19편 7-14절 7 여호와의 율법은 완전하여 영혼을 소성시키며 여호와의 증거는 확실하여 우둔한 자를 지혜롭게 하며 8 여호와의 교훈은 정직하여 마음을 기쁘게 하고 여호와의 계명은 순결하여 눈을 밝게 하시도다. 9 여호와를 경외하는 도는 정결하여 영원까지 이르고 여호와의 법도 진실하여 다 의로우니 10 금 곧 많은 순금보다 더 사모할 것이며 꿀과 송이 꿀보다 더 달도다. 11 또 주의 종이 이것으로 경고를 받고 이것을 지킴으로 상이 크니이다. 12 자기 허물을 능히 깨달을 자 누구리요. 나를 숨은 허물에서 벗어나게 하소서. 13 또 주의 종에게 고의로 죄를 짓지 말게 하사 그 죄가 나를 주장하지 못하게 하소서. 그리하면 내가 정직하여 큰 죄과에서 벗어나겠나이다. 14 나의 반석이시요 나의 구속자이신 여호와여 내 입의 말과 마음의 묵상이 주님 앞에 열납되기를 원하나이다.

완벽한 말씀  자연은 하나님의 실상과 능력에 대한 이야기를 들려주지만, 인류를 구원한 은혜에 대해서는(7-14절) 별 말이 없습니다. 오로지 성경 말씀만이 영적으로 어두운 눈을 밝혀 주며(8절) 영혼을 소성시킵니다(7절). 여기 쓰인 '영혼'에 해당하는 히브리어는 본래 정신이나 자아를 가리킵니다. 곧 성경은 참다운 정체성을 드러내고 회복시키는 힘이 있다는 말입니다. 하나님의 말씀이 이런 역사를 일으키므로 성경은 처음부터 끝까지 어김없는 진실이며 신뢰할 만하다는 사실을 인정하고 받아들여야 합니다(7-9절). 연구할 뿐만 아니라 거기에 비추어 자신을 낱낱이 돌아보아야 합니다(11-14). 마지막으로 육신을 입은 말씀, 곧 예수님께 그분의 영을 주셔서 기록된 말씀을 읽으며 다시 그분을 찾아내게 해 주시기를 구해야 합니다. 그리하면 지혜와 기쁨, 그리고 달콤함을 맛보게 될 것입니다.

*Prayer*  주님이 어떤 분이신지 추측하게 만들지 않으시고 친히 말씀해 주셔서 얼마나 감사한지 모릅니다. 하지만 성경의 가르침이 계속 감미롭고 생명의 원천이 되려면 그 말씀을 통해 스스로 점검하고 검증하며 권고를 받아야 합니다. 주님의 말씀이 내 삶에서 그런 역할을 완벽하게 해낼 수 있도록 절제력과 믿음을 허락해 주십시오. 아멘.

# February 3

시편 20편 1 환난 날에 여호와께서 네게 응답하시고 야곱의 하나님의 이름이 너를 높이 드시며 2 성소에서 너를 도와주시고 시온에서 너를 붙드시며 3 네 모든 소제를 기억하시며 네 번제를 받아 주시기를 원하노라(셀라). 4 네 마음의 소원대로 허락하시고 네 모든 계획을 이루어 주시기를 원하노라. 5 우리가 너의 승리로 말미암아 개가를 부르며 우리 하나님의 이름으로 우리의 깃발을 세우리니 여호와께서 네 모든 기도를 이루어 주시기를 원하노라. 6 여호와께서 자기에게 기름 부음 받은 자를 구원하시는 줄 이제 내가 아노니 그의 오른손의 구원하는 힘으로 그의 거룩한 하늘에서 그에게 응답하시리로다. 7 어떤 사람은 병거, 어떤 사람은 말을 의지하나 우리는 여호와 우리 하나님의 이름을 자랑하리로다. 8 그들은 비틀거리며 엎드러지고 우리는 일어나 바로 서도다. 9 여호와여 왕을 구원하소서. 우리가 부를 때에 우리에게 응답하소서.

**싸움에 나가기 전에**  커다란 시련에 어떻게 대비합니까? 갈등이 생길 수도 있고 수술을 받거나 대단히 위험한 일을 맡게 될지도 모릅니다. 여기에 등장하는 이들은 큰 전투를 앞두고 있었습니다. 군사력에 기대를 걸고 싶은 유혹이 끊임없이 밀려왔지만(7절) 하나님과 그분이 보내신 왕을 바라보았습니다(1-6절). 하나님이 왕, 곧 주님이 세우신 왕에게 응답하셨으므로 그 왕은 다시 백성들에게 응답합니다(9절). 가족, 돈, 의술, 프로그램을 비롯해 고만고만한 것들에 희망을 두기가 얼마나 쉽습니까! 하지만 그리스도인은 기름부음을 받은 왕, 곧 예수님을 바라보아야 합니다. 하나님은 늘 그분에게 응답하시고 그분의 제사를 받아 주십니다(1-4절, 히 10:1-22 참고).

*Prayer*  인간의 지혜와 재주, 이런저런 자원들에 의지하는 탓에 마음이 불안하고 초조합니다. 그런 것들은 내 기대를 저버릴 수 있지만 주님은 그렇지 않습니다. 일이 생각처럼 풀리지 않아도 주님의 손 안에 있으면 안전합니다. 하나님은 구주 예수님의 기도를 늘 들으시므로 내 기도에도 귀 기울여 주신다는 것을 압니다. 아멘.

# February 4

시편 21편 1-7절  1 여호와여 왕이 주의 힘으로 말미암아 기뻐하며 주의 구원으로 말미암아 크게 즐거워하리이다. 2 그의 마음의 소원을 들어주셨으며 그의 입술의 요구를 거절하지 아니하셨나이다(셀라). 3 주의 아름다운 복으로 그를 영접하시고 순금 관을 그의 머리에 씌우셨나이다. 4 그가 생명을 구하매 주께서 그에게 주셨으니 곧 영원한 장수로소이다. 5 주의 구원이 그의 영광을 크게 하시고 존귀와 위엄을 그에게 입히시나이다. 6 그가 영원토록 지극한 복을 받게 하시며 주 앞에서 기쁘고 즐겁게 하시나이다. 7 왕이 여호와를 의지하오니 지존하신 이의 인자함으로 흔들리지 아니하리이다.

왕이 있음을 기뻐하라  시편 21편은 20편의 기도에 응답해 주신 것에 감사하는 노래입니다. 왕이 있었기에 백성들은 전쟁에서 승리했습니다. 이제 왕을 묘사하는 말들이 봇물 터지듯 쏟아져 나옵니다. '오래오래 살도록 긴긴날을' 허락받았고 '지극한' 존귀와 축복을 입었습니다. 입에 발린 과장처럼 들릴지 모르지만 영원한 왕이신 예수님에 관한 이야기라는 점을 감안하면 한 점 부풀림 없는 진실입니다.[14] 존귀하신 주님 안에 있으면 하나님과 나누는 친밀한 교제와 마지막 승리를 보장하시는 약속이 모두 우리의 것이 됩니다. 예수님이 가지신 '마음의 소원'은 인류의 구원입니다. "고난을 당하고 난 뒤에, 그는 생명의 빛을 보고 만족할 것"(사 53:11, 새번역)입니다. 그리스도인의 일상에는 이 시편처럼 주체할 수 없는 기쁨이 차고 넘쳐야 합니다.

*Prayer*  주 예수님은 기뻐하며 갈 길을 가셨습니다. 그 길은 목숨을 내놓는 길이었습니다. 온 인류를 주님의 백성으로 삼는 데 마음의 소원을 두셨기 때문입니다. 주님을 통해 하늘 아버지께 다가갈 수 있게 되었습니다. 부활의 확신도 얻었습니다. 이처럼 기쁘고도 분명한 사실에서 하루하루 기쁨을 얻기를 원합니다. 주님은 진실로 나의 왕이십니다. 아멘.

# February 5

시편 21편 8-13절  8 왕의 손이 왕의 모든 원수들을 찾아냄이여, 왕의 오른손이 왕을 미워하는 자들을 찾아내리로다. 9 왕이 노하실 때에 그들을 풀무불 같게 할 것이라. 여호와께서 진노하사 그들을 삼키시리니 불이 그들을 소멸하리로다. 10 왕이 그들의 후손을 땅에서 멸함이여, 그들의 자손을 사람 중에서 끊으리로다. 11 비록 그들이 왕을 해하려 하여 음모를 꾸몄으나 이루지 못하도다. 12 왕이 그들로 돌아서게 함이여 그들의 얼굴을 향하여 활시위를 당기리로다. 13 여호와여 주의 능력으로 높임을 받으소서. 우리가 주의 권능을 노래하고 찬송하게 하소서.

하나님의 심판에 맡기다   시편 21편의 전반부는 다들 듣고 싶어 하는 말씀입니다. 하지만 하나님이 세우신 임금이 원수들을 벌하신다는 내용을 담고 있는 후반부 역시 분명한 성경 말씀입니다. 당장 안락하고 별 어려움 없이 사는 이들은 이 구절들이 다소 불편할지 모르지만 불의와 억압을 당해 온 이들에게는 위로가 될 것입니다. 예수님은 조금도 실수가 없는 재판관이므로 우리가 나서서 그 자리를 대신하려고 애쓸 필요가 없습니다. 그러기에 그리스도인은 원한을 떨쳐 내고 되갚아 주고 싶은 마음을 잠재울 수 있습니다.

*Prayer*   정의의 하나님을 찬양합니다. 주님 앞에서는 어떤 죄도 그냥 묻히거나 값을 치르지 않고 넘어가는 법이 없습니다. 못되게 구는 이들을 향한 분노에 사로잡혀 지내는 대신, 불쌍히 여기게 해 주십시오. 회개하고 돌아와 주님의 자비를 맛보게 하시길 간구합니다. 아멘.

# February 6

시편 22편 1-8절  1 내 하나님이여, 내 하나님이여, 어찌 나를 버리셨나이까? 어찌 나를
멀리 하여 돕지 아니하시오며 내 신음 소리를 듣지 아니하시나이까? 2 내 하나님이여, 내
가 낮에도 부르짖고 밤에도 잠잠하지 아니하오나 응답하지 아니하시나이다. 3 이스라엘
의 찬송 중에 계시는 주여 주는 거룩하시니이다. 4 우리 조상들이 주께 의뢰하고 의뢰하
였으므로 그들을 건지셨나이다. 5 그들이 주께 부르짖어 구원을 얻고 주께 의뢰하여 수치
를 당하지 아니하였나이다. 6 나는 벌레요 사람이 아니라. 사람의 비방거리요, 백성의 조
롱거리니이다. 7 나를 보는 자는 다 나를 비웃으며 입술을 비죽거리고 머리를 흔들며 말
하되 8 그가 여호와께 의탁하니 구원하실 걸, 그를 기뻐하시니 건지실 걸 하나이다.


말씀에 젖어 사는 삶  예수님은 사탄의 공격 하나하나에 신명기 말씀으로 응
수하셨습니다. 십자가를 지셨을 때는 호세아 선지자의 말을 인용했으며 극도
의 고통 속에 숨지시면서는 시편 22편 1절과 31편 5절을 부르짖으셨습니다.
이처럼 예수님은 하나님 말씀에 늘 젖어 사셨던 까닭에, 언제든지 자연스럽
게 말씀이 흘러나와 시련을 해석하고 도전에 맞설 힘이 있으셨습니다. 요즘
완화 요법이나 스트레스 관리, 긍정적인 사고방식, 신비적인 형태의 갖가지
묵상 기법을 비롯해 예수님을 흉내 낸 모조품들이 줄을 잇고 있습니다. 하지
만 정품(精品)은 하나도 없습니다. 하나님의 말씀은 성육신하신 말씀(예수님)이
이 땅에 와서 돌아가시기까지 삶을 지탱하게 했던 자원이었습니다. 우리 역
시 어떤 대용품도 받아들이지 말아야 합니다.

*Prayer*  말씀에 나 자신을 내어 맡기게 해 주십시오. 말씀을 그저 믿는 것에
그치지 않고 그 말씀이 내면에 풍성하게 살아 움직여서 생각과 감정, 더 나아
가 마음의 판까지 송두리째 변화시키게 해 주십시오. 주님의 약속과 부르심,
선포가 힘이 되길 간구합니다. 아멘.

# February 7

시편 22편 9-18절   9 오직 주께서 나를 모태에서 나오게 하시고 내 어머니의 젖을 먹을 때에 의지하게 하셨나이다. 10 내가 날 때부터 주께 맡긴 바 되었고 모태에서 나올 때부터 주는 나의 하나님이 되셨나이다. 11 나를 멀리 하지 마옵소서. 환난이 가까우나 도울 자 없나이다. 12 많은 황소가 나를 에워싸며 바산의 힘센 소들이 나를 둘러쌌으며 13 내게 그 입을 벌림이 찢으며 부르짖는 사자 같으니이다. 14 나는 물 같이 쏟아졌으며 내 모든 뼈는 어그러졌으며 내 마음은 밀랍 같아서 내 속에서 녹았으며 15 내 힘이 말라 질그릇 조각 같고 내 혀가 입천장에 붙었나이다. 주께서 또 나를 죽음의 진토 속에 두셨나이다. 16 개들이 나를 에워쌌으며 악한 무리가 나를 둘러 내 수족을 찔렀나이다. 17 내가 내 모든 뼈를 셀 수 있나이다. 그들이 나를 주목하여 보고 18 내 겉옷을 나누며 속옷을 제비 뽑나이다.

**예수님의 마음**   다윗이 쓴 이 시편은 퍼즐처럼 보입니다. 주인공은 날카로운 무언가에 손발이 찔렸고(16절), 극심한 탈수를 겪어(15절) 골격이 다 드러났습니다(17절). 질병이나 학대보다는 처형에 가까운 설명입니다. 다윗에게는 이런 일이 일어난 적이 없습니다. 통상적으로 보이던 정의를 호소하는 구절도 여기서는 나타나지 않습니다. 부당하지만 감수할 수밖에 없는 형벌을 이야기하는 듯합니다. 예수님은 이 시편이 자신의 죽음을 다루고 있음을 잘 알고 계셨습니다(마 27:46). 주님이 스스로 묘사하신 마음의 두려움과 괴로움을 감안하면 참으로 놀라운 대목입니다. 이 시편을 읽을 때마다 마치 거룩한 땅에 서 있는 것만 같습니다.

*Prayer*   하나님 아버지, 예수님이 나를 위해 이루신 일을 밝히 드러내 보여 주시니 감사합니다. "피를 쏟고 돌아가신 그 놀라운 사랑! 주님은 십자가와 수치를 견디셨습니다. 이제 죄에 빠진 나 같은 죄인들도 주님의 자애로운 이름을 부를 수 있습니다."[15] 아멘.

# February 8

시편 22편 19-26절   19 여호와여 멀리 하지 마옵소서. 나의 힘이시여 속히 나를 도우소서. 20 내 생명을 칼에서 건지시며 내 유일한 것을 개의 세력에서 구하소서. 21 나를 사자의 입에서 구하소서. 주께서 내게 응답하시고 들소의 뿔에서 구원하셨나이다. 22 내가 주의 이름을 형제에게 선포하고 회중 가운데에서 주를 찬송하리이다. 23 여호와를 두려워하는 너희여 그를 찬송할지어다. 야곱의 모든 자손이여 그에게 영광을 돌릴지어다. 너희 이스라엘 모든 자손이여 그를 경외할지어다. 24 그는 곤고한 자의 곤고를 멸시하거나 싫어하지 아니하시며 그의 얼굴을 그에게서 숨기지 아니하시고 그가 울부짖을 때에 들으셨도다. 25 큰 회중 가운데에서 나의 찬송은 주께로부터 온 것이니 주를 경외하는 자 앞에서 나의 서원을 갚으리이다. 26 겸손한 자는 먹고 배부를 것이며 여호와를 찾는 자는 그를 찬송할 것이라. 너희 마음은 영원히 살지어다.

**축복이 되기 위해 복을 받다**   시편 22편에서는 모든 게 찬양이 됩니다. 하나님은 고난당하는 이들의 아픔을 멸시하지 않으십니다. 십자가라는 면에서 보자면, 하나님이 예수님의 희생을 받으셨음을 의미합니다(22-24절). 구원받은 종은 이제 하나님의 구원이 임했다는 기쁜 소식을 다른 이들에게 전하는 새로운 임무를 수행하기 시작합니다. 그리스도인이라면 누구나 아는 사실이지만, 이는 부활하신 그리스도의 사명입니다(마 28:18-20). 하지만 그 원리는 우리 모두에게 적용됩니다. 하나님은 아브라함을 구원하시고 축복하셨습니다. 오로지 세상에 복을 전하는 통로가 되게 하시려는 뜻이었습니다(창 12:1-3). 하나님은 우리를 사랑하셔서 불러 변화시키시지만 그 뒤에는 반드시 세상에 보내어 복음을 전하고 다른 이들을 섬기게 하십니다. 그리스도인은 은총을 전하기 위해 은총을 입은 사람들입니다.

*Prayer*   하나님은 친히 지으신 모든 백성을 사랑하십니다. 그 모든 백성이 돌아와 생명 얻기를 바라십니다. 그러므로 하나님을 모르는 세상의 숱한 무리들에게 자비를 베푸셔서 무지와 완고함, 복음을 가볍게 여기는 마음을 걷어내 주시고 주님이 계신 집으로 돌아오게 해 주시길 기도합니다.[16] 아멘.

시편 22편 27-31절   27 땅의 모든 끝이 여호와를 기억하고 돌아오며 모든 나라의 모든 족속이 주의 앞에 예배하리니 28 나라는 여호와의 것이요, 여호와는 모든 나라의 주재심이로다. 29 세상의 모든 풍성한 자가 먹고 경배할 것이요, 진토 속으로 내려가는 자 곧 자기 영혼을 살리지 못할 자도 다 그 앞에 절하리로다. 30 후손이 그를 섬길 것이요, 대대에 주를 전할 것이며 31 와서 그의 공의를 태어날 백성에게 전함이여, 주께서 이를 행하셨다 할 것이로다.

"주께서 이를 행하셨다!"   세상을 향한 그리스도인의 소명은 구원의 기쁜 소식을 가난한 이들(26절)과 부유한 이들(29절)을 가리지 않고 모든 계층, 모든 인종과 민족들(27절), 그리고 모든 세대(30절)에 전하는 일입니다. 온 세상을 아우르는 이 메시지의 내용은 무엇입니까? 구원은 인간의 업적이 아니라 하나님이 이루시고 베푸시는 선물이라는 것입니다. "주께서 이를 행하셨다!" 다윗은 외쳤습니다. 예수님은 "다 이루었다!"(요 19:30)고 선언하셨습니다. 헬라어로는 '테텔레스타이'(tetelestai)로 지불한다는 뜻을 담고 있습니다. 그러니까 주님은 "마지막 한 푼까지 내가 빚을 다 갚았다. 마지막 한 방울까지 잔을 다 비웠다"고 말씀하신 셈입니다. 이제 그리스도인들에게는 결코 정죄함이 없습니다(롬 8:1).

*Prayer*   아버지, 머리로는 인간의 공로가 아니라 그리스도의 역사에 힘입어 구원을 얻는다는 교리를 잘 압니다. 하지만 내 마음은 온전히 믿지 못하여 내 성과에 따라 교만과 자기혐오 사이를 오락가락합니다. "구원은 오직 주님에게서만"(욘 2:9) 온다는 사실을 온 마음으로 붙잡을 수 있게 도와주십시오. 아멘.

# February 10

시편 23편 1 여호와는 나의 목자시니 내게 부족함이 없으리로다. 2 그가 나를 푸른 풀밭에 누이시며 쉴 만한 물가로 인도하시는도다. 3 내 영혼을 소생시키시고 자기 이름을 위하여 의의 길로 인도하시는도다. 4 내가 사망의 음침한 골짜기로 다닐지라도 해를 두려워하지 않을 것은 주께서 나와 함께 하심이라. 주의 지팡이와 막대기가 나를 안위하시나이다. 5 주께서 내 원수의 목전에서 내게 상을 차려 주시고 기름을 내 머리에 부으셨으니 내 잔이 넘치나이다. 6 내 평생에 선하심과 인자하심이 반드시 나를 따르리니 내가 여호와의 집에 영원히 살리로다.

마음 한복판에 뿌리 내린 평안  하나님은 우리에게 잔치를 베풀어 주십니다. 음침한 골짜기를 다 빠져나온 뒤가 아니라 그 한복판을 헤매고 있을 때, '원수의 목전에서' 상을 차려 주십니다. 어려움이 더없이 심한 순간에 주님 안에서 기뻐하길 원하십니다. 혹시 목자라고 말씀은 하시지만 정작 현실에는 어두우시지 않을까요? 천만의 말씀입니다. 양의 처지가 된다는 게 무얼 뜻하는지 정확히 아는 목자는 예수님뿐입니다(요 10:11). 지금 우리가 어떤 일들을 겪고 있는지, 앞으로 어떤 길을 지나게 될지, 심지어 "어떤 안내자도 되돌릴 수 없는"[17](롬 8:39) 죽음 그 자체까지 속속들이 파악하고 계십니다.

Prayer  주님의 사랑과 은혜, 진리를 먹고 산다면 아마 더 바라는 게 없을 것입니다. 하지만 평생 그런 경지에 오르지는 못할 것 같습니다. 그럼에도 불구하고 주님은 늘 함께하시고 언젠가는 참다운 고향, 평생 꿈에 그리던 아버지 집으로 이끄실 줄 믿습니다. 그 믿음 안에서 편히 쉬기를 원합니다. 아멘.

# February 11

시편 24편 1-6절  1 땅과 거기에 충만한 것과 세계와 그 가운데에 사는 자들은 다 여호와의 것이로다. 2 여호와께서 그 터를 바다 위에 세우심이여 강들 위에 건설하셨도다. 3 여호와의 산에 오를 자가 누구며 그의 거룩한 곳에 설 자가 누구인가 4 곧 손이 깨끗하며 마음이 청결하며 뜻을 허탄한 데에 두지 아니하며 거짓 맹세하지 아니하는 자로다. 5 그는 여호와께 복을 받고 구원의 하나님께 의를 얻으리니 6 이는 여호와를 찾는 족속이요 야곱의 하나님의 얼굴을 구하는 자로다(셀라).

하나님을 좇는다는 것  세상의 모든 재물과 재주, 건강과 권력, 쾌락은 모두 하나님의 것입니다. 하지만 주님이 주시는 가장 귀중한 보화는 그분의 임재 안에 사는 삶입니다. 세상의 그 무엇으로도 견주지 못할 지극한 영광은 하나님의 얼굴입니다. 다른 것은 다 무너지기 마련입니다. 하지만 주님의 임재를 아는 일은 비탈이나 산을 오르는 것과 매한가지여서 늘 애쓰며 힘겹게 나아갈 수밖에 없습니다. 죄를 뉘우치고 깨끗한 양심을 좇아야 합니다(4절). 우상을 찾아 내버려야 합니다(4절). "내게 축복하지 아니하면 가게 하지 아니하겠나이다"(창 32:26)라고 했던 야곱처럼 기도하는 가운데 씨름하며 하나님의 얼굴을 구해야 합니다.

*Prayer*  오직 주님만이 생명과 사랑의 샘입니다. 다른 곳에서는 비참한 결과를 얻을 뿐임을 압니다. 주님의 존재 그 자체만을 사랑하고 거룩한 임재와 교제를 더 깊이 경험하고 싶습니다. 길고 긴 여정이자 힘겨운 씨름이 되겠지만 오늘 그 길을 가기로 작정합니다. 아멘.

시편 24편 7-10절  7 문들아 너희 머리를 들지어다. 영원한 문들아 들릴지어다. 영광의 왕이 들어가시리로다. 8 영광의 왕이 누구시냐? 강하고 능한 여호와시오, 전쟁에 능한 여호와시로다. 9 문들아 너희 머리를 들지어다. 영원한 문들아 들릴지어다. 영광의 왕이 들어가시리로다. 10 영광의 왕이 누구시냐? 만군의 여호와께서 곧 영광의 왕이시로다(셀라).

**참다운 영광**  하나님의 영광이란 무얼 가리킵니까? 그분의 한없는 무게, 지극한 중요성을 말합니다. 주님을 영화롭게 한다는 것은 곧 아무런 토도 달지 않고 무조건 순종한다는 뜻입니다. "이러저러하면 순종하겠습니다"라는 말은 하나님보다 더 중요하고 영광스럽게 여기는 무언가가 존재한다는 고백입니다. 하지만 주께 영광을 돌리는 일은 순종에 그치지 않으며 그 선을 훨씬 넘어갑니다. 하나님의 영광이란 말로 다 표현할 수 없는 아름다움과 완전함을 의미하기도 합니다. 그저 의무감에서 하나님께 순종한다면 그건 주님께 영광이 되지 않습니다. 그리스도인은 의지만이 아니라 마음도 드려야 합니다. 찬양하고 기뻐하며 하나님에 대한 끝없는 매력을 찾아야 합니다. 모든 영광을 내려놓고 우리를 위해 돌아가신 하나님의 아들을 만나는 것보다 더 근사한 일은 없습니다(빌 2:5-11).

*Prayer*  주님은 온 세상과 그 안에 깃든 만물의 주인이면서도 그 모든 것을 버리면서까지 나를 사랑해 주셨습니다. 내 마음에, 우리 가족들에게, 그리고 이 사회에 주님의 영광을 보이셔서 다 같이 입을 모아 "어서 오시옵소서!"라고 외치게 해 주시길 간구합니다. 아멘.

# February 13

시편 25편 1-7절 **1** 여호와여 나의 영혼이 주를 우러러보나이다. **2** 나의 하나님이여 내가 주께 의지하였사오니 나를 부끄럽지 않게 하시고 나의 원수들이 나를 이겨 개가를 부르지 못하게 하소서. **3** 주를 바라는 자들은 수치를 당하지 아니하려니와 까닭 없이 속이는 자들은 수치를 당하리이다. **4** 여호와여 주의 도를 내게 보이시고 주의 길을 내게 가르치소서. **5** 주의 진리로 나를 지도하시고 교훈하소서. 주는 내 구원의 하나님이시니 내가 종일 주를 기다리나이다. **6** 여호와여 주의 긍휼하심과 인자하심이 영원부터 있었사오니 주여 이것들을 기억하옵소서. **7** 여호와여 내 젊은 시절의 죄와 허물을 기억하지 마시고 주의 인자하심을 따라 주께서 나를 기억하시되 주의 선하심으로 하옵소서.

**누구의 재주인가?** 다윗의 원수들은 다윗의 생활 철학에 반발했습니다. "인간은 자신의 재주가 아니라 하나님의 지혜에 힘입어 살아야 한다"는 게 다윗의 신념이었습니다. 정적들은 너무 순진한 인생관이라며 입을 비죽거렸습니다.[18] 다윗 역시, 하나님을 빼놓으면 진실한 생활 방식은 세상의 이기적이고 기만적인 권력 정치의 철학을 당해 낼 수가 없음을 인정했습니다(3절). 아직 결혼하지 않은 그리스도인에게 진실한 삶이란 정결하고 금욕적으로 살며 설령 출세에 지장이 있다 하더라도 담대하게 진리를 전하며 사는 것입니다. 한마디로 세상 보기에는 어리석기 짝이 없는 생활을 가리킵니다. 하지만 끝내 부끄러움을 당하는 것은 세상입니다.

*Prayer* 인기 있고 힘 센 인물로 만들어 줄 것 같은 요소들보다 '주의 길' 또는 '주의 진리'(4-5절), 곧 거룩한 말씀을 좇아 살고 싶습니다. 그렇게 살고자 하는 소망과 성실함을 허락해 주십시오. 그러다 보면 연약하고 부족해질 수밖에 없사오니 호시탐탐 해칠 기회를 노리는 이들로부터 나를 지켜 주옵소서. 아멘.

시편 25편 8-14절  8 여호와는 선하시고 정직하시니 그러므로 그의 도로 죄인들을 교훈하시리로다. 9 온유한 자를 정의로 지도하심이여 온유한 자에게 그의 도를 가르치시리로다. 10 여호와의 모든 길은 그의 언약과 증거를 지키는 자에게 인자와 진리로다. 11 여호와여 나의 죄악이 크오니 주의 이름으로 말미암아 사하소서. 12 여호와를 경외하는 자 누구냐 그가 택할 길을 그에게 가르치시리로다. 13 그의 영혼은 평안히 살고 그의 자손은 땅을 상속하리로다. 14 여호와의 친밀하심이 그를 경외하는 자들에게 있음이여, 그의 언약을 그들에게 보이시리로다.

인도   하나님은 어떻게 우리를 인도하십니까? 더 좋은 질문은 '어떻게'가 아니라 "하나님은 누구를 인도하십니까?"입니다. 어떤 사람이 되어야, 주님이 올바른 판단을 내리도록 이끌어 가실까요? 기록된 하나님의 말씀과 진리를 깊이 묵상하고 새겨서(4-5절) 성경이 직접 말하지 않는 일들까지도 올바르게 결정을 내릴 수 있어야 합니다. 우리의 눈으로 옳고 그름을 가리기에는 지혜가 턱없이 부족하지만(9절) 스스로의 죄와 한계를 늘 기억할 필요가 있습니다(11절). 하나님이 보내 주시는 것들은 하나같이 사랑이 넘치는 하나님의 뜻에 토대를 두고 있다는 사실을 신뢰해야 합니다(10절, 창 50:20). 주님은 이런 마음가짐을 가진 이들에게 속내를 보여 주십니다(14절). 하나님은 우리를 지혜롭게 만들어 주셔서 어느 길로 가야 할지 알게 하십니다.

Prayer   주님의 말씀에 순종할 뿐만 아니라 지혜로워져서 성경의 법칙들이 직접적으로 말하지 않는 삶의 숱한 상황들에 부닥칠 때마다 옳고 그름을 제대로 가리게 도와주옵소서. 지혜와 판단력, 분별력이 갈수록 자라게 하시고 겸손이 그 바닥에 깔리게 하옵소서. 아멘.

시편 25편 15-22절  15 내 눈이 항상 여호와를 바라봄은 내 발을 그물에서 벗어나게 하실 것임이로다. 16 주여 나는 외롭고 괴로우니 내게 돌이키사 나에게 은혜를 베푸소서. 17 내 마음의 근심이 많사오니 나를 고난에서 끌어내소서. 18 나의 곤고와 환난을 보시고 내 모든 죄를 사하소서. 19 내 원수를 보소서. 그들의 수가 많고 나를 심히 미워하나이다. 20 내 영혼을 지켜 나를 구원하소서. 내가 주께 피하오니 수치를 당하지 않게 하소서. 21 내가 주를 바라오니 성실과 정직으로 나를 보호하소서. 22 하나님이여 이스라엘을 그 모든 환난에서 속량하소서.

**간절한 마음으로 기다리라**  21절은 '바라다'라는 동사를 사용하고 있는데 하나님을 '간절히 기다리다' 쯤으로 풀이할 수 있습니다. 체념이나 소극성이 아니라 생명을 향한 적극적인 자세를 드러내는 말입니다. 적들이 얼마나 번성하고 막강한지와 상관없이(19절), 다윗은 성실하고 곧바르게 살았습니다(21절). 시선을 오로지 주님께만 두고(15절) 그분의 임재와 어루만져 주심을 구했습니다. 무조건적인 순종과 지속적인 기도라는 두 요소는 하나님을 '간절히 기다리는' 행위의 구성 인자입니다. 제힘으로 무얼 어찌해 보려고 섣불리 나서는 대신 하나님의 판단을 기다리는 자세야말로 지혜가 무엇인지 보여 주는 완벽한 본보기입니다. 이는 사울과 다윗의 삶과 운명(삼상 13:8-14, 삼상 26:10-11)을 또렷이 대비시키는 분기점이기도 합니다.

*Prayer*  주님의 타이밍을 가늠할 수 없음을 고백합니다. 역사와 삶의 주인이 나였더라면 아마 다른 방향으로 핸들을 돌렸을 겁니다. 하지만 나는 전체적인 그림을 볼 능력이 없습니다. 처음과 끝을 헤아리지 못합니다. 그러므로 순종하고 기도하며 기다릴 따름입니다. 아멘.

# February 16

시편 26편 1-5절  1 내가 나의 완전함에 행하였사오며 흔들리지 아니하고 여호와를 의지하였사오니 여호와여 나를 판단하소서. 2 여호와여 나를 살피시고 시험하사 내 뜻과 내 양심을 단련하소서. 3 주의 인자하심이 내 목전에 있나이다. 내가 주의 진리 중에 행하여 4 허망한 사람과 같이 앉지 아니하였사오니 간사한 자와 동행하지도 아니하리이다. 5 내가 행악자의 집회를 미워하오니 악한 자와 같이 앉지 아니하리이다.

진정한 독립의 비밀  다윗은 "완전함에 행하였사오며"라고 말하지만, 자비를 베풀어 주시길 간구하는 11절 말씀으로 미루어 볼 때 이는 '한 점 죄가 없다'는 의미가 아닙니다. 도리어 다윗은 임금 노릇을 하면서 부패 행위를 저질렀고, 악한 무리와 손을 잡았으며, 뇌물을 받았다는 억울한 고발을 당했습니다 (4-5절, 10절). 다윗은 하나님께 재판관이 되어 주시길 요청할 뿐, 변호해 줄 친구를 보내 달라든지 원수들이 마음을 바꿔 먹게 해 주시길 간청하지 않습니다. 적이든 동지든, 남들이 생각하는 바에 휘둘리지 않으며 더 나아가 스스로 내리는 평가에도 매이지 않겠다는 바울의 말과 통하는 참다운 독립의 비밀이 여기에 있습니다. 사도는 "나를 심판하실 이는 주시니라"(고전 4:4)고 단언합니다. 중요한 건 오로지 하나님의 의견뿐입니다.

*Prayer*  아버지, 주님의 의견보다 다른 이들의 견해를 훨씬 중요하게 여기는 마음가짐을 고백합니다. 남들 눈에 나쁘게 비치는 게 두렵습니다. 하나님이 그리스도를 통해 있는 그대로 나를 받아 주셨음을 기억하기 원합니다. 두려움 없이 사는 데 꼭 필요한 자유와 균형을 갖추게 도와주옵소서. 아멘.

# February 17

시편 26편 6-12절  6 여호와여 내가 무죄하므로 손을 씻고 주의 제단에 두루 다니며 7 감사의 소리를 들려주고 주의 기이한 모든 일을 말하리이다. 8 여호와여 내가 주께서 계신 집과 주의 영광이 머무는 곳을 사랑하오니 9 내 영혼을 죄인과 함께, 내 생명을 살인자와 함께 거두지 마소서. 10 그들의 손에 사악함이 있고 그들의 오른손에 뇌물이 가득하오나 11 나는 나의 완전함에 행하오리니 나를 속량하시고 내게 은혜를 베푸소서. 12 내 발이 평탄한 데에 섰사오니 무리 가운데에서 여호와를 송축하리이다.

**주님의 영광이 머무는 자리**  다윗은 성전에 머무는 하나님의 영광(무한히 거룩하고 아름다운 임재)을 사랑했습니다(8절). 그러니 예수님이 참 성전이 되신 복음은(요 2:20-21) 얼마나 더 멋지고 훌륭하겠습니까! 하나님의 영광은 이제 주님 안에 계실 뿐만 아니라 믿음으로 그분과 연합한 모든 이들 가운데 머무십니다(벧전 2:4-5). 예배당 옆 자리에 앉은 저 이상한 양반 안에도 계신다고? 마냥 칭얼대기만 하는 저 갓난아이의 아빠엄마 속에도? 꼴사나운 옷차림으로 예배에 참석한 저 젊은 친구들 가운데도? 물론입니다. 그들 안에도 어김없이 하나님의 영광이 깃들어 있으므로 그들 또한 사랑과 존경의 대상입니다. 그들이 가진 영광의 무게를 "날마다 짊어져야 하며 그 짐은 너무 무거워서 오로지 겸손만이 실어 나를 수 있으며 교만의 등에 올렸다간 당장 부러지고 말 것"[19]입니다.

*Prayer*  하나님은 주님의 거룩한 형상대로 지으신 이웃들 하나하나를 소중히 여기십니다. 형제자매들마다 제각기 그리스도와 그분의 영광을 품고 있습니다. 그런데 어떻게 그들을 냉담하고 짜증스럽고 무시하는 태도로 대할 수가 있겠습니까? 내게 넉넉한 사랑을 베푸셔서 주님이 가르치신 대로 그날그날의 삶을 살아가게 하옵소서. 아멘.

# February 18

시편 27편 1-6절  1 여호와는 나의 빛이요 나의 구원이시니 내가 누구를 두려워하리요. 여호와는 내 생명의 능력이시니 내가 누구를 무서워하리요. 2 악인들이 내 살을 먹으려고 내게로 왔으나 나의 대적들, 나의 원수들인 그들은 실족하여 넘어졌도다. 3 군대가 나를 대적하여 진 칠지라도 내 마음이 두렵지 아니하며 전쟁이 일어나 나를 치려할지라도 나는 여전히 태연하리로다. 4 내가 여호와께 바라는 한 가지 일 그것을 구하리니 곧 내가 내 평생에 여호와의 집에 살면서 여호와의 아름다움을 바라보며 그의 성전에서 사모하는 그것이라. 5 여호와께서 환난 날에 나를 그의 초막 속에 비밀히 지키시고 그의 장막 은밀한 곳에 나를 숨기시며 높은 바위 위에 두시리로다. 6 이제 내 머리가 나를 둘러싼 내 원수 위에 들리리니 내가 그의 장막에서 즐거운 제사를 드리겠고 노래하며 여호와를 찬송하리로다.

하나님의 아름다움  깊은 감동과 기쁨을 안겨 주는 음악이 있습니까? 비슷한 구실을 하는 장면이나 풍경이 있습니까? "그게 다 무슨 소용이야?"라는 소리를 들으면 그런 음악이나 풍경은 다른 목표를 이루는 수단이 아니라 그 자체로 심오한 만족을 준다는 말로 응수할 것입니다. 다윗은 "여호와의 아름다움을 바라보며 그의 성전에서 사모하는 그것"을 으뜸으로 중요하게 여겼습니다(4절). 여기서 '바라보다'라는 동사는 한 번 흘낏 쳐다보는 정도가 아니라 꾸준히 지속적으로 초점을 맞춘다는 뜻입니다. 무언가를 간청하는 기도가 아니라 하나님의 존재 그 자체를 찬양하고 경배하며 즐거워하는 것입니다. 다윗은 주님을, 원하는 대로 베풀어 주시는 유용한 대상이 아니라 아름다운 분으로 여겼습니다. 마음으로 하나님의 아름다움을 감지한다는 건 곧 주님만으로 만족하는 기쁨을 누리는 걸 가리킵니다.

*Prayer*  더도 덜도 없이, 평생 진심으로 원하는 것 한 가지를 지금 주께 구합니다. 주님을 단순히 믿는 수준을 넘어, 기도하는 가운데 그 아름다움을 보고 느끼는 경험을 하게 해 주십시오. 하나님의 존재 자체를 사랑하게 해 주십시오. 아멘.

# February 19

시편 27편 7-14절  7 여호와여 내가 소리 내어 부르짖을 때에 들으시고 또한 나를 긍휼히 여기사 응답하소서. 8 너희는 내 얼굴을 찾으라 하실 때에 내가 마음으로 주께 말하되 여호와여 내가 주의 얼굴을 찾으리이다 하였나이다. 9 주의 얼굴을 내게서 숨기지 마시고 주의 종을 노하여 버리지 마소서. 주는 나의 도움이 되셨나이다. 나의 구원의 하나님이시여 나를 버리지 마시고 떠나지 마소서. 10 내 부모는 나를 버렸으나 여호와는 나를 영접하시리이다. 11 여호와여 주의 도를 내게 가르치시고 내 원수를 생각하셔서 평탄한 길로 나를 인도하소서. 12 내 생명을 내 대적에게 맡기지 마소서. 위증자와 악을 토하는 자가 일어나 나를 치려 함이니이다. 13 내가 산 자들의 땅에서 여호와의 선하심을 보게 될 줄 확실히 믿었도다. 14 너는 여호와를 기다릴지어다. 강하고 담대하며 여호와를 기다릴지어다.

**아름다움 찾아내기**  다윗은 갖가지 어려움들을 겪고 있었지만 하나님의 아름다움에 기대어 요동치 않는 평안함을 누리며 살았습니다. 우리 마음이 하나님과 그분의 얼굴을 기뻐하면 아무 두려움 없이 세상의 기쁨들을 포기할 수 있습니다. 설령 아버지와 어머니로부터 버림받는다 할지라도 담담하게 그 상황에 대처할 수 있습니다(10절). 어째서일까요? 더없이 값진 보물(살아계신 하나님과의 교통)만 안전하다면 걱정할 게 무어란 말입니까! 그런데도 우리는 너무 많은 염려를 끌어안고 살아갑니다. 두려움은 대단히 중요한 기능을 합니다. 무얼 가장 값진 마음의 보화로 삼고 있는지 여실히 보여 주는 것입니다. 두려움이 마음에 침투한 경로를 되짚어 가며 하나님보다 더 사랑하는 게 무언지 찾아보기 바랍니다.

*Prayer*  단순한 마음으로 하나님께 순종하겠습니다. 주님은 섬김을 받아 마땅하고 당연히 그래야 하기 때문입니다. 하지만 나의 섬김이 그 수준에만 머물지 않기를 원합니다. 하나님의 아름다움, 곧 마음을 끌고 생각을 사로잡을 만큼 강렬한 그 아름다움을 보여 주셔서 주님을 섬기는 데서 한없는 기쁨을 얻게 해 주십시오. 아멘.

# February 20

시편 28편 1-5절 **1** 여호와여 내가 주께 부르짖으오니 나의 반석이여 내게 귀를 막지 마소서. 주께서 내게 잠잠하시면 내가 무덤에 내려가는 자와 같을까 하나이다. **2** 내가 주의 지성소를 향하여 나의 손을 들고 주께 부르짖을 때에 나의 간구하는 소리를 들으소서. **3** 악인과 악을 행하는 자들과 함께 나를 끌어내지 마옵소서. 그들은 그 이웃에게 화평을 말하나 그들의 마음에는 악독이 있나이다. **4** 그들이 하는 일과 그들의 행위가 악한 대로 갚으시며 그들의 손이 지은 대로 그들에게 갚아 그 마땅히 받을 것으로 그들에게 갚으소서. **5** 그들은 여호와께서 행하신 일과 손으로 지으신 것을 생각하지 아니하므로 여호와께서 그들을 파괴하고 건설하지 아니하시리로다.

**불의가 가져오는 쓰라린 아픔** 다윗은 "악인과 악을 행하는 자들과 함께"(3절) 끌려가 무덤에 던져질까 두려워했습니다. 여기서 무덤은 반역자들을 가두는 지하 감옥과 같은 곳으로 해석할 수 있습니다(1절). 왕은 부당하게 고발당하고 부패한 지도자로 치부될지 모른다고 하나님께 호소합니다. 이는 시편의 주요 주제이지만 안락하고 안전한 서구 사회에 사는 이들로서는 대부분 쉽게 이해하기 어려운 이야기입니다. "불의만큼 예리하게 파고드는 아픔은 없다. 틀림없다. 그러므로 이 구절들은 단순히 앙갚음을 이야기하는 게 아니라 현존하는 질서의 불의에 맞서는 건전한 양심의 저항과 심판의 날이 윤리적 필연이라는 확신을 말로 옮겼다고 봐야 합니다."[20] 오늘의 그리스도인들 역시 불의에 맞서 밤낮없이 하나님께 부르짖어야 합니다(눅 18:7).

*Prayer* 주님, 세상에 정의가 실현되게 해 주십시오. 가난한 이들을 비참한 형편에서 끄집어내 주시고, 독재 정권들의 세력을 꺾으시며, 폭력과 전쟁, 인종 갈등과 싸움을 끝내 주시기를 원합니다. 주님이 정의의 하나님이심을 기억하고 감사합니다. 아멘.

**시편 28편 6-9절**  6 여호와를 찬송함이여 내 간구하는 소리를 들으심이로다. 7 여호와는 나의 힘과 나의 방패이시니 내 마음이 그를 의지하여 도움을 얻었도다. 그러므로 내 마음이 크게 기뻐하며 내 노래로 그를 찬송하리로다. 8 여호와는 그들의 힘이시오, 그의 기름 부음 받은 자의 구원의 요새이시로다. 9 주의 백성을 구원하시며 주의 산업에 복을 주시고 또 그들의 목자가 되시어 영원토록 그들을 인도하소서.

**기도를 들으시는 하나님**  기도하지 않고는 살 수 없습니다. 다윗은 대담하면서도 구체적으로 기도했습니다(3-5절). 이런저런 요청을 드리는 이유에 대해 시간을 들여 조목조목 하나님께 설명했습니다. 그러다 6절에 이르자 갑자기 "내 간구하는 소리를 들으심이로다!"라며 하나님을 찬양합니다. 어떻게 주님이 귀 기울여 주신다는 걸 알았을까요? 어쩌면 하나님은 다윗에게 특별한 계시를 보여 주셔서 구한 대로 응답받으리라는 사실을 알려 주셨을지 모릅니다. 우리는 그런 식으로 주님께 다가서지는 못합니다. 하지만 마음의 소원을 아뢸 때 이렇게 해 볼 수는 있습니다. 하나님이 모든 걸 알고 계신다면 으레 구한 대로 채워 주실 줄 믿고 앞질러 감사를 드리는 것입니다(빌 4:6-7).

*Prayer*  아버지, 나의 기도를 들으시는 줄 압니다. 내게 그럴 만한 자격이 있어서가 아니라 우리의 대제사장이신 독생자 예수님 덕분입니다 주님은 내 모든 필요를 하늘 보좌 앞으로 가져가시고 하나님은 아들을 위해 그 모든 간구를 들어주십니다. 빈손을 주 앞에 들고 거룩한 은혜와 도우심으로 채워 주시길 기도합니다. 아멘.

# February 22

시편 29편 1-11절  1 너희 권능 있는 자들아 영광과 능력을 여호와께 돌리고 돌릴지어다. 2 여호와께 그의 이름에 합당한 영광을 돌리며 거룩한 옷을 입고 여호와께 예배할지어다. 3 여호와의 소리가 물 위에 있도다. 영광의 하나님이 우렛소리를 내시니 여호와는 많은 물 위에 계시도다. 4 여호와의 소리가 힘 있음이여 여호와의 소리가 위엄차도다. 5 여호와의 소리가 백향목을 꺾으심이여, 여호와께서 레바논 백향목을 꺾어 부수시도다. 6 그 나무를 송아지 같이 뛰게 하심이여, 레바논과 시룐으로 들송아지 같이 뛰게 하시도다. 7 여호와의 소리가 화염을 가르시도다. 8 여호와의 소리가 광야를 진동하심이여, 여호와께서 가데스 광야를 진동시키시도다. 9 여호와의 소리가 암사슴을 낙태하게 하시고 삼림을 말갛게 벗기시니 그의 성전에서 그의 모든 것들이 말하기를 영광이라 하도다. 10 여호와께서 홍수 때에 좌정하셨음이여, 여호와께서 영원하도록 왕으로 좌정하시도다. 11 여호와께서 자기 백성에게 힘을 주심이여, 여호와께서 자기 백성에게 평강의 복을 주시리로다.

폭풍을 주무르는 주님의 권능  엄청난 힘을 가진 허리케인도 하나님의 권세에는 댈 게 못 됩니다. 주님은 홍수를 정복하시고 자연과 역사 속에 그 거룩한 뜻을 주권적으로 이루어 가십니다. 궁극적으로 자녀들에게 유익이 되는 일이라면(롬 8:28) 폭풍을 통해서도 역사하십니다. 하나님의 권능은 특별히 그분의 음성에서 도드라지게 나타납니다(3-9절). 거룩한 음성이나 말씀이 일으키는 역사(5절, 8절)는 곧 주님이 친히 행하시는 일이나 다름없습니다. 말씀 속에는 그분의 권능이 살아 움직이고 있습니다. 그렇다면, 성경 말씀을 통해 우리 삶 속에 역사하시는 하나님의 능력을 과소평가하지 말아야 합니다. 주님의 음성은 막강한 방어벽을 무너뜨리고, 절망감을 가라앉히며, 죄책감에서 벗어나게 하고, 하나님 앞으로 이끌어 갑니다.

*Prayer*  삶 속에 주님의 권능이 역사하길 기대한다면 당연히 하나님 말씀에 귀를 기울여야 합니다. 성경 말씀을 "읽고 새기고 공부하고 속에서 곱씹어 소화하며"[21] 그 안에서 살아 계신 주님을 만나기를 원합니다. 아멘.

# February 23

시편 30편 1-5절 1 여호와여, 내가 주를 높일 것은 주께서 나를 끌어내사 내 원수로 하여금 나로 말미암아 기뻐하지 못하게 하심이니이다. 2 여호와 내 하나님이여 내가 주께 부르짖으매 나를 고치셨나이다. 3 여호와여 주께서 내 영혼을 스올에서 끌어내어 나를 살리사 무덤으로 내려가지 아니하게 하셨나이다. 4 주의 성도들아 여호와를 찬송하며 그의 거룩함을 기억하며 감사하라. 5 그의 노염은 잠깐이요 그의 은총은 평생이로다. 저녁에는 울음이 깃들일지라도 아침에는 기쁨이 오리로다.

은혜가 본향으로 이끈다  시편 30편은 은혜에 관한 노래입니다. 하나님은 그분의 백성들에게 노하실 수 있지만 노여움은 끝이 아닙니다(5절). 그러므로 주님을 믿는 이들에게는 기쁨이 늘 따라다니며 항상 찾아오기 마련입니다. 예수님 안에서 이 원리는 한 걸음 더 나아가 "근심이 도리어 기쁨이"(고후 4:17, 요 16:20-22)²² 되는 수준에 이릅니다. 그리스도의 슬픔과 아픔은 그분과 우리 모두에게 기쁨이 되었습니다. 이제 암울한 시기를 지나는 동안에도 주님을 신뢰하면 믿음과 영적인 현실 의식이 깊어지는 축복을 누릴 수 있게 된 것입니다.

*Prayer*  주님, 성경은 "우리가 잠시 받는 환난의 경한 것이 지극히 크고 영원한 영광의 중한 것을 우리에게 이루게 함"(고후 4:17)이라고 말합니다. 말씀의 깊은 뜻을 다 헤아리기 어렵지만 내 삶에 그 싹이 트고 있는 것을 봅니다. 주님을 신뢰할 때에만 경험할 수 있는 역사가 내가 부르짖을 때 내 안에서 일어나기를 원합니다. 아멘.

# February 24

시편 30편 6-12절    6 내가 형통할 때에 말하기를 영원히 흔들리지 아니하리라 하였도 다. 7 여호와여 주의 은혜로 나를 산 같이 굳게 세우셨더니 주의 얼굴을 가리시매 내가 근 심하였나이다. 8 여호와여 내가 주께 부르짖고 여호와께 간구하기를 9 내가 무덤에 내려 갈 때에 나의 피가 무슨 유익이 있으리요. 진토가 어떻게 주를 찬송하며 주의 진리를 선 포하리이까? 10 여호와여 들으시고 내게 은혜를 베푸소서, 여호와여 나를 돕는 자가 되소 서 하였나이다. 11 주께서 나의 슬픔이 변하여 내게 춤이 되게 하시며 나의 베옷을 벗기고 기쁨으로 띠 띠우셨나이다. 12 이는 잠잠하지 아니하고 내 영광으로 주를 찬송하게 하심 이니 여호와 나의 하나님이여 내가 주께 영원히 감사하리이다.

과신    만사가 잘 돌아간다고 생각하며 산책하듯 살랑살랑 인생길을 걷다가 난데없이 장애물을 만나는 일이 허다합니다. '난 끄떡없어. 날개를 단 것처럼 단숨에 정상에 오르고 말 거야. 완벽한 계획을 세워 놓았거든. 위험스러운 구 석이라곤 하나도 없어.' 무의식적으로 그렇게 생각할 수도 있고 아예 대놓고 말할지도 모릅니다. 6-7절을 보면, 구원을 체험한 직후라 할지라도, 주님의 호의를 마땅히 누려야 할 권리로 착각하고 얼마든지 이런 자만에 빠질 가능 성이 있음을 알 수 있습니다. 하지만 하나님은 그때마다 제힘으로 세상을 잘 살아갈 수 있다는 자신감을 뒤흔들어, 확고한 기쁨이 넘치고 슬픔이 변하여 춤이 되는 하늘나라의 삶을 갈망하게 하십니다.

*Prayer*    주님, 속이 뒤틀릴 만큼 삶이 요동치는 상황에서도 참다운 기쁨을 찾을 수 있는 곳에[23] 시선을 고정시키는 법을 가르쳐 주십시오. 나를 도와주 옵소서. 아멘.

# February 25

시편 31편 1-8절 1 여호와여 내가 주께 피하오니 나를 영원히 부끄럽게 하지 마시고 주의 공의로 나를 건지소서. 2 내게 귀를 기울여 속히 건지시고 내게 견고한 바위와 구원하는 산성이 되소서. 3 주는 나의 반석과 산성이시니 그러므로 주의 이름을 생각하셔서 나를 인도하시고 지도하소서. 4 그들이 나를 위하여 비밀히 친 그물에서 빼내소서. 주는 나의 산성이시니이다. 5 내가 나의 영을 주의 손에 부탁하나이다. 진리의 하나님 여호와여 나를 속량하셨나이다. 6 내가 허탄한 거짓을 숭상하는 자들을 미워하고 여호와를 의지하나이다. 7 내가 주의 인자하심을 기뻐하며 즐거워할 것은 주께서 나의 고난을 보시고 환난 중에 있는 내 영혼을 아셨으며 8 나를 원수의 수중에 가두지 아니하셨고 내 발을 넓은 곳에 세우셨음이니이다.

**주님의 손에** 심한 스트레스를 받는 상황에서도 믿음을 가지고 커다란 "환난 중에 있는 내 영혼"(7절)을 "넓은 곳"(8절)에 세우는 길을 갈 수 있습니다. 다윗은 영적으로 수동적이지 않았습니다. 능동적인 자세로 그 여정을 이어 갔습니다. 그는 부르짖으며 기도합니다. "속히 건지시고!"(2절). 우상을 숭배했던 죄를 뉘우치며 기도합니다(6절). 거룩한 사랑과 은혜가 기쁨이 되고 잃어버린 것들을 넘치도록 다시 채울 때까지 기도하며 하나님과 교제했습니다(7절). 모두가 자신을 하나님의 손에 맡기는 방법들입니다(5절). 예수님이 십자가에서 그분의 영을 아버지의 손에 맡기셨으므로(눅 24:46), 이렇게만 하면 저마다 품은 죄에도 불구하고 하나님은 한 사람 한 사람을 '넓은 곳'으로 데려가십니다.

*Prayer* 주 예수님은 십자가에서 뭇사람들로부터 배신당하고 부인당하고 거절당하고 무시당하셨습니다. 그런데도 하늘 아버지를 신뢰하고 그 손에 자신을 맡기셨습니다. 우리를 위해 그 모든 일들을 행하셨으니 그 덕에 나도 주님의 손에 나 자신을 맡깁니다. 내가 여기에 있습니다. 아멘.

# February 26

시편 31편 9-18절 9 여호와여 내가 고통 중에 있사오니 내게 은혜를 베푸소서. 내가 근심 때문에 눈과 영혼과 몸이 쇠하였나이다. 10 내 일생을 슬픔으로 보내며 나의 연수를 탄식으로 보냄이여, 내 기력이 나의 죄악 때문에 약하여지며 나의 뼈가 쇠하도소이다. 11 내가 모든 대적들 때문에 욕을 당하고 내 이웃에게서는 심히 당하니 내 친구가 놀라고 길에서 보는 자가 나를 피하였나이다. 12 내가 잊어버린 바 됨이 죽은 자를 마음에 두지 아니함 같고 깨진 그릇과 같으니이다. 13 내가 무리의 비방을 들었으므로 사방이 두려움으로 감싸였나이다. 그들이 나를 치려고 함께 의논할 때에 내 생명을 빼앗기로 꾀하였나이다. 14 여호와여, 그러하여도 나는 주께 의지하고 말하기를 주는 내 하나님이시라 하였나이다. 15 나의 앞날이 주의 손에 있사오니 내 원수들과 나를 핍박하는 자들의 손에서 나를 건져 주소서. 16 주의 얼굴을 주의 종에게 비추시고 주의 사랑하심으로 나를 구원하소서. 17 여호와여 내가 주를 불렀사오니 나를 부끄럽게 하지 마시고 악인들을 부끄럽게 하사 스올에서 잠잠하게 하소서. 18 교만하고 완악한 말로 무례히 의인을 치는 거짓 입술이 말 못하는 자 되게 하소서.

앞날이 주의 손에 있사오니  다윗은 "사방이 두려움으로" 감싸인(13절) 채 살았습니다. 삶은 위태롭고 변덕스럽기까지 했습니다. 우리가 정확히 알 수는 없지만 무시무시한 일들이 잇달아 일어났습니다. 하지만 시인은 세계사와 개인사를 통틀어 우연히 벌어지는 사건이란 없다는 사실을 알고 있었습니다. "앞날이 주의 손에" 있다는 사실을 스스로에게, 또 우리에게 일깨웁니다. 이에 관해 성경은 균형 잡힌 입장을 보입니다. 악하고 통탄할 만한 일들이 수두룩하지만 길게 보면 하나님이 그 모두를 아울러 마침내 선을 이루신다는 것입니다(롬 8:28). 결국 그리스도인의 삶에서 영원한 실패나 탈선이란 있을 수 없습니다. 하나님께 "저의 앞날이 주의 손에 있사오니"라고 말씀드리는 법을 배우시기 바랍니다.

*Prayer*  주님, 삶의 환경을 둘러보면 납득할 수 없는 일들이 숱하지만 주님은 그 속내를 두루 알고 계십니다. 다윗처럼 그 가운데서 안연하게 도와주십시오. 내 앞날이 참으로 주님의 손에 있습니다. 그편이 내 손 안에 있는 것보다 훨씬 낫습니다. 아멘.

# February 27

시편 31편 19-24절 19 주를 두려워하는 자를 위하여 쌓아 두신 은혜 곧 주께 피하는 자를 위하여 인생 앞에 베푸신 은혜가 어찌 그리 큰지요. 20 주께서 그들을 주의 은밀한 곳에 숨기사 사람의 꾀에서 벗어나게 하시고 비밀히 장막에 감추사 말다툼에서 면하게 하시리이다. 21 여호와를 찬송할지어다. 견고한 성에서 그의 놀라운 사랑을 내게 보이셨음이로다. 22 내가 놀라서 말하기를 주의 목전에서 끊어졌다 하였사오나 내가 주께 부르짖을 때에 주께서 나의 간구하는 소리를 들으셨나이다. 23 너희 모든 성도들아 여호와를 사랑하라. 여호와께서 진실한 자를 보호하시고 교만하게 행하는 자에게 엄중히 갚으시느니라. 24 여호와를 바라는 너희들아 강하고 담대하라.

**느낌과 사실** 난관에 부닥친 다윗은 마치 하나님이 함께하시지 않는 것 같은 느낌이 들었습니다. "주의 목전에서 끊어졌다!"(22절). 일이 술술 풀릴 때는 정반대로 생각하기 쉽습니다("내가 형통할 때에 말하기를 영원히 흔들리지 아니하리라 하였도다", 시 30:6). 그릇되기는 양쪽이 다 마찬가지입니다. 느낌이 아니라 하나님이 계시해 주신 말씀에 토대를 두고 살아야 합니다. 구름층을 뚫고 비행하는 조종사는 감각적으로 꼭 이리, 또는 저리 가야 할 것만 같은 기분이 든다 할지라도 반드시 계기판과 항법 장치에 의지해 방향을 잡아야 합니다.[24] 그렇지 않으면 죽을 수도 있습니다. 승승장구나 역경이라는 구름을 지날 때는 뿌듯한 감정이나 절망감에 뿌리를 둘 게 아니라 너그럽고 지혜로우신 하나님을 믿고 의지해야 합니다.

*Prayer* 주님이 말씀을 통해 듣고 싶지 않은 이야기일지라도 그 가르침을 마음으로 신뢰하는 법을 배우지 않는다면, 목매어 기다리는 말씀(주님의 사랑과 용서에 관한)을 들려주실 때도 선뜻 받아들이려 하지 않을 것입니다. 주님의 말씀을 믿고 따르는 법을 익히게 해 주십시오. 아멘.

# February 28

**시편 32편 1-5절** 1 허물의 사함을 받고 자신의 죄가 가려진 자는 복이 있도다. 2 마음에 간사함이 없고 여호와께 정죄를 당하지 아니하는 자는 복이 있도다. 3 내가 입을 열지 아니할 때에 종일 신음하므로 내 뼈가 쇠하였도다. 4 주의 손이 주야로 나를 누르시오니 내 진액이 빠져서 여름 가뭄에 마름 같이 되었나이다(셀라). 5 내가 이르기를 내 허물을 여호와께 자복하리라 하고 주께 내 죄를 아뢰고 내 죄악을 숨기지 아니하였더니 곧 주께서 내 죄악을 사하셨나이다(셀라).

용서  죄책감은 사회나 종교가 지운 짐에 불과하며, 인간은 스스로 옳고 그름을 가릴 수 있다고 주장하는 이들이 적지 않습니다. 그럼에도 불구하고 죄의식은 여전합니다. 제 힘으로 어찌해 볼 수도 없고 떨쳐 내지도 못합니다. 용서를 받는 과정은 정직한 마음에서 시작됩니다. 우리가 죄를 꺼내 놓고 인정할 때(5절) 하나님은 기꺼이 그 허물을 덮어 주십니다(1절). 다시 말해서, 우리의 반역하는 죄를 없애 버리셔서 징벌에 이르지 않게 하시며(5절) 본질적인 치욕을 제거하셔서 내면의 괴로움에서 벗어나게 하십니다(3, 4절). 속속들이 용서받을 필요가 있음을 알 뿐만 아니라 그 용서를 경험한 이들이야말로 세상에서 가장 행복한 사람들입니다. 더없이 큰 복을 받은 사람들입니다.

*Prayer*  아버지, 지은 죄도 크지만 은혜에 머물며 용서받기를 거부하는 나의 모습을 봅니다. 지은 죄도 크건만 그 위에 새로운 죄를 덧붙이며 살아가는 나를 용서해 주십시오. 예수님을 통해 완전히, 절대적으로, 값없이 용서받았음을 아는 축복과 자유를 누리기를 원합니다. 아멘.

# March 1

시편 32편 6-11절  6 이로 말미암아 모든 경건한 자는 주를 만날 기회를 얻어서 주께 기도할지라. 진실로 홍수가 범람할지라도 그에게 미치지 못하리이다. 7 주는 나의 은신처이오니 환난에서 나를 보호하시고 구원의 노래로 나를 두르시리이다(셀라). 8 내가 네 갈 길을 가르쳐 보이고 너를 주목하여 훈계하리로다. 9 너희는 무지한 말이나 노새 같이 되지 말지어다. 그것들은 재갈과 굴레로 단속하지 아니하면 너희에게 가까이 가지 아니하리로다. 10 악인에게는 많은 슬픔이 있으나 여호와를 신뢰하는 자에게는 인자하심이 두르리로다. 11 너희 의인들아 여호와를 기뻐하며 즐거워할지어다. 마음이 정직한 너희들아 다 즐거이 외칠지어다.

**재갈과 굴레**  그리스도인은 죄를 용서받는 수준을 넘어 하나님과 참다운 교제를 나누도록 부름을 받았습니다. 하지만 정해진 길에서 벗어나지 않을 때 돌아올 결과를 생각하며 이기적인 동기에서 마지못해 하나님을 바라보며 사는 경우가 얼마나 많은지 모릅니다. 재갈과 굴레로 다스려야만 하나님을 주목하는 어리석은 노새와 같은 삶입니다(9절). 그리스도인이라면 말씀과 기도를 통해 개인적으로 만나시고 가르치시는 주님을 깊이 사랑하는 마음으로 기꺼이 순종해야 합니다. 가끔 하나님은 '홍수'(6절)처럼 힘겨운 한철을 허락하십니다. 엇나간 자녀들을 되돌리고 주님의 동행과 사랑이 그 무엇보다 필요하다는 사실을 알려 주시는 일종의 재갈과 굴레인 셈입니다. 빗나가게 내버려 두지 않으시는 하나님께 감사하십시오.

*Prayer*  주님, 외부의 자극 없이는 죄를 고백하고 싶지 않습니다. 주님이 베풀어 주신 값비싼 사랑에 주목하며 죄의 대가뿐만 아니라 죄 그 자체와 나의 죄 때문에 주님이 슬퍼하신다는 사실을 안타까워하게 나를 이끌어 주십시오. 그래야 비로소 나를 지배하는 죄의 세력에서 벗어날 수 있습니다. 아멘.

# March 2

시편 33편 1-9절  1 너희 의인들아 여호와를 즐거워하라. 찬송은 정직한 자들이 마땅히 할 바로다. 2 수금으로 여호와께 감사하고 열 줄 비파로 찬송할지어다. 3 새 노래로 그를 노래하며 즐거운 소리로 아름답게 연주할지어다. 4 여호와의 말씀은 정직하며 그가 행하시는 일은 다 진실하시도다. 5 그는 공의와 정의를 사랑하심이여, 세상에는 여호와의 인자하심이 충만하도다. 6 여호와의 말씀으로 하늘이 지음이 되었으며 그 만상을 그의 입 기운으로 이루었도다. 7 그가 바닷물을 모아 무더기 같이 쌓으시며 깊은 물을 곳간에 두시도다. 8 온 땅은 여호와를 두려워하며 세상의 모든 거민들은 그를 경외할지어다. 9 그가 말씀하시매 이루어졌으며 명령하시매 견고히 섰도다.

**건강한 예배**  찬송은 "마땅히 할 바"(1절)입니다. 찬양의 대상은 하나님뿐입니다. 그분만이 찬양을 받으시기에 합당하기 때문입니다. 찬양은 우리의 몫입니다. 인간은 본래부터 찬양을 위해 지음 받았기 때문입니다. 그러므로 넉넉하고 행복한 이들은 찬양에 기울고 그렇지 못한 이들은 불평에 끌리기 마련입니다. 찬양은 "내면의 건강을 보여 주는 음향 신호"[25]입니다. 하지만 인간은 일반적으로 찬양하는 정도가 아니라 생각과 마음을 사로잡아 가장 높은 존재를 경배하도록 지음 받았습니다. 다른 무언가에 꽂힌 마음을 잡아 빼다가 주님의 아름다움에 취하게 해야 합니다. 공적인 예배와 개인적인 묵상에 잘 다듬어진 음악을 활용하는 것도 좋은 방법입니다(3절).

*Prayer*  온전히 선하시며 이루 말할 수 없을 만큼 거룩하셔서 찬양받으시기에 합당한 주님을 찬송합니다. 주님이 가르쳐 주신 찬양이 나를 치유해 주신 것을 생각할 때마다 감사를 드립니다. 찬양은 비전을 또렷하게 하며, 시각을 바꾸고, 마음을 강하게 하며, 기쁨을 곱절이나 더하게 합니다. 주님을 있는 그대로 보게 하셔서 마땅히 드릴 찬양을 올려드리기를[26] 원합니다. 아멘.

# March 3

시편 33편 10-17절   10 여호와께서 나라들의 계획을 폐하시며 민족들의 사상을 무효하
게 하시도다. 11 여호와의 계획은 영원히 서고 그의 생각은 대대에 이르리로다. 12 여호와
를 자기 하나님으로 삼은 나라 곧 하나님의 기업으로 선택된 백성은 복이 있도다. 13 여호
와께서 하늘에서 굽어보사 모든 인생을 살피심이여, 14 곧 그가 거하시는 곳에서 세상의
모든 거민들을 굽어살피시는도다. 15 그는 그들 모두의 마음을 지으시며 그들이 하는 일
을 굽어살피시는 이로다. 16 많은 군대로 구원 얻은 왕이 없으며 용사가 힘이 세어도 스스
로 구원하지 못하는도다. 17 구원하는 데에 군마는 헛되며 군대가 많다 하여도 능히 구하
지 못하는도다.

모든 나라들의 계획을 좌절시키시는 하나님   힘을 가진 이들은 늘 계획을 세
우고 목표를 정합니다. 본문은 그 모든 게 '무효'가 될 것이라고 지적합니다.
원하는 바를 얻지 못하는 데서 그칠 수도 있고 소원하던 일이 의도치 않게 결
국 하나님의 뜻을 이루기도 합니다. 예수님을 통해 구원을 이루시려는 하나
님의 원대한 계획을 가로막으려 하던 이들은 결국 그 뜻이 이뤄지도록 힘을
보탠 꼴이 되고 말았습니다(행 4:28). 하나님은 문명과 나라, 권력이 서고 무너
지는 역사에 휘둘리지 않고 거룩한 구원 계획을 차근차근 이루어 가십니다.
세상의 권세와 부를 믿고 의지하는 건 허망한 짓입니다. 흔히들 저마다 받아
가진 달란트를 상급으로 여깁니다. 하지만 하나님은 말씀하십니다. "내게 네
게 달란트를 주고 경쟁자들을 조절해 주었다. 처음부터 끝까지 내가 한 일이
다." 그리스도인은 사회 권력이나 정치 공작, 또는 경제력이 아니라 하나님
을 믿습니다.

Prayer   지식이나, 사회적인 관계, 또는 나의 계획에 너무 큰 기대를 걸지 않
도록 지켜 주십시오. 모든 게 주님의 손에 달려 있는 게 진실이고 또 현실입
니다. 그러한 진리에 저항하지 않고 즐거이 받아들여 거기서 오는 위안과 참
다운 기쁨을 누리기를 원합니다. 아멘.

# March 4

시편 33편 18-22절  18 여호와는 그를 경외하는 자 곧 그의 인자하심을 바라는 자를 살피사 19 그들의 영혼을 사망에서 건지시며 그들이 굶주릴 때에 그들을 살리시는도다. 20 우리 영혼이 여호와를 바람이여, 그는 우리의 도움과 방패시로다. 21 우리 마음이 그를 즐거워함이여, 우리가 그의 성호를 의지하였기 때문이로다. 22 여호와여 우리가 주께 바라는 대로 주의 인자하심을 우리에게 베푸소서.

**실망시키지 않는 소망**  누군가를 사랑하면 '매의 눈'으로 상대를 살피게 됩니다.[27] 미세한 표정이나 몸짓, 또는 음색까지 골똘하게 지켜보다 아쉬움을 드러내기가 무섭게 채워 주려 합니다. 놀랍게도 하나님은 우리를 그렇게 사랑하십니다. 신경을 곤두세우고 사소한 것 하나도 놓치지 않는 매서운 눈으로 자녀들을 위협하는 게 무엇이고 풍요롭게 만드는 게 무엇인지 두루 살피십니다(19절). 시편 33편은 희망의 노래로 마감하지만 그렇다고 일반적인 낙관주의는 아닙니다. 시편 기자는 하나님을 바라보며 이것, 또는 저것을 주시길 바라지 않습니다. 주님 그 자체를 소망하며 기다릴 따름입니다. "선물보따리가 아니라(비록 그럴 여지가 없는 건 아니지만, 롬 8:18-25) 그 선물을 주시는 분에게 초점을 맞춥니다. 그런 소망은 결코 우리를 실망시키지 않습니다(롬 5:5)."[28]

*Prayer*  권능과 영광이 한없으신 주님이 하늘에서 그토록 신경써서 나를 지켜보시며 사랑으로 채워 주시고 필요에 늘 민감하게 반응하신다는 사실을 도무지 믿을 수가 없습니다. 하나님은 나를 나보다 더 깊이, 비교할 수 없을 만큼 더 지혜롭게 사랑하십니다. 무슨 일이든 걱정하지 않고 그 안에서 기뻐하고 안식하게 해 주십시오. 아멘.

# March 5

시편 34편 1-10절 1 내가 여호와를 항상 송축함이여, 내 입술로 항상 주를 찬양하리이다. 2 내 영혼이 여호와를 자랑하리니 곤고한 자들이 이를 듣고 기뻐하리로다. 3 나와 함께 여호와를 광대하시다 하며 함께 그의 이름을 높이세. 4 내가 여호와께 간구하매 내게 응답하시고 내 모든 두려움에서 나를 건지셨도다. 5 그들이 주를 앙망하고 광채를 내었으니 그들의 얼굴은 부끄럽지 아니하리로다. 6 이 곤고한 자가 부르짖으매 여호와께서 들으시고 그의 모든 환난에서 구원하셨도다. 7 여호와의 천사가 주를 경외하는 자를 둘러 진 치고 그들을 건지시는도다. 8 너희는 여호와의 선하심을 맛보아 알지어다. 그에게 피하는 자는 복이 있도다. 9 너희 성도들아 여호와를 경외하라. 그를 경외하는 자에게는 부족함이 없도다. 10 젊은 사자는 궁핍하여 주릴지라도 여호와를 찾는 자는 모든 좋은 것에 부족함이 없으리로다.

**주님 안에서 자랑하다** 우리가 가진 많은 두려움에서 헤어날 수 있는 방법은 무엇일까요?(4절) 답은 대단히 포괄적입니다. 세상에서 이룬 성과나 인종, 재주, 도덕적인 노력, 또는 가문이 아니라 하나님에서 의미를 찾는(자랑하는: "자랑하는 자는 이것으로 자랑할지니", 렘 9:23-24) 정체성을 가져야 합니다(2절). 그래야만 자존감의 기초가 든든해지고 두려움이나 수치심에 휘둘리지 않습니다(5절). 그러한 정체성을 가지려면 어떻게 해야 할까요? 하나님을 믿을 뿐만 아니라 주님의 선하심을 기도 속에서 "맛보아"(8절) 알아야 합니다. 아울러 괴로움을 겪는 이들이 더불어 하나님을 영화롭게 할 수 있을 때까지(3절) 우리가 받은 위안으로 위로해야 합니다(2절, 고후 1:2-4).

*Prayer* 주님, 하나님의 선하심과 어김없이 베풀어 주시는 사랑이 아니라 다른 데서 자랑거리를 찾으려 할 때 걱정과 부끄러움, 좌절이 찾아옵니다. 주님을 바라보고 또 찾아서 거룩한 기쁨의 빛을 받을 수 있는 길을 가르쳐 주시길 원합니다. 아멘.

# March 6

시편 34편 11-16절  11 너희 자녀들아 와서 내 말을 들으라. 내가 여호와를 경외하는 법을 너희에게 가르치리로다. 12 생명을 사모하고 연수를 사랑하여 복 받기를 원하는 사람이 누구뇨? 13 네 혀를 악에서 금하며 네 입술을 거짓말에서 금할지어다. 14 악을 버리고 선을 행하며 화평을 찾아 따를지어다. 15 여호와의 눈은 의인을 향하시고 그의 귀는 그들의 부르짖음에 기울이시는도다. 16 여호와의 얼굴은 악을 행하는 자를 향하사 그들의 자취를 땅에서 끊으려 하시는도다.

거짓말  행복한 삶을 누리려면(12절) 반드시 선한 삶을 살아야 합니다(13-14절). 뱀이 에덴동산에서 늘어놓았던 거짓말, 즉 하나님께 온전히 순종하면 끔찍한 생활을 할 수밖에 없으며 풍성한 삶은 주님 안에가 아니라 밖에 있다는 속임수에[29] 정면으로 도전하는 말입니다. 안타깝게도 사탄의 거짓말은 모든 인간의 마음에 깊숙이 스며들었습니다. 하나님이 아니라 인간 각자가 어떻게 살지를 자유로이 선택할 수 있으면 그럴 때 더 행복할 것이라고 믿게 된 것입니다. 하지만 인간이 누릴 수 있는 가장 큰 행복은 인격적으로 하나님을 아는 일입니다. 반면에 기쁨과 사랑의 유일한 원천인 하나님의 얼굴을 잃어버리고 "완전히, 철저하게 '밖으로' 밀려나 내쫓기고 추방되고 소외되다가 결국 참담하게 잊혀지는"[30] 형국이야말로 더없이 큰 형벌입니다(16절).

*Prayer*  삶을 사랑한다면 하나님을 사랑할 수밖에 없습니다. 그리고 주님을 사랑하다는 말은 곧 기꺼이 주님의 거룩한 뜻을 좇는다는 이야기입니다. 주님의 얼굴을 보여 주십시오. 거룩한 사랑을 알려 주십시오. 그래서 주님을 있는 그대로 알아 가기를 원합니다. 하나님을 잃어버리고, 주님의 임재를 잃어버리고 살아가는 것이야말로 도저히 견뎌 낼 수 없는 사태임을 기억하게 해 주십시오. 아멘.

# March 7

시편 34편 17-22절  17 의인이 부르짖으매 여호와께서 들으시고 그들의 모든 환난에서 건지셨도다. 18 여호와는 마음이 상한 자를 가까이 하시고 충심으로 통회하는 자를 구원하시는도다. 19 의인은 고난이 많으나 여호와께서 그의 모든 고난에서 건지시는도다. 20 그의 모든 뼈를 보호하심이여 그 중에서 하나도 꺾이지 아니하도다. 21 악이 악인을 죽일 것이라 의인을 미워하는 자는 벌을 받으리로다. 22 여호와께서 그의 종들의 영혼을 속량하시나니 그에게 피하는 자는 다 벌을 받지 아니하리로다.

자녀들을 안전하게 품으시는 하나님의 방법  17절과 19절을 보면 마치 하나님을 따르는 이들에게는 어떠한 어려움도 없으리라고 약속하는 듯 보이지만, 다른 시편들은 어떤 역경을 만나더라도 주님이 '그 가운데' 함께하신다고 말합니다(시 23:4, 91:15). 사실, 이 시편만 하더라도 18절은 삶에 부딪혀 상하고 으스러질 수 있음을 암시합니다. 하지만 이런 고난은 하나님의 임재와 더 가까워지게 해 줍니다. 다른 방법으로는 누릴 수 없는 은혜입니다(18절). 어려움을 겪고 난 이들은 그런 일이 없었더라면 하나님 안에서 한층 깊은 기쁨을 맛보지 못했으리라는 사실을 깨닫게 됩니다. 시인은 22절에서 하나님이 "종들의 영혼을 속량하시나니"라고 노래합니다. 신약성경에 와서야 이 약속을 이루시기 위해 하나님이 얼마나 큰 대가를 치르셨는지 설명합니다. 예수님은 십자가에서 그분께 피하는 이들에게는 "결코 정죄함이 없다"는 사실을 확증하셨습니다(롬 8:1). 다윗도 그 정도로 확실하게 보장하시리라고는 상상조차 못했을 것입니다.

*Prayer*  하나님은 악으로 가득한 세상을 짓지 않으셨습니다. 또한 내가 괴로우면 주님도 괴로워하십니다. 그러니 슬픔을 주셔서 감사하다고 말씀드리는 게 꼭 올바른 표현은 아닐지 모르겠습니다. 그래도 그처럼 캄캄한 슬픔의 굴 속에서 인내와 용기, 자기 이해, 그리고 무엇보다 주님의 사랑과 임재라는 풍성한 보화들을 캐내게 하셔서 참으로 감사합니다. 아멘.

# March 8

시편 35편 1-10절  1 여호와여 나와 다투는 자와 다투시고 나와 싸우는 자와 싸우소서. 2 방패와 손 방패를 잡으시고 일어나 나를 도우소서. 3 창을 빼사 나를 쫓는 자의 길을 막으시고 또 내 영혼에게 나는 네 구원이라 이르소서. 4 내 생명을 찾는 자들이 부끄러워 수치를 당하게 하시며 나를 상해하려 하는 자들이 물러가 낭패를 당하게 하소서. 5 그들을 바람 앞에 겨와 같게 하시고 여호와의 천사가 그들을 몰아내게 하소서. 6 그들의 길을 어둡고 미끄럽게 하시며 여호와의 천사가 그들을 뒤쫓게 하소서. 7 그들이 까닭 없이 나를 잡으려고 그들의 그물을 웅덩이에 숨기며 까닭 없이 내 생명을 해하려고 함정을 팠사오니 8 멸망이 순식간에 그에게 닥치게 하시며 그가 숨긴 그물에 자기가 잡히게 하시며 멸망 중에 떨어지게 하소서. 9 내 영혼이 여호와를 즐거워함이여, 그의 구원을 기뻐하리로다. 10 내 모든 뼈가 이르기를 여호와와 같은 이가 누구냐? 그는 가난한 자를 그보다 강한 자에게서 건지시고 가난하고 궁핍한 자를 노략하는 자에게서 건지시는 이라 하리로다.

이유도, 까닭도 없이   다윗은 부당한 대우라는 문제와 씨름하고 있습니다. 사람들이 '까닭 없이'(7절) 다윗을 공격했습니다. 벌을 내려 주시길 하나님께 구하는 호소는 되갚아 주고자 하는 개인적인 욕구가 아니라 정의가 온 나라에 두루 퍼지길 기대하는 마음의 표현입니다. 이런 시편들을 대할 때마다 공의에 대단히 민감해집니다. 하지만 요즘 그리스도인들에게는 다윗이 갖지 못했던 자원이 있습니다. 우리는 예수님도 '이유 없이' 미움을 받았다는 것을 압니다(요 15:25). 그러므로 부당한 대우는 그리스도의 발자취를 따라가며(벧전 2:19-24) 못된 짓을 하는 이에게 악의를 품지 않고 불의에 관한 진리를 설명해 줄(마 5:44, 23:37) 다시없이 좋은 기회입니다. 없는 말을 듣고, 적대적인 일을 당하고, 억울한 비판을 받을 때마다 스스로의 심령에 이야기해 주어야 합니다. 남들의 의견이 아니라 '주님이 내 구원'(3절)이라고 말입니다.

*Prayer*   그러지 말아야 하는데 남들이 나를 어떻게 보는지가 내겐 너무도 중요합니다. 더러 억울한 소리를 들을 때 주님이 필요합니다. 성령님을 통해 내 심령에 말씀해 주옵소서. "다른 무언가, 또는 누군가가 아니라 바로 내가 너를 구원하겠다"라고 말씀해 주옵소서. 아멘.

# March 9

시편 35편 11-18절  11 불의한 증인들이 일어나서 내가 알지 못하는 일로 내게 질문하며 12 내게 선을 악으로 갚아 나의 영혼을 외롭게 하나 13 나는 그들이 병들었을 때에 굵은 베 옷을 입으며 금식하여 내 영혼을 괴롭게 하였더니 내 기도가 내 품으로 돌아왔도다. 14 내 가 나의 친구와 형제에게 행함 같이 그들에게 행하였으며 내가 몸을 굽히고 슬퍼하기를 어머니를 곡함 같이 하였도다. 15 그러나 내가 넘어지매 그들이 기뻐하여 서로 모임이여, 불량배가 내가 알지 못하는 중에 모여서 나를 치며 찢기를 마지아니하도다. 16 그들은 연 회에서 망령되이 조롱하는 자 같이 나를 향하여 그들의 이를 갈도다. 17 주여 어느 때까지 관망하시려 하나이까? 내 영혼을 저 멸망자에게서 구원하시며 내 유일한 것을 사자들에 게서 건지소서. 18 내가 대회 중에서 주께 감사하며 많은 백성 중에서 주를 찬송하리이다.

**기도에 답이 없을 때**  한창 시련을 겪고 있을 때 올린 기도가 응답을 받지 못 하고 다시 돌아왔을 때 다윗은 어떤 태도를 보입니까?(13절) 답이 지체되자 괴 로워하며 그 아픔을 토로했습니다. 신음하며 통곡했습니다. "난 괜찮아! 주님 을 믿기만 하면 돼!"를 부르짖으며 짐짓 경건한 척하지도 않았고, 억지로 즐 거워하지도 않았습니다(14절). 그렇지만 다윗은 하나님 안에서 씨름하며 뒹굴 었습니다. 기도하기를 멈추지 않고 울부짖었습니다. "주님, 언제까지 보고만 계시렵니까?" 하지만 놀랍게도 다윗은, 적들의 음모가 그치지 않고 고민과 고 통이 하늘을 찌르는 가운데도(19-28절을 보라) 언젠가는 반드시 하나님께 감사 하는 날이 오리라는 확신이 있었습니다(18절). 바울의 권면과도 통하는 대목 입니다. "아무것도 염려하지 말고 다만 모든 일에 기도와 간구로, 너희 구할 것을 감사함으로 하나님께 아뢰라"(빌 4:6).

*Prayer*  하나님이 팔짱 끼고 그저 지켜보기만 하시는 것 같은 느낌이 듭니 다. 하지만 결국 응답받지 못하는 기도란 존재하지 않는다는 것을 잘 압니다. 주님은 내 마음의 소망에 귀를 기울이시고 내 머리로 감히 생각지도 못하는 방식으로 필요를 채워 주십니다. 그러므로 주님, 기도하며 그저 기다리겠습 니다. 아멘.

# March 10

시편 35편 19-28절  19 부당하게 나의 원수 된 자가 나로 말미암아 기뻐하지 못하게 하시며 까닭 없이 나를 미워하는 자들이 서로 눈짓하지 못하게 하소서. 20 무릇 그들은 화평을 말하지 아니하고 오히려 평안히 땅에 사는 자들을 거짓말로 모략하며 21 또 그들이 나를 향하여 입을 크게 벌리고 하하 우리가 목격하였다 하나이다. 22 여호와여 주께서 이를 보셨사오니 잠잠하지 마옵소서. 주여 나를 멀리하지 마옵소서. 23 나의 하나님, 나의 주여 떨치고 깨셔서 나를 공판하시며 나의 송사를 다스리소서. 24 여호와 나의 하나님이여, 주의 공의대로 나를 판단하사 그들이 나로 말미암아 기뻐하지 못하게 하소서. 25 그들이 마음속으로 이르기를 아하 소원을 성취하였다 하지 못하게 하시며 우리가 그를 삼켰다 말하지 못하게 하소서. 26 나의 재난을 기뻐하는 자들이 함께 부끄러워 낭패를 당하게 하시며 나를 향하여 스스로 뽐내는 자들이 수치와 욕을 당하게 하소서. 27 나의 의를 즐거워하는 자들이 기꺼이 노래 부르고 즐거워하게 하시며 그의 종의 평안함을 기뻐하시는 여호와는 위대하시다 하는 말을 그들이 항상 말하게 하소서. 28 나의 혀가 주의 의를 말하며 종일토록 주를 찬송하리이다.

고소해하다  핍박의 이면에 있는 커다란 영적인 위험 요인 가운데 하나는 '자기의'입니다. 부당한 피해를 입었으므로 스스로 더 고상하고 우월한 존재라고 자신하는 마음가짐입니다. 다윗은 하나님께, 적들이 기뻐하지 못하게 막아 주실 뿐만 아니라, 자신도 되갚아 주며 고소해하지 않게 해 주시길 간구합니다. 다윗은 스스로 도덕적인 우월성을 내세우기보다 하나님의 공의와 위대하심을 온 마음을 다해 찬양했습니다. 현대 기술 문명이 익명의 그늘 뒤에 숨어 쉽게 막말을 해대는 문화를 만들었다고 탄식하는 이들이 적지 않습니다. 하지만 그 원인을 캐 보면 결국 맹렬한 반격으로 되갚아 주려는 인간 심리가 자리 잡고 있습니다. 앙갚음할 길을 찾지 말고 저마다 어떤 처분이 합당한지 유일하게 정확히 알고 계시는 하나님의 손에 맡기십시오(23-24절). 하나님이 당신의 옹호자가 되시면 언젠가는 모든 사실이 명명백백하게 드러날 것입니다.

*Prayer*  주님, 사람들이 나에 관해 억울한 말과 행동을 합니다. 하지만 내 마음에도 꾸지람을 들어 마땅한 이기적이고 어리석으며 모진 생각들이 가득함을 고백합니다. 그런 씨앗들이 쓰라리고 오만한 감정으로 자라지 않도록 지켜 주십시오. 내 평판과 마음의 동기를 주께 맡깁니다. 아멘.

# March 11

시편 36편 1-4절  1 악인의 죄가 그의 마음속으로 이르기를 그의 눈에는 하나님을 두려워하는 빛이 없다 하니 2 그가 스스로 자랑하기를 자기의 죄악은 드러나지 아니하고 미워함을 받지도 아니하리라 함이로다. 3 그의 입에서 나오는 말은 죄악과 속임이라. 그는 지혜와 선행을 그쳤도다. 4 그는 그의 침상에서 죄악을 꾀하며 스스로 악한 길에 서고 악을 거절하지 아니하는도다.

**죄의 뼈대**  하나님을 두려워한다는 말은(1절)은 그저 주님을 믿는다는 얘기가 아닙니다. 하나님의 광대함 앞에서 기쁨과 경외감이 뒤섞인 감정에 사로잡혀서 주님을 알고 섬기고 기쁘시게 해 드릴 수 있다는 특권에 몸을 떠는 것을 가리킵니다. 죄는 하나님을 무시합니다. 주님이 살아계신 것을 믿지 못하는 게 아니라 주님이 전부라는 사실을 믿지 못하는 게 핵심입니다. 이런 태도는 치명적입니다. 하나님을 향한 두려움과 인간으로서의 자기 이해는 짝을 이뤄 함께 자라거나 약해집니다. 주님에 대한 무관심은 자만이나(2절) 자기기만(2절)의 한 형태입니다. 하나님이 필요 없다는 사고방식은 현실과 동떨어진 관념입니다. 본문은 그런 이들을 일컬어 "지혜가 그쳤다"고 했습니다(3절). 처음에는 그저 과신에서 출발하지만 차츰 성장해 부정직하고 잔인한 성품에 이릅니다(4절). 죄는 영적인 암과 같습니다.

*Prayer*  주님, 나의 어리석은 사고방식을 고백합니다. 원망과 두려움, 욕정 따위의 적나라한 생각들을 얼마든지 피할 수 있는 순간에도, 내 마음을 세상에서 가장 소중하고 아름다운 대상인 주님께 확실하게 붙들어 매놓지 못합니다. 내 눈에서 영광을 받으시고 내 마음이 늘 주님께로 향하기를 원합니다. 주님, 도와주십시오. 아멘.

# March 12

**시편 36편 5-12절**  5 여호와여, 주의 인자하심이 하늘에 있고 주의 진실하심이 공중에 사무쳤으며 6 주의 의는 하나님의 산들과 같고 주의 심판은 큰 바다와 같으니이다. 여호와여 주는 사람과 짐승을 구하여 주시나이다. 7 하나님이여 주의 인자하심이 어찌 그리 보배로우신지요. 사람들이 주의 날개 그늘 아래에 피하나이다. 8 그들이 주의 집에 있는 살진 것으로 풍족할 것이라. 주께서 주의 복락의 강물을 마시게 하시리이다. 9 진실로 생명의 원천이 주께 있사오니 주의 빛 안에서 우리가 빛을 보리이다. 10 주를 아는 자들에게 주의 인자하심을 계속 베푸시며 마음이 정직한 자에게 주의 공의를 베푸소서. 11 교만한 자의 발이 내게 이르지 못하게 하시며 악인들의 손이 나를 쫓아내지 못하게 하소서. 12 악을 행하는 자들이 거기서 넘어졌으니 엎드러지고 다시 일어날 수 없으리이다.

**넓고 넓은 주님의 사랑**  숨이 막히도록 폐쇄적이고 자기중심적인 죄의 본성과 대조적으로 하나님의 사랑은 하늘처럼 높고(5절), 산들과 같이 장엄하며(6절), 바닷물처럼 마를 줄 모릅니다(6절). 하나님의 사랑은 즐거움이 그치지 않는 나라와 같습니다. 한 번 그 땅의 열매를 먹고 강물을 마셔 본(8절) 이들은 거듭 기도하고 예배하며 그 대지로 돌아가고 싶어 합니다. 하나님은 사랑이 넘치시고(5절) 동시에 지극히 거룩하십니다(6절). 십자가는 어떻게 주님이 그 둘을 통합하셨는지 잘 보여 줍니다. 어미 새가 비바람을 다 맞으며 어린 새끼를 품듯, 예수님은 마땅히 우리에게 돌아와야 할 형벌을 죄다 감당하셨습니다. 8-9절은 회복된 에덴동산의 모습을 어렴풋이나마 넘겨보게 해 줍니다. 예수님을 통해 빛나고 즐겁고 투명하고 참된 세상이 모두 우리의 것이 됩니다.

*Prayer*  주님, 자기 연민이 차고 넘치는 답답한 세상에 살 때가 많습니다. 남들이 제대로 대접해 주지 않는다는 불만을 품고 상한 감정을 키웁니다. 주님이 베풀어 주시는 사랑의 헤아릴 수 없이 많은 면모들을 두루 맛보게 해 주십시오. 최고의 음악을 듣는 것보다, 높은 산 정상에 서는 것보다, 주먹만 한 다이아몬드를 쳐다보는 것보다 그편이 훨씬 더 낫습니다. 주님의 한결같은 사랑은 값지고 진귀합니다. 아멘.

# March 13

시편 37편 1-6절  1 악을 행하는 자들 때문에 불평하지 말며 불의를 행하는 자들을 시기하지 말지어다. 2 그들은 풀과 같이 속히 베임을 당할 것이며 푸른 채소 같이 쇠잔할 것임이로다. 3 여호와를 의뢰하고 선을 행하라. 땅에 머무는 동안 그의 성실을 먹을거리로 삼을지어다. 4 또 여호와를 기뻐하라. 그가 네 마음의 소원을 네게 이루어 주시리로다. 5 네 길을 여호와께 맡기라. 그를 의지하면 그가 이루시고 6 네 의를 빛 같이 나타내시며 네 공의를 정오의 빛 같이 하시리로다.

**조바심치지 말라**  '조바심'은 현대인들의 공통적인 행태로 근심과 원망, 질투와 자기 연민과 같은 요소가 복합적으로 뒤섞인 결과물입니다. 특히 온라인에서 도드라지게 나타납니다. 얻는 것 없이 속만 태웁니다. 다윗은 세 가지 해결 방안을 제시합니다. 우선, 앞을 보십시오(2절). 세상에서 주요한 복을 구하는 이들은 미래의 시간을 당겨쓰고 있다고 보면 됩니다. 둘째로, 위를 보십시오(3-5절). 좌절감을 억누르거나 내뿜지 말고 하나님께 돌리십시오. 무거운 짐을 주님의 손에 내려놓고('맡기고') 하나님의 성품과 그분이 이루신 역사에서 가장 깊은 마음의 소망을 찾는('여호와를 기뻐하는') 법을 배우십시오. 마지막으로, 반드시 해야 할 일을 부지런히 해 나가십시오('선을 행하라'). 자기 연민은 윤리적으로 지켜야 할 일들을 건너뛰게 만들 수 있습니다. 무거운 마음에 양심의 가책까지 덧씌우지 마시기 바랍니다.

*Prayer*  아버지, 나는 당연히 누려야 할 삶을 제대로 누리지 못하는데 남들은 나보다 더 나은 삶을 살고 있다는 생각에 마음 앓이를 하기 일쑤입니다. 하지만 독생자 예수님은 은혜를 베푸셔서 내게 어울리는 수준과는 비할 데 없이 고귀한 삶을 살게 하시고 피를 흘려 보증해 주셨을 뿐, 조금도 아까워하지 않으셨습니다. 다른 이들에게 너그러워지고 주님의 커다란 사랑에 만족하며 살아가게 하시길 기도합니다. 아멘.

# March 14

시편 37편 7-11절　7 여호와 앞에 잠잠하고 참고 기다리라. 자기 길이 형통하며 악한 꾀를 이루는 자 때문에 불평하지 말지어다. 8 분을 그치고 노를 버리며 불평하지 말라. 오히려 악을 만들 뿐이라. 9 진실로 악을 행하는 자들은 끊어질 것이나 여호와를 소망하는 자들은 땅을 차지하리로다. 10 잠시 후에는 악인이 없어지리니 네가 그 곳을 자세히 살필지라도 없으리로다. 11 그러나 온유한 자들은 땅을 차지하며 풍성한 화평으로 즐거워하리로다.

온유한 자는 땅을 기업으로 받을 것임이요 '온유한 자'란 어떤 이들을 가리킵니까?(11절). 하나님의 타이밍을 넘겨짚지 않는 겸손한 사람들입니다(7절). 자기변호와 되갚음을 하나님 손에 맡기고 의지할 줄 아는 사람들입니다(9절). 다윗은 땅을 차지한다고 했지만 예수님은 "온유한 자는 … 땅을 기업으로 받을 것"(마 5:5)이라고 하셨습니다. 그리스도인들은 스스로 자신을 구원할 능력이 전혀 없으며 처음부터 끝까지 순수한 하나님의 은혜에 기대고 의지할 뿐이라고 고백하는 이들을 가리킵니다. 하지만 어떻게 그럴 수 있습니까? 예수님이 몸소 털 깎는 일꾼 앞에 끌려 나온 어린 양처럼 약하고 무기력해지셨기 때문입니다(마 11:29). 그리스도인이 말 그대로 온 땅을 물려받을 수 있는 까닭은 무엇입니까? 주님이 모든 것을 다 빼앗기고 우리가 마땅히 받아야 할 형벌을 대신 감수하신 덕분입니다. 병사들은 그리스도의 마지막 소유물인 겉옷까지도 제비 뽑아 나눠 가졌습니다. 사랑 가득한 주님의 놀라운 온유하심은 그리스도인의 마음에 떨어져 온유의 열매를 낳습니다.

*Prayer*　영적인 겸손에서 비롯되는 평안이 마음에 자리 잡기를 바라고 또 소망합니다. 주님의 지혜로운 처신에 담긴 겸손, 쓰라린 감정을 빚어내지 않는 겸손을 닮고 싶습니다. 주님은 "마음이 온유하고 겸손"하셨습니다. 그러므로 '마음의 쉼'을 얻는 법을 가르쳐 주십시오. 아멘.

# March 15

시편 37편 12-20절 12 악인이 의인 치기를 꾀하고 그를 향하여 그의 이를 가는도다. 13 그러나 주께서 그를 비웃으시리니 그의 날이 다가옴을 보심이로다. 14 악인이 칼을 빼고 활을 당겨 가난하고 궁핍한 자를 엎드러뜨리며 행위가 정직한 자를 죽이고자 하나 15 그들의 칼은 오히려 그들의 양심을 찌르고 그들의 활은 부러지리로다. 16 의인의 적은 소유가 악인의 풍부함보다 낫도다. 17 악인의 팔은 부러지나 의인은 여호와께서 붙드시는도다. 18 여호와께서 온전한 자의 날을 아시나니 그들의 기업은 영원하리로다. 19 그들은 환난 때에 부끄러움을 당하지 아니하며 기근의 날에도 풍족할 것이나 20 악인들은 멸망하고 여호와의 원수들은 어린 양의 기름 같이 타서 연기가 되어 없어지리로다.

신실한 삶의 역설  믿음을 가진 이들은 약해 보이지만 결국은 강합니다. "박해를 당해도 버림받지 않으며, 거꾸러뜨림을 당해도 망하지" 않습니다(12-15절, 고후 4:9). 제 힘을 바라보고 사는 이들은 잠깐 성공할지 모르지만 죄가 삶이라는 옷감을 잡아당겨 결국 찢어버리고 맙니다. 칼은 여러 가지 형태로 '양심을 찌릅니다'(15절). 반면에 주님을 좇는 이들은 "아무것도 가지지 않은 사람 같으나 모든 것을" 얻습니다(16-20절, 고후 6:10). 의롭게 산다고 해서 반드시 승승장구하는 건 아닙니다. 성실하게 살며 열심히 일해도 손에 들어오는 게 적을 수도 있습니다(16절). 하지만 세상의 물질은 쉽게 상하고 무너지며 죽음 이후의 삶에 아무 도움이 되지 않습니다. 그러므로 절대로 손해날 염려가 없는 투자처는 하나님과 그분의 변치 않는 사랑뿐입니다.[31]

Prayer  주님, 권력과 돈에 의지하기가 얼마나 쉬운지 모릅니다. 권력을 가진 이들과 은행에 큰돈을 넣어두고 사는 이들을 알고 지내면 안심이 될 것 같지만 그건 한낱 환상에 지나지 않습니다. 십자가를 통해 엄청난 빚을 탕감 받았고, 부활을 통해 미래의 부를 보장받았습니다. 날마다 그 안에서 쉼을 누리게 해 주시길 간구합니다. 아멘.

# March 16

**시편 37편 21-26절**  21 악인은 꾸고 갚지 아니하나 의인은 은혜를 베풀고 주는도다. 22 주의 복을 받은 자들은 땅을 차지하고 주의 저주를 받은 자들은 끊어지리로다. 23 여호와께서 사람의 걸음을 정하시고 그의 길을 기뻐하시나니 24 그는 넘어지나 아주 엎드러지지 아니함은 여호와께서 그의 손으로 붙드심이로다. 25 내가 어려서부터 늙기까지 의인이 버림을 당하거나 그의 자손이 걸식함을 보지 못하였도다. 26 그는 종일토록 은혜를 베풀고 꾸어 주니 그의 자손이 복을 받는도다.

**역설은 계속된다**  신실한 그리스도인들은 돈을 제 것으로 여기지 않습니다. 도리어 필요를 채우시는 하나님을 믿고(25절) 아낌없이 베풀어서 축복을 나눕니다(26절). 다윗은 의인의 자손이 구걸하는 걸 보지 못하였다고 노래한 반면, 하박국서의 잘 알려진 본문(3:17-19)은 가난해져도 하나님이 함께하시니 그것이 참된 재산이라고 말합니다. "거꾸러뜨림을 당해도 망하지" 않는다(고후 4:9)는 뜻입니다. 죄나 실수를 저지르거나 불행한 일을 당해 '넘어질' 수는 있지만, 하나님은 그렇게 쓰러져 있도록 버려두지 않으십니다(24절). 주님을 믿기만 하면, 그분은 온갖 어려움을 통해 크나크고 아름다운 열매를 맺게 하실 것입니다(고후 4:17).

*Prayer*  주님의 예비하심을 믿고 지나치다 싶을 만큼 너그럽게 지갑을 여는 게 참으로 힘듭니다. 하지만 돈에 인색하듯 예수님이 생명과 보혈을 아깝게 여기셨더라면 나는 어찌되었을까요? 기쁘게 베풀 줄 알게 해 주십시오. 아멘.

# March 17

시편 37편 27-34절   27 악에서 떠나 선을 행하라 그리하면 영원히 살리니 28 여호와께서 정의를 사랑하시고 그의 성도를 버리지 아니하심이로다. 그들은 영원히 보호를 받으나 악인의 자손은 끊어지리로다. 29 의인이 땅을 차지함이여 거기서 영원히 살리로다. 30 의인의 입은 지혜로우며 그의 혀는 정의를 말하며 31 그의 마음에는 하나님의 법이 있으니 그의 걸음은 실족함이 없으리로다. 32 악인이 의인을 엿보아 살해할 기회를 찾으나 33 여호와는 그를 악인의 손에 버려두지 아니하시고 재판 때에도 정죄하지 아니하시리로다. 34 여호와를 바라고 그의 도를 지키라. 그리하면 네가 땅을 차지하게 하실 것이라. 악인이 끊어질 때에 네가 똑똑히 보리로다.

**주님은 정의를 사랑하신다**   하나님은 우리에게 "선을 행하라"(27절)고 말씀하십니다. 28절을 보면 여기에는 정의로운 삶을 산다는 뜻이 담겨 있음을 알 수 있습니다. '정의'에 해당하는 히브리어는 '미슈파트'(mishpat)입니다. 같은 민족에게는 이런 잣대를, 다른 족속에게는 저런 기준을 들이대는 게 아니라 모든 민족을 공평하게 대한다는 뜻입니다(레 24:22). 아울러 의로운 이들과 가난한 이들, 이주민들, 남편을 잃은 여인들과 고아들을 보살핀다는 의미이기도 합니다(슥 7:10-11). 사회 정의를 선택적인 사안으로 보는 그리스도인들이 많지만 사실, 오히려 주님이 특별히 사랑하고 기뻐하시는 이들의 특성에 가깝습니다. 예수님은 제자들에게 가난하고 몸이 불편한 이들을 정기적으로 집에 불러들이라고 말씀하셨습니다(눅 14:12-13). 돌아보십시오. 정의롭게 살라는 소집 명령에 응하고 있습니까?

*Prayer*   가난하고 약하고 의지할 곳 없는 이들을 보살피시는 하나님을 찬양합니다. 그런 주님이 없었더라면 난 여전히 길을 잃고 헤매고 있었을 것입니다. 내 안에 자부심과 교만, 냉랭함이 가득해서 가난한 이들을 사랑하기가 어려움을 고백합니다. 나를 변화시키셔서 다른 이들을 돕는 일에 사용해 주십시오. 아멘.

# March 18

시편 37편 35-40절　35 내가 악인의 큰 세력을 본즉 그 본래의 땅에 서 있는 나무 잎이 무성함과 같으나 36 내가 지나갈 때에 그는 없어졌나니 내가 찾아도 발견하지 못하였도다. 37 온전한 사람을 살피고 정직한 자를 볼지어다. 모든 화평한 자의 미래는 평안이로다. 38 범죄자들은 함께 멸망하리니 악인의 미래는 끊어질 것이나 39 의인들의 구원은 여호와로부터 오나니 그는 환난 때에 그들의 요새이시로다. 40 여호와께서 그들을 도와 건지시되 악인들에게서 건져 구원하심은 그를 의지한 까닭이로다.

우리를 기다리는 미래　자신을 위해 살면 결국 아무것도 얻을 수 없습니다(35-36절). 우리에겐 '미래'가 기다리고 있습니다(37절). 윤택한 삶이 펼쳐지리라는 얘기만은 아닙니다. 이 땅에 기쁨과 사랑이 점점 널리 퍼져 나가고 다음 세상에서는 무한정 깊어지는 미래를 가리킵니다. 우리는 부활하게 되어 있습니다(고전 15:35-58). 결코 무(無)로 돌아가지 않습니다. 허공을 떠도는 한 조각 의식이 되지도 않습니다. 비인격적인 우주의 힘에 편입되지도 않습니다. 우리의 미래는 사랑이 가득한 세상입니다(고전 13:12-13). 지금은 가늠하기조차 어려울 만큼 커다란 기쁨과 만족, 능력을 만끽하며 걷고 먹고 대화하고 끌어안고 노래하고 춤추게 됩니다. 인자, 곧 예수님과 함께 '영원토록'(시 23:6) 먹고 마실 것입니다.

*Prayer*　주님, 미래가 어떨지 도무지 상상이 가질 않습니다. 하지만 부족하나마 미래를 그려 보면 다른 길로는 결코 이를 수 없을 만큼 마음이 밝아지고 소망이 넘칩니다. "무한히 넓은 사랑을 쉬잖고 전하세. 숨질 때까지 주 이름 늘 의지하겠네."[32] 아멘.

# March 19

시편 38편 1-8절   1 여호와여 주의 노하심으로 나를 책망하지 마시고 주의 분노하심으로 나를 징계하지 마소서. 2 주의 화살이 나를 찌르고 주의 손이 나를 심히 누르시나이다. 3 주의 진노로 말미암아 내 살에 성한 곳이 없사오며 나의 죄로 말미암아 내 뼈에 평안함이 없나이다. 4 내 죄악이 내 머리에 넘쳐서 무거운 짐 같으니 내가 감당할 수 없나이다. 5 내 상처가 썩어 악취가 나오니 내가 우매한 까닭이로소이다. 6 내가 아프고 심히 구부러졌으며 종일토록 슬픔 중에 다니나이다. 7 내 허리에 열기가 가득하고 내 살에 성한 곳이 없나이다. 8 내가 피곤하고 심히 상하였으매 마음이 불안하여 신음하나이다.

고난은 겹쳐서 오기 십상   오늘 본문에는 죄악도 있고(4절) 상처도 있습니다(5절). 시인의 질병은 어떤 식으로든 죄와 연결되어 있습니다. 뒤틀린 의식이 육신에 영향을 미쳤을 수도 있고, 어리석은 행동의 결과일 수도 있으며, 기자의 마음을 낮춰서 삶의 현주소를 들여다보게 하는 메신저일 수도 있습니다. 어찌됐든, 병은 친구들한테 따돌림을 당해 고립되고 정적들에게 공격의 빌미를 주는 계기가 되었습니다(11-12절을 보라). 결국 다윗은 죄와 신체적인 고통, 억울한 대접에 시달리고 있는 셈입니다. 고난은 이처럼 떼를 지어 덮치듯 다가오기 십상입니다. 해법은 단 하나, 죄를 용서하고 보호하고 치유해 달라고 하나님께 부르짖는 것뿐입니다.

*Prayer*   주저앉아 눈물을 쏟는 것 말고는 아무것도 할 수 없을 때가 있습니다. 온갖 문제들이 얽히고설켜 한꺼번에 덮쳐와 짓눌리는 기분이 듭니다. 내 잘못도 있고 억울한 경우도 있습니다. 한편으로 죄스럽고 한편으론 화가 납니다. 또 한편으로는 숨이 막힙니다. 주님, 내가 죄를 지었습니다. 한없이 무기력합니다. 제발 도와주십시오. 아멘.

# March 20

시편 38편 9-14절 9 주여 나의 모든 소원이 주 앞에 있사오며 나의 탄식이 주 앞에 감추이지 아니하나이다. 10 내 심장이 뛰고 내 기력이 쇠하여 내 눈의 빛도 나를 떠났나이다. 11 내가 사랑하는 자와 내 친구들이 내 상처를 멀리하고 내 친척들도 멀리 섰나이다. 12 내 생명을 찾는 자가 올무를 놓고 나를 해하려는 자가 괴악한 일을 말하여 종일토록 음모를 꾸미오나 13 나는 못 듣는 자 같이 듣지 아니하고 말 못하는 자 같이 입을 열지 아니하오니 14 나는 듣지 못하는 자 같아서 내 입에는 반박할 말이 없나이다.

**나의 모든 소원** 이 시편은 병들고 어려움을 겪는 이들의 부르짖음을 섬뜩하리만치 정직하게 기록하고 있습니다. 성경은 "고통은 허상이다", "고통에 초연하라", "온 마음을 다해 참으로 믿으면 고통에서 해방될 것이다"와 같은 이야기를 하지 않습니다. 한결같이 인간 의지를 해결책으로 내세우는 입장들입니다. 하지만 "물질을 지배하는 건 정신"이 아니라 오로지 하나님이십니다. 주님만이 몸과 영혼을 회복시켜 건강하게 만드실 힘을 가지고 있습니다. 붙들고 이끄시는 손길이 없으면 몸을 이루는 분자든, 영적인 능력이든 제 구실을 할 수 없습니다. 잠시라도 주님이 손을 거두시면 종종 잊고 사는 삶의 진면목과 마주하게 될 것입니다. 하나님의 도우심이 없으면 인간은 소멸될 수밖에 없습니다.

*Prayer* 인간은 얼마나 허약한 피조물인지요. 몸도 그렇고 영혼도 마찬가지입니다. 하나님이 양쪽을 모두 지탱해 주지 않으시면 당장 무너져 내리고 맙니다. 그러므로 주께 구합니다. 내게 용서와 건강을 허락해 주십시오. "실패하면 그저 울겠습니다. 걸을 수 없으면 기어서 가겠습니다, 은혜의 보좌를 향해."[33] 아멘.

# March 21

시편 38편 15-22절 15 여호와여 내가 주를 바랐사오니 내 주 하나님이 내게 응답하시리이다. 16 내가 말하기를 두렵건대 그들이 나 때문에 기뻐하며 내가 실족할 때에 나를 향하여 스스로 교만할까 하였나이다. 17 내가 넘어지게 되었고 나의 근심이 항상 내 앞에 있사오니 18 내 죄악을 아뢰고 내 죄를 슬퍼함이니이다. 19 내 원수가 활발하며 강하고 부당하게 나를 미워하는 자가 많으며 20 또 악으로 선을 대신하는 자들이 내가 선을 따른다는 것 때문에 나를 대적하나이다. 21 여호와여 나를 버리지 마소서 나의 하나님이여 나를 멀리하지 마소서. 22 속히 나를 도우소서, 주 나의 구원이시여.

**어둠을 헤치고 일어서다** 다윗은 스스로 죄를 인정했을 뿐만 아니라 그 때문에 몹시 괴로워했습니다(18절). 죄를 고백하기만 하고 혐오스럽게 여길 줄 모른다면(하나님을 슬프게 하고 치욕스럽게 하며 다른 이들을 망치는 걸 실감하지 못한다면), 죄는 도로 그 세력을 뻗치기 마련입니다. 얼마 못 가서 똑같은 짓을 되풀이할 것입니다. 아울러 다윗은 법률적으로 용서를 받는 데서 그치지 않고 하나님과 사랑이 넘치는 교제를 회복하고 싶어 했습니다(21-22절). 그냥 하나님이 아니라 "내 주 하나님"(자신을 온전히 내어 주기까지 하시는 언약의 주, 은혜의 하나님)이었기에 가능한 일이었습니다. 그 큰 헌신은 "엘리, 엘리!", 즉 "나의 하나님, 나의 하나님!"이란 외침과 함께 목숨을 버리신 분에게서 선명하게 찾아볼 수 있습니다. 우리는 너나없이 그 덕분에 용서를 받고 생명책에 이름을 올리게 되었습니다.

*Prayer* "내 영혼아, 은혜의 자리로 나아가라, 예수님이 기도에 응답하시는 그곳. 거기서 주님 발 앞에 겸손히 엎드립니다. 아무도 멸망치 않는 그곳에 나갑니다. 무거운 짐에 눌려 넘어집니다. 사탄이 짓누릅니다. 밖으론 싸우고 안팎으로 싸움과 두려움뿐이니, 안식을 찾아 주께로 나갑니다."[34] 아멘.

# March 22

시편 39편 1 내가 말하기를 나의 행위를 조심하여 내 혀로 범죄하지 아니하리니 악인이 내 앞에 있을 때에 내가 내 입에 재갈을 먹이리라 하였도다. 2 내가 잠잠하여 선한 말도 하지 아니하니 나의 근심이 더 심하도다. 3 내 마음이 내 속에서 뜨거워서 작은 소리로 읊 조릴 때에 불이 붙으니 나의 혀로 말하기를 4 여호와여 나의 종말과 연한이 언제까지인지 알게 하사 내가 내 연약함을 알게 하소서. 5 주께서 나의 날을 한 뼘 길이만큼 되게 하 시매 나의 일생이 주 앞에는 없는 것 같사오니 사람은 그가 든든히 서 있는 때에도 진실로 모두가 허사뿐이니이다(셀라). 6 진실로 각 사람은 그림자 같이 다니고 헛된 일로 소란하 며 재물을 쌓으나 누가 거둘는지 알지 못하나이다. 7 주여 이제 내가 무엇을 바라리요. 나의 소망은 주께 있나이다. 8 나를 모든 죄에서 건지시며 우매한 자에게 욕을 당하지 아니하게 하소서. 9 내가 잠잠하고 입을 열지 아니함은 주께서 이를 행하신 까닭이니이다. 10 주의 징벌을 나에게서 옮기소서. 주의 손이 치심으로 내가 쇠망하였나이다. 11 주께서 죄악을 책망하사 사람을 징계하실 때에 그 영화를 좀먹음 같이 소멸하게 하시니 참으로 인생이란 모두 헛될 뿐이니이다(셀라). 12 여호와여 나의 기도를 들으시며 나의 부르짖음 에 귀를 기울이소서. 내가 눈물 흘릴 때에 잠잠하지 마옵소서. 나는 주와 함께 있는 나그 네이며 나의 모든 조상들처럼 떠도나이다. 13 주는 나를 용서하사 내가 떠나 없어지기 전 에 나의 건강을 회복시키소서.

절망  짧은 시간 동안 즐거움을 맛보고 난 뒤에는 결국 모든 게 사라져 버리 는 게 인생입니다(4-5절). 이러한 현실이 불러일으키는 암담한 기운이 우리 심 령 위에 무겁게 내려앉곤 합니다. 시편 39편은 소망의 기미조차 비추지 않고 끝납니다. 이는 대단히 교훈적입니다. 하나님은 친히 지으신 피조물들이 문 제를 두고 불평하는 것을 허락하셨을 뿐 아니라 그 울부짖음을 말씀 속에 기 록하셨습니다. "성경에 그런 기도가 등장한다는 사실 자체가 하나님의 헤아 림이 얼마나 광대한지 보여 주는 증거입니다. 주님은 절망에 빠진 인간이 무 슨 소리를 할지 이미 알고 계십니다."[35] 가장 어려운 순간까지도 염두에 두신 엄청난 사랑에 감격해서 불평을 그만두리라 확신하셨던 것입니다.

*Prayer*  주님, 내게 허락하신 상황들 때문에 헷갈리고 분이 나서 "하나님이 나를 멀리하신다!"고 투덜거릴지 모릅니다. 하지만 하나님은 합당하게 살지 못하는 순간에도 한사코 우리 곁을 지켜주십니다. 나를 속속들이 알고 계시 는 하나님을 찬양합니다. 아멘.

# March 23

시편 40편 1-5절  1 내가 여호와를 기다리고 기다렸더니 귀를 기울이사 나의 부르짖음을 들으셨도다. 2 나를 기가 막힐 웅덩이와 수렁에서 끌어올리시고 내 발을 반석 위에 두사 내 걸음을 견고하게 하셨도다. 3 새 노래 곧 우리 하나님께 올릴 찬송을 내 입에 두셨으니 많은 사람이 보고 두려워하여 여호와를 의지하리로다. 4 여호와를 의지하고 교만한 자와 거짓에 치우치는 자를 돌아보지 아니하는 자는 복이 있도다. 5 여호와 나의 하나님이여 주께서 행하신 기적이 많고 우리를 향하신 주의 생각도 많아 누구도 주와 견줄 수가 없나이다. 내가 널리 알려 말하고자 하나 너무 많아 그 수를 셀 수도 없나이다.

기다리고, 또 기다리라  1절을 "끈질기게 기다렸더니"로 번역한 성경이 많지만, 히브리어를 직역하면 "기다리고 기다렸더니"에 가깝다. 히브리어 문서에서 한 단어를 반복해 사용한다는 건 대단히 중요해서 강조한다는 속뜻을 담고 있습니다. 따라서 본문은 수동적인 태도가 아니라 고도의 집중을 가리키는 표현으로 봐야 합니다. 높으신 주인님의 말씀을 기다리는 일꾼들은 몸을 배배꼬며 지루해하는 게 아니라 표정 하나, 몸짓 하나까지 뚫어져라 쳐다보며 그분의 뜻을 헤아리려 애쓰기 마련입니다. 주님을 기다린다는 말은 곧 거룩한 지혜와 타이밍을 전적으로 인정하고 받아들여 부지런히 하나님을 예배하고 이웃을 섬긴다는 뜻입니다. 시편 37-39편에서 보듯, 그런 기다림은 몹시 길고 괴로울 수 있습니다. 하지만 결국은 하나님께 드리는 새 노래(3절)와 축복(4절)으로 이어집니다.

*Prayer*  주님이 나를 질척거리는 구덩이에서 끄집어내 주시고 견고한 반석들을 깊이 숨겨 주신 것을 기억하고 감사드립니다. 그러한 기억들이 다시 주님을 기다리는 데 큰 보탬이 됩니다. 아멘.

# March 24

시편 40편 6-10절  6 주께서 내 귀를 통하여 내게 들려주시기를 제사와 예물을 기뻐하지 아니하시며 번제와 속죄제를 요구하지 아니하신다 하신지라 7 그 때에 내가 말하기를 내가 왔나이다, 나를 가리켜 기록한 것이 두루마리 책에 있나이다. 8 나의 하나님이여 내가 주의 뜻 행하기를 즐기오니 주의 법이 나의 심중에 있나이다 하였나이다. 9 내가 많은 회중 가운데에서 의의 기쁜 소식을 전하였나이다. 여호와여, 내가 내 입술을 닫지 아니할 줄을 주께서 아시나이다. 10 내가 주의 공의를 내 심중에 숨기지 아니하고 주의 성실과 구원을 선포하였으며 내가 주의 인자와 진리를 많은 회중 가운데에서 감추지 아니하였나이다.

의무에서 기쁨으로  하나님을 기다리는 마음가짐(3월 24일 묵상을 참고하십시오)은 다윗을 송두리째 바꿔 놓았습니다. 마지못해서가 아니라 기꺼운 마음으로 즐거이 하나님의 법을 따랐습니다(7-8절). 옛 찬송가 가사처럼 "즐거움과 의무, 예전에는 서로 부대꼈을지라도, 주님의 아름다움을 대한 뒤부터, 둘이 하나가" 되었습니다.[36] 다윗은 자신을 온전히 드리려는 '열심'이 죄를 용서받기 위한 모든 제사보다 낫다는 이야기를 하는 듯합니다(6절). 신약성경은 이 구절을 인용해 더 큰 다윗, 다시 말해 마땅히 우리가 살아야 할 순종하는 삶을 살고 당연히 우리가 죽어야 할 죽음을 맞겠노라고 하늘 아버지께 말씀드렸던 주님을 이야기합니다(히 10:5-10). 의무가 기쁨으로 변할 때까지 예수님이 우리를 위해 해 주신 일을 마음으로 곱씹으십시오.

*Prayer*  하늘 아버지와 독생자의 옛 정담을 은근슬쩍 엿듣자니 이만저만 기분이 좋은 게 아닙니다. 영원, 아니 그 이전부터 우리를 너무도 사랑하셔서 더없이 큰 대가를 치르면서까지 구원할 계획을 세워 주시다니 얼마나 놀라운 일인지요! 감사와 감격에 겨워 세상의 틀이 놓이기 전부터 시작된 그 사랑 앞에 무릎을 꿇을 따름입니다. 아멘.

# March 25

시편 40편 11-17절  11 여호와여 주의 긍휼을 내게서 거두지 마시고 주의 인자와 진리로 나를 항상 보호하소서. 12 수많은 재앙이 나를 둘러싸고 나의 죄악이 나를 덮치므로 우러러볼 수도 없으며 죄가 나의 머리털보다 많으므로 내가 낙심하였음이니이다. 13 여호와여 은총을 베푸사 나를 구원하소서. 여호와여 속히 나를 도우소서. 14 내 생명을 찾아 멸하려 하는 자는 다 수치와 낭패를 당하게 하시며 나의 해를 기뻐하는 자는 다 물러가 욕을 당하게 하소서. 15 나를 향하여 하하 하하 하며 조소하는 자들이 자기 수치로 말미암아 놀라게 하소서. 16 주를 찾는 자는 다 주 안에서 즐거워하고 기뻐하게 하시며 주의 구원을 사랑하는 자는 항상 말하기를 여호와는 위대하시다 하게 하소서. 17 나는 가난하고 궁핍하오나 주께서는 나를 생각하시오니 주는 나의 도움이시요 나를 건지시는 이시라 나의 하나님이여 지체하지 마소서.

**영광을 구하는 기도**  시편 40편의 첫머리는 하나님의 도우심에 깊이 감사하는 동시에 끈질긴 기다림이 가져오는 성품의 변화를 큰 소리로 간증하는 내용입니다. 하지만 11-17절은 하나님의 뜻과 시간을 기다려야 할 만한 상황이 늘 되풀이해 찾아오며 더러는 갑자기 들이닥치기도 한다는 사실을 보여 줍니다. 다윗은 다시 압박을 받는 처지가 되었지만 이번에는 값없이 베풀어 주시는 하나님의 은혜를 더 깊이 자각하고 있었습니다(16-17절). 마지막 절 역시 언제나 한결같은 영적 원리를 제시합니다. "스스로의 실체(17절)와 하나님의 본질(17절)을 비교하는 것은 마음을 견고하게 하는 작업입니다. 반면에 하나님의 영광을 위해 기도하는 일('주님, 높임을 받으소서!' 16절)은 해방과 승리의 길, 요한복음 12장 27절에서 보듯 그리스도 자신이 가신 길이기도 합니다."[37]

*Prayer*  하나님의 영광을 위해 기도하는 일은 정말 해방의 길이기도 합니다. "나의 부족함을 통해 주님이 영광을 받아 주세요!"라고 기도하고 나면, 보내 주시는 것들이 무엇이든 주님의 거룩하고 지혜로운 뜻이라고 기꺼이 받아들이게 됩니다. 그러므로 주님의 영광은 거룩한 사랑까지 포함하고 있음을 압니다. 주님, 내 삶을 통해 영광을 받으시길 원합니다. 아멘.

# March 26

시편 41편 1-4절  1 가난한 자를 보살피는 자에게 복이 있음이여, 재앙의 날에 여호와께서 그를 건지시리로다. 2 여호와께서 그를 지키사 살게 하시리니 그가 이 세상에서 복을 받을 것이라. 주여 그를 그 원수들의 뜻에 맡기지 마소서. 3 여호와께서 그를 병상에서 붙드시고 그가 누워 있을 때마다 그의 병을 고쳐 주시나이다. 4 내가 말하기를 여호와여 내게 은혜를 베푸소서, 내가 주께 범죄하였사오니 나를 고치소서 하였나이다.

**자비한 사람은 복이 있나니** "가난한 자(약자)를 보살핀다"는 말은 관심을 가지고 지속적으로 살핀다는 뜻입니다. 얼마쯤 돈을 내놓는 것과는 차원이 다릅니다. 무엇이 가난한 이들을 짓눌러 일어나지 못하게 하는지 철저히 살펴서 실제로 도움이 될 만한 일을 하라는 명령입니다. 이런 일을 하는 이들은 축복, 쉽게 말해 영적인 건강과 사랑을 누리게 됩니다. 다른 이들에게 자비를 베풀었듯, 스스로 죄를 지었을 때도 자비를 입게 될 것입니다(4절). 거꾸로도 말이 됩니다. 영적으로 이루 말할 수 없이 너그러운 대접을 받았으므로 도움이 필요한 이들에게 한없이 너그러울 수 있어야 합니다(마 18:28-33, 고후 8:7-9). 가난한 이들을 보살피느냐의 여부는 은혜로 구원받았는지 가리는 증거입니다. 내게는 그런 증거가 있습니까?

*Prayer*  주님, 현대 문화는 가난하지 않게 사는 게 다 스스로 열심히 일한 덕이라고 말합니다. 내 속마음도 맞장구를 칩니다. 그 거짓말을 믿으면 남들에게 베풀 수가 없습니다. 가난한 이들을 사랑하시는 하나님을 찬양합니다. 내게도 주님의 마음을 주십시오. 아멘.

# March 27

시편 41편 5-8절 5 나의 원수가 내게 대하여 악담하기를 그가 어느 때에나 죽고 그의 이름이 언제나 없어질까 하며 6 나를 보러 와서는 거짓을 말하고 그의 중심에 악을 쌓았다가 나가서는 이를 널리 선포하오며 7 나를 미워하는 자가 다 하나같이 내게 대하여 수군거리고 나를 해하려고 꾀하며 8 이르기를 악한 병이 그에게 들었으니 이제 그가 눕고 다시 일어나지 못하리라 하오며.

**뒷말** 본문은 뒷말의 죄를 지적합니다. 몸이 아픈 다윗을 문병하러 찾아왔던 (3-4절) 이들은 더없이 나쁜 소식들만 사방팔방 퍼트리고 다녔습니다(6절). 그들은 다윗이 하는 모든 일 뒤에 극악한 동기가 숨었을 거라고 수군거렸습니다(7절). 꼭 거짓 소문을 내는 것만 뒷말이 아닙니다. 비밀에 붙여야 할 정보를 흘리는 짓 역시 뒷말입니다(잠 11:13, 20:19). 듣는 이들이 주인공을 낮춰 보게 할 뜻을 품고 누군가의 소식을 전하는 것입니다. 음색을 살짝 바꾸거나 눈 한 번 깜박이는 걸로도 뒷말은 얼마든지 가능합니다. 뒷말을 해로울 게 없는 심심풀이쯤으로 여길지도 모릅니다. 하지만 신약성경은 그걸 시기와 살인, 다툼, 하나님을 미워하는 행위와 동급으로 취급합니다(롬 1:28-30).

*Prayer* 누군가를 두고 긍정적이지 못한 이야기를 흘리곤 했습니다. 그건 내가 그들보다 나아 보이고 싶어서였습니다. 주님은 내게 영원한 이름을 주시기 위해 명성까지 포기하셨습니다. 그런데 내가 어떻게 다른 이들의 좋은 평판에 흠집을 내겠습니까? 나를 용서하시고 도와주시길 간구합니다. 아멘.

# March 28

**시편 41편 9-13절** 9 내가 신뢰하여 내 떡을 나눠 먹던 나의 가까운 친구도 나를 대적하여 그의 발꿈치를 들었나이다. 10 그러하오나 주 여호와여 내게 은혜를 베푸시고 나를 일으키사 내가 그들에게 보응하게 하소서. 이로써 11 내 원수가 나를 이기지 못하오니 주께서 나를 기뻐하시는 줄을 내가 알았나이다. 12 주께서 나를 온전한 중에 붙드시고 영원히 주 앞에 세우시나이다. 13 이스라엘의 하나님 여호와를 영원부터 영원까지 송축할지로다. 아멘, 아멘.

**배신** 다윗은 가까이 지내던(내 떡을 나눠 먹던) 측근들 가운데 악인들에게 '되갚게' 도와 달라고 하나님께 요청합니다. 개인적으로 복수하고 싶어서가 아니라 왕으로서 공의를 세우고자 하는 마음이었습니다. 친구의 배신(가장 잔인한 형태의)에 어떻게 반응해야 할까요? 수백 년이 흐른 뒤, 예수님은 이 본문을 자신에게 적용하셨습니다(요 13:18). 유다에게 다정하게 손을 내미시고 모든 면에 걸쳐서 회개할 기회를 주셨습니다. 물론, 그날 밤, 예수님께 충성하는 대신 등을 돌렸던 이들은 유다 말고도 수두룩했습니다. 그리스도와 한 상에서 밥과 잔을 나누는 그리스도인도 시시때때로 주님을 실망시킵니다. 그래도 예수님은 우리를 용납해 주십니다. 우리를 배신하는 이들을 용서해야 할 이유가 여기에 있습니다.

*Prayer* 주님, 지난날 내게 못된 짓을 한 이들을 여태 제대로 용서하지 않았다는 생각이 문득 듭니다. 과거의 행동들 때문에 그들을 미워합니다. 피하는 건 보통이고 차갑게 대하기 일쑤입니다. 예수님이 큰 대가를 치르고 내게 은혜를 베풀어 주셨음을 기억하게 해 주십시오. 얼음장 같이 차가운 내 마음을 녹이셔서 아무 조건 없이 완전히 용서하게 해 주십시오. 아멘.

# March 29

**시편 42편 1-5절**  1 하나님이여 사슴이 시냇물을 찾기에 갈급함 같이 내 영혼이 주를 찾기에 갈급하나이다. 2 내 영혼이 하나님 곧 살아 계시는 하나님을 갈망하나니 내가 어느 때에 나아가서 하나님의 얼굴을 뵈올까? 3 사람들이 종일 내게 하는 말이 네 하나님이 어디 있느뇨 하오니 내 눈물이 주야로 내 음식이 되었도다. 4 내가 전에 성일을 지키는 무리와 동행하여 기쁨과 감사의 소리를 내며 그들을 하나님의 집으로 인도하였더니 이제 이 일을 기억하고 내 마음이 상하는도다. 5 내 영혼아 네가 어찌하여 낙심하며 어찌하여 내 속에서 불안하하는가? 너는 하나님께 소망을 두라. 그가 나타나 도우심으로 말미암아 내가 여전히 찬송하리로다.

**하나님을 놓치다**  기자는 하나님에 대한 믿음이 아니라 살아계신 하나님과 만나는 경험을 잃어버렸습니다(2절). 인간에게는 하나님의 임재와 사랑을 느끼는 감각이 필요합니다. 몸이 물을 찾는 것만큼이나 자연스러운 일입니다(1절). 이런 갈급함에 대해 시인이 보이는 첫 번째 반응은 그저 갈증이 영원히 지속되지 않는다는 사실을 되새기는 것입니다(5절). "이 또한 지나가리라"는 쉴 새 없이 변하는 세상에서 그 어떤 상황에도 정확히 들어맞는 말입니다. 진실은 뼈아프게 다가오는 경우가 많지만 위안을 주는 것 또한 사실입니다. 제아무리 좋은 것도 결국은 흔들리게 마련이지만 그리스도인이 겪는 힘겨운 세월 역시 언젠가는 끝나는 법입니다. 변화에 대한 두려움은 한결같은 사랑에 영원히 안기는 하늘나라에 들어가야만 비로소 떨쳐낼 수 있습니다. 하나님 안에서 소망을 찾으십시오. 여전히 주님을 찬송할 수 있을 것입니다.

*Prayer*  멀리 떨어져 있는 막연한 힘이 아니라 알고 느낄 수 있는 인격적인 존재이신 하나님을 찬양합니다. 거룩한 임재와 사랑의 힘으로 내 굳은 마음을 녹여 주시고, 기진한 심령에 기운을 북돋으시며, 오만한 마음을 겸손하게 해 주시길 기도합니다. 아멘.

# March 30

시편 42편 6-11절  6 내 하나님이여 내 영혼이 내 속에서 낙심이 되므로 내가 요단 땅과 헤르몬과 미살 산에서 주를 기억하나이다. 7 주의 폭포 소리에 깊은 바다가 서로 부르며 주의 모든 파도와 물결이 나를 휩쓸었나이다. 8 낮에는 여호와께서 그의 인자하심을 베푸시고 밤에는 그의 찬송이 내게 있어 생명의 하나님께 기도하리로다. 9 내 반석이신 하나님께 말하기를 어찌하여 나를 잊으셨나이까, 내가 어찌하여 원수의 압제로 말미암아 슬프게 다니나이까 하리로다. 10 내 뼈를 찌르는 칼 같이 내 대적이 나를 비방하여 늘 내게 말하기를 네 하나님이 어디 있느냐 하도다. 11 내 영혼아 네가 어찌하여 낙심하며 어찌하여 내 속에서 불안해하는가? 너는 하나님께 소망을 두라. 나는 그가 나타나 도우심으로 말미암아 내 하나님을 여전히 찬송하리로다.

자기성찰  시편을 계속 읽어 나가노라면 "내 하나님을 여전히 찬송하리로다"라는 구절이 거듭 등장하는 것을 볼 수 있습니다(5절, 11절, 시 43:5). 이는 단순한 변화가 아니라 적극적인 행동을 예견하는 표현입니다. 마음이 주저앉았을 때는 내면에서 쏟아져 나오는 어림짐작에 홀리기 쉽습니다. "이런 일이 벌어지면 어떡하지?" "어쩌면 저것 때문에 문제가 생길지도 몰라." 그런데 여기서 시인은 내면의 아우성에 귀를 기울이는 선을 넘어서 또박또박 표현하고 있습니다. 요동치는 심령을 단단히 붙들고 "이걸 기억해라!"고 다그치는 셈입니다. 기자는 우선 하나님이 그동안 베풀어 주신 선한 일들을 끄집어냅니다(6-8절). 그리고 마음에 대고 하나님이 눈앞에 닥친 어려움 속에서 역사하고 계신다고 말합니다. 우리 인생을 휩쓸고 있는 파도는 곧 '주님의' 파도라는 것입니다(7절). 이런 자기성찰이야말로 생명을 좌우하는 영적 훈련입니다.

Prayer  주님, 어리석고 어쩔 줄 모르고 떠들어 대기만 하는 이야기들에 귀를 기울이기보다 마음을 다독이는 법을 배우게 해 주세요. 제멋대로 뛰노는 마음을 효과적으로 설득하는 법을 공부하게 도와주세요. "너는 하나님께 소망을 두라!" 아멘.

# March 31

시편 43편 1 하나님이여 나를 판단하시되 경건하지 아니한 나라에 대하여 내 송사를 변호하시며 간사하고 불의한 자에게서 나를 건지소서. 2 주는 나의 힘이 되신 하나님이시거늘 어찌하여 나를 버리셨나이까? 내가 어찌하여 원수의 억압으로 말미암아 슬프게 다니나이까? 3 주의 빛과 주의 진리를 보내시어 나를 인도하시고 주의 거룩한 산과 주께서 계시는 곳에 이르게 하소서. 4 그런즉 내가 하나님의 제단에 나아가 나의 큰 기쁨의 하나님께 이르리이다. 하나님이여 나의 하나님이여 내가 수금으로 주를 찬양하리이다. 5 내 영혼아 네가 어찌하여 낙심하며 어찌하여 내 속에서 불안해하는가? 너는 하나님께 소망을 두라. 그가 나타나 도우심으로 말미암아 내 하나님을 여전히 찬송하리로다.

**하나님을 찾다**　시편 42편과 43편은 같은 후렴구를 사용합니다. "내 영혼아 네가 어찌하여 낙심하며 어찌하여 내 속에서 불안해하는가?"(시 42:5, 11, 시 43:5). 변화와 소망은 사실 자신과 다투며 씨름하는 사이에 찾아옵니다. 하지만 기자는 하나님을 '요새', 즉 안전한 피난처로 삼았습니다(2절). 살아계신 하나님을 신뢰한다면 알아야 할 게 있습니다. 주님의 허락과 특별한 목적, 그리고 일정한 한계가 없이는 어떤 일도 일어나지 않는다는 사실입니다. 시인은 하나님께 변호를 의뢰하고 인간의 인정이나 개인적인 복수를 추구하지 않았습니다(1절). 이런 과정을 통해 기자는 서서히, 그러나 확실하게 영혼을 되살려냈습니다. 마지막 후렴구에는 앞부분에서 찾아볼 수 없는 자신감이 담겨 있습니다(4-5절).

*Prayer*　주님은 나의 변호사이고 평판의 근거입니다. 남들이 뭐라고 하든 상관없습니다. 주님은 나의 요새입니다. 다른 무엇도 나를 온갖 위험과 죽음에서 지켜 주지 못합니다. 주님은 나의 기쁨이고 행복입니다. 다른 것들은 죄다 나를 황폐하게 만들 따름입니다. 하나님이 나의 주님이신데 내 영혼이 어찌 낙심하며 불안해하겠습니까? 아멘.

# April 1

**시편 44편 1-8절** **1** 하나님이여 주께서 우리 조상들의 날 곧 옛날에 행하신 일을 그들이 우리에게 일러 주매 우리가 우리 귀로 들었나이다. **2** 주께서 주의 손으로 뭇 백성을 내쫓으시고 우리 조상들을 이 땅에 뿌리박게 하시며 주께서 다른 민족들은 고달프게 하시고 우리 조상들은 번성하게 하셨나이다. **3** 그들이 자기 칼로 땅을 얻어 차지함이 아니요 그들의 팔이 그들을 구원함도 아니라. 오직 주의 오른손과 주의 팔과 주의 얼굴의 빛으로 하셨으니 주께서 그들을 기뻐하신 까닭이니이다. **4** 하나님이여 주는 나의 왕이시니 야곱에게 구원을 베푸소서. **5** 우리가 주를 의지하여 우리 대적을 누르고 우리를 치려 일어나는 자를 주의 이름으로 밟으리이다. **6** 나는 내 활을 의지하지 아니할 것이라 내 칼이 나를 구원하지 못하리이다. **7** 오직 주께서 우리를 우리 원수들에게서 구원하시고 우리를 미워하는 자로 수치를 당하게 하셨나이다. **8** 우리가 종일 하나님을 자랑하였나이다. 우리는 하나님의 이름에 영원히 감사하리이다(셀라).

**4월**

여러 세대 전에   기자는 '조상들'(1절)이 살았던 시절을 민족의 번영기로 떠올립니다. 과거의 강력했던 면모는 오늘을 사는 그리스도인들과도 직접적인 관련이 있습니다. 모든 행적이 조상들의 공로가 아니라 하나님의 역사였으며 바로 그 주님이 지금 우리와 여전히 함께하시기 때문입니다. 그리스도인은 교회사를 볼 때, 한동안 세상을 주름잡다 숙명적으로 사라져 버린 위대한 영웅들의 이야기로 생각하면 안 됩니다. 그들의 하나님은 곧 우리의 하나님이십니다. 영적으로 풍성했던 지난날을 돌아보면서 다시는 그런 황금기를 이끌어 낼 수 없을 것이라고 한숨지을 필요가 없습니다. 애당초 우리에게는 그런 능력이 없었습니다. 역사를 일으키시는 분은 하나님이십니다. 그리고 그분은 지금도 여전히 일하고 계십니다.

*Prayer*  "예부터 도움 되시고 내 소망 되신"[38] 주님이 지금도 여전히 나와 함께하십니다. 영원토록 한결같은 인격과 성품, 태도를 가지신 하나님을 찬양합니다. 그러한 사실을 감격 속에 기억하게 하시며 주님이 오늘 나를 통해 이루시는 역사에 동참하게 하시기를 원합니다. 아멘.

# April 2

시편 44편 9-16절  9 그러나 이제는 주께서 우리를 버려 욕을 당하게 하시고 우리 군대와 함께 나아가지 아니하시나이다. 10 주께서 우리를 대적들에게서 돌아서게 하시니 우리를 미워하는 자가 자기를 위하여 탈취하였나이다. 11 주께서 우리를 잡아먹힐 양처럼 그들에게 넘겨주시고 여러 민족 중에 우리를 흩으셨나이다. 12 주께서 주의 백성을 헐값으로 파심이여 그들을 판 값으로 이익을 얻지 못하셨나이다. 13 주께서 우리로 하여금 이웃에게 욕을 당하게 하시니 그들이 우리를 둘러싸고 조소하고 조롱하나이다. 14 주께서 우리를 뭇 백성 중에 이야깃거리가 되게 하시며 민족 중에서 머리 흔듦을 당하게 하셨나이다. 15 나의 능욕이 종일 내 앞에 있으며 수치가 내 얼굴을 덮었으니 16 나를 비방하고 욕하는 소리 때문이요, 나의 원수와 나의 복수자 때문이니이다.

탄식   기본적인 기도 형태로 보통 찬양과 감사의 기도, 고백하는 기도, 간구하는 기도를 꼽을 수 있습니다. 어려움을 겪는(또는 예상되는) 시기에 이 세 가지 형식의 기도를 배우는 것은 영적인 성장(또는 생존)에 결정적이리만치 중요합니다. 그래서 그 자체를 신령한 재능으로 여기기까지 합니다. 역경을 당하면 대개는 기도를 멈추거나 도움을 구하는 짤막한 탄원으로 대신합니다. 본문에서 시인은 고통과 좌절감, 심지어 하나님을 향한 분노까지 고함치듯 쏟아 냅니다. 그런데 주님 앞에서 하고 있다는 점이 중요합니다. 기도의 흐름을 유지하면서 괴로움을 헤쳐 갑니다. 하나님은 우리를 너무도 잘 알고 계시므로 걸러 내지 않은 순전한 속내를 토해 내는 것을 허용하시고 오히려 권하십니다.

*Prayer*   내 속에 쌓인 불평을 거리낌없이 늘어놓을 수 있게 허락해 주신 주님을 찬양합니다. 자녀들을 얼마나 사랑하시고 오래 참아 주시며 세심히 보살펴 주시는지! '제대로'나 '올바르게'라는 제한 없이 짐을 다 내려놓으라고 부르시는 주님, 정말 감사합니다. 아멘.

# April 3

**시편 44편 17-26절** 17 이 모든 일이 우리에게 임하였으나 우리가 주를 잊지 아니하며 주의 언약을 어기지 아니하였나이다. 18 우리의 마음은 위축되지 아니하고 우리 걸음도 주의 길을 떠나지 아니하였으나 19 주께서 우리를 승냥이의 처소에 밀어 넣으시고 우리를 사망의 그늘로 덮으셨나이다. 20 우리가 우리 하나님의 이름을 잊어버렸거나 우리 손을 이방 신에게 향하여 폈더면 21 하나님이 이를 알아내지 아니하셨으리이까? 무릇 주는 마음의 비밀을 아시나이다. 22 우리가 종일 주를 위하여 죽임을 당하게 되며 도살할 양 같이 여김을 받았나이다. 23 주여 깨소서. 어찌하여 주무시나이까? 일어나시고 우리를 영원히 버리지 마소서. 24 어찌하여 주의 얼굴을 가리시고 우리의 고난과 압제를 잊으시나이까? 25 우리 영혼은 진토 속에 파묻히고 우리 몸은 땅에 붙었나이다. 26 일어나 우리를 도우소서. 주의 인자하심으로 말미암아 우리를 구원하소서.

**어찌하여 주무시나이까?** 언약에 충실했는데도(17-21절) 일마다 다 틀어지고 있습니다(9-16절). 하나님이 주무시고 계신 게 아닌지 의심스럽습니다(23절). "주님 일어나셔서 나를 도와주세요!"는 무엄하지만 솔직한 외침입니다. 하지만 고난을 당해도 늘 사랑이 넘치는 하나님의 보살핌 속에 있음을 고백합니다(26절). 예수님이 이 땅에 오셔서 제자들과 함께 지내셨던 어느 날처럼(막 4:38, "선생님이여 우리가 죽게 된 것을 돌보지 아니하시나이까?") 예수님은 지금도 우리 삶에 몰아치는 폭풍우를 아랑곳하지 않고 주무시는 것처럼 보일지 모릅니다. 하지만 그렇지 않습니다. 서두르지 않으실 뿐입니다. 무슨 일이 벌어지고 있는지 샅샅이 아십니다. 주님은 계획을 가지고 계십니다. 사랑의 계획입니다.

*Prayer* 주 예수님, 폭풍우가 몰아치던 날, 제자들은 왜 보살펴 주시지 않느냐고 원망했습니다. 하지만 주님은 끝내 손을 놓고 계신 게 아니라 결국 제자들을 구해 주셨습니다. 나 역시 주님이 내 문제를 외면하시거나 팔짱 끼고 구경만 하시는 것 같은 생각이 들 때가 있음을 고백합니다. 하지만 조금만 되짚어 보면 사실이 아니라는 걸 알게 됩니다. 십자가야말로 주님이 돌보신다는 반박할 수 없는 증거입니다. 주님을 찬양합니다. 그 진리 안에서 안식을 찾게 해 주십시오. 아멘.

# April 4

시편 45편 1-9절  1 내 마음이 좋은 말로 왕을 위하여 지은 것을 말하리니 내 혀는 글 솜씨가 뛰어난 서기관의 붓끝과 같도다. 2 왕은 사람들보다 아름다워 은혜를 입술에 머금으니 그러므로 하나님이 왕에게 영원히 복을 주시도다. 3 용사여 칼을 허리에 차고 왕의 영화와 위엄을 입으소서. 4 왕은 진리와 온유와 공의를 위하여 왕의 위엄을 세우시고 병거에 오르소서. 왕의 오른손이 왕에게 놀라운 일을 가르치리이다. 5 왕의 화살은 날카로워 왕의 원수의 염통을 뚫으니 만민이 왕의 앞에 엎드러지는도다. 6 하나님이여 주의 보좌는 영원하며 주의 나라의 규는 공평한 규이니이다. 7 왕은 정의를 사랑하고 악을 미워하시니 그러므로 하나님 곧 왕의 하나님이 즐거움의 기름을 왕에게 부어 왕의 동료보다 뛰어나게 하셨나이다. 8 왕의 모든 옷은 몰약과 침향과 육계의 향기가 있으며 상아궁에서 나오는 현악은 왕을 즐겁게 하도다. 9 왕이 가까이 하는 여인들 중에는 왕들의 딸이 있으며 왕후는 오빌의 금으로 꾸미고 왕의 오른쪽에 서도다.

**주님의 아름다움**  본문은 왕가의 결혼식을 그리고 있습니다(신부의 면모와 혼인 예식은 내일 본문에서 다룰 것입니다). 왕은 겸손하면서도 당당하고 너그러우면서도 두려움을 자아냅니다. 하지만 노래는 극에서 극을 오갑니다. 6-7절에서는 '왕'을 하나님이라고 일컫습니다. 히브리서는(1:8-9) 이것이 영원한 왕, 지극히 높으면서도 한없이 겸손한(4절) 그리스도 자신을 가리킨다고 말합니다. 7절에서는 승천의 면모를 엿볼 수 있습니다. 인류를 구원하는 사명을 이루신 뒤에 하늘 아버지는 예수님을 보좌에 앉히시고 악과 고통이 사라지는 날까지 온 세상 모든 만물을 다스리며 모든 일을 이끌게 하셨습니다(엡 1:20-23, 고전 15:25). 우리는 이런 늠름하고 아름다운 신랑의 모습에 놀라고 감격할 수밖에 없습니다. 우리가 바로 그분의 신부이기 때문입니다(엡 5:25-32).

*Prayer*  주님, 이사야 선지자는 "다시 한 번 왕의 장엄한 모습을 볼 것"(33:17)이라고 말합니다. 그리고 오늘 본문에서 믿음의 눈으로 겸손하고 연약하지만 강하고 당당한 하나님의 아들을 봅니다. 한없이 거룩하면서도 지극히 인간적이셨던 까닭에 독생자는 나를 구원하실 수 있었습니다. 이는 영영토록 감사의 제목입니다. 아멘.

# April 5

시편 45편 10-17절  10 딸이여, 듣고 보고 귀를 기울일지어다. 네 백성과 네 아버지의 집을 잊어버릴지어다. 11 그리하면 왕이 네 아름다움을 사모하실지라. 그는 네 주인이시니 너는 그를 경배할지어다. 12 두로의 딸은 예물을 드리고 백성 중 부한 자도 네 얼굴 보기를 원하리로다. 13 왕의 딸은 궁중에서 모든 영화를 누리니 그의 옷은 금으로 14 수놓은 옷을 입은 그는 왕께로 인도함을 받으며 시종하는 친구 처녀들도 왕께로 이끌려 갈 것이라. 15 그들은 기쁨과 즐거움으로 인도함을 받고 왕궁에 들어가리로다. 16 왕의 아들들은 왕의 조상들을 계승할 것이라 왕이 그들로 온 세계의 군왕을 삼으리로다. 17 내가 왕의 이름을 만세에 기억하게 하리니 그러므로 만민이 왕을 영원히 찬송하리로다.

우리의 아름다움  신부는 왕 앞으로 나갑니다(10-15절). 예수님이 왕이라면(어제 본문에서 살펴본 것처럼) 우리는 신부입니다. 왕은 신부에게 완전히 빠졌습니다(11절). 그렇지만 에베소서 5장 25-27절에서 말씀하신 것처럼 우리에게 정말 그럴 만한 구석이 있어서가 아니라 은혜로 우리를 사랑스럽게 만드시기 위해서입니다. 마지막 날, 우리는 다른 이들과 함께 주님과 더불어 사랑으로 하나가 될 것입니다. 그리스도인의 결혼은 하늘나라에서 마주하게 될 기쁨을 아주 살짝 비추어 보여 줍니다. 하지만 우상 숭배는 뿌리치기 어려운 유혹입니다. 결혼은 그리스도를 드러내는 장치가 되어야지 그분을 대신하는 대용품이 되면 안 됩니다. 아직 결혼하지 않았다면 가정을 이루길 소망하십시오. 그러나 참다운 만족을 주는 배우자의 사랑을 이미 받고 있음을 잊어서는 안 됩니다.

*Prayer*  주 예수님은 우리를 사랑스러운 신부로 여기시고 깊이 사랑하시며 몹시 즐거워하십니다. 그런 사랑을 베풀어 주시는 주님을 찬양합니다. 하지만 한편으로 나는 그런 사랑을 받고 있지 않은 사람처럼 살아가고 있음을 고백합니다. 주님, 이러한 진리가 하루하루 무슨 일을 하든지 나를 지배하기를 간절히 원합니다. 아멘.

# April 6

시편 46편 1-5절  1 하나님은 우리의 피난처시요 힘이시니 환난 중에 만날 큰 도움이시라. 2 그러므로 땅이 변하든지 산이 흔들려 바다 가운데에 빠지든지 3 바닷물이 솟아나고 뛰놀든지 그것이 넘침으로 산이 흔들릴지라도 우리는 두려워하지 아니하리로다(셀라). 4 한 시내가 있어 나뉘어 흘러 하나님의 성 곧 지존하신 이의 성소를 기쁘게 하도다. 5 하나님이 그 성 중에 계시매 성이 흔들리지 아니할 것이라 새벽에 하나님이 도우시리로다.

**영원한 요새**  불과 얼마 전까지만 하더라도 세상이 자멸할 수도 있다고 생각하는 이가 거의 없었는데, 요즘은 영화마다 인류가 멸망하는 갖가지 시나리오를 보여 줍니다. 하지만 본문의 하나님을 '내 하나님'으로 고백한다면 그런 종말을 맞는다 해도 조금도 두려울 게 없습니다. 시편 46편은 튼튼한 피난처로 들어가면 안전하게 지켜 주시겠다고 말씀하지 않습니다. 하나님이 친히 피난처가 되신다고 말합니다. 주님은 맹렬한 공격에도 결코 무너지는 법이 없는 견고한 요새, 또는 산성입니다. 지진이나 파도 앞에 견고한 세상과 그 문명은 녹아내릴지 모르지만 하나님의 통치는 흔들리지 않습니다. 주님이 함께하시면 최악의 상황(죽음)마저도 우리를 더 행복하고 더 위대하게 만들 뿐입니다.

*Prayer*  질병에, 상처에, 재정 손실에, 정치적 배신에, 직업적인 실패에 항상 불안합니다. 하지만 오늘 본문에서 주님은 지진이나 산사태라 할지라도 무한한 사랑, 부활, 새 하늘과 새 땅 같은 유산을 우리에게서 빼앗아 갈 수 없다고 말씀하십니다. 그런 주님을 찬양할 때 근심은 물러갈 것입니다. 나의 도움이신 하나님, 늘 나를 보호해 주세요. 아멘.

# April 7

시편 46편 6-11절   6 뭇 나라가 떠들며 왕국이 흔들렸더니 그가 소리를 내시매 땅이 녹 았도다. 7 만군의 여호와께서 우리와 함께 하시니 야곱의 하나님은 우리의 피난처시로다 (셀라). 8 와서 여호와의 행적을 볼지어다. 그가 땅을 황무지로 만드셨도다. 9 그가 땅 끝 까지 전쟁을 쉬게 하심이여 활을 꺾고 창을 끊으며 수레를 불사르시는도다. 10 이르시기 를 너희는 가만히 있어 내가 하나님 됨을 알지어다. 내가 뭇 나라 중에서 높임을 받으리 라. 내가 세계 중에서 높임을 받으리라 하시도다. 11만군의 여호와께서 우리와 함께 하시 니 야곱의 하나님은 우리의 피난처시로다(셀라).

**적절한 반응**   하나님 말고는 견고하고 믿음직스러우며 영원히 지속되는 건 없습니다. 세상 무엇도 그분을 가로막을 수 없습니다. 하나님과 거룩한 백성 을 향한 분노나 공격까지도 주님은 구원 계획을 실행하는 데 사용하십니다(행 4:24-28). 앞날이 더없이 암담해 보여도, 적대적인 공세가 아무리 극심해도 하 나님의 도성(하늘나라 공동체와 그 실재, 시 48:2, 갈 4:25-29, 히 12:18-24)은 조금도 상 하지 않으며 도리어 적을 누르고 승리를 거듭할 뿐입니다. 어째서 그렇습니 까? 그 실재와 공동체는 하나님 안에 있기 때문입니다(7절). 하나님을 있는 그 대로(모든 형상을 넘어선 존재로) 바라보고 잠잠히 찬양하는 것보다 더 적절한 반 응은 없습니다.

*Prayer*   "가만히 있다"라는 말은 걱정하거나 조바심치거나 불평하거나 으쓱 대지 말라는 뜻입니다. 그러니 내가 가만히 있을 때까지 주님이 누구신지 알 려 주시고, 주님의 절대적인 힘과 나를 향한 무한한 사랑 보여 주시기를 간절 히 원합니다. 아멘.

# April 8

시편 47편 1-3절  1 너희 만민들아 손바닥을 치고 즐거운 소리로 하나님께 외칠지어다. 2 지존하신 여호와는 두려우시고 온 땅에 큰 왕이 되심이로다. 3 여호와께서 만민을 우리에게, 나라들을 우리 발아래에 복종하게 하시며.

**순종의 기쁨**  하나님은 온 땅을 다스리시며 모든 백성들에게 거룩한 통치를 펼치시는 힘센 왕이십니다. 하지만 의로운 왕이시므로(우리는 그분을 알고 섬기고 사랑하도록 지음 받았습니다) 정복의 결과는 언제나 넘치는 환희입니다. 거룩한 백성들은 손뼉을 치며 주님의 다스림을 환영합니다(1절). 인간의 영혼은 하나님을 연료 삼아 움직이도록 설계되었습니다. 그러므로 참다운 왕께 더 깊이 순종할수록 더 큰 기쁨을 누릴 수 있습니다. 그리스도인은 스스로를 전투에 나선 정치적 소수파나 핍박받는 약자로 여기기보다, 구원의 기쁨에 넘쳐 주님을 알지 못하는 이들 앞에서 하나님께 찬양하는 걸 특권으로 생각할 줄 알아야 합니다.

*Prayer*  주님, 누군가와 나의 믿음에 대해 이야기를 나누는 게 위협적인 의무처럼 느껴질 때가 많습니다. 그러면 안 되는 데 말입니다. 주님을 믿으라고 이야기한다는 건 사실 큰 기쁨을 누리도록 사람들을 불러 모으는 일입니다. 시무룩한 얼굴로 말씀을 전하지 않게 해 주십시오. 나의 입술을 열어 주십시오. 입을 벌려 기꺼운 마음으로 주님을 찬양하기를 원합니다. 아멘.

# April 9

*시편 47편 4-9절*  4 우리를 위하여 기업을 택하시나니 곧 사랑하신 야곱의 영화로다(셀라). 5 하나님께서 즐거운 함성중에 올라가심이여, 여호와께서 나팔 소리 중에 올라가시도다. 6 찬송하라, 하나님을 찬송하라. 찬송하라, 우리 왕을 찬송하라. 7 하나님은 온 땅의 왕이심이라. 지혜의 시로 찬송할지어다. 8 하나님이 뭇 백성을 다스리시며 하나님이 그의 거룩한 보좌에 앉으셨도다. 9 뭇 나라의 고관들이 모임이여 아브라함의 하나님의 백성이 되도다. 세상의 모든 방패는 하나님의 것임이여, 그는 높임을 받으시리로다.

**은혜에서 비롯된 기쁨**  언젠가는 모든 민족들이 입을 모아 하나님이 어떻게 은혜로 구원을 베풀어 주셨는지 노래하는 날이 올 것입니다. 주님은 이스라엘 백성('야곱', 4절)을 선택하고 사랑하셨습니다. 그들이 더 슬기롭거나 훌륭해서가 아니라 일방적으로 그렇게 사랑하신 것입니다(신 7:8). 그러므로 누구한테 하나님을 소개하든 생색이나 우월감이 자리 잡을 여지가 없습니다. 누구나 오직 은혜로 구원을 받고 그분의 백성이 되었습니다. 여기에는 단 한 건의 예외도 없습니다. 마지막 절은 입이 다물어지지 않을 만큼 놀라운 환상을 보여 줍니다. 마침내는 언어와 종족, 민족과 국가를 뛰어넘어 모두가 하나님의 백성, 다시 말해 아브라함의 자손이 된다는 것입니다(9절). 이는 애초에 아브라함에게 주셨지만 오로지 하늘에 오르셔서 영원한 보좌에 앉으신(엡 1:20-23) 예수 그리스도를 통해서만 실현되는 약속입니다(계 7:9).

*Prayer*  주님, 누군가를 바라보며 "저런 부류는 절대로 그리스도를 믿지 않을 거야"라고 생각할 때가 많습니다. 하지만 그리스도인에 어울리는 '유형'이라는 것은 아예 존재하지 않는다는 사실을 깡그리 잊어버린 처사입니다. 주님이 베푸신 기적적인 은혜 덕에 믿음을 가질 뿐입니다. 나 역시 예외가 아닙니다. 그러므로 상대를 가리지 않고 소망을 품고 자신 있게 복음을 전하게 하옵소서. 아멘.

# April 10

시편 48편 1-8절  1 여호와는 위대하시니 우리 하나님의 성, 거룩한 산에서 극진히 찬양 받으시리로다. 2 터가 높고 아름다워 온 세계가 즐거워함이여, 큰 왕의 성 곧 북방에 있는 시온 산이 그러하도다. 3 하나님이 그 여러 궁중에서 자기를 요새로 알리셨도다. 4 왕들이 모여서 함께 지나갔음이여, 5 그들이 보고 놀라고 두려워 빨리 지나갔도다. 6 거기서 떨림이 그들을 사로잡으니 고통이 해산하는 여인의 고통 같도다. 7 주께서 동풍으로 다시스의 배를 깨뜨리시도다. 8 우리가 들은 대로 만군의 여호와의 성, 우리 하나님의 성에서 보았나니 하나님이 이를 영원히 견고하게 하시리로다(셀라).

공동체의 아름다움  이 시편이 쓰일 당시, 하나님의 도성은 예루살렘이었고 거기에는 죄를 대속하는 장소인 성전이 있는 시온산도 들어 있었습니다. 하지만 마지막 성전이자 대속제물인 예수님이 오신 뒤로 하나님의 도성은 신실한 백성들로 이뤄진 하늘과 땅 양쪽의 공동체가 되었습니다(갈 4:25-29, 히 12:18-24). 거룩한 백성들의 공동체는 "온 누리의 기쁨"(2절, 새번역), 즉 권력과 착취가 아니라 정의와 사랑에 토대를 둔 대안 사회가 됩니다. 지상의 예루살렘은 뭇 백성들을 끌어들이지 못했지만 변화된 그리스도인 공동체에서는 그리스도를 통해 그처럼 놀라운 역사가 일어났습니다(행 2:41, 4:32-35). 오늘날 우리 교회는 어떠합니까?

*Prayer*  기껏해야 내향적이거나 존재감이 없고 심하면 매력을 찾아볼 수 없는 그리스도인 공동체들이 얼마나 많은지 모릅니다. 지금 다니고 있는 교회를 누가 봐도 아름다운 공동체로 만드는 데 작지만 중요한 역할을 감당하도록 나를 도와주십시오. 아멘.

# April 11

시편 48편 9-14절   9 하나님이여 우리가 주의 전 가운데에서 주의 인자하심을 생각하였나이다. 10 하나님이여 주의 이름과 같이 찬송도 땅 끝까지 미쳤으며 주의 오른손에는 정의가 충만하였나이다. 11 주의 심판으로 말미암아 시온 산은 기뻐하고 유다의 딸들은 즐거워할지어다. 12 너희는 시온을 돌면서 그 곳을 둘러보고 그 망대들을 세어 보라. 13 그의 성벽을 자세히 보고 그의 궁전을 살펴서 후대에 전하라. 14 이 하나님은 영원히 우리 하나님이시니 그가 우리를 죽을 때까지 인도하시리로다.

마지막 순간의 동반자   예수님은 참다운 성전이십니다(요 2:21). 믿음으로 주님과 하나가 된 이들은 성령을 받고 하나님이 머무시는 살아 있는 성전이 됩니다(엡 2:19-22). "망대들을(시온의) 세어 볼" 때마다 교회를 허락하신 하나님께 감사하며 그리스도 안에서 새로 갖게 된 신분에 놀라고 또 즐거워합니다. 주님의 "궁전을 살펴서 후대에" 전할 때는(14절) 궁금해하는 이들에게 예수님을 통해 어떻게 구원을 받게 되었는지 선명하게 알려 줍니다. 그렇다면 그 끝은 무엇입니까? 삶에는 여러 매듭들이 있지만 그 가운데 으뜸은 역시 죽음입니다. 숨이 끊어지고 다른 세계로 들어가는 내내 예수님이 함께하신다는 사실은 죽음의 신비와 공포를 견뎌 내는 힘이 됩니다.

*Prayer*   주님 안에서 맞게 될 미래가 얼마나 장대한지 영적으로 깨달아 그 속에 녹아들 필요가 있습니다. 우리는 주님의 양떼고, 머무시는 집이며, 몸과 나라, 거룩한 백성이고, 사랑하는 자녀들입니다. 주님이 세우신 공동체를 사랑하며 교회의 생명과 소명에 온전히 참여하는 법을 가르쳐 주십시오. 아멘.

# April 12

시편 49편 1-4절   1 뭇 백성들아 이를 들으라. 세상의 거민들아 모두 귀를 기울이라. 2 귀천 빈부를 막론하고 다 들을지어다. 3 내 입은 지혜를 말하겠고 내 마음은 명철을 작은 소리로 읊조리리로다. 4 내가 비유에 내 귀를 기울이고 수금으로 나의 오묘한 말을 풀리로다.

지혜   인간은 인종이나 사회적인 신분, 종교와 상관없이 모두 인간다움을 나눠 지니고 있습니다(1-2절). 하나님은 우리를 지으셨습니다. 그래서 우주에는 '기본 구조', 또는 '무늬' 같은 것이 존재합니다. 하나님이 인류를 지으신 기본 설계를 거스르는 것은 어리석은 짓입니다. 인간이 탐욕스럽고 무정하며 불공정하고 부정직해지는 까닭이 거기에 있습니다. 하나님의 법을 어길 뿐만 아니라 스스로와 주변 세계를 파괴하는 것입니다. 지혜로워진다는 말은 단순히 하나님의 법을 따르는 수준을 넘어 인생을 향한 하나님의 뜻을 감지해 내는 것을 가리킵니다. 행동만이 아니라 태도를 바꾸고 말씀에 구체적으로 나와 있지 않은 여러 문제들에서도 슬기로운 판단을 내리게 된다는 뜻입니다. 오늘 본문은 특히 재물을 의지하는 게 얼마나 어리석고 무가치한 일인지 지적하고, 거기서 빠져 나오라고 손짓합니다.

*Prayer*   주님, 중요한 선택을 앞두고 있습니다. 어느 쪽이든 도덕적으로는 문제가 없지만 양쪽이 똑같이 지혜로운 길은 아닐 것입니다. 가장 좋은 길을 분별해서 최선의 결정을 내리는 지혜가 얼마나 필요한지 모릅니다. 나의 마음과 생각을 가르치셔서 하나님이 주신 자원을 관리하는 청지기의 임무를 한결 슬기롭고 근사하게 완수하도록 도와주십시오. 아멘.

# April 13

시편 49편 5-12절  5 죄악이 나를 따라다니며 나를 에워싸는 환난의 날을 내가 어찌 두려워하랴? 6 자기의 재물을 의지하고 부유함을 자랑하는 자는 7 아무도 자기의 형제를 구원하지 못하며 그를 위한 속전을 하나님께 바치지도 못할 것은 8 그들의 생명을 속량하는 값이 너무 엄청나서 영원히 마련하지 못할 것임이니라. 9 그가 영원히 살아서 죽음을 보지 않을 것인가? 10 그러나 그는 지혜 있는 자도 죽고 어리석고 무지한 자도 함께 망하며 그들의 재물은 남에게 남겨 두고 떠나는 것을 보게 되리로다. 11 그러나 그들의 속생각에 그들의 집은 영원히 있고 그들의 거처는 대대에 이르리라 하여 그들의 토지를 자기 이름으로 부르도다. 12 사람은 존귀하나 장구하지 못함이여 멸망하는 짐승 같도다.

안전지대는 없다  흔히 "재물을 의지하고 부유함을 자랑하는"(6절) 것으로 미래에 대한 두려움을 해결하려고 합니다. 하지만 그건 무조건 실패하는 쪽에다 자신을 맡기는 처사입니다. 제아무리 큰 재산이나 재주도 죽음, 질병과 노쇠, 재정파탄, 배신은 물론이고 최종적으로는 죽음에서 우리를 건져 줄 수 없습니다. 어떤 '몸값'을 치른다 해도 죽음에서 벗어나지 못한다는 말입니다(7-12절). 죽음은 지금도 어김없이 다가오고 있으며 언젠가는 저마다 소중히 여기는 보물들을 죄다 쓸어가고 말 것입니다. 그러므로 마치 경제적인 성공이 참으로 안전을 보장해 주리라고 믿거나, 절대 죽지 않을 듯이 살아가는 건 참으로 어리석은 짓입니다. 오로지 하나님만이 죽음도 어쩌지 못하고 도리어 가치를 더할 신기한 보물을 주실 수 있습니다.

Prayer  주님, 돈이 많아지면 얼마나 근사하게 살 수 있을까 상상할 때가 있습니다. 값비싼 물건을 사들이고 '좋은 동네'로 이사할 수 있을 만큼 돈이 많아지면 겉으로 드러내지는 않지만 마음속으로 '으쓱거리곤' 합니다. 그런 천박하고 어리석은 마음가짐에서 나를 건져 주십시오. 아멘.

# April 14

시편 49편 13-20절   13 이것이 바로 어리석은 자들의 길이며 그들의 말을 기뻐하는 자들의 종말이로다(셀라). 14 그들은 양 같이 스올에 두기로 작정되었으니 사망이 그들의 목자일 것이라 정직한 자들이 아침에 그들을 다스리리니 그들의 아름다움은 소멸하고 스올이 그들의 거처가 되리라. 15 그러나 하나님은 나를 영접하시리니 이러므로 내 영혼을 스올의 권세에서 건져내시리로다(셀라). 16 사람이 치부하여 그의 집의 영광이 더할 때에 너는 두려워하지 말지어다. 17 그가 죽으매 가져가는 것이 없고 그의 영광이 그를 따라 내려가지 못함이로다. 18 그가 비록 생시에 자기를 축하하며 스스로 좋게 함으로 사람들에게 칭찬을 받을지라도 19 그들은 그들의 역대 조상들에게로 돌아가리니 영원히 빛을 보지 못하리로다. 20 존귀하나 깨닫지 못하는 사람은 멸망하는 짐승 같도다.

**더없이 큰 몸값을 치르고**   고대에는 왕이 군대를 이끌고 다른 나라에 쳐들어 갔다가 싸움에 져서 사로잡히고 포로 신세가 되는 일이 적지 않았습니다. 풀려나려면 속전(7절), 곧 몸값을 치러야 했습니다. 인간은 너나없이 하나님께 죽음으로 갚아야 할 빚을 지고 있습니다. 죄는 곧 죽음에 속했음을 가리킵니다(14절). 하지만 하나님은 몸값을 요구하는 대신 친히 갚아 주셨습니다(15절). 시편 기자는 이런 일이 어떻게 일어날지 전혀 알 수 없었지만 분명한 믿음을 품었습니다. 시인이 찾지 못했던 마지막 퍼즐은 예수님이었습니다. 주님은 스스로의 죽음으로 죽음의 숨통을 끊으시고 인류를 해방시키셨습니다. 십자가 앞에 서지 않고는 하나님이 "스올의 권세(죽음의 지배)"에서 건져 내기 위해 얼마나 큰 대가를 치르셨는지 알 수 없습니다. 그러므로 부자를 원망하지도 두려워하지도 부러워하지도 마십시오(16절). 재물 말고는 가진 게 없는 이들을 도리어 불쌍히 여기십시오.

*Prayer*   주님, 헤아릴 수 없을 만큼 큰 부와 권력을 가진 이들도 결국 주님의 자원을 맡아 가졌을 따름입니다. 이런 깨달음이 내 안에 깊이 들어와, 돈이 많고 적음에 따라 어깨에 힘을 주거나 위축되지 않게 해 주십시오. 참다운 보화가 어디에 있는지 아는 지식에 기대어 늘 한결같이 살기를 원합니다. 아멘.

# April 15

시편 50편 1-6절  1 전능하신 이 여호와 하나님께서 말씀하사 해 돋는 데서부터 지는 데까지 세상을 부르셨도다. 2 온전히 아름다운 시온에서 하나님이 빛을 비추셨도다. 3 우리 하나님이 오사 잠잠하지 아니하시니 그 앞에는 삼키는 불이 있고 그 사방에는 광풍이 불리로다. 4 하나님이 자기의 백성을 판결하시려고 위 하늘과 아래 땅에 선포하여 5 이르시되 나의 성도들을 내 앞에 모으라, 그들은 제사로 나와 언약한 이들이니라 하시도다. 6 하늘이 그의 공의를 선포하리니 하나님 그는 심판장이심이로다(셀라).

**심판이 시작되다**  하나님은 모든 민족을 시온으로 불러 말씀을 듣게 하십니다(1-2절). 하나님이 이교도들을 벌하시길 은근히 기대했을지 모르지만 주님은 온 나라들을 한데 모으시고 친히 택한 백성들에 관해 증언하는 것을 지켜보게 하십니다(5-7절). 주님은 "하나님의 집에서부터 심판을" 시작하십니다(벧전 4:17). 물론, 하나님은 그리스도를 통해 구원을 베풀어 주셔서 죄가 끝까지 우리를 심판하지 못하게 하셨습니다(롬 8:1). 하지만 이는 어마어마한 영적인 자산을 허락하신 만큼 주님의 가르침을 좇아 살아가는 문제와 관련해 더 큰 책임을 물으신다는 뜻이기도 합니다. "많이 받은 사람에게는 많은 것을 요구하고, 많이 맡긴 사람에게는 많은 것을"(눅 12:48) 요구하는 원리입니다. 그리스도인들은 더 큰 사랑과 용서를 받았습니다. 하지만 그와 동시에 적용되는 잣대도 더 엄격하고 엄정합니다.

*Prayer*  선량한 아버지처럼, 주님은 자녀들을 다른 아이들보다 훨씬 더 사랑하시면서도 한층 엄격한 기준을 들이대십니다. 이러한 진리를 붙잡아야만 자기혐오와 자기애에서 모두 벗어나 더 나은 인간이 될 수 있습니다. 성령님의 손길로 그 진리를 내 마음 깊이 새겨 주시기를 간절히 원합니다. 아멘.

# April 16

시편 50편 7-15절   7 내 백성아 들을지어다. 내가 말하리라. 이스라엘아 내가 네게 증언하리라. 나는 하나님 곧 네 하나님이로다. 8 나는 네 제물 때문에 너를 책망하지는 아니하리니 네 번제가 항상 내 앞에 있음이로다. 9 내가 네 집에서 수소나 네 우리에서 숫염소를 가져가지 아니하리니 10 이는 삼림의 짐승들과 뭇 산의 가축이 다 내 것이며 11 산의 모든 새들도 내가 아는 것이며 들의 짐승도 내 것임이로다. 12 내가 가령 주려도 네게 이르지 아니할 것은 세계와 거기에 충만한 것이 내 것임이로다. 13 내가 수소의 고기를 먹으며 염소의 피를 마시겠느냐? 14 감사로 하나님께 제사를 드리며 지존하신 이에게 네 서원을 갚으며 15 환난 날에 나를 부르라. 내가 너를 건지리니 네가 나를 영화롭게 하리로다.

**피상적인 신앙**   하나님은 두 가지 점에서 거룩한 백성들을 꾸짖으십니다. 우선, 내면의 변화가 전혀 없이 겉으로만 독실하게 신앙생활을 꾸려 가는 행태를 지적하십니다. 8-13절은 제물을 열심히 바치면 하나님의 환심을 살 수 있으리라 여기는 이들의 모습을 보여 줍니다. 이는 도덕주의로 윤리적인 생활을 하며 신앙적인 규범들을 잘 따라 살기만 하면 하나님께 호의를 베푼 셈이니 주님 쪽에서 무언가로 갚아 주실 책임이 있다는 식의 사고방식입니다. 하지만 이와 달리 그리스도인들은 무얼 하든지 받을 만한 어떠한 자격이 없음에도 불구하고 값없이 베풀어 주신 구원에 감사하고 기뻐하는 마음을 동기로 삼습니다(14-15절). 스스로의 마음을 찬찬히 살펴보십시오. 하나님이 더 나은 삶을 허락하셔야 마땅하다고 생각합니까? 내가 바라는 것을 얻으려고 순종하려는 겁니까, 아니면 주님이 이루신 일들이 너무 놀랍고 사랑스러워 그분을 따릅니까?

*Prayer*   주님, 무얼 드리든, 심지어 드리고 싶다는 소망조차도 하나님으로부터 비롯되었음을 기억합니다. 내가 주님께 은혜를 끼치는 게 단연코 아닙니다. 예수님이 행하신 일들로 말미암아, 이제 나의 주인은 내가 아닙니다. 주님이 비싼 값을 치르고 나를 사셨습니다(고전 6:19-20). 그런 깨달음에 힘입어 온갖 불평과 자기 연민을 떨쳐 내게 도와주십시오. 아멘.

# April 17

**시편 50편 16-23절** 16 악인에게는 하나님이 이르시되 네가 어찌하여 내 율례를 전하며 내 언약을 네 입에 두느냐? 17 네가 교훈을 미워하고 내 말을 네 뒤로 던지며 18 도둑을 본즉 그와 연합하고 간음하는 자들과 동료가 되며 19 네 입을 악에게 내어 주고 네 혀로 거짓을 꾸미며 20 앉아서 네 형제를 공박하며 네 어머니의 아들을 비방하는도다. 21 네가 이 일을 행하여도 내가 잠잠하였더니 네가 나를 너와 같은 줄로 생각하였도다. 그러나 내가 너를 책망하여 네 죄를 네 눈앞에 낱낱이 드러내리라 하시는도다. 22 하나님을 잊어버린 너희여, 이제 이를 생각하라. 그렇지 아니하면 내가 너희를 찢으리니 건질 자 없으리라. 23 감사로 제사를 드리는 자가 나를 영화롭게 하나니 그의 행위를 옳게 하는 자에게 내가 하나님의 구원을 보이리라.

**위선적인 신앙** 하나님이 책망하는 두 번째 신앙 행태는 삶의 변화가 따르지 않는 교리적인 고백입니다(16-21절). 꼬박꼬박 주일 예배에 출석하고 정통 신앙을 고백하지만 하나님을 너무 작고 가볍게 보고(21절, "네가 나를 너와 같은 줄로 생각하였도다") 남의 것을 훔치거나 간음하거나 속이거나 뒷말을 퍼트리는 데 한몫 끼는 이들이 있습니다. 하나님의 심판은 준엄하지만 예수님은 그 형벌을 대신 감당하셨습니다. 채찍으로 맞고, 창에 찔리고, 못 박히고, 가시관을 쓰셨습니다. 한마디로 갈가리 '찢기셨습니다'(22절). 주님을 신뢰하는 이들은 하나님을 높이며 그분이 베푸신 구원을 온 세상에 드러내는 감사하는 삶으로 반응해야 합니다(23절). 진짜 믿음과 은혜로 구원받은 그리스도인이라면 자연스럽게 하나님과 이웃을 사랑하는 변화된 삶을 살게 되어 있습니다(약 2:14-17).

*Prayer* 주님, 남의 것을 훔치고 간음하는 죄를 짓지는 않았을지 모르지만 혀로는 뒷말을 일삼고 진리를 가렸습니다. 온 마음을 다해 믿노라고 고백하는 복음의 위대한 진리에 기대어 완전히 달라진 삶을 살지 못하고 있음을 고백합니다. 믿음과 행실 사이의 벌어진 틈을 구체적으로 보여 주시고 그 간격을 메울 힘을 주십시오. 아멘.

# April 18

시편 51편 1-4절   1 하나님이여 주의 인자를 따라 내게 은혜를 베푸시며 주의 많은 긍휼을 따라 내 죄악을 지워 주소서. 2 나의 죄악을 말갛게 씻으시며 나의 죄를 깨끗이 제하소서. 3 무릇 나는 내 죄과를 아오니 내 죄가 항상 내 앞에 있나이다. 4 내가 주께만 범죄하여 주의 목전에 악을 행하였사오니 주께서 말씀하실 때에 의로우시다 하고 주께서 심판하실 때에 순전하시다 하리이다.

**반역죄**   다윗 왕은 간음을 저지르고 살인으로 그 죄를 덮으려 들었습니다(삼하 11). 나단 선지자는 성경 전체를 통틀어 첫손에 꼽힐 만큼 통렬한 메시지를 쏟아 냈습니다. 설교를 들은 다윗의 고백은 철저하고도 진지합니다. "내가 주께만 범죄하여 주의 목전에 악을 행하였사오니"(4절). 사람을 죽인 판에 어떻게 그렇게 이야기할 수가 있습니까? 죄를 반역으로 보았기 때문입니다. 자신의 나라를 뒤엎으려 드는 이는 그 과정에서 수많은 이들을 살해하고 상하게 만들겠지만, 결국 반역 혐의로 심판을 받게 됩니다. 스스로도 자신을 키워 준 조국 전체를 배반했기 때문입니다. 그러므로 모든 죄는 하나 같이 우주적인 반역죄입니다. 만물의 주인이 세운 법을 뒤집어엎는 행위이기 때문입니다.

*Prayer*   주님, 남들한테(심지어 스스로에게도) 죄를 지으면 결국 하나님께 죄를 짓는 셈입니다. 인간은 너나없이 하나님이 사랑하시는 소유물이기 때문입니다. 죄를 짓는 순간, 하나님의 법을 어길 뿐만 아니라 주님의 마음을 짓밟게 됩니다. 이런 사실을 똑똑히 알게 해 주십시오. 그래야 죄를 인정하는 차원을 넘어 끊어 버릴 수 있습니다. 아멘.

# April 19

시편 51편 5-9절  5 내가 죄악 중에서 출생하였음이여, 어머니가 죄 중에서 나를 잉태하였나이다. 6 보소서, 주께서는 중심이 진실함을 원하시오니 내게 지혜를 은밀히 가르치시리이다. 7 우슬초로 나를 정결하게 하소서. 내가 정하리이다. 나의 죄를 씻어 주소서. 내가 눈보다 희리이다. 8 내게 즐겁고 기쁜 소리를 들려 주시사 주께서 꺾으신 뼈들도 즐거워하게 하소서. 9 주의 얼굴을 내 죄에서 돌이키시고 내 모든 죄악을 지워 주소서.

죄는 기록을 남긴다.  1절과 9절에서, 다윗은 죄를 완전히 '지워 주시길' 간구합니다. 말 그대로 문서에서 기록을 완전히 삭제한다는 뜻입니다. 죄는 (빚을 졌든 법을 어겼든) 객관적으로 기록되어 처벌로 이어집니다. 일단 죄가 드러나면 재판관은 그 기록을 무시할 수 없습니다. 벌을 다 받지 않는 한, 범죄 기록은 사라지지 않습니다. 그렇다면 하나님은 어떻게 다윗을 처형하지 않고도(다윗이 저지른 범죄는 사형에 해당합니다) 그 죄를 깨끗이 지워 주실 수 있을까요? 신약성경에 가서야 우리는 예수님이 어마어마한 대가를 치르시고 '우리에게 불리한 조문들이 들어 있는 빚 문서를 지워' 버리셨다는 것을 알 수 있습니다(골 2:14).

*Prayer*  십자가에 달리신 예수님을 외면하셨기에 하나님은 우리의 죄도 외면하고 보지 않으십니다. 그런데도 예수님의 역사 위에 나의 자책을 더하려 든다면 그건 주님의 거룩한 희생을 욕되게 만들 따름입니다. 나의 죄를 용서해 주셨음을 온전히 믿어 주님께 영광을 돌리는 삶을 살기 원합니다. 아멘.

# April 20

시편 51편 10-13절   10 하나님이여 내 속에 정한 마음을 창조하시고 내 안에 정직한 영을 새롭게 하소서. 11 나를 주 앞에서 쫓아내지 마시며 주의 성령을 내게서 거두지 마소서. 12 주의 구원의 즐거움을 내게 회복시켜 주시고 자원하는 심령을 주사 나를 붙드소서. 13 그리하면 내가 범죄자에게 주의 도를 가르치리니 죄인들이 주께 돌아오리이다.

값지고 값진 구원의 즐거움   우리는 "주의 구원의 즐거움을 내게 회복시켜 주소서!"라는 기도를 자주 드려야 합니다. 성경은 하나님 안에서 기뻐하라고 명령합니다(빌 4:4). 그런 감정을 가지라는 것뿐 아니라 그리스도 안에서 소유하게 된 온갖 선물들의 위대함과 소중함을 되새기는 훈련을 하라는 뜻입니다. 그런 보화들이 마음을 길들이게 하라는 주문인 셈입니다. 하나님이 우리 삶에 행하신 놀라운 일들을 기뻐하지 않는 것은 죄입니다. 더 나아가 자신부터 즐겁지 않으면 남들을 보살필 수 없습니다. 스스로 하나님이 이루 말할 수 없이 큰 값을 치르고 사들인 소중한 존재임을 깨닫고 기쁨이 흘러넘치지 않으면 입을 열 때마다 딱딱하고 거칠며 냉정하고 공허한 말들만 쏟아 낼 것입니다.

*Prayer*   주님, 실망감과 상실감에 바닥까지 마음이 가라앉길 원치 않지만, 버텨 내기가 정말 힘듭니다. 성령님을 보내셔서 주님 안에서 소유하고 있고 앞으로 갖게 될 대단한 것들에 대해 내 마음에 이야기하여 주옵소서. 아멘.

# April 21

시편 51편 14-19절  14 하나님이여, 나의 구원의 하나님이여, 피 흘린 죄에서 나를 건지소서. 내 혀가 주의 의를 높이 노래하리이다. 15 주여 내 입술을 열어 주소서. 내 입이 주를 찬송하여 전파하리이다. 16 주께서는 제사를 기뻐하지 아니하시나니 그렇지 아니하면 내가 드렸을 것이라. 주는 번제를 기뻐하지 아니하시나이다. 17 하나님께서 구하시는 제사는 상한 심령이라. 하나님이여, 상하고 통회하는 마음을 주께서 멸시하지 아니하시리이다. 18 주의 은택으로 시온에 선을 행하시고 예루살렘 성을 쌓으소서. 19 그 때에 주께서 의로운 제사와 번제와 온전한 번제를 기뻐하시리니 그 때에 그들이 수소를 주의 제단에 드리리이다.

웅변을 뛰어 넘는 상한 심령  하나님이 그토록 원하시는 '상하고 통회하는 마음'(17절)이란 도대체 어떤 것일까요? 아무런 자격이 없음에도 불구하고 얼마나 큰 선물을 받았는지 아는 심령을 말합니다. 앞의 사실만 알면 자기혐오에 빠지고 뒤의 것만 알면 자만하게 됩니다. 둘 다 자기중심적인 마음가짐입니다. 하지만 다윗은 더없이 값지지만 값없이 베풀어 주신 은혜에 부딪혀 깨어진 마음을 이야기합니다. 스스로 얼마나 망가졌는지, 그리고 얼마나 큰 사랑을 입었는지를 모두 꿰고 있습니다. 이런 지식은 자신으로부터 벗어나게 해 줍니다. 끊임없이 자신을 바라보는 집착에서 해방시켜 줍니다. 입술을 열면 자신에 관한 이야기를 늘어놓는 게 아니라 하나님을 찬양하게 됩니다(15절).

Prayer  주님, 내 안에 낙심, 쓰디쓴 상처, 좌절 따위의 모조품이 아니라 진심으로 깨어진 심령을 심어 주십시오. 오래도록 무시를 당해 온 것만 같아 늘 나를 방어해야 할 것만 같고, 항상 위엄을 지켜야 할 것 같고, 언제나 똑똑하게 보여야 할 것만 같은 감정에서 벗어나기를 원합니다. 내게 깨어진 심령의 고요한 평강을 주십시오. 아멘.

# April 22

시편 52편 1-4절 1 포악한 자여, 네가 어찌하여 악한 계획을 스스로 자랑하는가? 하나님의 인자하심은 항상 있도다. 2 네 혀가 심한 악을 꾀하여 날카로운 삭도 같이 간사를 행하는도다. 3 네가 선보다 악을 사랑하며 의를 말함보다 거짓을 사랑하는도다(셀라). 4 간사한 혀여, 너는 남을 해치는 모든 말을 좋아하는도다.

병들고 뒤틀린 사랑  에돔 사람 도엑은 사울 왕의 환심을 사기 위해 다윗에 관한 정보를 넘겨주었고 결국 제사장 공동체 전체가 살육되는 참사를 낳았습니다(삼상 22:6-19). 다윗은 도엑의 성품을 지적하며 정면으로 비판합니다. 여기서 '자랑'은 꼭 노골적으로 으스대는 것만이 아니라 남들을 무시하고 아둔한 바보라고 멸시하는 태도까지 아우르는 말입니다. 오만은 늘 잔인함을 낳습니다. 교만한 이의 혀는 잘 벼린 면도칼 같아서 사람들을 다치게 합니다. 하지만 모든 악의 근원은 병들고 뒤틀린 사랑입니다. 3-4절은 사랑하는 것, 다시 말해 머릿속을 가득 채우고 있는 것, 보기만 해도 좋고 마음을 끄는 것들은 반드시 사람을 상하게 하고 영향을 미치게 마련이라고 거듭 지적합니다. 어떤 망상에 사로잡혀 사는지 되짚어 보십시오. 그런 헛된 꿈들은 당신이 무엇을 위해 사는지, 그리고 어떤 됨됨이를 가졌는지를 선명하게 비쳐 보여 줍니다.

*Prayer*  주님, 내 마음을 바로 보여 주십시오. 남들을 낮춰 보는 자만의 싹수들을 잘라 버려 주십시오. 한가한 시간이 생기면 성공하고 출세하는 공상에 빠지는 게 아니라 주께 기도하게 도와주십시오. '자랑'을 없애 주시고 주님이 베풀어 주신 값진 사랑을 겸손한 마음으로 바라보게 하옵소서. 아멘.

# April 23

시편 52편 5-9절  5 그런즉 하나님이 영원히 너를 멸하심이여 너를 붙잡아 네 장막에서
뽑아내며 살아 있는 땅에서 네 뿌리를 빼시리로다(셀라). 6 의인이 보고 두려워하며 또
그를 비웃어 말하기를 7 이 사람은 하나님을 자기 힘으로 삼지 아니하고 오직 자기 재물
의 풍부함을 의지하며 자기의 악으로 스스로 든든하게 하던 자라 하리로다. 8 그러나 나
는 하나님의 집에 있는 푸른 감람나무 같음이여 하나님의 인자하심을 영원히 의지하리로
다. 9 주께서 이를 행하셨으므로 내가 영원히 주께 감사하고 주의 이름이 선하시므로 주
의 성도 앞에서 내가 주의 이름을 사모하리이다.

변함없이 오래 가는 비결  엄청난 부에 기대어 사는 이들이나 남들을 망가뜨
리면서 힘을 키워 가는(7절) 이들의 처절한 몰락은 할리우드가 만들어 낸 시
나리오도 아니고 그랬으면 좋겠다는 기대 사항도 아닙니다. 속으로는 누구
나 제 이익을 위해 다른 이들을 망치는 이들은 결국 심판을 받는다는 사실을
알고 있습니다. … 약자와 패자가 억압하는 세력을 누르고 승리를 거둔다는
내용의 책과 영화들이 그토록 그럴듯하게 들리는 까닭은 무엇입니까? 오만
과 잔혹성에 기댄 성공은 결코 오래가지 않기 때문입니다. 하지만 하나님의
한결같고 너그러운 사랑을 믿고 의지하며(8절), 기도하면서 주님을 알아 가고
(9절), 믿음의 공동체에 뿌리를 내리는 건 오래 살기로 유명한 올리브나무와도
같습니다(9절). 이것이 변함없이 오래 가는 비결입니다.

*Prayer*  주님 안에 있을 때만 보호를 받으며 안전할 수 있습니다. 나의 계획
이나 재주에 의지하는 자는 이들은 반드시 넘어지고 말 것입니다. 마치 하나
님이 필요 없는 것처럼 사는 친구들에게 위험을 경고할 용기와 솜씨를 허락
해 주십시오. 하나님의 어김없는 사랑을 가감 없이 증언할 수 있게 해 주십시
오. 아멘.

시편 53편   1 어리석은 자는 그의 마음에 이르기를 하나님이 없다 하도다. 그들은 부패하며 가증한 악을 행함이여 선을 행하는 자가 없도다. 2 하나님이 하늘에서 인생을 굽어 살피사 지각이 있는 자와 하나님을 찾는 자가 있는가 보려 하신즉 3 각기 물러가 함께 더러운 자가 되고 선을 행하는 자 없으니 한 사람도 없도다.  4 죄악을 행하는 자들은 무지하냐? 그들이 떡 먹듯이 내 백성을 먹으면서 하나님을 부르지 아니하는도다. 5 그들이 두려움이 없는 곳에서 크게 두려워하였으니 너를 대항하여 진 친 그들의 뼈를 하나님이 흩으심이라. 하나님이 그들을 버리셨으므로 네가 그들에게 수치를 당하게 하였도다. 6 시온에서 이스라엘을 구원하여 줄 자 누구인가? 하나님이 자기 백성의 포로된 것을 돌이키실 때에 야곱이 즐거워하며 이스라엘이 기뻐하리로다.

불안을 이겨 내는 길   시편 14편과 53편은 5절과 6절까지 판박이처럼 비슷합니다. 시편 14편은 하나님을 믿지 않는 이들을 향해 주님은 틀림없이 살아 계시므로 그분을 두려워하라고 경고합니다. 반면에 시편 53편은 믿음을 가진 이들에게 주는 말씀입니다. 하나님이 적들을 물리치셨는데(5절), 두려워할 게 전혀 없는 일에 짓눌리듯 불안해할 까닭이 도대체 무어란 말입니까! 사노라면 건강이나 가정, 일자리, 심지어 세계정세 탓에도 숨이 막힐 듯 두려움이 밀려드는 순간들이 있습니다. 불안은 두려움보다는 덜 구체적입니다. 아직까지는 괜찮을지 몰라도 머잖아 분명히 일이 틀어질 것이라고 생각하는 마음가짐입니다. 그런 일은 거의 일어나지 않을 뿐 아니라 시편이 지적하듯 한결같이 동행해 주시는 사랑의 주님을 욕보이는 태도이기도 합니다. 만약 최악의 사태가 벌어지더라도 말입니다.

*Prayer*   하나님이 예수 그리스도 안에서 이루어 주신 일들을 자꾸 잊어버리는 탓에 자주 근심과 두려움에 사로잡히곤 합니다. 예수님은 죄와 죽음을 이기셨습니다(그래서 죄는 더 이상 나를 고발하지 못하며 부활하리라는 확신을 가질 수 있습니다). 지금도 선한 열매를 맺어 가고 계십니다. 이런 사실들을, 똑똑히 기억해서 주님 안에 편히 쉬게 하옵소서. 아멘.

# April 25

**시편 54편**  1 하나님이여 주의 이름으로 나를 구원하시고 주의 힘으로 나를 변호하소서. 2 하나님이여 내 기도를 들으시며 내 입의 말에 귀를 기울이소서. 3 낯선 자들이 일어나 나를 치고 포악한 자들이 나의 생명을 수색하며 하나님을 자기 앞에 두지 아니하였음이니이다(셀라). 4 하나님은 나를 돕는 이시며 주께서는 내 생명을 붙들어 주시는 이시니이다. 5 주께서는 내 원수에게 악으로 갚으시리니 주의 성실하심으로 그들을 멸하소서. 6 내가 낙헌제로 주께 제사하리이다. 여호와여 주의 이름에 감사하오니 주의 이름이 선하심이니이다. 7 참으로 주께서는 모든 환난에서 나를 건지시고 내 원수가 보응 받는 것을 내 눈이 똑똑히 보게 하셨나이다.

**악은 스스로 움츠러들게 마련**  "하나님이여 주의 이름으로 나를 구원하시고"(1절)는 가장 기본적인 기도입니다. 다윗은 복수를 주님의 손에 맡기고(1절) 악의 파괴적인 성향이 자연스럽게 발현되길(5절) 기다렸습니다. 악이 가진 자멸적인 성질을 제대로 묘사하기로는 C. S. 루이스의 우주 3부작 가운데 두 번째 소설 《페렐란드라》(Perelandra)만 한 책이 없는 듯합니다. 마귀에 사로잡힌 주인공은 하나님의 아들이 죽음을 맞은 것을 고소하게 여깁니다. 하지만 그리스도인인 랜섬(Ransom)이 뼈아픈 질문을 던지면서 분위기가 뒤집힙니다. "그게 당신에게 어떤 결과를 줬습니까?" 그제서야 마귀는 고개를 뒤로 젖히고 길게 울부짖었습니다. 그리스도를 죽이는 과정에서 스스로 완전한 파국을 맞았고 죽음도 끝장이 났기 때문입니다. 악은 선과 치열한 전투를 벌이고 있는 게 아닙니다. 선은 이미 승리를 거두었고 악은 어디서나 스스로 움츠러들게 되어 있습니다.[39]

*Prayer*  하나님이 주권을 가지셨으며 온 세상이 주의 소유이므로 악은 자멸할 수밖에 없습니다. 그런데도 나는 마음 깊이 그 진리를 믿지 않습니다. 그래서 자신을 망치는 일을 하고 싶은 유혹을 받을 뿐만 아니라 서슴없이 '그런 짓을 저지르는' 이들을 보면서 힘이 빠집니다. 악이 감히 넘보지 못하는 주님이 바로 나의 하나님이심을 감사하고 찬양합니다. 아멘.

# April 26

시편 55편 1-8절   1 하나님이여 내 기도에 귀를 기울이시고 내가 간구할 때에 숨지 마소서. 2 내게 굽히사 응답하소서. 내가 근심으로 편하지 못하여 탄식하오니 3 이는 원수의 소리와 악인의 압제 때문이라. 그들이 죄악을 내게 더하며 노하여 나를 핍박하나이다. 4 내 마음이 내 속에서 심히 아파하며 사망의 위험이 내게 이르렀도다. 5 두려움과 떨림이 내게 이르고 공포가 나를 덮었도다. 6 나는 말하기를 만일 내게 비둘기 같이 날개가 있다면 날아가서 편히 쉬리로다. 7 내가 멀리 날아가서 광야에 머무르리로다(셀라). 8 내가 나의 피난처로 속히 가서 폭풍과 광풍을 피하리라 하였도다.

**달아나고 싶은 유혹**   어려움과 고통을 피해 어디로든, 아무데라도 달아나 숨고 싶은 게 다윗의 솔직한 심정이었습니다(6-8절). 다윗의 경우에는 스트레스가 많은 왕의 자리를 누군가에게 넘기고 물러난다는 뜻이었을지 모릅니다. 다른 이들에게는 반발이 가장 적은 길을 택하거나, 거짓말을 하거나, 누군가를 무너뜨려가면서 자리를 지키려는 유혹 앞에 무릎을 꿇는 것을 가리킬 수도 있습니다. 그러다 보면 고통을 잠재워 주는 무언가에 중독되기 십상입니다. 하지만 하나님을 떠나서는 어디서도 안식처를 찾을 수 없습니다. 인간은 줄기차게 주님을 의지해야 합니다. 이 외의 모든 피난처는 들어가 보면 백발백중 더 큰 위험이 기다리고 있기 때문입니다. 몸을 숨길 만한 다른 피난처는 없습니다. 주님은 영원한 생명의 말씀을 가지고 계십니다(요 6:66-69).

*Prayer*   그냥 나가 버리고 싶을 때가 한두 번이 아닙니다. 친구가, 식구가, 그리스도인이 된다는 게 죄다 힘들게만 보입니다. 하지만 주님의 임재 가운데서 깨닫습니다. 그렇게 사는 게 힘들기는 하지만 다른 길은 어느 쪽을 택하든 한없이 더 고단하다는 것을 압니다. 나의 버팀목이 되어 주십시오. 생명의 길에서 벗어나지 않게 나를 도우소서. 아멘.

# April 27

시편 55편 9-19절　9 내가 성내에서 강포와 분쟁을 보았사오니 주여, 그들을 멸하소서. 그들의 혀를 잘라 버리소서. 10 그들이 주야로 성벽 위에 두루 다니니 성 중에는 죄악과 재난이 있으며 11 악독이 그 중에 있고 압박과 속임수가 그 거리를 떠나지 아니하도다. 12 나를 책망하는 자는 원수가 아니라 원수일진대 내가 참았으리라. 나를 대하여 자기를 높이는 자는 나를 미워하는 자가 아니라 미워하는 자일진대 내가 그를 피하여 숨었으리라. 13 그는 곧 너로다. 나의 동료, 나의 친구요 나의 가까운 친우로다. 14 우리가 같이 재미있게 의논하며 무리와 함께 하여 하나님의 집 안에서 다녔도다. 15 사망이 갑자기 그들에게 임하여 산 채로 스올에 내려갈지어다. 이는 악독이 그들의 거처에 있고 그들 가운데에 있음이로다. 16 나는 하나님께 부르짖으리니 여호와께서 나를 구원하시리로다. 17 저녁과 아침과 정오에 내가 근심하여 탄식하리니 여호와께서 내 소리를 들으시리로다. 18 나를 대적하는 자 많더니 나를 치는 전쟁에서 그가 내 생명을 구원하사 평안하게 하셨도다. 19 옛부터 계시는 하나님이 들으시고 그들을 낮추시리이다(셀라). 그들은 변하지 아니하며 하나님을 경외하지 아니함이니이다.

**기도를 들으시는 하나님**　다윗은 동료들뿐만 아니라 가까운 친구들한테도 배신을 당했습니다(12-14절). 그처럼 유난히 심한 내상을 입히고 고통을 안기는 경험에서 어떻게 헤어날 수 있겠습니까? 다윗은 하루에 세 번씩, 아침과 정오, 저녁마다 기도했습니다(7절). 수많은 교회와 그리스도인들이 이를 날마다 드리는 기도 일정으로 여기고 지킵니다. 하나님이 기도를 들으시는 분인 줄 알기에(18-19) 전통을 따르는 것입니다. 구하면 구할수록 더 많이 받게 마련입니다(약 4:3).

*Prayer*　주님이 알아서 기꺼이 베풀어 주시는 게 얼마나 많은지 모릅니다. 하지만 그걸 두고 간구하는 편이 영적으로 내게 안전합니다. 그러므로 주 앞에 더 자주 나가 필요를 구할 수 있도록 이끄시고 힘을 주십시오. 예수님을 통해 그 길로 나를 초대해 주신 주님을 찬양합니다. 아멘.

# April 28

시편 55편 20-23절 20 그는 손을 들어 자기와 화목한 자를 치고 그의 언약을 배반하였도다. 21 그의 입은 우유 기름보다 미끄러우나 그의 마음은 전쟁이요 그의 말은 기름보다 유하나 실상은 뽑힌 칼이로다. 22 네 짐을 여호와께 맡기라. 그가 너를 붙드시고 의인의 요동함을 영원히 허락하지 아니하시리로다. 23 하나님이여 주께서 그들로 파멸의 웅덩이에 빠지게 하시리이다. 피를 흘리게 하며 속이는 자들은 그들의 날의 반도 살지 못할 것이나 나는 주를 의지하리이다.

**짐을 여호와께 맡기라**  염려를 주께 맡겨야 합니다(22절). 하나님이 모든 어려움을 걷어 가시지는 않지만 버티게 하시고 상황을 처리할 힘을 주십니다. 우리가 폭풍우 속에 있을 때 주께 기도하면 주님은 풍랑을 가라앉혀 주실 수도 있고(막 4:39), 베드로에게 그러셨듯이 비바람을 뚫고 물 위를 걷게 하실 수도 있습니다(마 14:27-31). 베드로는 예수님께 시선을 고정시켜야 했습니다(마 14:30). 우리도 마찬가지입니다. 인류를 구원하기 위해 뼈아픈 배신과 거절을 참아 내셨던 구세주를 바라보아야 합니다. 주님이 이미 그 길을 가셨으므로 우리 역시 그분께 기대어 배신을 끝내 참아 낼 수 있습니다.

*Prayer*  염려의 상당 부분은 어떤 일이 일어날 필요가 있는지 내가 주님보다 더 잘 안다는 오만한 믿음에서 비롯됩니다. 짐을 여호와께 맡기는 법을 가르쳐 주십시오. 주님의 권세와 지혜 앞에 내려놓기를 원합니다. 아멘.

# April 29

**시편 56편 1-7절** 1 하나님이여 내게 은혜를 베푸소서. 사람이 나를 삼키려고 종일 치며 압제하나이다. 2 내 원수가 종일 나를 삼키려 하며 나를 교만하게 치는 자들이 많사오니 3 내가 두려워하는 날에는 내가 주를 의지하리이다. 4 내가 하나님을 의지하고 그 말씀을 찬송하올지라. 내가 하나님을 의지하였은즉 두려워하지 아니하리니 혈육을 가진 사람이 내게 어찌하리이까? 5 그들이 종일 내 말을 곡해하며 나를 치는 그들의 모든 생각은 사악이라. 6 그들이 내 생명을 엿보았던 것과 같이 또 모여 숨어 내 발자취를 지켜보나이다. 7 그들이 악을 행하고야 안전하오리이까? 하나님이여 분노하사 뭇 백성을 낮추소서.

**혈육을 가진 사람이 내게 어찌하리이까?** 신뢰가 서서히 우세를 차지하기 마련이지만, 어쨌든 우리 안에는 두려움과 믿음이 공존합니다. 믿음이란 "하나님이 알아서 하실 것"이라는 모호한 감각이 아닙니다. 믿음은 기도하듯 하나님 말씀인 성경에 깊이 침잠하는 데서 나옵니다(3-4절). 예수님은 마태복음 10장 28절에서 "혈육을 가진 사람이 내게 어찌하리이까?"라는 다윗의 질문에 답하셨습니다. 그리스도인은 육체를 죽일 힘을 가진 이들을 두려워할 필요가 없습니다. 이미 사형 선고를 받고 죽음을 경험하셨던 예수님 안에 안전하게 머물고 있다면, 영원하고 참다운 생명은 아무런 지장도 받지 않을 것이기 때문입니다. 다윗은 공격해 오는 이들에게서 구원해 주시길 잠잠히 기도합니다. 오늘을 사는 그리스도인들도 악한 이들이 됐든 지긋지긋한 질병이 됐든 온갖 어려움에서 건져 주시길 소리쳐 부르짖어야 하지만 결국은 예수님 안에서 안전하다는 사실을 잊어서는 안 됩니다.

*Prayer* 주님의 말씀을 그냥 읽을 게 아니라 찬양할 필요가 있습니다. 하나님의 영광과 은혜에 관해 일러 주는 가르침 하나하나가 기쁨이고 감격입니다. 성경에 적힌 약속들과 선포들에 의지해 두려움에 질린 마음을 잠잠히 가라앉히게 도와주시옵소서. 아멘.

# April 30

**시편 56편 8-13절**  8 나의 유리함을 주께서 계수하셨사오니 나의 눈물을 주의 병에 담으소서. 이것이 주의 책에 기록되지 아니하였나이까? 9 내가 아뢰는 날에 내 원수들이 물러가리니 이것으로 하나님이 내 편이심을 내가 아나이다. 10 내가 하나님을 의지하여 그의 말씀을 찬송하며 여호와를 의지하여 그의 말씀을 찬송하리이다. 11 내가 하나님을 의지하였은즉 두려워하지 아니하리니 사람이 내게 어찌하리이까? 12 하나님이여 내가 주께 서원함이 있사온즉 내가 감사제를 주께 드리리니 13 주께서 내 생명을 사망에서 건지셨음이라. 주께서 나로 하나님 앞, 생명의 빛에 다니게 하시려고 실족하지 아니하게 하지 아니하셨나이까?

**하나님이 한편이라면**  다윗은 다시 한 번 "사람이 내게 어찌하리이까?"라고 묻지만(11절), 그 물음 뒤에서야 하나님이 한편이 되어 주신다는 것을 깨닫습니다(9절). 하나님은 자녀들을 얼마나 자상하고 세심하게 보살피는지 눈물 한 방울까지 낱낱이 기록해 두십니다(8절). 어떻게 확신할 수 있습니까? 바울도 똑같은 질문을 던졌습니다. "하나님이 우리 편이시면, 누가 우리를 대적하겠습니까?"(롬 8:31, 새번역). 그리고 예수 그리스도가 이루신 역사를 믿는 믿음을 재확인합니다(롬 8:37-39). 그리스도인은 기록된 말씀, 곧 성경뿐만 아니라 성육신한 말씀, 즉 예수 그리스도를 바라보며 두려움을 이겨 내야 합니다. 하나님은 거룩한 주권과 창조적인 능력을 통해 인간인 동시에 하나님이신 말씀, 문자로 기록된 말씀과 십자가에 못 박혀 고난을 당하신 말씀을 주셨습니다.

*Prayer*  예수님은 십자가를 통해 나를 죽음에서 구원하시고 부활과 영원한 생명을 보장해 주셨습니다. 주님이 내 눈물 한 방울까지 다 알아보시고 기록해 놓으실 만큼 나를 참으로 사랑하시는데 내가 무얼, 왜 두려워하겠습니까? 두려움이 사라질 때까지 이 진리에 깊이 잠기게 해 주십시오. 아멘.

# May 1

**시편 57편 1-6절** 1 하나님이여 내게 은혜를 베푸소서. 내게 은혜를 베푸소서. 내 영혼이 주께로 피하되 주의 날개 그늘 아래에서 이 재앙들이 지나기까지 피하리이다. 2 내가 지존하신 하나님께 부르짖음이여, 곧 나를 위하여 모든 것을 이루시는 하나님께로다. 3 그가 하늘에서 보내사 나를 삼키려는 자의 비방에서 나를 구원하실지라(셀라). 하나님이 그의 인자와 진리를 보내시리로다. 4 내 영혼이 사자들 가운데에서 살며 내가 불사르는 자들 중에 누웠으니 곧 사람의 아들들 중에라. 그들의 이는 창과 화살이요 그들의 혀는 날카로운 칼 같도다. 5 하나님이여 주는 하늘 위에 높이 들리시며 주의 영광이 온 세계 위에 높아지기를 원하나이다. 6 그들이 내 걸음을 막으려고 그물을 준비하였으니 내 영혼이 억울하도다. 그들이 내 앞에 웅덩이를 팠으나 자기들이 그 중에 빠졌도다(셀라).

**사자 굴에서** 다윗은 위험에 에워싸였습니다. 사납게 으르렁거리는 야수들에 둘러싸인 듯했습니다(4절). 그는 도움을 갈구하다가(1-2절) 돌연히 하나님을 찬양합니다. "하나님, 하늘 높이 높임을 받으시고, 주님의 영광을 온 땅 위에 떨치십시오!"(5절, 새번역). 주님이 영광을 받으시길 바라는 다윗의 소망은 개인적인 재난이나 위험, 괴로움보다 훨씬 깊고 큽니다. 눈앞에 닥친 어려운 환경에서 구원해 주심으로써 영광을 받으실 수 있다니, 어떻게 찬양하지 않을 수가 있겠습니까! 형편이 달라지지 않는다 할지라도 하나님을 굳게 믿을 때 세상 사람들 앞에서 주님을 더 영화롭게 할 수 있다면 더더욱 찬양을 드려야 하지 않을까요! 어느 쪽이든, 기쁘게 주님을 높인다면, 하나님은 자녀들을 향한 그분의 뜻을 선명하게 이뤄 가실 것입니다.

*Prayer* 하나님, 독생자 예수님은 "일용할 양식을 주옵시고"라고 간구하기 전에 "이름이 거룩히 여김을 받으시오며"라고 기도하라고 가르치셨습니다. "이러저러하게 해 주세요!"라고 부르짖기 전에 "내 삶을 통해 영광을 받아 주옵소서"라고 아뢸 줄 알게 도와주십시오. 처음에는 어렵겠지만, 갈수록 이러한 기도가 제 삶이 되기를 원합니다. 아멘.

# May 2

시편 57편 7-11절  7 하나님이여 내 마음이 확정되었고 내 마음이 확정되었사오니 내가 노래하고 내가 찬송하리이다. 8 내 영광아 깰지어다. 비파야, 수금아, 깰지어다. 내가 새벽을 깨우리로다. 9 주여 내가 만민 중에서 주께 감사하오며 뭇 나라 중에서 주를 찬송하리이다. 10 무릇 주의 인자는 커서 하늘에 미치고 주의 진리는 궁창에 이르나이다. 11 하나님이여 주는 하늘 위에 높이 들리시며 주의 영광이 온 세계 위에 높아지기를 원하나이다.

**한밤중에 부르는 노래들**  사악한 세력에 에워싸이는 것처럼(1-4절) 몹시 위태로운 시기를 어떻게 넘어가야 할까요? 다윗은 극심한 암흑기 한복판에서도 찬양하기를 멈추지 않습니다. 기쁨에 겨워하며 격하다 싶을 만큼 강렬하게 하나님의 영광을 찬양하는 노래를 멈추지 않았습니다(7-8절). 하늘과 궁창에서 하나님의 위대하심을 읽어 냈습니다(9-11절). 세상의 악이 드리우는 그늘을 넘어선 그곳에서는 빛과 지극한 아름다움을 영원토록 볼 수 있습니다.[40] 이는 금욕적인 저항이 아니라("절대 역경 때문에 무너지지 않을 거야!") 신학적인 소망입니다. 우주는 하나님의 기쁨과 영광이 출렁이는 끝없이 너른 바다입니다. 우리는 이 세상에서 일시적으로 한 방울의 슬픔 속에 갇혀 살 수밖에 없습니다. 하지만 마침내 하나님은 이 모든 눈물을 걷어 가실 것입니다. 그리스도인들에게는 당장 무슨 일이 벌어지고 있든, 결국은 모든 게 바로잡히고 제대로 풀려 나갈 것입니다.

*Prayer*  주님, 올바른 눈을 갖추게 도와주십시오. 언젠가는 주님의 영광이 동트듯 일어나 밤과 어둠이 물러갈 것입니다. 나는 부활한 몸으로 하나님의 한없는 사랑을 받으며 가늠하기 어려울 만큼 큰 기쁨 속에 살게 될 것입니다. 마음의 눈을 들어 그 세계를 보게 하옵소서. 아멘.

# May 3

**시편 58편 1-5절**  1 통치자들아 너희가 정의를 말해야 하거늘 어찌 잠잠하냐? 인자들아 너희가 올바르게 판결해야 하거늘 어찌 잠잠하냐? 2 아직도 너희가 중심에 악을 행하며 땅에서 너희 손으로 폭력을 달아 주는도다. 3 악인은 모태에서부터 멀어졌음이여, 나면서부터 곁길로 나아가 거짓을 말하는도다. 4 그들의 독은 뱀의 독 같으며 그들은 귀를 막은 귀머거리 독사 같으니 5 술사의 홀리는 소리도 듣지 않고 능숙한 술객의 요술도 따르지 아니하는 독사로다.

**권력을 거머쥔 이들의 죄악**  정치 제도와 조직의 부패는 새삼스러울 게 없습니다. 청지기로서 세상을 다스리고 풍요로움을 일구는 일을 맡은 인간은 모든 게 하나님의 소유라는 의식을 가져야 합니다(창 1:26-30). 하지만 죄의 지배를 받게 되면서 이기적인 의도를 품고 통치하며 남들을 착취해 자신을 위해 재물과 힘을 불립니다. 다윗은 그런 이들을 맹렬히 비난했습니다. 하지만 3절에서 볼 수 있는 악에 대한 처방은 조금 충격적입니다. 스스로도 "죄 중에 태어났고, 어머니의 태속에 있을 때부터 죄인"(시 51:5, 새번역)이었음을 인정하고 있기 때문입니다. 못된 짓을 하는 이들과 마주할 때마다 상대가 얼마나 악하냐를 떠나 거울을 들여다보고 있는 셈입니다. 부딪히고 있는 이들과 달리 "생명 얻는 회개"(행 11:8)를 허락받고 "진리를 알게"(딤후 2:25) 된 이가 거기에 있다면, 할 일은 "오로지 하나님께 감사하는 것뿐입니다."[41]

*Prayer*  주님, 정직하고 슬기로우며 너그러운 지도자에게 통치권을 맡겨 주십시오. 그렇지 못한 이들이 통치권을 갖더라도 권력의 욕구에 흔들리는 실수를 저지르지 않게 붙들어 주십시오. 이 땅에 공의를 세워 주십시오. 아멘.

# May 4

시편 58편 6-11절   6 하나님이여 그들의 입에서 이를 꺾으소서. 여호와여 젊은 사자의 어금니를 꺾어 내시며 7 그들이 급히 흐르는 물 같이 사라지게 하시며 겨누는 화살이 꺾임 같게 하시며 8 소멸하여 가는 달팽이 같게 하시며 만삭 되지 못하여 출생한 아이가 햇빛을 보지 못함 같게 하소서. 9 가시나무 불이 가마를 뜨겁게 하기 전에 생나무든지 불붙는 나무든지 강한 바람으로 휩쓸려가게 하소서. 10 의인이 악인의 보복 당함을 보고 기뻐함이여, 그의 발을 악인의 피에 씻으리로다. 11 그 때에 사람의 말이 진실로 의인에게 갚음이 있고 진실로 땅에서 심판하시는 하나님이 계시다 하리로다.

**정의를 갈구하는 부르짖음**   안락하게 사는 이들에게는 6-10절이 불편하게 들릴지 모르지만, 시편은 "고위층에서 벌어지는 악한 스캔들에 익숙해져 가는 마음가짐을"⁴² 줄곧 경계하고 거부합니다. 압제자들을 향해서 줄기차게 노기 어린 메시지를 쏟아 냅니다. 하지만 시인은 "내가 그들의 입에서 이를 꺾게 해 주십시오!"라고 요청하는 게 아닙니다. 그런 일은 하나님의 몫으로 돌립니다(6절). 신약성경도 마지막 심판 날에 벌어질 일을 설명하면서 그와 비슷한 강렬한 표현들을 사용하고 있지만(계 19:11-13), 그날까지는 쇠로 만든 칼이 아니라 말씀의 검(계 12:11)을 가지고 악과 싸워야 합니다. 악과 마주하게 되면 칼을 쥔 거룩한 심판자를 소망하게 되며 그러기에 스스로 검 휘두르는 것을 삼갈 수 있습니다.

*Prayer*   주님 악한 일을 하면서도 진리와 책임을 주장하는 이들을 마음으로부터 용서하는 화해의 사절이 되기를 원합니다. 그것이 자비와 공의를 동시에 드러내는 십자가의 삶이기 때문입니다. 아멘.

# May 5

시편 59편 1-7절 1 나의 하나님이여 나의 원수에게서 나를 건지시고 일어나 치려는 자에게서 나를 높이 드소서. 2 악을 행하는 자에게서 나를 건지시고 피 흘리기를 즐기는 자에게서 나를 구원하소서. 3 그들이 나의 생명을 해하려고 엎드려 기다리고 강한 자들이 모여 나를 치려 하오니, 여호와여 이는 나의 잘못으로 말미암음이 아니요 나의 죄로 말미암음도 아니로소이다. 4 내가 허물이 없으나 그들이 달려와서 스스로 준비하오니, 주여 나를 도우시기 위하여 깨어 살펴 주소서. 5 주님은 만군의 하나님 여호와, 이스라엘의 하나님이시오니, 일어나 모든 나라들을 벌하소서. 악을 행하는 모든 자들에게 은혜를 베풀지 마소서(셀라). 6 그들이 저물어 돌아와서 개처럼 울며 성으로 두루 다니고 7 그들의 입으로는 악을 토하며 그들의 입술에는 칼이 있어 이르기를 누가 들으리요 하나이다.

**토해 내듯, 뱉어 내듯 쏟아 내는 말**  오늘날 미디어는 그 어느 때보다도 '칼처럼 날카로운 말들을 토해 내도록'(7절) 부추깁니다. 손편지와 달리 내용을 가늠해 볼 새도 없이 정제되지 않은 이야기를 이메일이나 문자 메시지로 곧장 날려 보냅니다. 얼굴을 마주보고 대화할 때와 달리, 다른 이들의 얼굴에 떠오르는 상처나 분노와 마주할 걱정 없이 아무 말이나 닥치는 대로 쏟아 냅니다. 익명성 탓에 아무도 자신을 알아보지 못하리라고 생각합니다. 말은 다윗 시대보다 훨씬 더 강력한 무기가 되었습니다. 하지만 말은 모두(심지어 뜻 없이 불쑥 뱉어 낸 말까지도, 마 12:36) 마음속에 들어 있는 내용물을 고스란히 드러내며(마 12:34) 하나님의 심판을 받게 됩니다. 아무리 "그런 의미로 한 말은 아니었다"고 변명해도 속마음을 숨길 수 없습니다. 말을 살피고 다스려서 마음의 실상을 알아보고 다듬으시기 바랍니다(약 3:1-12).

*Prayer*  주님, 혀로 짓는 죄와 이를 부추기는 성격적인 결함에서 나를 건져 주십시오. 두려움을 떨쳐 솔직하게 말하며, 나 자신만 생각하는 마음을 눌러 말수를 줄이고, 생각없이 말해 버리는 습관을 버려 슬기로운 말을 하게 하시고, 냉정하고 조급한 성품을 걸러 친절하게 이야기하는 법을 배우게 하옵소서. 아멘.

# May 6

시편 59편 8-13절 8 여호와여, 주께서 그들을 비웃으시며 모든 나라들을 조롱하시리이다. 9 하나님은 나의 요새이시니 그의 힘으로 말미암아 내가 주를 바라리이다. 10 나의 하나님이 그의 인자하심으로 나를 영접하시며 하나님이 나의 원수가 보응 받는 것을 내가 보게 하시리이다. 11 그들을 죽이지 마옵소서. 나의 백성이 잊을까 하나이다. 우리 방패 되신 주여 주의 능력으로 그들을 흩으시고 낮추소서. 12 그들의 입술의 말은 곧 그들의 입의 죄라. 그들이 말하는 저주와 거짓말로 말미암아 그들이 그 교만한 중에서 사로잡히게 하소서. 13 진노하심으로 소멸하시되 없어지기까지 소멸하사 하나님이 야곱 중에서 다스리심을 땅 끝까지 알게 하소서 (셀라).

주께서 비웃으시며 인간은 세상을 보며 겁을 먹지만 하나님은 그러지 않으십니다. 거스르는 세력들을 바라보며 코웃음을 치십니다(8절). 하지만 조롱에서 끝나지 않습니다. 죄에 절어 반역하는 무리에 전혀 흔들리지 않으시지만 마냥 무관심하지는 않습니다. 죄는 주님을 슬프게 합니다. 창세기 6장 6절에 따르면, 하나님은 세상의 악함을 보시고 "한탄하사 마음에 근심"하셨습니다. 하나님은 자녀들과 한마음이 되시므로 우리의 죄 때문에 고통스러워하십니다. 십자가만 봐도 그 아픔이 얼마나 절절한지 알 수 있습니다. 예수님은 죄를 보고 슬퍼하시는 동시에(눅 19:41-44) 죄를 책망하셨습니다. 그렇다면 우리도 잘못된 행동을 하는 이들에게 눌리지도, 그들을 향해 마음을 걸어 잠그지도 말아야 합니다.

*Prayer* 자격이 없음에도 불구하고 지켜 주시는 은혜를 마음 깊이 느끼는 예민한 감각을 내게 주십시오. 그래서 주님과 거룩한 길을 거부하는 이들을 업신여기거나 두려워하거나 외면하지 않기를 원합니다. 사랑을 품고 진리를 말하는 법을 배우겠습니다. 가르쳐 주옵소서. 아멘.

# May 7

시편 59편 14-17절   14 그들에게 저물어 돌아와서 개처럼 울며 성으로 두루 다니게 하소서. 15 그들은 먹을 것을 찾아 유리하다가 배부름을 얻지 못하면 밤을 새우려니와 16 나는 주의 힘을 노래하며 아침에 주의 인자하심을 높이 부르오리니 주는 나의 요새이시며 나의 환난 날에 피난처심이니이다. 17 나의 힘이시여, 내가 주께 찬송하오리니, 하나님은 나의 요새이시며 나를 긍휼히 여기시는 하나님이심이니이다.

**공격에 시달려도 여전히 노래하리**   이리저리 돌아다니며 울부짖는 개들과 달리, 시편 기자는 노래하고 찬양합니다. 여전히 공격에 시달리고 있지만(개들은 여전히 으르렁거리고 있지만) 시인은 견고한 요새요 피난처가 되신 하나님을 마음으로 찬송합니다. 어거스터스 톱레이디(Augustus Toplady)는 그의 유명한 찬송가 가사에서 "만세 반석 열리니 내가 들어갑니다"라고 노래했습니다. 제 아무리 심한 공격이 닥쳐와도 예수님은 달아나 숨을 도피처가 되시며 우리를 품안에 들여 안전하게 지켜 주십니다. 하나님은 '나를 긍휼히 여기시는' 분이며 말 그대로 우리에게 '무조건적인 사랑'(시 144:2)을 베푸신다고 말합니다. 그리스도인들은 하나님의 사랑이 어떤 전제가 없음을 알아야 하며, 이는 나의 가치 때문이 아니라 예수님이 우리에게 피난처를 만들어 주시기 위해 쪼개지고 갈라지셨기 때문임을 알아야 합니다.

*Prayer*   주님의 사랑을 자주 노래하는 법을 가르쳐 주십시오. 그저 하나님을 생각하는 정도가 아니라 하루 종일 머릿속에서 소리 없이 주님을 기뻐하며 주님께 기쁨이 되기를 원합니다. 사랑이 많으신 하나님, 꼭 그렇게 되도록 나를 도와주십시오. 아멘.

# May 8

시편 60편 1-5절 1 하나님이여 주께서 우리를 버려 흩으셨고 분노하셨사오나 지금은
우리를 회복시키소서. 2 주께서 땅을 진동시키사 갈라지게 하셨사오니 그 틈을 기우소서.
땅이 흔들림이니이다. 3 주께서 주의 백성에게 어려움을 보이시고 비틀거리게 하는 포도
주를 우리에게 마시게 하셨나이다. 4 주를 경외하는 자에게 깃발을 주시고 진리를 위하여
달게 하셨나이다(셀라). 5 주께서 사랑하시는 자를 건지시기 위하여 주의 오른손으로 구
원하시고 응답하소서.

**재난 앞에서 드리는 기도** 이스라엘은 적의 공격에 시달렸습니다.[43] 다윗은
백성들에게 정말 위협이 되는 요소는 군사력이 아니라 하나님의 심판임을 재
빨리 간파했습니다(1-3절). 그러므로 방어벽에 내걸 '깃발'은 오로지 기도뿐입
니다(4-5절). 기도는 영원한 왕의 깃발을 펼쳐 보이는 행위입니다. 다윗은 기
도하면서 자신과 백성들은 '버림을 받았지만'(1절) 동시에 '주께서 사랑하시는
자'(5절)라고 고백합니다. 하나님의 진노는 자식들에게 무한정 헌신적이지만
철부지들이 저지른 죄를 노여워하는 아버지의 심정과 같습니다. 우리가 사랑
하고 예배하는 분의 분노만큼 우리에게 심각한 영향을 미치는 건 없습니다.
제대로 그 속성을 깨닫기만 하면 끝없는 사랑이 가득 담긴 아버지의 노여움
이 우리의 마음속 동기를 바꿔 주십니다. 우리 스스로 변화할 뜻을 세우고 또
그렇게 해 나갈 수 있게 만들어 주십니다.

*Prayer* 주님이 완벽한 거룩뿐인 하나님이라면, 우리는 아무리 변해도 그 거
룩에 다가갈 수 없다는 느낌에 짓눌리고 말 것입니다. 반면에 그저 너그러운
사랑의 영이시기만 하다면 죄 속에 안주하고 말 것입니다. 하지만 주님은 거
룩한 하나님이신 동시에 또 사랑이 한없으신 주님이십니다. 예수님을 통한
회개로 주께 반응하게 도와주세요. 아멘.

# May 9

시편 60편 6-12절   6 하나님이 그의 거룩하심으로 말씀하시되 내가 뛰놀리라. 내가 세 겜을 나누며 숙곳 골짜기를 측량하리라. 7 길르앗이 내 것이요 므낫세도 내 것이며 에브라임은 내 머리의 투구요 유다는 나의 규이며 8 모압은 나의 목욕통이라. 에돔에는 나의 신발을 던지리라. 블레셋아 나로 말미암아 외치라 하셨도다. 9 누가 나를 이끌어 견고한 성에 들이며 누가 나를 에돔에 인도할까? 10 하나님이여 주께서 우리를 버리지 아니하셨나이까/ 하나님이여 주께서 우리 군대와 함께 나아가지 아니하시나이다. 11 우리를 도와 대적을 치게 하소서 사람의 구원은 헛됨이니이다. 12 우리가 하나님을 의지하고 용감하게 행하리니 그는 우리의 대적을 밟으실 이심이로다.

**영적인 전쟁**   이스라엘 백성들은 무기를 들고 하나님의 진노를 모든 민족들에게 보여 주곤 했습니다. 하지만 예수님은 주님의 노여움을 끌어안고 십자가에 달리셨으며(롬 3:24-26) 다시 오셔서 모든 악을 영원히 무찔러 버리실 것입니다(계 19:11-13). 그동안 그리스도인은 살과 피를 가진 적이 아니라 영적인 원수와 싸워야 합니다(엡 6:1-20).[44] 낙심과 회의, 고난과 유혹, 주체할 수 없는 감정과 오만, 죄의식과 수치감, 외로움, 박해, 그릇된 교리, 영적인 메마름과 어두움 따위의 적들과 싸우려면 바울의 말처럼 복음과 믿음에 근거한 구원의 갑옷을 '입어야' 합니다. 다윗이 그랬던 것처럼, 기도하면서 그리스도 안에 새로 가지게 된 신분을 끊임없이 되새겨야 합니다. 하나님은 우리를 용납하고 용서하셨으며 자녀로 입양해 주셨을 뿐만 아니라 성령님을 보내어 하나님께 가까이 다가서며 부활을 확신하게 해 주셨습니다. 이렇게 '도우셔서, 원수들을 물리쳐' 주시니 우리는 끝내 승리를 거둘 것입니다(11-12절).

*Prayer*   삶이란 주님을 거스르는 이 세상의 세력과 여전히 남아 버티는 죄악들, 마음에 도사린 반역 의지, 그리고 마귀 자체와 싸우는 전투의 연속입니다. 다윗처럼 주님의 약속을 바라보며 함께하시는 주님의 임재를 실감해서 확신을 품고 이런 영적인 적들과 마주하게 도와주세요. 아멘.

# May 10

지켜 주심   다윗은 여러 가지 이미지들을 펼쳐 보입니다. 하나님의 관점으로 세상을 바라볼 수 있는 안전한 장소라는 뜻에서 반석에 빗댑니다. 하나님은 견고한 요새시기도 합니다. 공격해 오는 적들을 피해 그곳에서 숨을 피난처를 구합니다. 하나님은 장막에 머무시며 예배하는 가운데 만나 주신다고 고백합니다. 새끼를 날개 아래 품는 어미 새에 비교하기도 합니다. 예수님은 그 하나하나에 빗대어 자신을 설명하셨습니다. 주님은 성전이십니다(요 2:12-21). 우리는 그분 안에서 하나님과 마주할 수 있습니다. 예수님은 어미 새입니다. 사랑하는 자식들을 품고 위험과 고통을 견뎌 가며 한 점 해를 입지 않게 지키십니다(눅 13:34-35). 주님은 우리를 위해 쪼개진 반석이십니다(고전 10:4). 그러므로 예수님 안에만 있으면 어떤 적이 몰려오든, 심지어 죽음이 닥친다 해도 여전히 안전할 수 있습니다.

*Prayer*   주님을 찬양합니다. 오직 예수님 안에서 나는 참으로, 그리고 최종적으로 안전합니다. 주님은 하나님의 영광과 나의 유익을 위해 주권적으로 모든 일 위에 역사하십니다. 그리스도 안에서 나의 죄를 없애 주셨으므로 내게는 복스러운 미래만 남아 있습니다. 내 기도를 들으시고 보살펴 주십니다. 한없이 높은 방석이 되어 주신 하나님, 참 감사합니다. 아멘.

# May 11

*시편 62편 1-4절*  1 나의 영혼이 잠잠히 하나님만 바람이여, 나의 구원이 그에게서 나오는도다. 2 오직 그만이 나의 반석이시오, 나의 구원이시오, 나의 요새이시니, 내가 크게 흔들리지 아니하리로다. 3 넘어지는 담과 흔들리는 울타리 같이 사람을 죽이려고 너희가 일제히 공격하기를 언제까지 하려느냐? 4 그들이 그를 그의 높은 자리에서 떨어뜨리기만 꾀하고 거짓을 즐겨 하니 입으로는 축복이요 속으로는 저주로다(셀라).

**학습된 교훈**  오늘 본문은 극심한 스트레스를 받고 있는 이들을 위한 노래이며 첫 구절에 상황에 대처하는 열쇠가 들어 있습니다. 원문을 직역하면 "오로지 하나님을 향해 내 심령이 잠잠하여"입니다. 어려움이 닥치면 마음속 목소리는 속삭입니다. "무조건 일을 해야 해! 아니면 큰일 날 거야. 이렇게라도 해봐야 해. 아니면 완전히 끝장날 거야!" 여기에는 하나님만으로는 부족하며, 행복하고 안전해지려면 다른 환경이나 조건, 또는 재물이 필요하다는 전제가 깔려 있습니다. 하지만 다윗은 자신의 심령에 이야기하는 법을 배웠습니다. "살아남아 번성하는 데 필요한 건 딱 하나뿐이고 난 이미 그걸 가졌습니다. 내겐 하나님과 전능하신 아버지의 사랑과 보살핌만 있으면 됩니다. 나머지는 죄다 그저 잠깐 있다가 사라지는 것들일 뿐입니다." 이런 깨달음이 내면의 밑바닥에 깔리면 무슨 일이 닥쳐도 절대로 '크게 흔들리지' 아니할 것입니다.

*Prayer*  나의 전부이신 하나님을 찬양합니다. 주님은 내 마음이고 삶이고 기쁨입니다. 잠잠히 기다리며 예수님과 그 구원을 귀히 여기고 찬양하지 못했음을 용서해 주십시오. 지금부터라도 그런 삶을 살기 원합니다. 아멘.

# May 12

**시편 62편 5-8절** 5 나의 영혼아 잠잠히 하나님만 바라라. 무릇 나의 소망이 그로부터 나오는도다. 6 오직 그만이 나의 반석이시오, 나의 구원이시오, 나의 요새이시니 내가 흔들리지 아니하리로다. 7 나의 구원과 영광이 하나님께 있음이여, 내 힘의 반석과 피난처도 하나님께 있도다. 8 백성들아 시시로 그를 의지하고 그의 앞에 마음을 토하라. 하나님은 우리의 피난처시로다(셀라).

**기억에 저장된 교훈** 5절에서 다시 다윗은 1절 말씀으로 마음을 다잡습니다. 머릿속에 있는 진리를 가지고 마음을 빚는 싸움은 좀처럼 끝나는 법이 없습니다. 그리고 성경의 위대한 진리, 즉 인간의 공적이나 노력으로는 스스로를 어찌할 수 없으며 구원은 오직 하나님 한 분에게서 온다는 복음이 여기에 있습니다(욘 2:9). "일을 아니할지라도 경건하지 아니한 자를 의롭다 하시는 이를 믿는 자에게는 그의 믿음을 의로 여기시나니"(롬 4:5). 다윗은 자신에게만이 아니라 '백성들'(8절)에게도 이러한 사실을 이야기하고 있습니다. 스스로의 두려움과 재난을 통과하며 반석이요 피난처이신 하나님의 신실하심을 깨달을 때에야 비로소 다른 이들을 가장 잘 도울 수 있습니다.

*Prayer* 나의 내면 가장 깊은 곳에는 그리스도가 나를 위해 이뤄 주신 역사 속에 안식하기보다 무슨 일이라도 해서 주님의 은총을 보장받고 싶은 절실한 욕구가 도사리고 있습니다. 이런 마음가짐은 그저 불안감을 더 불러일으키고 불안정한 자기 의에 사로잡히게 만들 뿐입니다. "생명 없는 '행위'를 던져 버리고, 주님 발 앞에 내려놓고 … 그저 주님 안에, 이루 말할 수 없이 온전하신 주님 안에"[45] 머무는 법을 가르쳐 주옵소서. 아멘

# May 13

시편 62편 9-12절   9 아, 슬프도다, 사람은 입김이며 인생도 속임수이니 저울에 달면 그
들은 입김보다 가벼우리로다. 10 포악을 의지하지 말며 탈취한 것으로 허망하여지지 말
며 재물이 늘어도 거기에 마음을 두지 말지어다. 11 하나님이 한두 번 하신 말씀을 내가
들었나니 권능은 하나님께 속하였다 하셨도다. 12 주여 인자함은 주께 속하오니 주께서
각 사람이 행한 대로 갚으심이니이다.

건전한 회의   하나님만을 믿고 의지하는 사람은 다른 것에 더 이상 의지하지
않습니다. 평범한 사람이든 신분이 높은 이들이든 그들에게 의지하지 않습니
다(9절). 사회주의도 자본주의도 더 나은 세상을 불러오지 못합니다. 누구나
우러러보는 유망한 직업도 빈속을 채워 줄 힘이 없습니다. 그렇다면 무얼 의
지해야 할까요? 바로 강하고(권능) 사랑이 넘치는(인자) 하나님을 신뢰해야 합
니다(11절). 하지만 어떻게 사랑하시면서 또 공평하실 수 있습니까? 정의를 실
현하려면 반드시 징계가 따라야 하지 않을까요? 하나님은 우리 죄에 대한 사
형 집행을 면제하는 대신 스스로 십자가를 지고 형벌을 받으셨습니다. 주님
이 공의와 사랑을 한꺼번에 보여 주시기 위해 걸으셨던 길을 생각하면 어떤
삶의 환경에 부닥치든 그분의 사랑과 지혜에 절대 의문을 품을 수 없을 것입
니다.

*Prayer*   주님, 무슨 일을 하든 잘할 수 있게 도와주십시오. 하지만 일이 잘되
고 못되는 것에 휩쓸리지 않도록 붙잡아 주십시오. 우리 가정의 재정적인 필
요를 채워 주시기를 원합니다. 하지만 물질적인 부요함을 주님보다 앞세우지
않게 해 주십시오. 출세하고 넉넉해지는 것을 싫어할 필요는 없지만 그보다
는 주님을 훨씬 더 사랑하게 해 주십시오. 주님을 깊이, 깊이 사랑해서 세상
이 주는 것들에 자유로워지게 하옵소서. 아멘.

# May 14

시편 63편 1-4절   1 하나님이여 주는 나의 하나님이시라. 내가 간절히 주를 찾되 물이 없어 마르고 황폐한 땅에서 내 영혼이 주를 갈망하며 내 육체가 주를 앙모하나이다. 2 내가 주의 권능과 영광을 보기 위하여 이와 같이 성소에서 주를 바라보았나이다. 3 주의 인자하심이 생명보다 나으므로 내 입술이 주를 찬양할 것이라. 4 이러므로 나의 평생에 주를 송축하며 주의 이름으로 말미암아 나의 손을 들리이다.


영혼의 갈망   아들 압살롬에게 쫓기며 광야를 헤매는 동안 다윗은 이 시편을 썼습니다. 갈증에 시달리고 사랑을 잃어버린 아픔에도 불구하고 다윗은 내면 깊은 곳에서 아우성치는 하나님을 향한 갈망을 의식했습니다(1절). 하나님의 임재, 그리고 유복한 환경이나 목숨보다도 더 소중한(3절) 주님의 사랑을 맛보는 경험을 통해서만 채워질 수 있는 목마름이었습니다. 우리 모두의 마음속에는 믿음이 없는 이들로서는 짐작조차 할 수 없는 이런 영적 갈증이 자리 잡고 있습니다(요 4:7-21). 그러므로 하나님의 권능과 영광을 바라보고 예배하는 데 가장 큰 관심을 기울여야 합니다. 이는 그리스도인으로서 가져야 할 올바른 태도입니다. 하지만 무엇보다 그래야만 하나님과 '평생'(4절) 변함없이 교제하며 가장 절실한 우리 내면의 필요를 채울 수 있기 때문입니다.

*Prayer*   예수님, 우물가에서 만나신 여인에게 남자들의 사랑으로 채우고 싶어 하는 그 갈망은 오로지 주님, 그리고 주님이 주시는 영원한 생명으로만 충족될 수 있다고 말씀하셨습니다. 출세하고 사회적으로 인정받으며 식구들의 사랑도 얻고 싶은 마음 역시 같은 통로를 통해 채워질 수 있음을 깨닫게 하옵소서. 목숨보다 나은 그 사랑을 내가 경험하기 원합니다. 아멘.

# May 15

시편 63편 5-8절   5 골수와 기름진 것을 먹음과 같이 나의 영혼이 만족할 것이라. 나의
입이 기쁜 입술로 주를 찬송하되 6 내가 나의 침상에서 주를 기억하며 새벽에 주의 말씀
을 작은 소리로 읊조릴 때에 하오리니, 7 주는 나의 도움이 되셨음이라. 내가 주의 날개
그늘에서 즐겁게 부르리이다. 8 나의 영혼이 주를 가까이 따르니 주의 오른손이 나를 붙
드시거니와.

**침상에서 주를 기억하며**   걱정과 두려움에 사로잡혀 이리저리 뒤척거리며
잠을 이루지 못했던 날들…. 그런 경험이 없는 사람이 있을까요? 다윗은 그런
불면의 밤을 다른 용도로 활용했습니다. 하나님을 노래하고 찬양하며 그분의
사랑과 선하심, 그리고 무엇보다 보호하심을 깊이 묵상했습니다. '침상에서
주를 기억하며'에 해당하는 원문은 수비대의 근무 교대를 가리킵니다. 다윗
은 밤을 꼬박 지새웠으므로 마음이 산만해질 수도 있었지만, 마치 암탉이 날
개로 병아리를 품듯 거룩한 임재가 도와주심을 실감하고도 남을 만큼 하나님
과 가까이 머물며 주님에게서 떨어지지 않았습니다. 잠 못 이루는 밤들을 하
나님과 교제하며 찬양하는 기회로 삼는 마음의 훈련을 거듭하십시오. 그러면
좌절과 실망을 돌이켜 구세주와 가까이 사귀는 값진 경험을 상으로 받게 될
것입니다.

*Prayer*   내 영혼에 흡족한 만족을 주시는 하나님을 찬양합니다. 주님과 더불
어 온전히 만족하는 삶을 살지 못하는 느낌이 들 때마다 오늘 시편이 가르치
는 기쁨과 놀라움, 사랑을 품고 찬양하는 법을 배우게 해 주십시오. 조금이라
도 불안할 때마다 끈질기게 기도하며 한사코 주님께 초점을 맞추는 법을 배
우겠습니다. 가르쳐 주옵소서. 아멘.

# May 16

시편 63편 9-11절   9 나의 영혼을 찾아 멸하려 하는 그들은 땅 깊은 곳에 들어가며 10 칼의 세력에 넘겨져 승냥이의 먹이가 되리이다. 11 왕은 하나님을 즐거워하리니 주께 맹세한 자마다 자랑할 것이나 거짓말하는 자의 입은 막히리로다.

**영적인 체험**   다윗은 하나님을 믿을 뿐만 아니라 경험하기를 소원했습니다. 그러자면 몸의 눈이 아니라 믿음의 눈으로 주님을 '보아야' 합니다(2절, 고전 13:12, 고후 3:18, 5:7). 하나님이 인생에 허락하신 선물들 때문이 아니라 그분 자신 때문에 기뻐해야 합니다(3절).[46] 주 안에서 이를 체험한 다윗은 정체성을 다시 한 번 천명합니다. "나, 왕은 하나님을 즐거워하리니!"(11절). 이처럼 영적인 체험은 늘 주님 안에서 기쁨을 누리고 믿음의 토대가 더 단단해지는 결과를 낳습니다(롬 8:16). 그리스도인은 누구나 예수님 안에서 왕이요 제사장입니다(계 1:6). "왕으로서의 소명에 대한 다윗의 믿음이 그처럼 튼튼했다면 그리스도인들은 더 말해 무엇 하겠습니까?"[47]

*Prayer*   나의 왕이실 뿐만 아니라 아버지가 되어 주시는 하나님을 찬양합니다. 왕권을 가진 분의 자녀 역시 고귀한 신분임을 압니다. '통치'와 '지배'를 말씀하시는 한 마디 한 마디가 모두 내게 충격입니다. 하지만 그 진리를 붙들고 쉬 상처를 받거나 모욕감을 느끼거나 남들의 인정에 연연하지 않도록 도와주십시오. 아멘.

시편 64편 1-6절  1 하나님이여 내가 근심하는 소리를 들으시고 원수의 두려움에서 나의 생명을 보존하소서. 2 주는 악을 꾀하는 자들의 음모에서 나를 숨겨 주시고 악을 행하는 자들의 소동에서 나를 감추어 주소서. 3 그들이 칼 같이 자기 혀를 연마하며 화살 같이 독한 말로 겨누고 4 숨은 곳에서 온전한 자를 쏘며 갑자기 쏘고 두려워하지 아니하는도다. 5 그들은 악한 목적으로 서로 격려하며 남몰래 올무 놓기를 함께 의논하고 하는 말이 누가 우리를 보리요 하며 6 그들은 죄악을 꾸미며 이르기를 우리가 묘책을 찾았다 하나니 각 사람의 속뜻과 마음이 깊도다.

불만을 입 밖으로 토해내다  다윗은 불평('근심하는 소리')을 하나님께 쏟아 냈습니다. 어떤 조직이든 고객의 불만을 접수하는 부서에는 고객의 이야기를 귀 기울여 들어 주는 일을 전담하는 직원과 내부적으로 권한을 위임받아 무언가 조처를 취해 주는 일을 하는 담당자가 있기 마련입니다. 하나님은 최종적으로 불만을 처리하는 부서가 되어 주십니다. 실망스러운 일들을 쏟아 내라고 권하시고 반드시 우리 편에서 움직여 주십니다(1절). 이러한 하나님의 특성은 희생자들에게는 더없이 큰 위로지만 잘못을 저지르는 이들에게는 심각한 경고가 됩니다. "누가 우리를 보리요?"(5절)라고 생각하지 마십시오. 못 살게 구는 사라를 피해 달아났던 하갈은 하나님을 일컬어 "나를 살피시는"(창 16:13) 분이라고 했습니다. 주 하나님이 늘 지켜보고 계시다면 삶과 말, 행동 방식이 어떻게 달라질까요?

*Prayer*  주님이 모든 것을 듣고 보신다는 사실을 잊지 않겠습니다. 일상생활에 그 의식이 속속들이 스며들어 위로가 되는 동시에 책임감을 불어넣게 해 주십시오. 못된 짓을 감쪽같이 해치우는 이들이 보이면 "하나님이 지켜보신다"는 것을 기억하게 해 주십시오. 거짓말을 하거나 원칙을 무시하고 싶은 마음이 들 때에도 "하나님이 지켜보신다"는 사실을 떠올리게 지켜 주십시오. 아멘.

# May 18

시편 64편 7-10절   7 그러나 하나님이 그들을 쏘시리니 그들이 갑자기 화살에 상하리로다. 8 이러므로 그들이 엎드러지리니 그들의 혀가 그들을 해함이라. 그들을 보는 자가 다 머리를 흔들리로다. 9 모든 사람이 두려워하여 하나님의 일을 선포하며 그의 행하심을 깊이 생각하리로다. 10 의인은 여호와로 말미암아 즐거워하며 그에게 피하리니 마음이 정직한 자는 다 자랑하리로다.

심판이 주는 위안   다윗은 악의 자멸적인 특성과 하나님 나라에서는 죄가 자연스럽게 종말을 맞게 된다는 사실에서 다시 한 번 위안을 찾습니다. 다들 자가당착에 빠질 수밖에 없습니다. 자신의 죄는 스스로에게 돌아오기 마련입니다(7-8절). 하나님은 뿌리시고 또 거두시는 분입니다(갈 6:7, 눅 6:38). 이생에서도 탐욕은 마침내 영적인 빈곤을 부르는 반면, 너그러운 마음가짐은 돈이 많든 적든 상관없이 풍성한 삶을 누리게 합니다. 결국 죄에 내리시는 하나님의 심판에 너나없이 놀랄 수밖에 없습니다(9-10절). 오늘을 사는 그리스도인들은 다윗이 몰랐던 비밀을 알고 있습니다. 하나님이 예수 그리스도 안에서 죄를 심판하셨으므로 언젠가 인간의 역사가 그치는 날에 자녀들을 상하게 하지 않고 악을 끝내시리라는 사실에 온 피조물들이 놀라고 기뻐하리라는 사실입니다.

*Prayer*   심판의 하나님 앞에서 주눅들고 작아지는 이들이 많습니다. 하지만 주님이 거룩한 지혜와 정의로 만물을 심판하신다는 사실을 모른다면 이처럼 악한 세상을 살아가기 어려울 겁니다. 마땅히 내가 받아야 할 심판을 독생자 예수님이 사랑으로 대신 지셨음을 몰랐다면 아무런 소망도 없었을 것입니다. 아멘.

# May 19

시편 65편 1-4절  1 하나님이여 찬송이 시온에서 주를 기다리오며 사람이 서원을 주께 이행하리이다. 2 기도를 들으시는 주여, 모든 육체가 주께 나아오리이다. 3 죄악이 나를 이겼사오니 우리의 허물을 주께서 사하시리이다. 4 주께서 택하시고 가까이 오게 하사 주의 뜰에 살게 하신 사람은 복이 있나이다. 우리가 주의 집, 곧 주의 성전의 아름다움으로 만족하리이다.

**은혜로 선택받다**  하나님은 아무런 자격도 없는 우리의 외침을 들으시고 죄를 용서해 주십니다(1-3절). 주님을 택한 이들은 사실, 주님이 먼저 선택하셨으며 가까이로 부르셨음을 금방 알게 됩니다(4절, 요 6:44, 15:16). 신약성경을 보면 그 은혜가 얼마나 파격적이었는지 알 수 있습니다. 하나님은 우리를 손님이 아니라 자녀요 상속자로 그분의 궁전에 살게 하십니다(요 1:12-13). 우리를 형제로 삼기 위해 돌아가신 하나님의 참 아들, 예수님을 믿고 본향에 돌아가 하늘 아버지와 더불어 살도록 부름 받았음을 깨달은 이들이 드리는 경배야말로 하나님이 받으시는 가장 고상한 찬양입니다(히 2:10-18). 우리는 단 한 푼도 내지 않고 값없이 구원을 받았지만 그분은 한없이 큰 대가를 치르셨습니다. 이 얼마나 큰 은혜입니까!

*Prayer*  주님, 가당치 않은 내게 이토록 큰 은혜를 주셨으니 겸손할 수밖에 없습니다. 이처럼 값비싼 은혜를 베푸셨으니 거룩하게 살며 사랑할 수밖에 없습니다. 아무런 조건도 붙이지 않으셨으니 참으로 평안을 누립니다. 따뜻하고 사랑이 넘치는 은혜로 죄에 물든 내 마음의 틀을 깨끗이 씻어 주시고 기쁨이 가득하게 하옵소서. 아멘.

# May 20

시편 65편 5-8절 5 우리 구원의 하나님이시여, 땅의 모든 끝과 먼 바다에 있는 자가 의지할 주께서 의를 따라 엄위하신 일로 우리에게 응답하시리이다. 6 주는 주의 힘으로 산을 세우시며 권능으로 띠를 띠시며 7 바다의 설렘과 물결의 흔들림과 만민의 소요까지 진정하시나이다. 8 땅 끝에 사는 자가 주의 징조를 두려워하나이다. 주께서 아침 되는 것과 저녁 되는 것을 즐거워하게 하시며.

땅의 모든 끝  다윗은 다시 한 번 '모든 육체가 주께' 나아오며(2절) 전쟁과 다툼, 갈등과 억압 같은 '만민의 소요'가 끝나는(7절) 날에 관해 예언적인 이야기를 꺼냅니다. 하나님은 가장 먼 땅 끝에 사는 이들에게도 구원자가 되십니다(5절). 주님의 구원은 아브라함 가족에서 출발해 이스라엘 민족을 거쳐 이제 국경과 종족, 언어, 인종적 기원, 또는 지리적인 한계 등의 울타리를 뛰어 넘어 폭발적으로 확산되었습니다. 그러므로 모든 이들, 특히 같은 땅을 딛고 살지만 사회적으로, 경제적으로, 인종적으로, 정치적으로, 그밖에 어떤 식으로든 멀게 느껴지는 하나님의 백성들을 두루 사랑해 천국의 풍성한 다양성과 마주할 마음의 준비를 갖춰야 합니다(계 7:9).

*Prayer*  주님, 내 문제에만 깊이 매몰돼 하나님이 온 세상에 두루 행하시는 역사에 주목하고 찬양하지 못합니다. 인종적인 우월감에 뿌리를 둔 방어 체계에서 벗어나 종족과 계층, 국적의 한계를 넘어 모든 형제자매들을 끌어안고, 그들에게서 배우며, 기뻐할 줄 알게 해 주세요. 아멘.

# May 21

시편 65편 9-13절  9 땅을 돌보사 물을 대어 심히 윤택하게 하시며 하나님의 강에 물이
가득하게 하시고 이같이 땅을 예비하신 후에 그들에게 곡식을 주시나이다. 10 주께서 밭
고랑에 물을 넉넉히 대사 그 이랑을 평평하게 하시며 또 단비로 부드럽게 하시고 그 싹에
복을 주시나이다. 11주의 은택으로 한 해를 관 씌우시니 주의 길에는 기름방울이 떨어지
며 12 들의 초장에도 떨어지니 작은 산들이 기쁨으로 띠를 띠었나이다. 13 초장은 양 떼로
옷 입었고 골짜기는 곡식으로 덮였으매 그들이 다 즐거이 외치고 또 노래하나이다.

**풍요롭게 하시는 하나님**  하나님은 손수 창조하신 세상을 친히 돌보십니다
(9절). 물을 주고 거름을 주십니다. 성장과 결실은 생명을 주시는 하나님의 본
성에 뿌리를 두고 있습니다. 꽃부터 갓난아이에 이르기까지 주님은 만물에게
생명을 주시고 또 영원히 구원하십니다(딤전 6:13). 하나님의 영이 마음을 깨우
치며(요 16:8-10) 지면을 새롭게 하시므로(시 104:30) 전도자와 경작자의 역할에
는 거룩한 속성이 담겨 있습니다. 하나님의 백성들은 앞장서 창조 세계를 보
살피는 일꾼이 되어야 합니다. 마지막 절을 찬찬히 살펴보십시오. 그리스도
를 통해 온 세상은 겨울만이 아니라 죄와 죽음까지 떨쳐 내고 위대한 봄날을
맞는 비전(시 96:11-13)을 품을 수 있을 것입니다.

*Prayer*  주님, 자연의 아름다움과 풍요로움은 하나님의 풍성함과 생명을 되
비쳐 보여 주는 선물입니다. 자연 속에서 하나님께 영광을 돌리는 법을 가르
쳐 주십시오. 마땅히 주께 돌아가야 할 영광을 가로채거나 내가 누려야 할 기
쁨을 빼앗기지 않기를 원합니다. 아멘.

# May 22

시편 66편 1-5절   1 온 땅이여, 하나님께 즐거운 소리를 낼지어다. 2 그의 이름의 영광을 찬양하고 영화롭게 찬송할지어다. 3 하나님께 아뢰기를 주의 일이 어찌 그리 엄위하신지요. 주의 큰 권능으로 말미암아 주의 원수가 주께 복종할 것이며 4 온 땅이 주께 경배하고 주를 노래하며 주의 이름을 노래하리이다 할지어다(셀라). 5 와서 하나님께서 행하신 것을 보라. 사람의 아들들에게 행하심이 엄위하시도다.

**영화롭게 찬송할지어다!**   우리는 하나님을 찬양하도록 부름을 받았습니다 (1절). 찬양의 내용은 하나님의 이름, 곧 하나님의 성품과 주님이 행하신 일들입니다(2절). 찬양의 특성은 영광스러워야 합니다(2절). 영화롭게 하는 찬양이란 무엇일까요? '영광'이라는 말에는 무게감, 위엄, 광대함, 아름다움 등의 의미가 들어 있습니다. 영광스러운 예배는 미지근하지 않으며 생명이 뛰놀기 마련입니다. 지겨운 게 아니라 매력적입니다. 말할 수 없이 멋지지만 감상적으로 흐르는 법이 없습니다. 무덤덤하지 않고 눈부시리만치 근사합니다. 설교자가 아니라 하나님을 가리켜 보입니다. 그것(영광스러운 찬양)은 찬양의 위대한 대상이신 하나님께 걸맞으며, 찬양하는 하나님만큼이나 찬양 자체도 영광스러워지기를 추구합니다. 그러므로 예배는 "절대 경박하지도, 가식적이지도 않아야"[48] 합니다. 하나님을 영화롭게 하는 예배만큼 선교적인 것도 없고 온 세상을 움직일 수 있는 것도 없습니다(시편 100. 105:1-2).

*Prayer*   교회마다 드리는 공적인 예배들 가운데 경박하고 가식적인 경우가 얼마나 많은지 모릅니다. 우리 교회, 더 나아가 온 세상의 교회들이 주님을 '영과 진리로'(요 4:24)로 찬양하게 하옵소서. 주님을 향해 완고한 마음을 품은 이들마저도 끌릴 수밖에 없는, 기름부음 받은 예배를 허락해 주십시오. 아멘.

# May 23

시편 66편 6-12절　6 하나님이 바다를 변하여 육지가 되게 하셨으므로 무리가 걸어서 강을 건너고 우리가 거기서 주로 말미암아 기뻐하였도다. 7 그가 그의 능력으로 영원히 다스리시며 그의 눈으로 나라들을 살피시나니 거역하는 자들은 교만하지 말지어다(셀라). 8 만민들아 우리 하나님을 송축하며 그의 찬양 소리를 들리게 할지어다. 9 그는 우리 영혼을 살려 두시고 우리의 실족함을 허락하지 아니하시는 주시로다. 10 하나님이여, 주께서 우리를 시험하시되 우리를 단련하시기를 은을 단련함 같이 하셨으며 11 우리를 끌어 그물에 걸리게 하시며 어려운 짐을 우리 허리에 매어 두셨으며 12 사람들이 우리 머리를 타고 가게 하셨나이다. 우리가 불과 물을 통과하였더니 주께서 우리를 끌어내사 풍부한 곳에 들이셨나이다.

**거칠게 다루시는 속뜻**　희한하게도 시편 기자는 자신과 거룩한 백성들에게 일어난 갖가지 나쁜 일들을 두고 하나님을 찬양합니다(10-12절). 본문에 열거한 온갖 고난들 하나하나마다 그분이 계신 것처럼 보입니다. 주님은 더없이 고통스러운 상황에서도 "우리 영혼을 살려 두시고 우리의 실족함을 허락하지 아니"(9절)하십니다. 갇히고 무거운 짐을 지고 억압을 받는 것을 비롯해 '물과 불을 통과'한다는 말로 압축되는 역경들의 이면에는 주님이 계십니다. 하지만 시련을 허용하시는 데는 우리를 정련해서 고귀하고 위대하며 아름다운 존재로 만드시려는 뜻이 숨어 있습니다(10절). 요셉이 언뜻 보면 형들을 거칠게 다루는 듯하지만, 사실은 마음 문을 열고 곤경에서 건져 내기 위한 방편이었습니다(창 42). 하나님도 마찬가지입니다. 우리를 거칠게 다루시는 것 같지만 결국 그 모든 것이 은혜입니다.

*Prayer*　주님은 마음이 찢어지는 듯한 아픈 심정으로 나를 바라보시면서도 그것이 내게 유익하기에 한없는 사랑과 지혜로 역경을 허락하십니다. 어려움을 겪을 때마다 그 사실을 되새기게 도와주십시오. 아멘.

# May 24

시편 66편 13-16절   13 내가 번제물을 가지고 주의 집에 들어가서 나의 서원을 주께 갚으리니, 14 이는 내 입술이 낸 것이요 내 환난 때에 내 입이 말한 것이니이다. 15 내가 숫양의 향기와 함께 살진 것으로 주께 번제를 드리며 수소와 염소를 드리리이다(셀라). 16 하나님을 두려워하는 너희들아 다 와서 들으라. 하나님이 나의 영혼을 위하여 행하신 일을 내가 선포하리로다.

지난날 보여 주신 사랑   시편 기자는 이 찬송가의 앞부분을 하나님이 지난날 행하신 놀라운 역사들을 설명하는 데 할애합니다. 이제 시인의 마음은 감사와 확신이 차고 넘칩니다. 우리 역시 주님이 이루신 일들을 기억하고 하나님을 찬양함으로써 어떤 환경에서도 당당함과 믿음을 잃지 않고 중심을 지켜야 합니다. 이는 오롯이 그리스도인의 몫입니다. 존 뉴턴이 쓴 찬송가의 한 구절처럼 "지난날 베푸신 사랑을 기억하므로 또한 앞으로도 역경 속에 가라앉게 버려두지 않으실"[49]것을 우리는 확신할 수 있습니다. '지난날의 역사'에는 주님이 개인적으로 이뤄 주신 여러 일들뿐만 아니라 한 사람 한 사람을 위해 예수님이 생명을 제물로 내어 주신 구원의 역사까지 두루 포함됩니다. 잊지 마십시오. 지난날 하나님이 보여 주신 사랑은 침착하고 당당하게 눈앞의 어려움을 헤쳐 나가는 유일한 길입니다.

*Prayer*  "만나는 일마다 하나같이 내게 유익이 됩니다. 쓰디쓴 아픔도 달콤한 기쁨이 되고, 약이요 음식이 됩니다. 지금은 고통스러워도 괴로움은 머잖아 그칠 것입니다. 오, 승리하신 주님, 그 승전가는 얼마나 아름다운지요!"[50] 아멘.

# May 25

시편 66편 17-20절    17 내가 나의 입으로 그에게 부르짖으며 나의 혀로 높이 찬송하였도다. 18 내가 나의 마음에 죄악을 품었더라면 주께서 듣지 아니하시리라. 19 그러나 하나님이 실로 들으셨음이여, 내 기도 소리에 귀를 기울이셨도다. 20 하나님을 찬송하리로다. 그가 내 기도를 물리치지 아니하시고 그의 인자하심을 내게서 거두지도 아니하셨도다.

기도의 두 원리    간구에는 반드시 찬양이 따라야 합니다. 시편 기자는 어려움을 만나자 주님께 '부르짖었지만'(17절, 비교 14절) 동시에 '혀로 높이 찬송'(17절)했습니다. 필요를 아뢰는 기도는 하나님의 위대하심을 찬양하고(대하 20:12) 어떤 형태가 됐든 가장 적절한 시점에 가장 지혜로운 방식으로 응답해 주실 것에 미리 감사하는 고백을 동반해야 합니다. 이러한 태도를 가지면 아직 응답을 받기 전에도 평정심을 유지할 수 있습니다. 기도에 필요한 또 하나의 요소는 한 점 흠 없는 거룩함이 아니라 죄에서 돌아서고자 하는 진실한 의지입니다(18절). "마음의 정결이란 오직 하나만 바라는 것"[51]입니다. 일찍이 여호수아가 깨달은 것처럼, 순종하지 않으면서 하나님께 무얼 간구하는 기도는 헛되고 쓸데없는 행위에 지나지 않습니다(수 7:12-13).

*Prayer*    주님, '마음에 품은' 죄, 곧 고백은 하지만 되풀이해 빠져드는 죄를 제대로 파악하게 해 주십시오. 이는 멈추고 싶지만 한편으론 멈추고 싶지 않기 때문입니다. 갈라진 마음을 품어 주님을 욕되게 하지 않도록 나를 지켜 주십시오. 아멘.

# May 26

시편 67편 1 하나님은 우리에게 은혜를 베푸사 복을 주시고 그의 얼굴 빛을 우리에게 비추사(셀라) 2 주의 도를 땅 위에, 주의 구원을 모든 나라에게 알리소서. 3 하나님이여 민족들이 주를 찬송하게 하시며 모든 민족들이 주를 찬송하게 하소서. 4 온 백성은 기쁘고 즐겁게 노래할지니 주는 민족들을 공평히 심판하시며 땅 위의 나라들을 다스리실 것임이니이다(셀라). 5 하나님이여, 민족들이 주를 찬송하게 하시며 모든 민족으로 주를 찬송하게 하소서. 6 땅이 그의 소산을 내어 주었으니 하나님 곧 우리 하나님이 우리에게 복을 주시리로다. 7 하나님이 우리에게 복을 주시리니 땅의 모든 끝이 하나님을 경외하리로다.

**복이 되도록 복을 받은** 아브라함처럼 우리도 복을 받았습니다(1절). 하나님은 우리에게 먼저 복을 주셔서 세상 모든 이들에게 복이 되게 하신 것입니다 (2절, 창 12:2-3). 정말 기쁘고 좋은 무언가가 있다면 본능적으로 두루 알려서 칭송하고 싶은 마음이 들기 마련입니다. 다른 이들 앞에서 찬양하는 건 "기쁨을 완성하는 행위"[52]입니다. 그러므로 하나님을 참으로 기뻐하는 마음은 자연스럽게 선교로 이어져서 세상 모든 사람들도 똑같은 아름다움을 보고 즐거워하도록 해야 합니다. 하나님은 절대로 우리를 억지로 끌어다가 먼 나라로 보내서 그곳 사람들을 섬기며 복음을 전하게 하지 않으십니다. 우리는 다인종, 다국적 예배자들의 교회와 정의가 지배하는 세계를 갈망합니다(3-4절). 그러므로 축복을 스스로의 공로로 돌려서는 안 되며 자신을 넘어 하나님을 가리켜 보여야 합니다.

*Prayer* 주님, "찬양받기에 합당한 대상을 찬양하는 건 더없이 보람찬 일입니다."[53] 무엇과도 비교할 수 없을 만큼 독보적으로 아름다운 하나님이 우리를 기뻐하시고 은혜로 축복해 주셨습니다. 그 감격이 모든 두려움과 무력감을 걷어 내서 다른 이들에게 주님의 영광과 선하심을 힘껏 전할 수 있습니다. 나를 증인으로 삼아 주십시오. 아멘.

# May 27

**시편 68편 1-6절** 1 하나님이 일어나시니, 원수들은 흩어지며 주를 미워하는 자들은 주 앞에서 도망하리이다. 2 연기가 불려 가듯이 그들을 몰아내소서. 불 앞에서 밀이 녹음 같이 악인이 하나님 앞에서 망하게 하소서. 3 의인은 기뻐하여, 하나님 앞에서 뛰놀며 기뻐하고 즐거워할지어다. 4 하나님께 노래하며 그의 이름을 찬양하라. 하늘을 타고 광야에 행하시던 이를 위하여 대로를 수축하라. 그의 이름은 여호와이시니, 그의 앞에서 뛰놀지어다. 5 그의 거룩한 처소에 계신 하나님은 고아의 아버지시며 과부의 재판장이시라. 6 하나님이 고독한 자들은 가족과 함께 살게 하시며 갇힌 자들은 이끌어 내사 형통하게 하시느니라. 오직 거역하는 자들의 거처는 메마른 땅이로다.

**고독한 자들은 가족과 함께 살게 하시며** 흔히 말하듯 세상은 '약육강식'의 원리가 지배하는 세계입니다. 그러나 하나님의 권능은 약한 이들을 보살피는 데 쓰입니다(5절). 따라서 그리스도인은 가난한 이들, 궁벽한 처지에 몰린 이들을 헌신적으로 사랑하기로 소문난 이들이 되어야 합니다. 복음 자체만 들여다봐도 그렇습니다. 하나님은 백성들에게 자기 힘으로 구원을 얻도록 하지 않으셨습니다. 오로지 영적으로 무능력함을 인정하는 이들을 구원하시기 위해 그는 더없이 연약한 존재로 세상에 오시고 십자가에 달려 돌아가셨습니다. 하지만 하나님 역시 인간을 지으시면서 가정을 이룰 때 가장 행복하고 번창하게 하셨습니다(창 2:21-25). 배우자나 부모, 또는 자식이 없는 이들에게는 하나님의 가족, 곧 교회가 가정이 되게 하셨습니다. 하나님의 영으로 '생명의 피'를 나누어 가진(갈 4:4-6) 그리스도인 공동체가 외로운 이들의(6절)의 아빠, 엄마, 형제, 자매가 되게 하신 것입니다(딤전 5:1-2).

*Prayer* 거룩한 형상대로 우리를 지으셔서 진실하고도 사랑이 넘치는 관계 속에서 더없이 만족스러운 삶을 누리게 하신 하나님을 찬양합니다. 주님의 가족, 곧 교회라는 큰 선물을 주셔서 감사합니다. 우리 교회가 그저 동호회나 사교 모임 정도에 그치지 않게 해 주시고 진정한 형제자매들의 연합체가 되게 해 주십시오. 특히 외로운 이들에게 따뜻한 가정과 같은 공동체가 되게 도와주십시오. 아멘.

# May 28

**시편 68편 7-18절** 7 하나님이여 주의 백성 앞에서 앞서 나가사 광야에서 행진하셨을 때에(셀라) 8 땅이 진동하며 하늘이 하나님 앞에서 떨어지며 저 시내 산도 하나님 곧 이스라엘의 하나님 앞에서 진동하였나이다. 9 하나님이여 주께서 흡족한 비를 보내사 주의 기업이 곤핍할 때에 주께서 그것을 견고하게 하셨고 10 주의 회중을 그 가운데에 살게 하셨나이다. 하나님이여 주께서 가난한 자를 위하여 주의 은택을 준비하셨나이다. 11 주께서 말씀을 주시니, 소식을 공포하는 여자들은 큰 무리라. 12 여러 군대의 왕들이 도망하고 도망하니, 집에 있던 여자들도 탈취물을 나누도다. 13 너희가 양 우리에 누울 때에는 그 날개를 은으로 입히고 그 깃을 황금으로 입힌 비둘기 같도다. 14 전능하신 이가 왕들을 그 중에서 흩으실 때에는 살몬에 눈이 날림 같도다. 15 바산의 산은 하나님의 산임이여 바산의 산은 높은 산이로다. 16 너희 높은 산들아, 어찌하여 하나님이 계시려 하는 산을 시기하여 보느냐? 진실로 여호와께서 이 산에 영원히 계시리로다. 17 하나님의 병거는 천천이요, 만만이라. 주께서 그 중에 계심이 시내 산 성소에 계심 같도다. 18 주께서 높은 곳으로 오르시며 사로잡은 자들을 취하시고 선물들을 사람들에게서 받으시며 반역자들로부터도 받으시니, 여호와 하나님이 그들과 함께 계시기 때문이로다.

**하나님이 우리를 위해 싸우신다**　본문은 출애굽 사건과 약속의 땅을 향하는 여정을 되짚고 있습니다(10절). 하나님은 택하신 백성들을 위해 싸우셨으며 (12-16절) 언약궤가 시온 산 장막에 자리 잡자(삼하 6:12, 17) 그분의 보좌에 오르셨습니다(18절). 바울은 이를 죄와 죽음에서 인류를 구원하시고 성령님의 은사를 나눠 주는 그리스도의 승천을 보여 주는 더 큰 그림으로 보았습니다(엡 4:7-16, 행 2:33).[54] 그리스도인은 온갖 유혹과 회의에 맞서 싸우는 전쟁에서 성경을 무기로 사용해서 성령의 은사들을 작동시켜야 합니다(엡 6:10-20). 그때마다 어김없이 하나님이 여전히 우리를 위해 싸우신다는 사실을 알게 될 것입니다.

*Prayer*　주님, 때로는 너무 연약해서 할 수 있는 일이 "나를 위해 싸워 주십시오!"라는 한 마디뿐일 때가 있습니다. 그럴 때조차 나를 돌보시옵소서. 아멘.

# May 29

시편 68편 19-23절  19 날마다 우리 짐을 지시는 주 곧 우리의 구원이신 하나님을 찬송할지로다(셀라). 20 하나님은 우리에게 구원의 하나님이시라. 사망에서 벗어남은 주 여호와로 말미암거니와 21 그의 원수들의 머리 곧 죄를 짓고 다니는 자의 정수리는 하나님이 쳐서 깨뜨리시리로다. 22 주께서 말씀하시기를 내가 그들을 바산에서 돌아오게 하며 바다 깊은 곳에서 도로 나오게 하고 23 네가 그들을 심히 치고 그들의 피에 네 발을 잠그게 하며 네 집의 개의 혀로 네 원수들에게서 제 분깃을 얻게 하리라 하시도다.

대탈출  들어도 또 듣고 싶은 하나님의 면모가 여기에 있습니다. 주님은 "날마다 우리 짐을 지시며" 죽음을 피할 길을 마련해 주십니다(19-20절). 누군가의 짐을 대신 진다는 말은 가엾게 여기고, 하나가 되어, 개인적인 인생에 뛰어들어 혼자 삶과 마주하게 버려두지 않는다는 뜻입니다. 하나님은 그리스도를 통해 말 그대로 우리와 하나가 되셨습니다. 인간이 되셔서 유한한 인생이 겪는 고난뿐만 아니라 죄의 결과로 마땅히 받아야 할 심판이라는 짐까지 짊어지셨습니다. 이 짐은 실제로 주님을 짓누를 만큼 무거운 짐이었습니다(사 53:4-5, 눅 22:41-44). 그때까지 죽음은 그저 망나니 노릇을 할 뿐이었지만 이제 그리스도 안에 있는 이들에게는 "정원사, 더 나아가 영혼을 가장 먼 별들과 극점들 너머로 데려다줄 안내자"[55] 역할을 합니다.

Prayer  스스로 애써서 구원을 이루고, 가치와 안전을 확보하려는 나를 짓뭉개고도 남을 만큼 버거운 짐을 주님은 걷어 가셨습니다. '무거운 짐을 진' 나를 찾아오셔서 놀라운 안식을 주신 주님께 감사를 드립니다(마 11:28-30). 아멘.

# May 30

시편 68편 24-31절 24 하나님이여, 그들이 주께서 행차하심을 보았으니 곧 나의 하나님, 나의 왕이 성소로 행차하시는 것이라. 25 소고 치는 처녀들 중에서 노래 부르는 자들은 앞서고 악기를 연주하는 자들은 뒤따르나이다. 26 이스라엘의 근원에서 나온 너희여, 대회 중에 하나님 곧 주를 송축할지어다. 27 거기에는 그들을 주관하는 작은 베냐민과 유다의 고관과 그들의 무리와 스불론의 고관과 납달리의 고관이 있도다. 28 네 하나님이 너의 힘을 명령하셨도다. 하나님이여, 우리를 위하여 행하신 것을 견고하게 하소서. 29 예루살렘에 있는 주의 전을 위하여 왕들이 주께 예물을 드리리이다. 30 갈밭의 들짐승과 수소의 무리와 만민의 송아지를 꾸짖으시고 은 조각을 발아래에 밟으소서. 그가 전쟁을 즐기는 백성을 흩으셨도다. 31 고관들은 애굽에서 나오고 구스인은 하나님을 향하여 그 손을 신속히 들리로다.

**온 나라가 기도하며**  언젠가 우리 하나님은 세상 모든 나라의 경배를 받으실 것입니다(27, 29절). 싸워 정복해서가 아니라 하나님이 반역하는 그들의 마음을 이겨 내셨기 때문입니다. 이 국제적 집회는 예루살렘의 물리적(실제) 성전에서 열렸던 적이 없습니다(24절). 오로지 예수님, 마지막 희생 제물이 되셔서 거룩하신 하나님과 죄에 물든 인간을 연합시키신(요 2:18-22) 마지막 성전인 그분 안에서만 모든 나라에서 온 모든 민족들이 하나가 될 수 있습니다. 예수님은 그분의 집에서 드리는 기도가 온 민족을 연합시킬 것이라고 말씀하십니다(막 11:17). 오늘 본문처럼 기도와 찬양만큼 인종과 문화의 장벽을 자유로이 넘나들며 온 민족들을 하나로 묶는 끈은 어디에도 없습니다. 간구와 경배의 자리에는 언어의 차이마저도 장애가 되지 않습니다. 하나님께 드리는 예배는 인류의 고질적인 분열을 치료하는 열쇠나 다름없습니다.

*Prayer*  주님의 교회가 특정한 문화에 얽매이지 않고 도리어 점점 더 국가와 인종, 문화의 한계를 넘어 갈수록 풍성해지길 소원합니다. 주님 안에서 나누는 연대가 더 단단해지고 영광스러운 예배와 함께 드리는 기도를 통해 그 하나됨을 세상에 널리 알리게 해 주십시오. 아멘.

# May 31

시편 68편 32-35절   32 땅의 왕국들아 하나님께 노래하고 주께 찬송할지어다(셀라). 33 옛적 하늘들의 하늘을 타신 자에게 찬송하라. 주께서 그 소리를 내시니 웅장한 소리로 다. 34 너희는 하나님께 능력을 돌릴지어다. 그의 위엄이 이스라엘 위에 있고 그의 능력 이 구름 속에 있도다. 35 하나님이여, 위엄을 성소에서 나타내시나이다. 이스라엘의 하나 님은 그의 백성에게 힘과 능력을 주시나니 하나님을 찬송할지어다.

**위엄이 넘치면서도 다정하신 하나님**   시편 68편 찬양의 마지막을 장식하는 이 코러스는 진실한 예배에 흔히 나타나듯, 주체할 수 없는 감격을 드러냅니다. 아울러, 경외감과 친밀감이라는 두 극점을 선명하게 보여 줍니다. 성경적인 예배는 그 둘 사이를 쉴 새 없이 오가기 마련입니다. "하나님의 끝없는 권능을 분명히 하면서도(33-34절) 그분을 모호하고 정체가 불분명한 신적인 존재가 아니라 '이스라엘의 하나님'(35절)이라고 명확히 구분지어 부릅니다. 이 시편은 '위엄이 이스라엘 위에 있고 그의 능력이 구름 속에' 있는 하나님 안에서 어마어마한 권세와 섬세한 보살핌이 한데 어우러진 실상을 증언합니다."[56] 하나님을 지극히 높으신 분으로만 여긴다면 기도 생활이 냉랭하고 두려움이 가득할 수밖에 없습니다. 반면에 사랑의 영으로만 치부한다면 감상적인 쪽으로 흐르기 십상입니다.

*Prayer*   주님은 가늠할 수 없을 만큼 높으시며, 두려울 만큼 크시고, 인간의 이해로 따라잡을 수 없는 분이십니다. 그런데도 갓난아이로 세상에 오셔서 예수 그리스도를 통해 친구가 되자며 내게 손을 내밀어 주셨습니다. 주님의 영광과 은혜에 그저 어리둥절할 뿐입니다. 하나님 앞에서 품는 경외심과 주님과 더불어 교제하며 느끼는 친밀감이 내 삶을 떠나지 않도록 지켜 주십시오. 아멘.

# June 1

시편 69편 1-6절 **1** 하나님이여, 나를 구원하소서. 물들이 내 영혼에까지 흘러 들어왔나이다. **2** 나는 설 곳이 없는 깊은 수렁에 빠지며 깊은 물에 들어가니 큰물이 내게 넘치나이다. **3** 내가 부르짖음으로 피곤하여 나의 목이 마르며 나의 하나님을 바라서 나의 눈이 쇠하였나이다. **4** 까닭 없이 나를 미워하는 자가 나의 머리털보다 많고 부당하게 나의 원수가 되어 나를 끊으려 하는 자가 강하였으니 내가 빼앗지 아니한 것도 물어 주게 되었나이다. **5** 하나님이여 주는 나의 우매함을 아시오니 나의 죄가 주 앞에서 숨김이 없나이다. **6** 주 만군의 여호와여 주를 바라는 자들이 나를 인하여 수치를 당하게 하지 마옵소서. 이스라엘의 하나님이여 주를 찾는 자가 나로 말미암아 욕을 당하게 하지 마옵소서.

**억울하게 받는 비난** 중상모략에 깊은 상처를 받고 괴로워하는 이가 여기에 있습니다(1-3절). 억울한 비난은(4절) 자책으로 이어집니다(5절). 스스로의 참죄를 알고 있는 까닭입니다. 하지만 시인은 자신에 대한 평판만 생각하는 게 아니라 자기 때문에 하나님을 좇는 다른 이들까지 욕을 먹게 되지 않을까 신경을 씁니다(6절). 아이러니컬하게도 자기중심적이고 완고한 이들일수록 그런 쪽으로는 눈을 돌리지 않습니다. 경건하고 거룩한 이들일수록 다른 이들과 하나님에게 마음을 씁니다. 그러기에 세상의 슬픔에 더 예민한 법입니다. 완벽한 인간이었던 예수님은 '아파하며 근심하는' 분이셨습니다. 경건한 이들일수록 한없이 행복해하는 동시에 더 없이 슬퍼하는 삶을 살 수밖에 없습니다. 물론, 결론은 늘 기쁨이지만 말입니다(시 30:5).

*Prayer* 주님, 누가 어려움에 빠진 것을 보면 그들의 아픔을 끌어안지는 못할망정, 혹시 얽혀 들지 않을까 조심스러워합니다. 하지만 주님은 나를 사랑하셔서 내 삶에 깊이 개입해 주시고, 한없이 아파하며 근심하십니다. 거룩한 은혜로 내게 힘을 더하셔서 열린 마음으로 이웃들의 문제를 바라보게 하시고 도움의 손길을 내밀도록 도와주십시오. 아멘.

6월

# June 2

시편 69편 7-12절  7 내가 주를 위하여 비방을 받았사오니, 수치가 나의 얼굴에 덮였나이다. 8 내가 나의 형제에게는 객이 되고 나의 어머니의 자녀에게는 낯선 사람이 되었나이다. 9 주의 집을 위하는 열성이 나를 삼키고 주를 비방하는 비방이 내게 미쳤나이다. 10 내가 곡하고 금식하였더니, 그것이 도리어 나의 욕이 되었으며 11 내가 굵은 베로 내 옷을 삼았더니, 내가 그들의 말거리가 되었나이다. 12 성문에 앉은 자가 나를 비난하며 독주에 취한 무리가 나를 두고 노래하나이다.

세상이 미워할지라도  다윗은 하나님께 헌신하고자 하는 뜨거운 마음 때문에 멸시를 받았습니다(9절). 기도하고 회개하면 도리어 우스갯거리가 되었습니다(10-11절). 시인의 탄식은 남의 일이 아닙니다. 기독교 신앙이 널리 퍼져 있는 서구 사회에서도 신실하게 살려고 애쓰는 그리스도인들은 은근한 비웃음을 사기 일쑤입니다. 요즘 들어서는 경멸을 당하기까지 합니다. 하늘나라에 들어가기 위해서가 아니라 거룩하기에 낮아지고, 감사하기에 기뻐하는 은혜의 복음을 세상 사람들은 이해하지 못합니다. 그러기에 의로운 삶을 가리켜 독선이나 위선이라고 손가락질합니다. 여기에 놀랄 필요가 없습니다(딤후 3:12). 오히려 겸손하고 용서하며 헌신적으로 섬기는 삶을 살아서 그릇된 속설을 무너뜨려야 합니다.

*Prayer*  주님은 누구든지 거룩한 가르침을 따라 사는 이들은 핍박을 받게 될 것이라고 말씀하셨습니다. 겁을 먹고 뜨거운 마음이 조금이라도 식지 않도록 지켜 주십시오. 다른 한편으로는 정말 독선이나 위선에 빠져 비난의 빌미를 주지 않도록 나를 늘 도와주십시오. 아멘.

시편 69편 13-18절  13 여호와여 나를 반기시는 때에 내가 주께 기도하오니, 하나님이여 많은 인자와 구원의 진리로 내게 응답하소서. 14 나를 수렁에서 건지사 빠지지 말게 하시고 나를 미워하는 자에게서와 깊은 물에서 건지소서. 15 큰물이 나를 휩쓸거나 깊음이 나를 삼키지 못하게 하시며 웅덩이가 내 위에 덮쳐 그것의 입을 닫지 못하게 하소서. 16 여호와여 주의 인자하심이 선하시오니 내게 응답하시며 주의 많은 긍휼에 따라 내게로 돌이키소서. 17 주의 얼굴을 주의 종에게서 숨기지 마소서. 내가 환난 중에 있사오니 속히 내게 응답하소서. 18 내 영혼에게 가까이하사 구원하시며 내 원수로 말미암아 나를 속량하소서.

하나님의 타이밍  다윗은 스스로 의로워서가 아니라 주님이 선하고 자비로우시므로 기도에 귀를 기울여 달라고 끊임없이 간구합니다(16절). 서둘러 구해 주시길 간청하면서(17절) 대단히 감성적인 어휘들을 동원합니다("수렁에서 건지사 … 웅덩이가 내 위에 덮쳐 그것의 입을 닫지 못하게 하소서"). 하지만 하나님이 '반기시는 때에'(13절) 응답하시리라는 사실을 인식하고 인정합니다. 기도에는 이처럼 열정적이며 절박한 심정으로 기도하지만 하나님의 타이밍을 기다리는 마음가짐이 꼭 필요합니다. 기도하고 하나님이 기뻐하시는 때를 기다릴 때만큼 하나님의 주권적인 사랑과 지혜에 기대게 되는 순간도 없을 것입니다. "믿지 않는 이들은 '지연'이라고 말하지만 믿는 이들은 그런 건 어디에도 없음을 정확히"[57] 압니다.

Prayer  하나님은 아브라함과 요셉, 다윗의 기도에 수십 년 씩 기다렸다가 응답하셨습니다. 더없이 슬기로우신 주님의 선택이었기에 늘 완벽했습니다. 주님의 판단과 타이밍을 굳게 믿고 기다리는 싸움을 이어 가는 동안 줄곧 나를 지켜 주시기를 간구합니다. 아멘.

# June 4

**시편 69편 19-21절** 19 주께서 나의 비방과 수치와 능욕을 아시나이다. 나의 대적자들이 다 주님 앞에 있나이다. 20 비방이 나의 마음을 상하게 하여 근심이 충만하니 불쌍히 여길 자를 바라나 없고 긍휼히 여길 자를 바라나 찾지 못하였나이다. 21 그들이 쓸개를 나의 음식물로 주며 목마를 때에는 초를 마시게 하였사오니

**응답이 없는 기도** 다윗은 간절한 기도에도 불구하고 위안을 얻지 못하고 괴로워했습니다. 불현듯 예수님이 떠오르는 대목입니다. 십자가에 달린 주님은 온갖 비방과 수치, 능욕을 당하셨고 기댈 곳도, 친구도 없었습니다. 무리는 식초를 들이대며 마시라고 했습니다(21절, 요 19:28-29). 다른 길이 있다면 십자가의 괴로움에서 건져 주시길 하늘 아버지께 간구했던 예수님이셨기에(눅 22:42) 응답받지 못하는 기도의 아픔을 누구보다 잘 알고 계셨고 지금도 정확히 꿰뚫어 아십니다. 하나님은 결국 아들에게 답하셨습니다. "달리 세상을 구원할 방법이 없구나. … 저들을 살리려면 너를 버려야 한단다." 하나님의 말씀은 또 다른 질문에 대한 답이기도 합니다. 예수님 외에 구원을 받을 길이 있습니까? 없습니다. 아울러 이는 기도에 응답이 없다는 생각이 드는 순간마다 가장 큰 위안을 줍니다.

*Prayer* 예수님은 나를 위해 응답받지 못하는 기도의 아픔을 끝까지 견디셨습니다. 그렇다면 나도 주님을 위해, 응답이 없는 것처럼 보이는 상황을 끈질기게 견디게 해 주십시오. 십자가만 봐도 주님이 나를 얼마나 사랑하는지 알 수 있습니다. 그러므로 하나님이 나의 기도를 귀 기울여 들으시고 내가 거룩한 지혜를 좇기만 하면 소원하는 대로 앞길을 예비해 주실 줄 믿습니다. 아멘.

# June 5

시편 69편 22-28절  22 그들의 밥상이 올무가 되게 하시며 그들의 평안이 덫이 되게 하소서. 23 그들의 눈이 어두워 보지 못하게 하시며 그들의 허리가 항상 떨리게 하소서. 24 주의 분노를 그들의 위에 부으시며 주의 맹렬하신 노가 그들에게 미치게 하소서. 25 그들의 거처가 황폐하게 하시며 그들의 장막에 사는 자가 없게 하소서. 26 무릇 그들이 주께서 치신 자를 핍박하며 주께서 상하게 하신 자의 슬픔을 말하였사오니 27 그들의 죄악에 죄악을 더하사 주의 공의에 들어오지 못하게 하소서. 28 그들을 생명책에서 지우사 의인들과 함께 기록되지 말게 하소서.

**죄악에 죄악을 더하사**  시편 기자는 배신자들이 저주를 받게 해 달라고 기도합니다(22-28절). 이를 어떻게 이해해야 할까요? 첫째로, 이것은 "얼마나 절박했으면 그렇게 말할 수밖에 없었는지 그 절박함을 우리가 깜짝 놀라면서 느끼게 해주고" 우리가 세상의 불의를 안일하게 여기지 않게 해줍니다.[58] 하지만 예수님을 고난의 자리로 이끌어 갔던 사건들에 비추어 생각하면 그들은 시인과 전혀 다른 자리, 즉 십자가 반대쪽에 서 있음을 알 수 있습니다. 스데반은 주께 앙갚음이 아니라 지지를 구하며 예수님이 그러셨듯이(눅 23:34) 목숨을 앗아 가려는 원수들을 위해 기도했습니다(행 7:54-60). 시편 기자는 악을 심판해 주시길 구하는 정당한 기도를 드렸지만 예수님은 그 심판을 스스로 받으셨습니다. 이러한 사실은 이 황량한 세상을 바라보는 시각과 정의를 추구하는 방식을 완전히 바꾸어 놓습니다.

*Prayer*  주님, 정의를 구하는 노력을 소홀히 하지도, 거기에 단 한 줌의 복수심이나 그릇된 동기도 섞이지 않게 해 주십시오. 아무런 공로 없이 예수님의 용서하심을 입었음을 기억하고 내게 못된 짓을 하거나 신경 쓰이게 하는 이들을 용서하기를 원합니다. 또한 거기에 그치지 않고 힘닿는 데까지 잘못을 바로잡는 열정과 용기를 허락해 주십시오. 아멘.

# June 6

시편 69편 29-33절  29 오직 나는 가난하고 슬프오니 하나님이여, 주의 구원으로 나를 높이소서. 30 내가 노래로 하나님의 이름을 찬송하며 감사함으로 하나님을 위대하시다 하리니 31 이것이 소 곧 뿔과 굽이 있는 황소를 드림보다 여호와를 더욱 기쁘시게 함이 될 것이라. 32 곤고한 자가 이를 보고 기뻐하나니 하나님을 찾는 너희들아. 너희 마음을 소생하게 할지어다. 33 여호와는 궁핍한 자의 소리를 들으시며 자기로 말미암아 갇힌 자를 멸시하지 아니하시나니.

**슬픔을 낭비하지 말라**  괴롭고 고통스러운 상황에 부닥치면 어떻게 합니까? 대부분은 자기 연민과 상처, 두려움, 시샘 등에 무릎을 꿇고 맙니다. "힘들고 어려운 일들은 죄다 기존의 세계관을 넘어서는 무언가를 받아들이길 요구하기 때문입니다."[59] 하지만 다윗은 고난까지 아우르는 인생관을 가진 덕분에 그런 감정과 의식에 빠지지 않았습니다. 도리어 하나님을 영화롭게 하는 데 역경을 사용했습니다(29, 30절). 하나님께 드리는 찬양은 어려운 일과 맞닥뜨릴 때마다 엄습해 오는 자기 몰입을 막아 주는 해독제입니다. 이는 하나님을 높일 뿐만 아니라 다른 이들에게 격려가 됩니다(32절). 고난을 당할 때 자기 내면으로 빨려 들어가지 마십시오. 오히려 밖으로 시선을 돌려 하나님을 찬양하고 형편이 좋지 않은 이들을 보살피시기 바랍니다.

*Prayer*  주님, 역경과 고난을 억지로 견뎌야 할 상황이 아니라 투자의 기회로 바라보게 도와주십시오. 정말 하나님을 섬기고 이웃을 돕는 일을 진짜 하기 싫을 때 가장 큰 사랑의 행위임을 기억합니다. 인내하며 어려움을 이겨 나가는 특권을 주신 주님을 바라보며 감사하게 해 주십시오. 아멘.

# June 7

시편 69편 34-36절　34 천지가 그를 찬송할 것이요, 바다와 그 중의 모든 생물도 그리
할지로다. 35 하나님이 시온을 구원하시고 유다 성읍들을 건설하시리니, 무리가 거기에
살며 소유를 삼으리로다. 36 그의 종들의 후손이 또한 이를 상속하고 그의 이름을 사랑하
는 자가 그 중에 살리로다.

미래를 현재에 끌어다 쓰는 기술　다윗의 고통이나 환경이 바뀐 기미는 어디
서도 찾을 수 없습니다. 그러기에 이 시편 끄트머리에 등장하는 폭발적인 찬
양은 그저 놀랍기만 합니다. 시인은 질병도, 악도, 억압도 모두 사라지고 모든
것이 바로 서는 날을 학수고대합니다. 바울에 따르면, 지금 당하는 고난들은
말로 다 설명할 수 없는 놀라운 방식으로 더 찬란하고 훌륭한 영광을 이루게
될 것입니다(고후 4:16-18). 그리스도를 믿기만 하면 이 진리가 좀을 먹거나 도
둑맞을 일이 전혀 없는 유산이 됩니다(마 6:19-25). 지금도 이런저런 치유와 보
살핌을 받고 있지만 그건 장차 다가올 엄청난 미래를 내다보는 조그만 창문
에 지나지 않습니다. 주님이 약속하신 구원을 단단히 부여잡고 이 창 너머를
내다보며 그분을 찬양하는 법을 배우시기 바랍니다.

*Prayer*　하나님을 찬양하는 법을 배워야 합니다. 찬양만이 주님을 높이고 나
를 채워 주기 때문입니다. "그러므로 재주를 다하여 주님을 노래하겠습니다.
내 마음의 정수를 주님께 드리겠습니다."[60] 아멘.

# June 8

시편 70편    1 하나님이여 나를 건지소서. 여호와여 속히 나를 도우소서. 2 나의 영혼을
찾는 자들이 수치와 무안을 당하게 하시며 나의 상함을 기뻐하는 자들이 뒤로 물러가 수
모를 당하게 하소서. 3 아하, 아하 하는 자들이 자기 수치로 말미암아 뒤로 물러가게 하소
서. 4 주를 찾는 모든 자들이 주로 말미암아 기뻐하고 즐거워하게 하시며 주의 구원을 사
랑하는 자들이 항상 말하기를 하나님은 위대하시다 하게 하소서. 5 나는 가난하고 궁핍하
오니 하나님이여 속히 내게 임하소서. 주는 나의 도움이시요 나를 건지시는 이시오니 여
호와여 지체하지 마소서.

비밀    때로는 경건함 속에 절박한 기도가 필요합니다. 예수님도 앞뒤를 가리
지 않고 뻔뻔스럽게 주께 매달리며 '졸라대는' 기도를 나쁘게 보지 않으셨습
니다(눅 11:8). 하지만 다윗은 이런 기도를 드리는 가운데도 그 필요에서 찬양
을 이끌어 냈습니다(4절). 삶의 갖가지 어려움들은 우리로 하여금 주님을 바
라보고 구하게 만듭니다. 아직 변화가 일어나기 전이라 해도(5절) 하나님과
그분이 베푸신 구원만으로 넉넉하다는 사실을 기억하면, 얼마든지 "하나님은
위대하시다!"라고 고백할 수 있습니다(4절). 엘리자베스 엘리엇(Elisabeth Elliot)
의 말처럼 "비결은 내 안에 계신 그리스도에 있을 뿐, 이런저런 환경 아래 있
는 내게 있는 게 아닙니다."[61]

*Prayer*    주님, 나의 기도는 얼마나 형편없는지요! 공허하고 미적지근하게
기도하든지, 꼭 이러저러하게 해 주서야 한다고 다그치듯 뜨겁게 기도하든지
둘 중 하나입니다. 열정적이면서도 절제된, 그리고 한편으로는 주님의 사랑
과 뜻에 자족하는 기도를 드리게 도와주십시오. 아멘.

# June 9

시편 71편 1-6절  1 여호와여 내가 주께 피하오니 내가 영원히 수치를 당하게 하지 마소서. 2 주의 의로 나를 건지시며 나를 풀어 주시며 주의 귀를 내게 기울이사 나를 구원하소서. 3 주는 내가 항상 피하여 숨을 바위가 되소서. 주께서 나를 구원하라 명령하셨으니 이는 주께서 나의 반석이시오, 나의 요새이심이니이다. 4 나의 하나님이여, 나를 악인의 손 곧 불의한 자와 흉악한 자의 장중에서 피하게 하소서. 5 주 여호와여 주는 나의 소망이시오, 내가 어릴 때부터 신뢰한 이시라. 6 내가 모태에서부터 주를 의지하였으며 나의 어머니의 배에서부터 주께서 나를 택하셨사오니 나는 항상 주를 찬송하리이다.

주의 의로 나를 건지시며  하나님은 의로우시므로 시편 기자는 그분께 도움을 구합니다(2절). 하지만 주님이 의로우시다는 사실은 도움보다 징벌로 이어져야 마땅하지 않습니까? "여호와여 주께서 죄악을 지켜보실진대 주여 누가 서리이까?"(시 130:3). 어떻게 하나님은 의로움을 포기하지 않으시면서 한결같이 우리를 사랑하실 수 있을까요? 성경은 이 질문에 대한 길고도 위대한 답변입니다. 그런 역사는 오로지 예수님을 통해서만 일어날 수 있습니다. 태어날 때부터 온전히 하나님께 의지하며 늘 그분을 찬양했던(6절) 이는 단 한 분, 그리스도뿐입니다. 주님은 마땅히 우리가 받아야 할 저주를 대신 짊어지시고 아무 자격이 없는 우리에게 구원의 은총을 베푸셨습니다(갈 3:10-24). 그리스도 안에 있으면 우리도 은혜로 다윗의 확신을 공유할 수 있습니다(5절).

*Prayer*  내가 기도하기도 전에 주님은 이미 들을 준비를 하고 계십니다. 무얼 바라거나 그럴 만한 자격을 갖추기도 전에 주님은 앞질러 주고 싶어 하십니다. 나를 지켜 주시고 기쁨을 안기십니다. 예수님의 구원 사역에 피난처를 구하지 않았더라면 꿈도 꾸지 못할 일입니다.[62] 아멘.

# June 10

시편 71편 7-18절 7 나는 무리에게 이상한 징조 같이 되었사오나 주는 나의 견고한 피난처시오니 8 주를 찬송함과 주께 영광 돌림이 종일토록 내 입에 가득하리이다. 9 늙을 때에 나를 버리지 마시며 내 힘이 쇠약할 때에 나를 떠나지 마소서. 10 내 원수들이 내게 대하여 말하며 내 영혼을 엿보는 자들이 서로 꾀하여 11 이르기를 하나님이 그를 버리셨은즉, 따라 잡으라 건질 자가 없다 하오니 12 하나님이여 나를 멀리 하지 마소서. 나의 하나님이여 속히 나를 도우소서. 13 내 영혼을 대적하는 자들이 수치와 멸망을 당하게 하시며 나를 모해하려 하는 자들에게는 욕과 수욕이 덮이게 하소서. 14 나는 항상 소망을 품고 주를 더욱더욱 찬송하리이다. 15 내가 측량할 수 없는 주의 공의와 구원을 내 입으로 종일 전하리이다. 16 내가 주 여호와의 능하신 행적을 가지고 오겠사오며 주의 공의만 전하겠나이다. 17 하나님이여, 나를 어려서부터 교훈하셨으므로 내가 지금까지 주의 기이한 일들을 전하였나이다. 18 하나님이여, 내가 늙어 백발이 될 때에도 나를 버리지 마시며 내가 주의 힘을 후대에 전하고 주의 능력을 장래의 모든 사람에게 전하기까지 나를 버리지 마소서.

**내가 늙더라도** 나이가 많아지면 기력이 쇠약해지고(9절) 예전엔 거뜬하게 해내던 일들도 제대로 처리하지 못합니다(10-11절). 하지만 우리의 가치는 사회적 지위가 아니라 하나님의 시선에 토대를 두고 있습니다(7절). 19세기 영국국교회 설교가 찰스 시미언(Charles Simeon)은 54년 동안 사역하고 은퇴한 뒤에도 날마다 새벽 4시에 일어나 기도하고 성경을 연구했습니다. 주위에서 쉬엄쉬엄하라고 권하자 노인은 대꾸했습니다. "고지가 바로 저기에 보이는데 젖 먹던 힘까지 다해 뛰어야 마땅하지 않겠소?"[63]

*Prayer* 주님, 나이가 들어가는 것에 나 자신을 준비시켜 주십시오. 나의 가치가 수입이나 생산성, 인기 따위에 뿌리를 두지 않음을 드러내는 훈련을 성령님께 기대어 꾸준히 해나가겠습니다. 하나님의 백성이라는 사실이 내 가치의 근거입니다. 아멘.

# June 11

시편 71편 19-24절  19 하나님이여, 주의 의가 또한 지극히 높으시니이다. 하나님이여, 주께서 큰일을 행하셨사오니 누가 주와 같으리이까. 20 우리에게 여러 가지 심한 고난을 보이신 주께서 우리를 다시 살리시며 땅 깊은 곳에서 다시 이끌어 올리시리이다. 21 나를 더욱 창대하게 하시고 돌이키사 나를 위로하소서. 22 나의 하나님이여, 내가 또 비파로 주를 찬양하며 주의 성실을 찬양하리이다. 이스라엘의 거룩하신 주여 내가 수금으로 주를 찬양하리이다. 23 내가 주를 찬양할 때에 나의 입술이 기뻐 외치며 주께서 속량하신 내 영혼이 즐거워하리이다. 24 나의 혀도 종일토록 주의 의를 작은 소리로 읊조리오리니 나를 모해하려 하던 자들이 수치와 무안을 당함이니이다.

주께서 다시 살리시며  이 시편 중간쯤에는, 금방 지나치기 쉽지만 곰곰이 생각해 보아야 할 구절이 있습니다. "우리에게 여러 가지 심한 고난을 보이신 주께서 우리를 다시 살리시며 땅 깊은 곳에서 다시 이끌어 올리시리이다"(20절). 시편 기자는 쓰디쓴 역경에 빠져서도 여전히 하나님의 주권적인 지혜와 사랑을 신뢰합니다. 모든 일이 결국은 우리의 생명을 다시 살리기 위함이라는 것을 알고 있기 때문입니다. 다시 말해 영적인 삶의 기쁨을 깊게 하며 마침내 죽음과 어두움을 깨끗이 떨쳐 낸 몸으로 새로운 세상에 부활하게 하는 궁극적인 목표를 이루기 위해 일어난 사건임을 시편 기자는 정확히 꿰고 있습니다(롬 8:18-25). 그렇다면 사실상 "주님이 보내 주셨으면 모두 필요한 것들이며 그분이 주지 않으셨다면 무엇이 됐든 필요한 게 아닙니다."[64]

*Prayer*  주님, 나이가 들어가며 마음에 교만이나 근심이 깃들지 않도록 붙들어 주십시오. 주님이 용서하고 지켜 주신 죄의 숫자가 점점 늘어가는 것을 지켜보며 겸손을 키우게 해 주십시오. 주님이 나를 얼마나 참아 주셨는지 기억하며 인내하는 마음이 깊어지기를 간구합니다. 아멘.

# June 12

시편 72편 1-7절 1 하나님이여, 주의 판단력을 왕에게 주시고 주의 공의를 왕의 아들에게 주소서. 2 그가 주의 백성을 공의로 재판하며 주의 가난한 자를 정의로 재판하리니 3 의로 말미암아 산들이 백성에게 평강을 주며 작은 산들도 그리하리로다. 4 그가 가난한 백성의 억울함을 풀어 주며 궁핍한 자의 자손을 구원하며 압박하는 자를 꺾으리로다. 5 그들이 해가 있을 동안에도 주를 두려워하며 달이 있을 동안에도 대대로 그리하리로다. 6 그는 벤 풀 위에 내리는 비 같이, 땅을 적시는 소낙비 같이 내리리니 7 그의 날에 의인이 흥왕하여 평강의 풍성함이 달이 다할 때까지 이르리로다.

**정의롭고 선한 통치** 부패하고 법대로 돌아가지 않는 나라에서 살아 보지 않으면 의로운 정부가 얼마나 큰 축복인지 실감하고 감사할 수 없습니다. 본문이 그리는 위대한 왕은 가난하고 궁벽한 처지에 몰린 이들에게 사회 정의를 실현합니다(2-4절). 국고를 잘 관리하고 상거래의 기본이 되는 신용이 백성들 사이에 자리 잡게 해서 경제적인 번영을 일궈 냅니다(6-7). 하나님은 이런 일들에 깊은 관심을 가지신 분입니다. 하지만 이 시의 앞머리에는 '솔로몬의 시'라고 적혀 있습니다. 다윗의 아들이긴 했지만 백성들을 억압했던(왕상 12:4) 왕입니다. 그러므로 이 시편은 여태 등장했던 어떤 정권보다 더 훌륭한 왕의 통치를 바라는 소망을 불러일으킵니다.

*Prayer* 주님의 통치로 세상이 더 평온해지는 쪽으로 틀이 잡혀 가게 도와주십시오. 거룩한 백성들이 경건한 고요 속에 즐거이 주님을 섬길 수 있기를 원합니다.[65] 아멘.

# June 13

시편 72편 8-14절  8 그가 바다에서부터 바다까지와 강에서부터 땅 끝까지 다스리리니 9 광야에 사는 자는 그 앞에 굽히며 그의 원수들은 티끌을 핥을 것이며 10 다시스와 섬의 왕들이 조공을 바치며 스바와 시바 왕들이 예물을 드리리로다. 11 모든 왕이 그의 앞에 부복하며 모든 민족이 다 그를 섬기리로다. 12 그는 궁핍한 자가 부르짖을 때에 건지며 도움이 없는 가난한 자도 건지며 13 그는 가난한 자와 궁핍한 자를 불쌍히 여기며 궁핍한 자의 생명을 구원하며 14 그들의 생명을 압박과 강포에서 구원하리니 그들의 피가 그의 눈앞에서 존귀히 여김을 받으리로다.

민족과 나라들을 치유하는 역사  늘 이리저리 맞붙어 싸우던 민족과 나라들이 이제는 스스로 왕을 섬깁니다(10-12절). 정복을 당해서가 아니라 이 왕의 완전한 공의와 사랑에 푹 빠졌기 때문입니다(12-14절). 세상에는 이런 왕이 없습니다. 인종 갈등을 완전히 치유하고 빈곤과 불의를 뿌리 뽑는 사건은 하나님 나라에서만 볼 수 있는 역사입니다. 세상에서는 아무리 훌륭한 정부라도 흉내조차 내지 못할 일입니다. 하지만 예수님이 오시면서 먼 곳으로부터 선물이 도착했으며(마 2:1-12), 교회가 세워지면서 민족들 사이의 연합이 이뤄지고(엡 2:11) 형편이 어려운 이들에게 도움의 손길이 미치기 시작했습니다(행 2:44-45, 4:32-36). 하나님 나라가 역사 속에 들어온 것입니다.

*Prayer*  주님, 우리 시대 교회들이 말씀을 선포할 뿐만 아니라 삶으로 그 말씀을 살아 내서 세상을 얻을 수 있도록 힘을 더하여 주십시오. 그리스도인들이 들어가는 곳마다 인종과 계층이 화해하는, 세상 어디서도 볼 수 없는 일들이 벌어지기를 간구합니다. 아멘.

# June 14

시편 72편 15-20절  15 그들이 생존하여 스바의 금을 그에게 드리며 사람들이 그를 위하여 항상 기도하고 종일 찬송하리로다. 16 산꼭대기의 땅에도 곡식이 풍성하고 그것의 열매가 레바논 같이 흔들리며 성에 있는 자가 땅의 풀 같이 왕성하리로다. 17 그의 이름이 영구함이여, 그의 이름이 해와 같이 장구하리로다. 사람들이 그로 말미암아 복을 받으리니 모든 민족이 다 그를 복되다 하리로다. 18 홀로 기이한 일들을 행하시는 여호와 하나님, 곧 이스라엘의 하나님을 찬송하며 19 그 영화로운 이름을 영원히 찬송할지어다. 온 땅에 그의 영광이 충만할지어다. 아멘, 아멘. 20 이새의 아들 다윗의 기도가 끝나니라.

참다운 왕  이 왕의 통치는 끝이 없으며(5절) 막힘도 없습니다(8절). 고대 문헌에 흔히 등장하는 과장스러운 표현일까요? 그렇지 않습니다. 물론, 여기에 선포된 내용은 세상의 어떤 왕도 실현할 수 없는 일들입니다. 토양이 척박해 곡물이 자랄 수 없는 산꼭대기와 비탈까지 낟알이 풍성하게 맺혀 있는 이미지는 초자연적인 권능에 힘입어 세상이 새로워졌음을 가리킵니다. 이런 왕은 오직 예수님뿐입니다. 그분의 통치를 받으면 지금도 초자연적인 생명과 성장이 찾아옵니다(갈 5:22-26). 비가 내려야 풀이 살 듯(6절), 인간은 하나님께 순종해야 제대로 살 수 있도록 지음 받았습니다. 그리스도는 마침내 만물을 치료하고 연합시키실 것입니다(골 1:15-20, 롬 8:18-21). 언젠가 돌아와 만사를 바로잡는다는 위대한 왕의 전설들은 모두 예수님 안에서 성취될 것입니다.

*Prayer*  주님, 우리 자신의 권리를 아무에게도 넘기지 말라고 가르치는 문화 속에 살고 있습니다. 하지만 내 삶의 주도권을 주님께 넘기지 않는 것은 거룩한 영광을 침해하고 인간의 본성에 어긋나는 마음가짐입니다. 그러므로 지금부터는 납득이 가든 말든, 하나님이 무슨 말씀을 하셔도 즐거이 순종하며 무얼 주셔도 즐거이 받겠습니다. 아멘.

# June 15

시편 73편 1-3절  1 하나님이 참으로 이스라엘 중 마음이 정결한 자에게 선을 행하시나 2 나는 거의 넘어질 뻔하였고 나의 걸음이 미끄러질 뻔하였으니 3 이는 내가 악인의 형통함을 보고 오만한 자를 질투하였음이로다.

**질투의 악한 속성**  시편 기자는 시샘에 사로잡혔노라고 고백합니다(3절). 질투는 다른 누군가의 삶을 원하는 행위입니다. 스스로 그처럼 유복한 삶에 어울리지 않는다고 생각하는 게 아니라 그만한 자격을 갖췄지만 하나님이 공평치 않아서 자신만 누리지 못한다고 믿는 것입니다. 이런 영적인 자기 연민 (자신의 죄와 마땅히 하나님께 받아야 할 형벌은 다 잊어버린)은 삶에서 즐거움을 남김없이 앗아 갑니다. 또한 가진 걸 바라보며 기뻐할 줄 모르게 만듭니다. 질투의 힘은 에덴동산이라도 황무지처럼 느끼게 할 만큼 막강합니다. 시인이 '미끄러질 뻔하고' 하나님께 등을 돌리다시피 했던 것은(2절) 새삼스런 일이 아닙니다. 우리 자신을 시샘에 빠지게 내버려 두지 마십시오. 그렇지 않으면 속에 품은 기쁨이 모조리 사라지고 말 것입니다.

*Prayer*  주님, 세상의 온갖 좋은 것들은 골고루 분배되지 않고 몇몇이 독차지하고 있는 것처럼 보입니다. 그러나 솔직히 고백하자면, 내가 넉넉히 누리는 쪽이라면 불공평한 세상에 이처럼 분개하지 않았을 겁니다. 나의 시샘을 가득 채운 독선이 자족하는 마음을 앗아 갑니다. 나를 용서해 주시고 마음가짐을 바꿔 주십시오. 아멘.

# June 16

시편 73편 4-9절   4 그들은 죽을 때에도 고통이 없고 그 힘이 강건하며 5 사람들이 당하
는 고난이 그들에게는 없고 사람들이 당하는 재앙도 그들에게는 없나니 6 그러므로 교만
이 그들의 목걸이요 강포가 그들의 옷이며 7 살찜으로 그들의 눈이 솟아나며 그들의 소득
은 마음의 소원보다 많으며 8 그들은 능욕하며 악하게 말하며 높은 데서 거만하게 말하며
9 그들의 입은 하늘에 두고 그들의 혀는 땅에 두루 다니도다.

자족   시인이 설명하는 엘리트 계층의 실상은 예나 지금이나 한결같아 보입
니다. 건강하고, 몸에 윤기가 흐릅니다. 그야말로 선남선녀들입니다(4절). 같
은 부류들끼리 단단한 연대를 이뤄 대다수가 짊어진 무거운 짐과 책임을 피
합니다(5, 12절). 운이 좋았지만 모두가 자신의 공인 듯 행세하며 밑에 있는 이
들에 대해 우월감을 갖습니다(6, 8절). 그런 태도의 바닥에는 하나님이 필요 없
다는 의식이 깔려 있습니다. 하늘나라가 있는지 모르겠지만 여기서도 그걸
누리고 있다고 여깁니다(9, 11절). 그리스도인들은 스스로에게도 이렇게 자족
하는 마음이 내면 깊숙한 곳에 도사리고 있음을 잊지 말아야 합니다. 인생이
술술 풀려 나간다 싶을 때마다 어째서 기도가 줄어들까요? 이른바 '잘나가는'
이들과 똑같이 살 자격이 있다고 은근히 생각하는 근거가 무엇입니까?

*Prayer*   주님, 그동안 지상에 존재했던 인간 사회에는 어김없이 특권층의 우
쭐거리는 오만과 그들을 제외한 이들의 쓰라린 시샘이 있었습니다. 이른바
'무산자'가 '유산자'의 세력을 무너뜨리고 나면 곧바로 '가진 자'로 돌변하는 까
닭이 거기에 있습니다. 아버지, 우리 사회에 주님의 은혜를 내려 주십시오.
지도자와 백성들이 모두 겸손하도록 이끌어 주십시오. 우리에게 평안을 허락
해 주시기를 원합니다. 아멘.

# June 17

시편 73편 10-14절   10 그러므로 그의 백성이 이리로 돌아와서 잔에 가득한 물을 다 마시며 11 말하기를 하나님이 어찌 알랴, 지존자에게 지식이 있으랴 하는도다. 12 볼지어다, 이들은 악인들이라도 항상 평안하고 재물은 더욱 불어나도다. 13 내가 내 마음을 깨끗하게 하며 내 손을 씻어 무죄하다 한 것이 실로 헛되도다. 14 나는 종일 재난을 당하며 아침마다 징벌을 받았도다.

무얼 얻으려 하는가?   부유하고 아무 어려움이 없는 생활이 행복을 가져다 주는 게 아니므로(12절) '실로 헛될 뿐'이라고(13절) 시편 기자는 결론짓습니다. 하지만 이런 고백은 시인의 감춰진 속내를 고스란히 드러냅니다. 그의 순종은 하나님을 기쁘시게 해 드리는 수단이 아니라 그분의 품삯을 얻는 방편이었습니다. "이리저리 해 주시면 주님을 섬기겠습니다"라고 고백한다면 정말 사랑하는 대상은 '이리저리'이며 하나님은 그저 그걸 얻는 장치에 지나지 않습니다. 이런 속셈을 인정하는 데서 마음을 깨끗이 비우는 과정이 시작됩니다. 어려운 상황이 닥칠 때마다 하나님의 음성을 듣게 될 것입니다. "나를 끌어다 네게 보탬이 될 무언가를 시키러 왔는지, 아니면 나를 섬기기 위해 나를 찾는지 이제 한 번 지켜보자꾸나."

*Prayer*  삶이 뜻대로 풀리지 않으면 주님을 섬긴 것을 억울해합니다. 하나님한테 얻어 내고 싶은 것들만큼 주님을 사랑하지 않습니다. 내 생각과 마음에 밝은 빛을 비추셔서 하나님의 아름다움을 보게 하시고 주님의 존재 그 자체를 사랑하게 해 주십시오. 그게 올바른 처사일 뿐만 아니라 참다운 기쁨이기 때문입니다. 아멘.

시편 73편 15-20절　15 내가 만일 스스로 이르기를 내가 그들처럼 말하리라 하였더라면 나는 주의 아들들의 세대에 대하여 악행을 행하였으리이다. 16 내가 어쩌면 이를 알까 하여 생각한즉 그것이 내게 심한 고통이 되었더니 17 하나님의 성소에 들어갈 때에야 그들의 종말을 내가 깨달았나이다. 18 주께서 참으로 그들을 미끄러운 곳에 두시며 파멸에 던지시니 19 그들이 어찌하여 그리 갑자기 황폐되었는가 놀랄 정도로 그들은 전멸하였나이다. 20 주여 사람이 깬 후에는 꿈을 무시함 같이 주께서 깨신 후에는 그들의 형상을 멸시하시리이다.

세상에 속한 꿈　원망과 시샘의 구덩이에서 벗어나는 첫걸음은 예배입니다. 시편 기자는 성소로 들어갑니다. 참 하나님의 임재 가운데 머물자 눈이 맑아지고 멀리 내다보는 시각이 생기기 시작합니다(16-17절). 하나님이 없는 부유한 삶은 끝없이 가난해지는 지름길이며 주님이 빠진 명성은 영원히 잊히는 출발점임을 깨닫습니다(18-19절). 꿈속 세상에서는 힘세 보이는 무언가가 두렵고 겁나지만 잠을 깨고 나면 거기서 마주쳤던 존재들이 실생활에 아무런 해도 끼치지 못한다는 사실에 헛웃음을 짓게 됩니다. 세상의 온갖 권세와 부는 한낱 꿈과 같습니다. 더없이 깊은 그리스도인의 정체성과 행복, 미래의 유산을 늘이지도, 망가뜨리지도 못합니다.

*Prayer*　저기 저 산들보다 더 실제적인 하나님을 찬양합니다. 주님 안에 있으면 땅 속 보물을 다 합친 것보다 더 부요합니다. 성령님의 권능에 힘입어 내 눈이 달라지게 하옵소서. "주님의 영광과 은혜, 그 빛에 세상에 속한 것들은 금세 희미해집니다."[66] 아멘.

# June 19

시편 73편 21-23절   21 내 마음이 산란하며 내 양심이 찔렸나이다. 22 내가 이같이 우매무지함으로 주 앞에 짐승이오나 23 내가 항상 주와 함께 하니 주께서 내 오른손을 붙드셨나이다.

감격을 부르는 은혜   질투와 자기 연민을 치료하는 해독약은 겸손입니다. 시편 기자는 우선 죄가 상처를 주고(2절) 그 상처가 다시 남들을 상하게 한다는 사실에 주목합니다(15절). 하지만 결국 자신이 경멸하는 백성들과 마찬가지로 하나님께 오만했음을 깨닫습니다. 인간의 내면에는 본능적이고 강력한 자기 의지가 야수처럼 도사리고 있습니다. 생각이 없고 잔혹하기가 야수나 다름없습니다(22절). 어거스틴은 그저 금지된 짓을 해 보고 싶어서 배 한 개를 훔쳤던 기억을 떠올립니다.[67] 내면 깊숙한 데서 속삭이는 소리가 들렸습니다. "아무도 나더러 이래라 저래라 할 수 없어." 마음에 깃들인 이런 어두운 구석을 인정하자 그제야 '은혜'라는 영광스러운 단어의 속뜻이 생생하게 다가왔습니다(23절). 하나님은 시인을 절대로 그냥 내버려두지 않으십니다. 우리 죄가 얼마나 깊은지 깨달을 때에만 기이하도록 놀라운 은혜에 감격하는 법입니다.

*Prayer*   어둠이 깊을수록 별들은 더 또렷하고 아름답게 보입니다. 나의 죄를 깊이 인정할수록 주님의 은혜는 추상적인 개념이 아니라 더욱 엄연한 현실이 됩니다. 그렇게 은혜는 나를 겸손하게 하고 단단하게 만듭니다. 깨끗하게 씻어 주고 다시 빚어 줍니다. 주님의 은혜가 내 마음을 뒤흔들어 놓기를 간절히 원합니다. 아멘.

# June 20

**주 외에 누가 내게 있으리요**  시편 기자는 정면 돌파를 선택합니다. "하늘에서는 주 외에 누가 내게 있으리요"라는 말은 "주님 말고는 내게 아무것도 없습니다. 아무것도 만족을 주지 못하고 영원하지도 않습니다"라는 고백입니다. 그리스도인은 마땅히 사랑하는 이들과 하늘나라에서 다시 만나길 바랍니다. 하지만 하늘나라를 하늘나라답게 만드는 핵심은 하나님이 거기에 계신다는 사실입니다. 먼저 간 이들은 우리를 애틋한 눈으로 굽어보는 게 아니라 즐거움과 기쁨, 경배의 영원히 마르지 않는 샘에 완전히 매료되어 있습니다. 어거스틴은 이렇게 적었습니다. "오직 하나님만이 아무도 훼방할 수 없는 평화의 마당이 되십니다. 주님을 향한 사랑을 우리가 거두지 않는 한, 그분은 절대로 우리를 향한 사랑을 거두지 않으십니다."[68] 하나님과 함께 영광스럽게 사는 삶(24절)은 상처를 남김없이 치유하며 온갖 의심을 시원하게 풀어 주기에 충분합니다. 예수님은 그런 삶을 약속하셨습니다.

*Prayer*  고난이 나를 몰아, 마치 못처럼 주님의 사랑 안에 나를 더 깊이 박히게 만드는 것을 보며 주께 감사를 드립니다. 하나님의 사랑이 넉넉함을 보여 주는 것은 세상의 즐거움이 아니라 이 땅에서 겪는 아픔들입니다. 이제 "먼저 즐거움들로 눈물을 삼게 하신 주, 그리고 지금은 내 슬픔이 노래가 되게 하신"[69] 주님의 권능을 드러내기 위해 살겠습니다. 아멘.

# June 21

시편 74편 1-8절  1 하나님이여, 주께서 어찌하여 우리를 영원히 버리시나이까? 어찌하여 주께서 기르시는 양을 향하여 진노의 연기를 뿜으시나이까? 2 옛적부터 얻으시고 속량하사 주의 기업의 지파로 삼으신 주의 회중을 기억하시며 주께서 계시던 시온 산도 생각하소서. 3 영구히 파멸된 곳을 향하여 주의 발을 옮겨 놓으소서. 원수가 성소에서 모든 악을 행하였나이다. 4 주의 대적이 주의 회중 가운데에서 떠들며 자기들의 깃발을 세워 표적으로 삼았으니 5 그들은 마치 도끼를 들어 삼림을 베는 사람 같으니이다. 6 이제 그들이 도끼와 철퇴로 성소의 모든 조각품을 쳐서 부수고 7 주의 성소를 불사르며 주의 이름이 계신 곳을 더럽혀 땅에 엎었나이다. 8 그들이 마음속으로 이르기를 우리가 그들을 진멸하자 하고 이 땅에 있는 하나님의 모든 회당을 불살랐나이다.

**철저한 실패와 마주하다**  바벨로니아 군대가 철저하게 짓밟은 예루살렘과 성전의 모습을 시인은 천천히 살펴봅니다(3, 7절). 일반적으로 하나님은 이런저런 어려움들을 허락하실 수 있지만 그분을 믿는 백성들에게 끔찍하고 무시무시한 비극이 벌어지게 두지는 않으신다고 생각합니다. 그러나 성경은 이런 고난은 그 자체로 끝이 아니며 하나님이 그의 거룩한 자녀들을 외면하지 않으신다는 사실을 보여 주는 통로임을 알게 합니다. 그리고 지상에 존재했던 모든 인간 가운데 가장 신실했던 예수 그리스도 역시 인류를 구원하기 위해 참혹한 고난을 당했습니다. 그러므로 잊지 말아야 합니다. "하나님은 하나님이십니다. 그분이 하나님이시라면 경배와 섬김을 받으셔야 마땅합니다. 다른 어느 곳도 아닌 하나님의 뜻에 안식이 있습니다. 그리고 그 뜻은 내가 하나님이 하신다고 생각하는 것을 뛰어넘어 가늠할 수조차 없을 만큼, 말로 다 표현하지 못할 정도로 큽니다."[70]

*Prayer*  어둠에서 영광, 약함에서 강함을, 슬픔에서 기쁨을 이끌어 내실 뿐만 아니라 나쁜 일들을 통해 선한 일들을 더 풍성하고 강성하게 하시는 주님을 찬양합니다. 나를 도우셔서 마음과 생각이 이 진리 안에서 쉼을 누리게 해 주십시오. 아멘.

# June 22

시편 74편 9-17절  9 우리의 표적은 보이지 아니하며 선지자도 더 이상 없으며 이런 일이 얼마나 오랠는지 우리 중에 아는 자도 없나이다. 10 하나님이여, 대적이 언제까지 비방하겠으며 원수가 주의 이름을 영원히 능욕하리이까? 11 주께서 어찌하여 주의 손 곧 주의 오른손을 거두시나이까? 주의 품에서 손을 빼내시어 그들을 멸하소서. 12 하나님은 예로부터 나의 왕이시라 사람에게 구원을 베푸셨나이다. 13 주께서 주의 능력으로 바다를 나누시고 물 가운데 용들의 머리를 깨뜨리셨으며 14 리워야단의 머리를 부수시고 그것을 사막에 사는 자에게 음식물로 주셨으며 15 주께서 바위를 쪼개어 큰물을 내시며 주께서 늘 흐르는 강들을 마르게 하셨나이다. 16 낮도 주의 것이요, 밤도 주의 것이라. 주께서 빛과 해를 마련하셨으며 17 주께서 땅의 경계를 정하시며 주께서 여름과 겨울을 만드셨나이다.

철저한 실패를 위해 기도하다  이제 시편 기자는 재앙을 기도 안에서 풀어나가기 시작합니다. 시인이 하지 않는 두 가지 일이 있습니다. 수동적으로 이 지독한 현실에서 발을 빼지 않으며, 그렇다고 자기 혼자 힘으로 어찌해 보는 게 더 낫겠다고 분통을 터트리며 하나님께 등을 돌리지도 않습니다. 도리어 슬픔과 불만을 표현하지만 항상 하나님 쪽으로 방향을 잡습니다. 주님이 모든 권세를 가지셨음을 잊지 않습니다(13-17절). 시인은 "주여 영생의 말씀이 주께 있사오니 우리가 누구에게로 가오리이까?"(요 6:68)라고 묻고 있는 셈입니다. 대단한 일을 해 주실 때만 하나님을 믿는다면 그건 진정으로 그분을 섬기는 게 아니라 그냥 이용하는 것입니다.

*Prayer*  암울한 시기를 만나면 기도하며 은혜의 보좌로 나가는 데서 조금 벗어난 게 아닌가 싶은 생각이 듭니다. 그럼에도 불구하고 내게 힘을 주셔서 꿋꿋이 그 길을 가도록 도와주옵소서. 아멘.

# June 23

시편 74편 18-23절 **18** 여호와여, 이것을 기억하소서. 원수가 주를 비방하며 우매한 백성이 주의 이름을 능욕하였나이다. **19** 주의 멧비둘기의 생명을 들짐승에게 주지 마시며 주의 가난한 자의 목숨을 영원히 잊지 마소서. **20** 그 언약을 눈여겨보소서. 무릇 땅의 어두운 곳에 포악한 자의 처소가 가득하나이다. **21** 학대 받은 자가 부끄러이 돌아가게 하지 마시고 가난한 자와 궁핍한 자가 주의 이름을 찬송하게 하소서. **22** 하나님이여 일어나 주의 원통함을 푸시고 우매한 자가 종일 주를 비방하는 것을 기억하소서. **23** 주의 대적들의 소리를 잊지 마소서. 일어나 주께 항거하는 자의 떠드는 소리가 항상 주께 상달되나이다.

언약을 기억하소서    파괴된 성전은 죄에 물들었음에도 불구하고 거룩하신 하나님께 다가갈 수 있는 희생과 대속의 장소였습니다. 이는 모세와 맺으신 언약, 곧 백성들의 하나님이 되시겠다는 약속의 일부이기도 했습니다. 시인은 마침내 하나님이 이 언약을 잊지 않으실 것이라는 사실에서 안식을 찾습니다(20절). 오늘을 사는 그리스도인들 역시, 하나님이 예수 그리스도 안에서 거룩한 언약을 지키신다는 사실에 기대어 두려움을 떨쳐 버릴 수 있습니다. 죄를 대속하는 궁극적인 희생과 중보의 재물이 되신 주님은 새로운 성전이자 최종적인 성전이십니다.[71] 이제 우리는 "내가 네 하나님이 될 것"이라는 언약의 말씀이 정말 '조건이나 형편과 상관없이'란 뜻임을 실감합니다. 하나님이 쏟아 주시는 사랑이 얼마나 끝이 없는지 똑똑히 볼 수 있기 때문입니다.

*Prayer*    주님, 인생에는 빛과 어둠, 죄와 은혜가 가득합니다. 불평과 찬양, 탄식과 기대를 모두 기도에 담되 결국은 만사가 기쁨과 영광으로 마무리되리라 믿습니다. 그 진리로 내 마음을 녹여 주십시오. 아멘.

# June 24

시편 75편 1-5절   1 하나님이여, 우리가 주께 감사하고 감사함은 주의 이름이 가까움이라. 사람들이 주의 기이한 일들을 전파하나이다. 2 주의 말씀이 내가 정한 기약이 이르면 내가 바르게 심판하리니 3 땅의 기둥은 내가 세웠거니와 땅과 그 모든 주민이 소멸되리라 하시도다(셀라). 4 내가 오만한 자들에게 오만하게 행하지 말라 하며 악인들에게 뿔을 들지 말라 하였노니 5 너희 뿔을 높이 들지 말며 교만한 목으로 말하지 말지어다.

오만한 자들을 낮추시며   오늘날 공개적으로 오가는 대화에는 기술과 정책, 사상이 어떻게 '판을 바꾸거나' 또는 '세상을 변화시킬' 것인가에 관한 이야기들이 가득 차 있습니다. 인간의 눈에는 대단히 똑똑하고, 힘이 있으며, 부유한 이들이 판세를 쥐고 흔드는 것처럼 보입니다. 하지만 하나님은 달리 말씀하십니다. 친히 '땅의 기둥'을 세우셨다고 말씀하십니다(3절). 만물을 결합해 세상을 질서 있게 운용하신다는 말씀입니다(행 17:28, 히 1:3). 인간의 재주(약 1:17)와 지혜(롬 2:14-15), 그리고 성공(마5:45)은 하나같이 하나님이 베푸신 선물입니다. 역사 속에 벌어지는 일들은 어김없이 주님의 손 안에 있으며, 제아무리 강력한 힘을 가진 인물이나 세력이라도 결국 거룩한 뜻을 이루는 데 힘을 보태게 되어 있습니다(2절, 요 19:11과 비교). 그러므로 누구든 자기 힘으로 살아갈 수 있는 존재라는 오만한 생각은 버려야 합니다. 우리는 그럴 만한 존재가 아닙니다.

*Prayer*   세상을 통치하시는 주님을 찬양합니다. 내 삶을 스스로 통제할 수 없다니, 참으로 두렵습니다. 하지만 내 힘으로는 조화로운 삶을 살 수 없고 반드시 주님 안에 머물러야 한다니, 참으로 위안이 됩니다. 밝은 눈으로 이 진리를 바라보며 날마다 그 도전과 위안을 받아들이게 도와주십시오. 아멘.

# June 25

시편 75편 6-10절　6 무릇 높이는 일이 동쪽에서나 서쪽에서 말미암지 아니하며 남쪽
에서도 말미암지 아니하고 7 오직 재판장이신 하나님이 이를 낮추시고 저를 높이시느니
라. 8 여호와의 손에 잔이 있어 술거품이 일어나는도다. 속에 섞은 것이 가득한 그 잔을
하나님이 쏟아 내시나니 실로 그 찌꺼기까지도 땅의 모든 악인이 기울여 마시리로다. 9
나는 야곱의 하나님을 영원히 선포하며 찬양하며 10 또 악인들의 뿔을 다 베고 의인의 뿔
은 높이 들리로다.

**주님의 뜻을 이루소서**　성경에서 잔은 시련을 형상화한 이미지로 쓰입니다.
'술거품이 일어나는' 잔은 악한 일을 행하는 이들을 향한 하나님의 진노가 가
득한 잔이며(8절), 더없이 가혹한 고난, 곧 하나님의 아들의 마음까지도 두려
움에 사로잡히게 만드는 영원한 징벌의 잔이기도 합니다(마 26:42절). 하지만
예수님은 하나님의 뜻을 전폭적으로 받아들여 우리를 위해 십자가에서 그 잔
을 마시셨습니다. 눈앞의 현실이 아무리 참담해도 저 건너편 세상에는 거룩
한 자녀들과 함께 누리는 기쁨이 가득하리라는 사실을 알고 계셨던 것입니
다. 우리는 그리스도의 상급입니다(사 40:10). 선뜻 받아들이고 싶지 않은 하나
님의 뜻과 마주하면 예수님께 바짝 붙어서 속삭여야 합니다. "주님의 뜻을 이
루소서." 그때마다 예수님과 함께 누리는 지극한 기쁨을 기대할 수 있을 것입
니다.

*Prayer*　하나님 아버지, 아무리 찬양하고 감사해도 이루 헤아릴 수 없는 주
님의 선물을 다 노래할 수 없습니다. "그리스도, 사랑하는 구세주께서 / 아버
지의 진노, 그 타는 듯 혹독한 잔을 들이키셨습니다. / 얼마나 쓰디쓴 잔이었
을지, / 주님이 날 대신해 마셔 주시지 않았더라면!"[72] 아멘.

# June 26

시편 76편 1-6절 1 하나님은 유다에 알려지셨으며 그의 이름이 이스라엘에 크시도다. 2 그의 장막은 살렘에 있음이여, 그의 처소는 시온에 있도다. 3 거기에서 그가 화살과 방패와 칼과 전쟁을 없이하셨도다(셀라). 4 주는 약탈한 산에서 영화로우시며 존귀하시도다. 5 마음이 강한 자도 가진 것을 빼앗기고 잠에 빠질 것이며 장사들도 모두 그들에게 도움을 줄 손을 만날 수 없도다. 6 야곱의 하나님이여, 주께서 꾸짖으시매 병거와 말이 다 깊이 잠들었나이다.

우리를 위해 싸우시는 하나님 '병거와 말'은 최신 기술로 만든 첨단 무기를 상징합니다. 보병으로는 맞서 싸워 이길 도리가 없습니다. 하지만 하나님은 그 어떤 인간으로도 견줄 수 없는 무한한 힘을 가지셨습니다(5절). 하나님이 우리를 대신해 적과 싸우신다는 사실은 성경이 다루는 주요한 주제 가운데 하나입니다. 군대를 꾸짖기만 해도 잠잠해진다는(6절) 구절을 보면 말씀으로 풍랑을 잠재우신(막 4:39) 예수님이 생각납니다. 예수님이 십자가를 지셔서 우리의 궁극적인 적들(죄와 죽음)과 싸우기 위해 십자가를 지셨다는 사실을 그리스도인들은 기억해야 합니다. 주님은 모든 위험에서 우리를 지켜 주십니다. 그분이 우리와 함께하시든 우리가 그분과 함께하든, 모든 것이 형통할 것입니다.

*Prayer* 위엄이 넘치고 눈부시게 빛나는 하나님을 찬양합니다. 주님만이 독보적으로 중요하며 나머지는 모두 스쳐 지나갈 뿐입니다. 주님만이 영원토록 견고하시고 나머지는 잠깐 있다 스러질 뿐입니다. 인간의 힘과 아름다움에 현혹되지 않도록 나를 지켜 주십시오. 아멘.

# June 27

시편 76편 7-12절  7 주께서는 경외 받을 이시니 주께서 한 번 노하실 때에 누가 주의 목전에 서리이까? 8 주께서 하늘에서 판결을 선포하시매 땅이 두려워 잠잠하였나니 9 곧 하나님이 땅의 모든 온유한 자를 구원하시려고 심판하러 일어나신 때에로다(셀라). 10 진실로 사람의 노여움은 주를 찬송하게 될 것이요 그 남은 노여움은 주께서 금하시리이다.[73] 11 너희는 여호와 너희 하나님께 서원하고 갚으라. 사방에 있는 모든 사람도 마땅히 경외할 이에게 예물을 드릴지로다. 12 그가 고관들의 기를 꺾으시리니 그는 세상의 왕들에게 두려움이시로다.

사람의 분노를 찬양으로 바꾸시는 하나님  10절에는 흥미로운 것들이 가득합니다. 하나님을 거역하고 이겨 보려는 온갖 발악들은 결국 주님의 거룩한 뜻을 이루게 만들 뿐만 아니라(창 50:20, 행 4:27-28), 거듭난 세상과 하나님의 백성들의 기쁨과 영광을 더 크게 만들 따름입니다. 악을 누르고 최종적인 승리를 거두게 된다는 뜻입니다. 예수님의 죽음은 가장 좋은 본보기입니다. "이 예수께서 버림을 받으신 것은 하나님이 정하신 계획을 따라 미리 알고 계신 대로 된 일이지만, 여러분은 그를 무법자들의 손을 빌어서 십자가에 못 박아 죽였습니다"(행 2:23, 새번역). 참으로 하나님을 두려워하고, 주님의 위대하심에 놀라며, 주님의 주인 되심에 복종할 수밖에 없게 만드는 대목입니다.

*Prayer*  "주님의 거룩한 이름에 끊임없는 두려움과 사랑을 품게 해 주세요. 주님은 한치의 어긋남도 없이 한결같은 사랑으로 자녀들을 도우시고 또 다스리시기 때문입니다."[74] 우리 주 예수 그리스도를 통해 이런 역사를 내게 허락해 주옵소서. 아멘.

# June 28

시편 77편 1-4절  1 내가 내 음성으로 하나님께 부르짖으리니, 내 음성으로 하나님께 부르짖으면 내게 귀를 기울이시리로다. 2 나의 환난 날에 내가 주를 찾았으며 밤에는 내 손을 들고 거두지 아니하였나니 내 영혼이 위로 받기를 거절하였도다. 3 내가 하나님을 기억하고 불안하여 근심하니 내 심령이 상하도다(셀라). 4 주께서 내가 눈을 붙이지 못하게 하시니 내가 괴로워 말할 수 없나이다.

**묵상의 중요성**  정확한 내용은 알 수 없지만 시편 기자는 어려움과 아픔을 마주하고 있습니다(2절). 역경에 대처하기 위해 시인은 묵상합니다(3, 6, 11, 12절). '묵상'은 '음악'과 상관이 있는 말로, '골똘히 생각하다' 쯤으로 해석할 수 있습니다. 곡에 가사를 붙이면 그 노래는 곧장 마음에 가 닿습니다. 노래하며 가사를 음미하듯이 묵상할 때도 마음에 영향을 미칠 때까지 진리를 곱씹습니다. 이것이 어려움을 다루는 비결입니다. 시편 기자는 마치 금욕주의자처럼 폭풍우가 지나갈 때까지 이를 악물고 참지 않습니다. 그렇다고 닥치는 대로 감정을 쏟아 내지도 않습니다. 하나님에 관한 진리로 생각과 감정의 초점을 모읍니다. 1-4절을 보면, 처음에는 별 도움이 되지 않았던 듯합니다. 묵상은 하루이틀의 일이 아니며 배워 익히는 데 평생이 걸리는 훈련임을 보여 주는 대목입니다.

*Prayer*  예수님의 제자들은 기도를 가르쳐 주시길 청했습니다. 하지만 나는 주님 말씀을 묵상하는 법을 가르쳐 달라고 부탁드리고 싶습니다. 참을성과 더불어 주님의 말씀을 주의 깊게 듣고 관심을 기울이며, 맛보고 즐기며, 안으로 새기는 마음의 습관을 허락해 주십시오. 말씀이 내면에 풍성하게 머물게 해 주시기를 간구합니다. 아멘.

# June 29

시편 77편 5-9절 5 내가 옛날 곧 지나간 세월을 생각하였사오며 6 밤에 부른 노래를 내가 기억하여 내 심령으로, 내가 내 마음으로 간구하기를 7 주께서 영원히 버리실까, 다시는 은혜를 베풀지 아니하실까, 8 그의 인자하심은 영원히 끝났는가, 그의 약속하심도 영구히 폐하였는가, 9 하나님이 그가 베푸실 은혜를 잊으셨는가, 노하심으로 그가 베푸실 긍휼을 그치셨는가 하였나이다(셀라).

내 영혼이 속으로 묻기를　묵상과 관련해 또 하나의 대단히 중요한 문절은 "내 영혼이 속으로 묻기를"(6절, 새번역)입니다. 진리를 곱씹으며 스스로에게 "이게 어떤 차이를 만들어 내지? 이걸 진지하게 받아들여야 할까? 이걸 잊어버리면 어떤 결과가 빚어질까? 혹시 잊어버리고 사는 건 아닐까? 여기에 비추어 보며 살고 있나?" 등의 의미 있는 질문을 던지는 작업이 묵상의 상당 부분을 차지합니다. '변함없는 사랑'을 둘러싼 질문들에 시편 기자는 스스로 답을 내놓기 시작합니다(8절). 우리는 한순간의 슬픔도 영원처럼 헤아리지만, 하나님의 자비는 숨 쉬며 눈 뜨는 아침마다 새롭고 또 새롭습니다. 주님은 자녀들을 잊지도, 놓치지도 않으십니다. 우리는 하나님께 우리를 버리신 게 아니냐고 울부짖으며 아우성치지만, 그분은 결코 우리를 방치하지 않으십니다.

*Prayer*　질문을 받아 주시는 하나님, 감사합니다. 주께 물을 때마다 내 마음을 투명하게 해 주십시오. 하나님의 거룩함을 마주하고 정직하게 던진 질문들은 늘 주님을 믿고 의지하는 길로 나를 되돌려 놓기 때문입니다. 세상에서 주님보다 더 믿을 만한 존재가 있을까요? 나 자신을 믿는다고요? 그건 세상에서 가장 어리석은 생각일 것입니다. 아멘.

# June 30

시편 77편 10-15절   10 또 내가 말하기를 이는 나의 잘못이라, 지존자의 오른손의 해 11 곧 여호와의 일들을 기억하며 주께서 옛적에 행하신 기이한 일을 기억하리이다. 12 또 주의 모든 일을 작은 소리로 읊조리며 주의 행사를 낮은 소리로 되뇌이리이다. 13 하나님이여 주의 도는 극히 거룩하시오니 하나님과 같이 위대하신 신이 누구오니이까? 14 주는 기이한 일을 행하신 하나님이시라. 민족들 중에 주의 능력을 알리시고 15 주의 팔로 주의 백성 곧 야곱과 요셉의 자손을 속량하셨나이다(셀라).

**마음을 향한 변론**   마지막으로 시편 기자는 꾸준히 묵상하기로 결심합니다 (12절). 시인은 출애굽 과정에서 하나님이 베푸신 기적들의 면면에 호소합니다(10절). 변호사들은 법원의 결정과 다른 결과를 얻기 위해 항소합니다. 절망적이라는 판결을 내린 내 마음을 거슬러 이렇게 변론합니다. "이처럼 막강한 권세를 가지신 하나님이 우리를 사랑하신다면 도대체 두려워할 것이 무어란 말입니까?" 시인은 눈앞의 두려움을 무지르기 위해 지난날 하나님이 보여 주신 능력과 사랑을 곰곰이 되새기는 것입니다.

*Prayer*   자비를 드러내시고 구원하시는 사랑을 베푸시는 과정에서 더없이 위대한 능력을 보여 주셨던 역사적인 사건들을 기억하며 주님을 찬양합니다. 눈을 열고 마음을 휘저어 하나님의 약속 하나하나를 모두 믿고 의지하게 도와주세요. 주님을 아는 모든 이들을 위해 마련해 두신 평안함을 한껏 누리며 살게 해 주세요. 아멘.

# July 1

**시편 77편 16-20절**   16 하나님이여 물들이 주를 보았나이다. 물들이 주를 보고 두려워하며 깊음도 진동하였고 17 구름이 물을 쏟고 궁창이 소리를 내며 주의 화살도 날아갔나이다. 18 회오리바람 중에 주의 우렛소리가 있으며 번개가 세계를 비추며 땅이 흔들리고 움직였나이다. 19 주의 길이 바다에 있었고 주의 곧은 길이 큰 물에 있었으나 주의 발자취를 알 수 없었나이다. 20 주의 백성을 양 떼 같이 모세와 아론의 손으로 인도하셨나이다.

**출애굽 중의 출애굽**   13-20절은 훌륭한 묵상의 표본입니다. 기자는 출애굽 과정에서 하나님이 또렷이 보여 주신 은혜를 심령에 선포합니다. 그러자 마음에 새로운 믿음이 솟고 거기에 힘입어 갖가지 문제에 맞설 수 있게 됩니다. 그리스도인들에게는 하나님이 결코 버리지도, 떠나지도 않으신다는 사실을 스스로 확인할 수 있는 더 나은 방법이 있습니다. 예수님은 더없이 큰 출애굽의 역사를 이루셨습니다. 정치사회적인 속박을 넘어 죄와 죽음의 결박에서 인류를 자유롭게 하신 것입니다(눅 9:31). 그뿐이 아닙니다. 주님이 십자가에 돌아가신 사건은 하나님이 언뜻 실패와 패배처럼 보이는 일들을 통해 은혜로운 뜻을 이루는 경우가 적지 않음을 보여 주는 근사한 본보기입니다. 그러한 사실을 묵상하면 아무리 큰 문제라도 당당히 맞설 용기와 힘의 근원을 확보할 수 있습니다.

*Prayer*   주님은 바다와 회리바람마저 그 명령에 복종할 만큼 큰 힘을 가지셨지만 우리에게는 한없이 따뜻한 목자가 되어 주십니다. 주님이 그런 하나님이시라는 것이 얼마나 감사한지 모르겠습니다. 끝없는 능력으로 우주를 다스리는 분이 우리를 사랑하는 목자이시니, 한 점 두려움 없이 세상을 살아갈 수 있습니다. 아멘.

# July 2

**시편 78편 1-8절** 1 내 백성이여, 내 율법을 들으며 내 입의 말에 귀를 기울일지어다. 2 내가 입을 열어 비유로 말하며 예로부터 감추었던 것을 드러내려 하니 3 이는 우리가 들어서 아는 바요 우리의 조상들이 우리에게 전한 바라. 4 우리가 이를 그들의 자손에게 숨기지 아니하고 여호와의 영예와 그의 능력과 그가 행하신 기이한 사적을 후대에 전하리로다. 5 여호와께서 증거를 야곱에게 세우시며 법도를 이스라엘에게 정하시고 우리 조상들에게 명령하사 그들의 자손에게 알리라 하셨으니 6 이는 그들로 후대 곧 태어날 자손에게 이를 알게 하고 그들은 일어나 그들의 자손에게 일러서 7 그들로 그들의 소망을 하나님께 두며 하나님께서 행하신 일을 잊지 아니하고 오직 그의 계명을 지켜서 8 그들의 조상들 곧 완고하고 패역하여 그들의 마음이 정직하지 못하며 그 심령이 하나님께 충성하지 아니하는 세대와 같이 되지 아니하게 하려 하심이로다.

**마음에서 우러나는 신앙** 이 시편은 이집트의 종노릇하던 신세에서 풀려났을 때부터 다윗의 왕권이 확립되기까지, 이스라엘의 역사를 찬찬히 되짚어 봅니다. 그들의 부정적인 예를 통해 얻는 교훈은 역사가 듣는 이들의 삶에 되풀이되지 말아야 한다는 것입니다(8절). 반면에 그들의 긍정적인 점을 통해 얻는 교훈은 신자의 특징이 참 믿음이어야 한다는 것입니다(7절). 하나님이 어떤 분인지 보여 주는 진리를 아는 데 그쳐서는 안 되며(7절), 마음으로 주님을 믿고(7, 8절) 순종하는 변화된 삶으로 그 구원의 진리를 드러내 보여야 합니다(7절). 예로부터 지금까지, 겉으로 드러나는 행위로는 하나님을 섬기는 시늉을 하면서도 마음을 완전히 돌이키지 못했던 이들이 얼마나 많은지 모릅니다(사 29:13, 렘 4:4). 스스로를 돌아보십시오. 신앙생활을 하는 흉내만 내고 있습니까? 아니면 거듭난 그리스도인답게 살고 있습니까?(요 3:1-6)

*Prayer* 주님, 의무감에서 마지못해 따르는 척할 수는 있지만 그것만으로는 주님을 흡족하게 해 드리지 못합니다. 주님은 마음을 원하십니다. 하지만 바울의 고백처럼 내 속에는 주님을 거스르는 충동들이 도사리고 있습니다. 돌처럼 딱딱한 마음을 어린아이 살결처럼 부드럽게 바꿔 주십시오. 주님을 사랑하고 갈망하는 심령을 주시기를 간구합니다. 아멘.

# July 3

시편 78편 9-16절   9 에브라임 자손은 무기를 갖추며 활을 가졌으나 전쟁의 날에 물러
갔도다. 10 그들이 하나님의 언약을 지키지 아니하고 그의 율법 준행을 거절하며 11 여호
와께서 행하신 것과 그들에게 보이신 그의 기이한 일을 잊었도다. 12 옛적에 하나님이 애
굽 땅 소안 들에서 기이한 일을 그들의 조상들의 목전에서 행하셨으되 13 그가 바다를 갈
라 물을 무더기 같이 서게 하시고 그들을 지나가게 하셨으며 14 낮에는 구름으로, 밤에는
불빛으로 인도하셨으며 15 광야에서 반석을 쪼개시고 매우 깊은 곳에서 나오는 물처럼 흡
족하게 마시게 하셨으며 16 또 바위에서 시내를 내사 물이 강 같이 흐르게 하셨으나

잊지 말라! '에브라임 자손'은 우상 숭배에 빠진(왕상 12장) 북이스라엘 왕국의
지파로(9-10절) 나라를 잃고 포로로 잡혀 가면서(왕하 17장) 역사의 무대에서 사
라졌습니다. 이 모든 사달의 뿌리는 영적인 망각이었습니다(11절). 오늘날의
그리스도인들도 마찬가지입니다. "옛 죄가 깨끗하게 된 것을"(벧후 1:9) 잊어버
리면 생기를 잃고 무기력해질 수 있습니다. 해법이 있다면 그리스도가 치르
신 값비싼 희생을 작정하고 거듭 떠올려서 끊임없이 마음을 새롭게 하는 길
뿐입니다. 예수님은 우리의 죄 때문에 버림을 받으셨습니다("어찌하여 나를 버리
셨나이까?", 마 27:46). 그렇게 하나님이 갓난아이를 돌보는 아기 엄마보다 더 살
뜰하게 우리를 기억하며 잊지 않으심을(사 49:14-16) 명심해야 한다는 말입니
다. 그래야 담대하고 풍성한 마음을 지닐 수 있음을 놓치지 마시기 바랍니다.

*Prayer*   주님의 지혜를 잊어서 걱정하고, 주님의 자비를 잊어서 원망하며,
주님의 아름다움을 잊어서 탐심을 품고, 주님의 거룩하심을 잊어서 죄를 짓
고, 주님의 주권을 잊어버리는 까닭에 두려워합니다. 주님은 늘 나를 기억하
십니다. 나도 주님을 늘 기억하게 도와주옵소서. 아멘.

# July 4

시편 78편 17-25절　17 그들은 계속해서 하나님께 범죄하여 메마른 땅에서 지존자를 배반하였도다. 18 그들이 그들의 탐욕대로 음식을 구하여 그들의 심중에 하나님을 시험하였으며 19 그뿐 아니라 하나님을 대적하여 말하기를 하나님이 광야에서 식탁을 베푸실 수 있으랴 20 보라 그가 반석을 쳐서 물을 내시니 시내가 넘쳤으나 그가 능히 떡도 주시며 자기 백성을 위하여 고기도 예비하시랴 하였도다. 21 그러므로 여호와께서 듣고 노하셨으며 야곱에게 불 같이 노하셨고 또한 이스라엘에게 진노가 불타올랐으니 22 이는 하나님을 믿지 아니하며 그의 구원을 의지하지 아니한 때문이로다. 23 그러나 그가 위의 궁창을 명령하시며 하늘 문을 여시고 24 그들에게 만나를 비 같이 내려 먹이시며 하늘 양식을 그들에게 주셨나니 25 사람이 힘센 자의 떡을 먹었으며 그가 음식을 그들에게 충족히 주셨도다.

**하나님을 시험하는 행위**　광야를 떠돌던 이스라엘 백성들은 마치 이집트에서 구원해 내신 것만으로는 모자란다는 듯이 하나님에게 자신들을 사랑하신다는 더 많은 표적과 증거를 요구했습니다. '하나님을 시험'(18절)하려는 의도는 인간의 마음에 깔린 본질적인 충동에 속합니다. 주님이 이미 베풀어 주신 은혜는 아랑곳하지 않고 속으로 늘 묻습니다. "최근에 나를 위해 뭘 해 주셨는데요?" 이는 하나님의 자리를 대신 차지하는 죄악입니다. 하나님을 시험대에 올리고 얼마나 우리 비위를 잘 맞춰 주느냐에 따라 관계를 평가하려는 속셈입니다. 하지만 주님은 권능의 말씀으로 우주를 창조하신 하나님이십니다. 광대한 은하계라 해도 주님 앞에서는 한낱 먼지에 지나지 않습니다. 각자 자신의 삶을 돌아보시기 바랍니다. 이런 분에게 한 인간의 삶에 들어와 개인적인 심부름꾼 노릇을 해 달라고 요구하고 있지는 않습니까?

*Prayer*　주 예수님, 조건 없이 나를 사랑해 주셨는데 어떻게 감히 이러저러한 조건을 채워 주시면 순종하겠다는 말씀을 드릴 수 있겠습니까? 배신하고 부인하고 외면하는 우리를 십자가에서 다 굽어보셨음에도 주님은 그냥 거기에 계셨습니다. 늘 주님 곁에 머물며 무슨 일이든 다 순종할 수 있도록 도와주십시오. 아멘.

# July 5

시편 78편 26-31절  26 그가 동풍을 하늘에서 일게 하시며 그의 권능으로 남풍을 인도하시고 27 먼지처럼 많은 고기를 비 같이 내리시고 나는 새를 바다의 모래 같이 내리셨도다. 28 그가 그것들을 그들의 진중에 떨어지게 하사 그들의 거처에 두르셨으므로 29 그들이 먹고 심히 배불렀나니 하나님이 그들의 원대로 그들에게 주셨도다. 30 그러나 그들이 그들의 욕심을 버리지 아니하여 그들의 먹을 것이 아직 그들의 입에 있을 때에 31 하나님이 그들에게 노염을 나타내사 그들 중 강한 자를 죽이시며 이스라엘의 청년을 쳐 엎드러뜨리셨도다.

**죄의 내성**  기자는 민수기 11장의 이야기를 꺼냅니다. 이스라엘 백성들은 하루하루 양식을 삼도록 하나님이 베풀어 주신 만나를 두고 지겨워서 못 살겠다고 불평했습니다. 고기를 달라고 아우성쳤습니다. 주님은 메추리 떼를 보내 주시면서 조만간 그토록 갈망하던 고기에 진저리를 칠 것이라고 말씀하셨습니다. 예언은 정확히 들어맞았습니다. '내성'(tolerance effect)은 약물 중독의 두드러진 증상 가운데 하나입니다. 약물에 중독된 이들은 점점 더 많은 양을 투여하지 않고는 같은 쾌감을 얻지 못합니다. 신앙생활도 마찬가지입니다. 하나님이라는 존재 자체에서 의미를 찾거나 의지적으로 주께 소망을 두지 않는다면, 처음에는 '열광'하다가 갈수록 지루해할 수밖에 없습니다. 점점 더 깊이 빠져들고 몰입하게 하며 영원한 만족을 줄 수 있는 것은 오로지 하나님과 그분의 사랑뿐입니다.

*Prayer*  주님, 기도는 지루해지고 자꾸 죄스러운 일에만 눈이 번쩍 뜨이는 삶을 살고 있음을 고백합니다. 죄로 마음이 뒤틀린 탓임을 잘 압니다. 심령의 깊고 깊은 갈망은 주님만이 채우실 수 있습니다. 주님만이 영원토록 변치 않는 관심사가 될 수 있습니다. 기도와 말씀 가운데 날마다 새로이 주님을 만나는 일에 삶을 드리겠습니다. 이 약속을 지킬 수 있도록 나를 도와주십시오. 아멘.

# July 6

시편 78편 32-37절    32 이러함에도 그들은 여전히 범죄하여 그의 기이한 일들을 믿지 아니하였으므로 33 하나님이 그들의 날들을 헛되이 보내게 하시며 그들의 햇수를 두려움으로 보내게 하셨도다. 34 하나님이 그들을 죽이실 때에 그들이 그에게 구하며 돌이켜 하나님을 간절히 찾았고 35 하나님이 그들의 반석이시며 지존하신 하나님이 그들의 구속자이심을 기억하였도다. 36 그러나 그들이 입으로 그에게 아첨하며 자기 혀로 그에게 거짓을 말하였으니 37 이는 하나님께 향하는 그들의 마음이 정함이 없으며 그의 언약에 성실하지 아니하였음이로다.

**이기적인 두려움에 사로잡혀 사는 삶**    열성적으로 하나님을 좇는 것처럼 보이는 이들이 있습니다(34절). 입만 열면 신명나게 믿음을 말하고(호 6:1-3) 신앙생활의 기쁨을 온몸으로 드러냅니다(마 13:20-21). 그런데 이상하게도 그런 사람들의 신앙은 오래가는 법이 없습니다. 스스로 지은 죄가 고통스러운 결과를 불러올 때만 하나님께로 돌아섭니다("하나님이 그들을 죽이실 때에 그들이 그에게 구하며 돌이켜 하나님을 간절히 찾았고", 34절). 예를 들자면 이렇습니다. 겉으로는 정직하게 사는 것 같지만 속을 들여다보면 진짜 속마음을 들킬지 모른다는 두려움이 가득하거나 남들에게 도덕적이고 올바른 인물로 보이고 싶어 하는 마음뿐입니다. 아이러니컬하게도, 그들의 도덕성은 깊은 이기심에 토대를 두고 있습니다. 자신에게 닥친 고통을 피하려고 하나님을 찾습니다. 주님을 경배하고 기쁘시게 해 드리기 위해서가 아닙니다. 입에 발린 소리를 하지만 진심으로 그분을 사랑해서가 아닙니다(36절). 도덕적이고 기품 있는 삶을 살고 있습니까? 그렇게 살아가는 진짜 이유는 무엇입니까?

*Prayer*    주님, 성경은 "만물보다 거짓되고 심히 부패한 것"(렘 17:9)이어서 성령님의 철저한 도우심이 없이는 아무도 그 실체를 알 수 없다고 말합니다. 내 마음 가장 밑바닥에 깔린 동기를 드러내 주십시오. 기도하는 가운데 주님의 사랑과 영광을 또렷이 보여 주셔서 갈수록 감사하고 기뻐하는 심령으로 기꺼이 주께 순종하게 하옵소서. 아멘.

# July 7

시편 78편 38-43절 **38** 오직 하나님은 긍휼하시므로 죄악을 덮어 주시어 멸망시키지 아니하시며 그의 진노를 여러 번 돌이키시며 그의 모든 분을 다 쏟아 내지 아니하셨으니 **39** 그들은 육체이며 가고 다시 돌아오지 못하는 바람임을 기억하셨음이라. **40** 그들이 광야에서 그에게 반항하며 사막에서 그를 슬프시게 함이 몇 번인가? **41** 그들이 돌이켜 하나님을 거듭거듭 시험하며 이스라엘의 거룩하신 이를 노엽게 하였도다. **42** 그들이 그의 권능의 손을 기억하지 아니하며 대적에게서 그들을 구원하신 날도 기억하지 아니하였도다. **43** 그 때에 하나님이 애굽에서 그의 표적들을, 소안 들에서 그의 징조들을 나타내사.

**오래 참으시는 하나님**  본문은 역사적인 사실을 들어가며 하나님이 얼마나 오래 참으시는 분인지 설명합니다(38-39절). 주님은 '노하기를 더디'(출 34:6, 시 86:15) 하십니다. 그분은 말씀하십니다. "죽을 자가 죽는 것도 내가 기뻐하지 아니하노니 너희는 스스로 돌이키고 살지니라"(겔 18:32, 비교 롬 2:4). 주님이 그토록 끈질기게 참아 주시는 것은 죽어 마땅한 우리 가운데 어느 누구라도 당연히 받아야 할 죽음의 형벌을 받지 않고 다 구원을 얻게 하시기 위해서입니다(벧후 3:15). "그들은 육체이며 가고 다시 돌아오지 못하는 바람임을 기억하셨음이라"(39절)는 말씀을 읽을 때마다 겟세마네 동산에 오르셨을 때 예수님이 하신 말씀이 들리는 듯합니다. 너무나 중요한 상황임에도 불구하고 깊은 잠에 곯아떨어진 제자들을 바라보시며 예수님께서는 "마음에는 원이로되 육신이 약하도다"라고 하셨습니다. "너희도 나름대로 애쓰는구나!"라고 말씀하신 셈이니, 얼마나 오래 참아 주시는 주님이십니까!

*Prayer*  주 예수님, '인내'라는 말에는 '길고 긴 아픔'이란 속뜻이 담겼다고 합니다. 주님은 죄에 뒤따르는 형벌을 마땅히 받아야 할 우리에게 돌리지 않으시고 한없이 고난을 견디셨습니다. 이루 말할 수 없을 만큼 깊이 나를 참아 주셨습니다. 그러한 사실을 마음에 품고 주위 사람들을, 환경을, 삶의 모든 형편들을 인내하며 받아들이기를 원합니다. 아멘.

# July 8

시편 78편 44-53절 **44** 그들의 강과 시내를 피로 변하여 그들로 마실 수 없게 하시며 **45** 쇠파리 떼를 그들에게 보내어 그들을 물게 하시고 개구리를 보내어 해하게 하셨으며 **46** 그들의 토산물을 황충에게 주셨고 그들이 수고한 것을 메뚜기에게 주셨으며 **47** 그들의 포도나무를 우박으로, 그들의 뽕나무를 서리로 죽이셨으며 **48** 그들의 가축을 우박에, 그들의 양 떼를 번갯불에 넘기셨으며 **49** 그의 맹렬한 노여움과 진노와 분노와 고난 곧 재앙의 천사들을 그들에게 내려보내셨으며 **50** 그는 진노로 길을 닦으사 그들의 목숨이 죽음을 면하지 못하게 하시고 그들의 생명을 전염병에 붙이셨으며 **51** 애굽에서 모든 장자 곧 함의 장막에 있는 그들의 기력의 처음 것을 치셨으나 **52** 그가 자기 백성은 양 같이 인도하여 내시고 광야에서 양 떼 같이 지도하셨도다. **53** 그들을 안전히 인도하시니 그들은 두려움이 없었으나 그들의 원수는 바다에 빠졌도다.

**역병 중에 으뜸가는 역병**  이집트에 내린 하나님의 재앙들은 자연 재해였습니다. 주님은 나일강 물을 마실 수 없는 물로 만드셨습니다. 물에서 숱한 개구리가 올라와 죽게 하셨습니다. 죽은 개구리에 파리와 각다귀가 꼬여 전염병을 일으켰고 그게 또 다른 재앙이 되었습니다. 이집트에서 벌어진 자연 질서 붕괴 현상은 결정적인 사실을 드러내고 있습니다. 세상을 지으신 분은 하나님이시므로 그분께 순종하지 않으면 혼란과 무질서의 소용돌이에 휘말린다는 사실입니다. 주님을 위해 살도록 지음 받은 인간이 스스로를 위해 산다면 창조주의 뜻을 어기는 것입니다. 가장 큰 역병은 죄입니다. 해독제를 맞지 않으면, 다시 말해 예수 그리스도를 통해 은혜를 입지 않는다면, 죄는 인간을 철저하게 무너뜨릴 것입니다.

*Prayer*  주님, 온몸 구석구석이 죄라는 역병에 감염되었습니다. 그게 나를 끔찍하고 잔인하게 자기중심적인 인간으로 만듭니다. 영적으로 이미 무기력해져서 거룩한 은혜와 간섭이 없이는 달라질 길이 없습니다. 도와주십시오. 악착같이 달라붙어 괴롭히는 죄에서 벗어나서 즐거이 주께 순종하기를 원합니다. 아멘.

# July 9

시편 78편 54-58절  54 그들을 그의 성소의 영역 곧 그의 오른손으로 만드신 산으로 인도하시고 55 또 나라를 그들의 앞에서 쫓아내시며 줄을 쳐서 그들의 소유를 분배하시고 이스라엘의 지파들이 그들의 장막에 살게 하셨도다. 56 그러나 그들은 지존하신 하나님을 시험하고 반항하여 그의 명령을 지키지 아니하며 57 그들의 조상들 같이 배반하고 거짓을 행하여 속이는 활 같이 빗나가서 58 자기 산당들로 그의 노여움을 일으키며 그들의 조각한 우상들로 그를 진노하게 하였으매.

우상 숭배  살아계신 하나님께 등을 돌리고 우상을 숭배하는 행태야말로 이스라엘이 타락하고 실패하는 전형적인 패턴이었습니다. 우상 숭배는 인류를 그릇된 길로 빠지게 만드는 근본적인 요인입니다(롬 1:21-25). 기능적으로 하나님보다 더 중하게 여기는 대상이 있다면 그게 바로 우상입니다. 하나님보다 더 사랑하는 무언가가 있다면, 설령 배우자나 자녀, 또는 사회적인 대의처럼 선하고 좋은 것이라 할지라도 거짓 신입니다. 너무 깊이 사랑하면 감당하기 힘든 두려움과 분노에 시달리게 되고, 그걸 잃어버리면 무엇으로도 채울 수 없는 절망에 빠지게 되기 때문입니다. 저마다 품고 있는 우상을 가려 내지 못하면 스스로를 파악할 수 없습니다. 그 우상들에서 돌이키지 못하면 하나님을 알 수도, 하나님과 동행할 수도 없습니다.

*Prayer*  주님, 내게 좋아 보이는 것들로 우상을 삼는 성향이 있음을 고백합니다. 무엇이든 그저 감사하는 마음으로 받되, 오로지 주님만이 주실 수 있는 만족과 안전을 구하고 찾게 해 주십시오. "더없이 좋아하는 우상들, 마음에 남은 그 우상들이 무엇이든, 주님의 보좌에서 끌어내 부숴 버리고, 오직 주님만을 경배하게 하소서."[75] 아멘.

# July 10

시편 78편 59-64절 59 하나님이 들으시고 분 내어 이스라엘을 크게 미워하사 60 사람 가운데 세우신 장막 곧 실로의 성막을 떠나시고 61 그가 그의 능력을 포로에게 넘겨주시며 그의 영광을 대적의 손에 붙이시고 62 그가 그의 소유 때문에 분내사 그의 백성을 칼에 넘기셨으니 63 그들의 청년은 불에 살라지고 그들의 처녀들은 혼인 노래를 들을 수 없었으며 64 그들의 제사장들은 칼에 엎드러지고 그들의 과부들은 애곡도 하지 못하였도다.

**영광이 이스라엘에서 떠났다**    이스라엘 백성들이 하나님께 마음을 두지 않고 무관심해지자 주님은 거룩한 임재의 상징으로 주셨던 언약궤를 블레셋에게 빼앗기게 하셨습니다(61절). 그날 태어난 아기는 하나님의 "영광이 이스라엘에서게 떠났다"(삼상 4:21)는 뜻의 '이가봇'이란 이름을 받았습니다. 하나님은 거룩하시므로 죄가 끼어드는 순간부터 인간은 하나님의 임재에서 분리되었습니다(사 59:2). 예수님은 심지어 죄를 용서받고도 건성으로 영적 생활을 하는 그리스도인들을 역겨워하십니다. "네가 이같이 미지근하여 뜨겁지도 아니하고 차지도 아니하니 내 입에서 너를 토하여 버리리라"(계 3:16). "하나님은 사랑이시라"는 말씀을 빌미로 내 안에 슬그머니 자리 잡은 죄에 무관심해지지는 않았습니까? 주님은 우리를 사랑하십니다. 사랑하시기에 그분과 동떨어져 사는 이들을 지지하고 후원해 주지 않으십니다.

*Prayer*    주님에게서 멀어졌습니다. 주님과 더불어 즐거워하던 날들은 얼마나 평화로웠는지 모릅니다! 달콤했던 기억이 아직도 생생합니다. 하지만 이제 그 자리는 세상 무엇으로도 절대 채울 수 없는 뼈아픈 공간으로 남았습니다. 내 안에 다시 임하옵소서, 성령님! 감미로운 안식을 주시는 성령님! 주님을 슬프게 한 죄, 주님을 내 중심에서 밀어낸 죄를 나는 미워합니다.[76] 아멘.

# July 11

시편 78편 65-72절  65 그 때에 주께서 잠에서 깨어난 것처럼, 포도주를 마시고 고함치는 용사처럼 일어나사 66 그의 대적들을 쳐 물리쳐서 영원히 그들에게 욕되게 하셨도다. 67 또 요셉의 장막을 버리시며 에브라임 지파를 택하지 아니하시고 68 오직 유다 지파와 그가 사랑하시는 시온 산을 택하시며 69 그의 성소를 산의 높음 같이, 영원히 두신 땅 같이 지으셨도다. 70 또 그의 종 다윗을 택하시되 양의 우리에서 취하시며 71 젖양을 지키는 중에서 그를 이끌어 내사 그의 백성인 야곱, 그의 소유인 이스라엘을 기르게 하셨더니 72 이에 그가 그들을 자기 마음의 완전함으로 기르고 그의 손의 능숙함으로 그들을 지도하였도다.

**다윗을 택하시다**  시편 78편은 절정에서 끝납니다. 이스라엘이 불순종함에도 불구하고 하나님이 어떻게 거룩한 성전을 세우셨는지(68-69절), 어떻게 다윗을 택해 목자 같은 왕이 되게 하셨는지(70-71절) 이야기합니다. 하지만 알다시피, 시편 기자의 바람과 정반대로 역사는 되풀이되고 다윗의 혈통을 물려받은 왕가마저도 하나님께 순종하지 않습니다. 인류는 더 위대한 왕, 선지자들이 예언한 다윗의 후손(삼상 7:11-18), 최종적인 성전이자 죄를 속하는 희생제물이 될 구세주를(요 2:19-21, 히 9:11-14) 갈망했습니다. 예수님은 진정한 목자이십니다. 오직 그분만이 인생길을 이끌고 지도하실 만큼 지혜롭고 능력이 넘치십니다. 다른 그 무엇에도, 심지어 스스로에게도 자신을 맡기지 마십시오. 다만 주께 의지하십시오. 부족함이 없을 것입니다.

*Prayer*  주님, 불순종한 죄를 고백합니다. 처음부터 끝까지 완전히 믿고 의탁할 목자를 갈구하는 양처럼 살지 못하고 늘 내 힘으로 만사를 해결하려 합니다. 주님 대신 스스로의 지혜와 직장, 통장과 친하게 지내는 친구들에게 의지합니다. 그러나 위대한 목자이신 주님만이 영원한 피난처임을 고백합니다. 주님의 손에 나를 맡깁니다. 아멘.

# July 12

시편 79편 1-8절  1 하나님이여 이방 나라들이 주의 기업의 땅에 들어와서 주의 성전을 더럽히고 예루살렘이 돌무더기가 되게 하였나이다. 2 그들이 주의 종들의 시체를 공중의 새에게 밥으로, 주의 성도들의 육체를 땅의 짐승에게 주며 3 그들의 피를 예루살렘 사방에 물 같이 흘렸으나 그들을 매장하는 자가 없었나이다. 4 우리는 우리 이웃에게 비방거리가 되며 우리를 에워싼 자에게 조소와 조롱거리가 되었나이다. 5 여호와여 어느 때까지니이까? 영원히 노하시리이까? 주의 질투가 불붙듯 하시리이까? 6 주를 알지 아니하는 민족들과 주의 이름을 부르지 아니하는 나라들에게 주의 노를 쏟으소서. 7 그들이 야곱을 삼키고 그의 거처를 황폐하게 함이니이다. 8 우리 조상들의 죄악을 기억하지 마시고 주의 긍휼로 우리를 속히 영접하소서. 우리가 매우 가련하게 되었나이다.

**질투하시는 하나님**  하나님은 '질투' 때문에 바빌로니아 군대가 예루살렘을 멸망시키도록 내버려 두셨습니다(5절). 바울 역시 친구들에게 '거룩한 질투'에 관해 이야기합니다(고후 11:2). 사랑하는 상대를 깎아 내리거나 망치는 존재를 보고 분을 내는 것은 곧 사랑입니다. 부모의 사랑만 해도 그렇습니다. 자식의 성공과 행복을 위해 '열성적으로' 헌신하는 한편, 거기에 걸림이 되는 죄가 있다면 남김없이 없애려 '열심을' 냅니다. 만약 이스라엘 백성들이 우상을 숭배하는 길로 가도록 내버려 두셨다면 하나님이 민족을 통째로 내버리셨다는 뜻입니다. 그리스도인이라면 다 아는 사실이지만, 더 이상 죄는 그리스도 예수 안에 있는 이들을 정죄하지 못합니다(롬 8:1). 하지만 그렇게 자녀들을 사랑하시기에 우리가 빗나갈 때마다 하나님은 회초리를 들고 꾸짖으며 가르치십니다(히 12:4-11).

*Prayer*  주님은 나를 아버지와 같은 마음으로 사랑하셔서 내가 아파하면 함께 괴로워하십니다. 하지만 아버지와 같은 마음으로 나를 더없이 사랑하시기에 어리석게 사는 꼴을 그냥 두고 보지 않으십니다. 어려움이 닥칠 때마다 "이러시는 법이 어디 있어요!"라고 불평하는 대신 "내게 보여 주시고자 하는 뜻이 있습니까?"라고 묻겠습니다. 그럴 때마다 어김없이 그 뜻을 드러내 주시기를 원합니다. 아멘.

# July 13

시편 79편 9-13절 9 우리 구원의 하나님이여 주의 이름의 영광스러운 행사를 위하여 우리를 도우시며 주의 이름을 증거하기 위하여 우리를 건지시며 우리 죄를 사하소서. 10 이방 나라들이 어찌하여 그들의 하나님이 어디 있느냐 말하나이까? 주의 종들이 피 흘림에 대한 복수를 우리의 목전에서 이방 나라에게 보여 주소서. 11 갇힌 자의 탄식을 주의 앞에 이르게 하시며 죽이기로 정해진 자도 주의 크신 능력을 따라 보존하소서. 12 주여 우리 이웃이 주를 비방한 그 비방을 그들의 품에 칠 배나 갚으소서. 13 우리는 주의 백성이요 주의 목장의 양이니 우리는 영원히 주께 감사하며 주의 영예를 대대에 전하리이다.

피가 땅에서 울부짖는다    시편 기자는 희생자의 피가 복수해 달라고 부르짖는 소리를 듣노라고 말합니다(10절). 아벨의 핏방울이 가인을 고소하듯(창 4:10-11) 정의가 하나님께 '부르짖는다는' 이야기를 성경은 자주 기록하고 있습니다. 시인은 침략자들의 만행을 되갚아 달라고 하나님께 호소합니다(12절). 하지만 언젠가 그리스도가 예루살렘에서 "아벨의 피보다 더 나은 것을 말하는"(히 12:24) 피를 쏟으시리라는 사실을 기자는 몰랐습니다. 구세주의 피는 주를 믿는 이들에게 응징이 아니라 용서를 베풀어 주시길 하늘 아버지께 부르짖습니다. 그리스도인들 역시 부당한 대우 앞에서 하나님을 찬양할 수 있습니다(13절). 하지만 그보다 더 나아가 원수를 사랑하며 그들도 구원에 이르도록 기도해야 합니다(마 5:43-48).

*Prayer*    주님의 자비와 은혜에 기대어 사는 처지에 어떻게 남들에게 똑같이 베풀기를 마다하겠습니까? 내게 못되게 구는 이들에게 어떻게 되갚아 줘야 할지 고민하는, 무겁고도 실현 불가능한 짐을 가져가 주셔서 감사합니다. 그런 고민을 주께 맡길 줄 알도록 도와주십시오. 아멘.

# July 14

시편 80편 1-7절  1 요셉을 양 떼 같이 인도하시는 이스라엘의 목자여 귀를 기울이소서. 그룹 사이에 좌정하신 이여 빛을 비추소서. 2 에브라임과 베냐민과 므낫세 앞에서 주의 능력을 나타내사 우리를 구원하러 오소서. 3 하나님이여 우리를 돌이키시고 주의 얼굴빛을 비추사 우리가 구원을 얻게 하소서. 4 만군의 하나님 여호와여 주의 백성의 기도에 대하여 어느 때까지 노하시리이까? 5 주께서 그들에게 눈물의 양식을 먹이시며 많은 눈물을 마시게 하셨나이다. 6 우리를 우리 이웃에게 다툼거리가 되게 하시니 우리 원수들이 서로 비웃나이다. 7 만군의 하나님이여 우리를 회복하여 주시고 주의 얼굴의 광채를 비추사 우리가 구원을 얻게 하소서.

범죄한 모든 처소에서 구원하여 "주의 얼굴빛을 비춘다는"(3, 7절) 것은 하나님을 믿을 뿐만 아니라 그분의 임재를 경험한다는 말입니다. 또 의무감에 떠밀려서가 아니라 주님의 아름다움에 반해 안으로부터 우러나서 그분의 뜻을 따르는 삶을 산다는 이야기이기도 합니다. 대다수 그리스도인들은 이 두 극점 사이의 회색지대에서 살아갑니다. 한쪽 극점, 그러니까 기계적인 신앙생활 쪽으로 저도 모르게 흘러가고 있다면 "범죄한 모든 처소에서 구원하는"(겔 37:23) 영적인 부흥이 필요합니다. 방법이 무엇일까요? 영적인 부흥에 빠짐없이 들어가는 요소 하나를 꼽는다면 바로 힘차고 특별한 기도입니다. 시편 기자는 세 번이나(3, 7, 9절) 영적인 형편을 새로이 회복시켜 주시길 간구합니다.

*Prayer*  주님은 에베소 교회를 향해 "너의 처음 사랑을 버렸느니라"(계 2:4-5)고 지적하셨습니다. 내게도 비슷한 일들이 벌어지는 것 같습니다. 우주를 통틀어 가장 아름다운 분께 끌리는 마음을 어떻게 잃어버릴 수 있는지 정말 모를 일입니다. 내 영혼을 되살리시고 눈을 다시 열어 주님의 영광과 은혜를 바라보게 하시기를 간절히 원합니다. 아멘.

# July 15

시편 80편 8-13절  8 주께서 한 포도나무를 애굽에서 가져다가 민족들을 쫓아내시고 그것을 심으셨나이다. 9 주께서 그 앞서 가꾸셨으므로 그 뿌리가 깊이 박혀서 땅에 가득하며 10 그 그늘이 산들을 가리고 그 가지는 하나님의 백향목 같으며 11 그 가지가 바다까지 뻗고 넝쿨이 강까지 미쳤거늘 12주께서 어찌하여 그 담을 허시사 길을 지나가는 모든 이들이 그것을 따게 하셨나이까? 13 숲 속의 멧돼지들이 상해하며 들짐승들이 먹나이다.

**하나님의 포도나무**  하나님의 백성들은 모두 포도나무와 같습니다. 포도나무는 인간의 재능이 낳은 결과물이 아니라 생명체입니다(8-9절). 인간 역시 하나님의 영으로 창조된 피조물로 그 안에 생명이 자리 잡고 있어서 사랑과 기쁨, 평안, 겸손 같은 영의 열매들이 맺히게 되어 있습니다(갈 5:22-25). 포도나무 덩굴은 높고 넓게 자라 그늘을 드리우며, 덩굴은 커다란 나무 꼭대기까지 타고 오릅니다(10절). 이처럼 그리스도인들은 하나님의 초자연적인 은혜로 창조되었습니다. 스스로는 어리석고 연약하며 비천하지만(고전 1:26-31), 그리스도에 힘입어 세상을 바꿔 놓을 수 있습니다(행 17:6). 자신을 돌아보십시오. 그저 괜찮은 인간입니까, 아니면 새로운 영으로 전혀 새로워진 새 사람입니까? 성품이 변해 영의 열매를 맺어 가고 있습니까?

*Prayer*  주님, 해가 갈수록 나 자신이 더 사랑스럽고 더 담대하며 더 남을 생각하는 사람으로 자라 가야 함을 압니다. 하지만 현실은 그렇지 못함을 고백합니다. 열매를 맺지 못하는 이유를 솔직하고 정확하게 파악하도록 도와주십시오. 감사하게도 주님은 바로 생명의 하나님이십니다. 그러기에 날마다 더 깊숙이 주님께 뿌리를 내리고 주님을 우러르며 닮아 갈 수 있습니다. 아멘.

# July 16

시편 80편 14-19절  14 만군의 하나님이여 구하옵나니 돌아오소서. 하늘에서 굽어보시고 이 포도나무를 돌보소서. 15 주의 오른손으로 심으신 줄기요 주를 위하여 힘 있게 하신 가지니이다. 16 그것이 불타고 베임을 당하며 주의 면책으로 말미암아 멸망하오니 17 주의 오른쪽에 있는 자 곧 주를 위하여 힘 있게 하신 인자에게 주의 손을 얹으소서. 18 그리하시면 우리가 주에게서 물러가지 아니하오리니 우리를 소생하게 하소서 우리가 주의 이름을 부르리이다. 19 만군의 하나님 여호와여 우리를 돌이켜 주시고 주의 얼굴의 광채를 우리에게 비추소서. 우리가 구원을 얻으리이다.

부흥  영적인 부흥은 어떻게 일어납니까? 하나님의 거룩한 이름을 더 온전히 구해야 합니다(3, 7, 19절). 기도하는 소리가 그치지 않고 점점 더 높아가야 합니다. 또 부흥에는 주께로 돌이키는 회개가 따라야 합니다(18-19절). 마지막으로 영적인 부흥이 일어나려면 "주의 오른쪽에 있는 자"(말 그대로 '베냐민')가 필요합니다. 교회가 부흥했던 역사를 돌아보면 기름부음을 받은 역동적인 지도자들을 통해 하나님이 역사하시는 경우가 많았습니다. 하지만 예수님은 진정한 베냐민, 곧 하나님의 임재에 더없이 가까이 나가시는 분입니다(엡 2:18). 아울러 예수님은 참 포도나무이십니다(요 15:1-6). 믿음으로 그분과 연합해야만 그 가지가 되어 하나님의 생명을 받아들일 수 있습니다. 주님을 통해서만 부흥하고 소생할 수 있다는 뜻입니다.

*Prayer*  "오, 예수님! 주님을 생생하고 또렷하게 보여 주십시오. 믿음의 눈을 한결 날카롭게 하셔서 겉모습 너머를 보게 해 주십시오. 세상의 그 어떤 달콤한 사이보다 더 가깝고, 한 몸처럼 친밀한 관계를 주님과 맺고 싶습니다."[77] 아멘.

# July 17

시편 81편 1-4절  1 우리의 능력이 되시는 하나님을 향하여 기쁘게 노래하며 야곱의 하나님을 향하여 즐거이 소리칠지어다. 2 시를 읊으며 소고를 치고 아름다운 수금에 비파를 아우를지어다. 3 초하루와 보름과 우리의 명절에 나팔을 불지어다. 4 이는 이스라엘의 율례요 야곱의 하나님의 규례로다.

기뻐하라는 명령  예배로 부르시는 이 말씀의 능력에는 의구심이 뒤따릅니다. 그저 초대하시는 게 아니라 '율례'요 '규례'를 내세워, 기뻐하며 하나님을 경배하라고 명령하기 때문입니다. 어떻게 해야 '기뻐할' 수 있습니까? 그리스도인에게는 기뻐해야 할 분명한 이유들이 여럿 있으므로 "예배하며 거기에 빠져들 마땅한 수단들이 존재합니다."[78] 에베소서 5장 19절은 세련된 음악을 활용하며 시편의 노래들에 깊이 몰입하고, 하루 종일 순간순간 하나님께 감사하는 마음을 품으라고 가르칩니다. 에베소서 5장 19절은 시와 찬송과 신령한 노래들로 서로 화답하며 너희의 마음으로 주께 노래하며 찬송하라고 말합니다. 아울러 정기적으로 다른 그리스도인들과 어울려 공중 예배를 드려야 하며 이를 게을리하지 않도록 조심할 필요가 있습니다(히 10:25). 되짚어 보십시오. 하나님 안에서 기뻐하고 있습니까?

*Prayer*  주님, 주님만을 바라며 주님만을 기뻐하며 살지 못하고 있음을 고백합니다. 오로지 주님의 소중함과 순결함, 아름다움을 바라보며 살아가려는 뜻이 내게는 없습니다. 머릿속에는 늘 쓸데없는 생각들이 가득합니다. 하루 종일 습관적으로 시선을 돌려 주님과 거룩한 은혜에 주목하기를 원합니다. "마음으로 주께 노래하게"(엡 5:19) 도와주십시오. 아멘.

# July 18

시편 81편 5-10절 5 하나님이 애굽 땅을 치러 나아가시던 때에 요셉의 족속 중에 이를 증거로 세우셨도다. 거기서 내가 알지 못하던 말씀을 들었나니 6 이르시되 내가 그의 어깨에서 짐을 벗기고 그의 손에서 광주리를 놓게 하였도다. 7 네가 고난 중에 부르짖으매 내가 너를 건졌고 우렛소리의 은밀한 곳에서 네게 응답하며 므리바 물가에서 너를 시험하였도다(셀라). 8 내 백성이여 들으라 내가 네게 증언하리라 이스라엘이여 내게 듣기를 원하노라. 9 너희 중에 다른 신을 두지 말며 이방 신에게 절하지 말지어다. 10 나는 너를 애굽 땅에서 인도하여 낸 여호와 네 하나님이니 네 입을 크게 열라 내가 채우리라 하였으나….

**순종의 기쁨** 8-10절은 "나는 너를 애굽 땅, 종 되었던 집에서 인도하여 낸 네 하나님 여호와니라"고 하신 출애굽기 20장 2절을 떠올리게 합니다. 하나님은 이 말씀을 하신 뒤에 곧바로 "다른 신을 섬기지 말라", "살인하지 말라", "거짓 증거 하지 말라"를 비롯한 십계명을 주셨습니다(출 20:2-17). 하지만 오늘 시편에서는 거룩한 명령들을 하나하나 일러 주시려는 대목에서, 하나님은 다소 엉뚱해 보이는 약속을 주십니다. "네 입을 크게 열라. 내가 채우리라"(10절). 하나님의 법은 짐스럽고 번잡한 숙제가 아니며 우리의 유익을 보장하며 잘되게 하기 위한 것들입니다(신 6:24). 하나같이 하나님의 완벽한 지혜를 담고 있습니다. 창조주의 설계를 실현하고 성취하며 살도록 뒷받침합니다. 본문은 순종의 궁극적인 목적이 기쁨, 즉 영원한 사랑의 대상인 하나님을 알아 가는 목표를 이루는 데 있음을 지적합니다.

*Prayer* 거룩한 계명을 주신 주님을 찬양합니다. 예수님이 애쓰고 수고해 우리가 구원을 얻었으므로 더 이상 구원을 받기 위해 우리 스스로 애쓸 필요가 없음을 압니다. 이제 그 계명은 나에게 구원의 길이 아니라 생명의 법칙입니다. 거기에 순종할수록 영적으로 더 생생해지며, 주님이 원하시는 됨됨이에 더 가까워지게 됩니다. 아멘.

# July 19

시편 81편 11-16절 11 내 백성이 내 소리를 듣지 아니하며 이스라엘이 나를 원하지 아니하였도다. 12 그러므로 내가 그의 마음을 완악한 대로 버려 두어 그의 임의대로 행하게 하였도다. 13 내 백성아 내 말을 들으라. 이스라엘아 내 도를 따르라. 14 그리하면 내가 속히 그들의 원수를 누르고 내 손을 돌려 그들의 대적들을 치리니 15 여호와를 미워하는 자는 그에게 복종하는 체할지라도 그들의 시대는 영원히 계속되리라. 16 또 내가 기름진 밀을 그들에게 먹이며 반석에서 나오는 꿀로 너를 만족하게 하리라 하셨도다.

**반석에서 나오는 꿀** 하나님을 기뻐하고(1-5절) 주께 순종하면(6-10절) 놀라운 약속을 소유하게 됩니다. 힘들고 고된 시절에도 영적으로 성장하며 하나님을 따르는 비할 데 없이 달콤한 기쁨(꿀)을 맛볼 수 있습니다(16절). 이런 원리는 성경 전반에 걸쳐 다양한 형식으로 등장합니다. 사사기 14장 14절은 "먹는 자에게서 먹는 것이 나오고 강한 자에게서 단 것이 나왔느니라"고 말합니다. "내가 약한 그 때에 강함이라"라는 고린도후서 12장 10절 말씀도 있습니다. 하나님은 역경을 도구로 사용해 어디서 진정한 낙(樂)을 찾아야 하는지 알려 주십니다. "주님은 거칠고 험하고 완전히 소망 없는 일들을 통해 최상의 것을 베푸시며 감미로운 기쁨을 주십니다."[79] 십자가 사건이야말로 패배에서 승리가 나오고 반석에서 꿀이 나오는 대표적인 본보기입니다.

*Prayer* 주님, 나와 함께하신 시간을 통해 주님이 어떤 분이신지 깨닫습니다. 커다란 바윗돌들을 하나하나 마주할 때마다, 사랑하는 주님은 거기서 아프고 쓰라린 마음을 뒤덮고도 남을 만큼 넘치는 기쁨을 주십니다. 하지만 나는 지금 주님을 의심하는 또 다른 형태의 커다란 돌덩이에 막혀 있습니다. 용서해 주십시오. 이번에도 주님을 신뢰하고 의지하게 도와주십시오. 아멘.

# July 20

시편 82편  1 하나님은 신들의 모임 가운데에 서시며 하나님은 그들 가운데에서 재판하시느니라. 2 너희가 불공평한 판단을 하며 악인의 낯 보기를 언제까지 하려느냐(셀라)? 3 가난한 자와 고아를 위하여 판단하며 곤란한 자와 빈궁한 자에게 공의를 베풀지며 4 가난한 자와 궁핍한 자를 구원하여 악인들의 손에서 건질지니라 하시는도다. 5 그들은 알지도 못하고 깨닫지도 못하여 흑암 중에 왕래하니 땅의 모든 터가 흔들리도다. 6 내가 말하기를 너희는 신들이며 다 지존자의 아들들이라 하였으나 7 그러나 너희는 사람처럼 죽으며 고관의 하나 같이 넘어지리로다. 8 하나님이여 일어나사 세상을 심판하소서. 모든 나라가 주의 소유이기 때문이니이다.

**모든 신들을 다스리시는 하나님**   여기서 '신들'은 그 이면에 도사린 사악한 영적 세력을 가리키기도 하지만(6-7절), 일차적으로 세상의 통치자를 암시합니다(엡 6:12). 하나님은 약자와 고아, 가난하고 힘없는 이들에게 깊은 관심을 두십니다(3-4절). 참다운 신앙을 가진 그리스도인이라면 형편이 어렵고 곤궁한 이들을 돕고자 하는 마음이 생길 수밖에 없습니다(약 2:14-17, 요 3:16-17). 놀랍게도 하나님은 가난한 이들과 한마음이 되시어 공의를 세우는 데 온 힘을 기울이십니다. 가난한 사람을 학대하는 건 하나님을 멸시하는 행위입니다(잠 14:31). 예수 그리스도만 봐도 하나님이 얼마나 가난하고 억눌린 이들 편에 서시는지 정확히 알 수 있습니다. 주님은 스스로 인간의 불의에 희생돼 십자가에 달려 죽은 가장 비천한 인간이 되셨습니다.

*Prayer*  온 세상과 사회 가운데 비교적 편안하고 안전한 지대에서 사는 까닭에 주님만큼 약자들의 형편에 예민하게 반응하며 살고 있지 않음을 고백합니다. 주님이 미워하신 불의를 나도 미워하게 하시고, 주님이 사랑하신 어렵고 곤궁한 이들을 나도 사랑하게 해 주십시오. 아멘.

# July 21

*시편 83편 1-8절*  1 하나님이여 침묵하지 마소서. 하나님이여 잠잠하지 마시고 조용하지 마소서. 2 무릇 주의 원수들이 떠들며 주를 미워하는 자들이 머리를 들었나이다. 3 그들이 주의 백성을 치려하여 간계를 꾀하며 주께서 숨기신 자를 치려고 서로 의논하여 4 말하기를 가서 그들을 멸하여 다시 나라가 되지 못하게 하여 이스라엘의 이름으로 다시는 기억되지 못하게 하자 하나이다. 5 그들이 한마음으로 의논하고 주를 대적하여 서로 동맹하니 6 곧 에돔의 장막과 이스마엘인과 모압과 하갈인이며 7 그발과 암몬과 아말렉이며 블레셋과 두로 사람이요 8 앗수르도 그들과 연합하여 롯 자손의 도움이 되었나이다 (셀라).

**원수를 달리 생각하라**  시편 83편은 원수에 관한 노래입니다. 적들을 어떻게 대해야 할까요? 본문 초입에서 시인은 하나님께 말씀드립니다. "무릇 주의 원수들이 떠들며 주를 미워하는 자들이 머리를 들었나이다"(2절). 기자는 대단히 중요한 관점을 드러내고 있습니다. 제힘을 내세워 남의 자리를 차지하는 행위는 모두 하나님께 맞서는 죄입니다. 그처럼 못된 행동들은 비록 그리스도인이라도 하나님과 원수지간이 되게 한다는 사실을 알아야 합니다("내가 주께만 범죄하여 주의 목전에 악을 행하였사오니", 시 51:4). 나를 해하려는 부류가 있으면 기본적으로 하나님과 싸우는 이들로 치부하십시오. 혼자 맞서는 게 아니라는 사실을 잊지 않고 붙드십시오. 원수들을 처리하는 건 결국 하나님의 몫임을 알고 위안을 얻게 될 것입니다.

*Prayer*  주 예수님, 나에게 함부로 구는 이들이 있습니다. 다행히 주님의 적들처럼 나를 십자가에 못 박으려 들지는 않습니다. 하물며 예수님은 원수를 용서하시고 영혼을 하나님의 손에 맡기셨습니다. 나도 그렇게 할 수 있도록 도와주십시오. 아멘.

# July 22

시편 83편 9-13절 **9** 주는 미디안인에게 행하신 것 같이, 기손 시내에서 시스라와 야빈에게 행하신 것 같이 그들에게도 행하소서. **10** 그들은 엔돌에서 패망하여 땅에 거름이 되었나이다. **11** 그들의 귀인들이 오렙과 스엡 같게 하시며 그들의 모든 고관들은 세바와 살문나와 같게 하소서. **12** 그들이 말하기를 우리가 하나님의 목장을 우리의 소유로 취하자 하였나이다. **13** 나의 하나님이여 그들이 굴러가는 검불 같게 하시며 바람에 날리는 지푸라기 같게 하소서.

**원수들을 떠넘기라** 원수들을 용서하는 게 아니라 멸망시켜 주시길 하나님께 구하는 '저주' 시편들을 어떻게 보아야 할까요? 여기에 감춰진 중요한 사실 하나를 알아야 합니다. 구약성경임에도 불구하고 시편 기자는 스스로 앙갚음을 하려 들지 않는다는 점입니다. 이런 시편들은 "하나님이 합당히 여기시는 대로 처분해 주시도록 노여움을 주께 넘겨 드리게 합니다." 아울러 "친히 원수를 갚지 말고 하나님의 진노하심에 맡기라"(롬 12:19)는 바울의 조언에 따르도록 우리를 돕습니다.[80] 일단 원수를 떠넘기고(움켜쥔 손을 풀고 하나님의 수중에 넘겨 드리고) 나면 그들을 불쌍히 여기는 마음이 솟기 시작하는 걸 느낄 수 있을 것입니다. 결국 적들은 아무것도 빼앗아 갈 수 없습니다(9-13).

*Prayer* 주님, 나를 못살게 구는 이들을 원망하지 않고 가엾게 여기는 법을 가르쳐 주십시오. 주님의 손에 맡깁니다. 주님은 작은 것 하나도 놓치지 않는 매서운 재판관이십니다. 원수들과 나를 모두 주께 의탁합니다. 아멘.

# July 23

**시편 83편 14-18절** 14 삼림을 사르는 불과 산에 붙는 불길 같이 15 주의 광풍으로 그들을 쫓으시며 주의 폭풍으로 그들을 두렵게 하소서. 16 여호와여 그들의 얼굴에 수치가 가득하게 하사 그들이 주의 이름을 찾게 하소서. 17 그들로 수치를 당하여 영원히 놀라게 하시며 낭패와 멸망을 당하게 하사 18 여호와라 이름 하신 주만 온 세계의 지존자로 알게 하소서.

**적들을 회심시키라** 이 시편의 기자는 마치 원수들이 죽기만을 바라는 듯합니다. 그런데 놀랍게도 14-16절을 보면, 못되게 구는 이들이 진리를 깨닫고 그리스도의 하나님의 이름을 알게 해 달라고 기도합니다(8절). 성경 시대에 이스라엘을 둘러싸고 있는 이방 민족들을 향해 그렇게 간구한다는 것은 거의 불가능한 일이었습니다. 물론, 시인은 원수들의 구원보다는 하나님의 지지와 변호에 더 큰 관심이 있는 것처럼 보입니다. 하지만 그리스도와 십자가에 비춰 보면, 이것이야말로 악을 물리치는 가장 중요한 수단임을 알 수 있습니다. 그리스도는 원수들을 하나님의 친구로 바꾸는 커다란 자원을 제공합니다. 하나님의 원수 노릇을 하던 시절, 주님은 그런 우리를 위해 목숨을 버리셔서(롬 5:10) 선으로 악을 이기는 본보기를 보여 주셨습니다(롬 12:14-21).

*Prayer* 아직 죄의 자리에 있던 원수된 나를 사랑스럽게 주님 품으로 이끌어 주신 주님을 찬양합니다. 삶을 고단하게 만드는 이들이 있다 해도 내가 어떻게 감히 똑같은 방식으로 그들에게 대응하겠습니까? 못살게 구는 이들을 마음으로부터 용서하고 듣기 싫어하는 말을 해서라도 그들의 유익을 구하게 도와주십시오. 아멘.

# July 24

시편 84편 1-4절  1 만군의 여호와여 주의 장막이 어찌 그리 사랑스러운지요. 2 내 영혼이 여호와의 궁정을 사모하여 쇠약함이여 내 마음과 육체가 살아 계시는 하나님께 부르짖나이다. 3 나의 왕, 나의 하나님, 만군의 여호와여 주의 제단에서 참새도 제 집을 얻고 제비도 새끼 둘 보금자리를 얻었나이다. 4 주의 집에 사는 자들은 복이 있나니 그들이 항상 주를 찬송하리이다(셀라).

사랑 노래  사랑을 노래하는 농밀한 언어로 꾸며진 시편입니다. 시인은 성전의 아름다움에 감격합니다(1-2절). 건축적인 특성 때문이 아니라 하나님이 거기에 계시기 때문입니다(2절). 기자는 멀리 떨어져 있는 거룩하지만 비인격적인 힘이 아니라 살아 계신 하나님, 인격적으로 만나 주시는 살아 움직이는 존재를 믿는 믿음이(2절) 가장 깊은 마음의 갈망을 채워 주리라는 사실을 정확히 알고 있습니다. 그래서 하나님과 나누는 친밀하고도 지속적인 교제를 으뜸으로 여깁니다. 이제 우리는 새처럼 여기저기 쉴 새 없이 날아다니는 삶을 그만두고 하나님 가까이에 머무는 삶을 배워야 합니다(3절).

*Prayer*  주님과 나누는 교제를 소홀히 할 때가 많습니다. 주님을 친밀하게 여기는 마음이 들쭉날쭉합니다. 하지만 이제 주님과 가까이 사귀는 삶을 살며, 제단 곁에 보금자리를 꾸미기로 작정합니다. 그러기 위해 치러야 할 값을 알려 주시고 넉넉한 사랑과 은혜를 베푸셔서 너끈히 감당하게 하옵소서. 아멘.

# July 25

시편 84편 5-8절  5 주께 힘을 얻고 그 마음에 시온의 대로가 있는 자는 복이 있나이다. 6 그들이 눈물 골짜기로 지나갈 때에 그 곳에 많은 샘이 있을 것이며 이른 비가 복을 채워 주나이다. 7 그들은 힘을 얻고 더 얻어 나아가 시온에서 하나님 앞에 각기 나타나리이다. 8 만군의 하나님 여호와여 내 기도를 들으소서. 야곱의 하나님이여 귀를 기울이소서(셀라).

영적인 순례  하나님께 가까이 다가가고자 하는 열망은(1-4절) 단숨에 채워지지 않습니다. 하나님을 원하는 이는 누구나 긴 여정을 꾸준히 따라가야 합니다(5절). 힘을 내서 어느 정도 길을 갔으며 다시 기운을 얻어 다음 여정을 계속해야 합니다(7절). 바울의 말처럼, 말씀 가운데서 주님을 만나고 믿음의 눈으로 그분의 성품을 점점 더 또렷이 보게 되면 영광의 수준이 한 단계에서 그 다음 단계로 변화됩니다(고후 3:18). 5-8절은 '바카 골짜기(Valley of Baka, 물이 없는 지역)', 다시 말해 메마르고 곤고한 시절을 기대하라고 가르칩니다. 그러한 시절은 발전하고 진보하는 데 결정적입니다(6-7절). 하나님은 고난을 통해 새로이 성장하도록 도우십니다. 곤고한 시절을 지나면 다시 '반석에서 나오는 꿀'(시 81:16)을 만나게 될 것입니다.

*Prayer*  주님과 더불어 가장 메마르고 참담했던 시절이 더없이 풍요로운 시기였음을 깨달았던 경험이 너무나 많습니다. 지금도 그런 시절이 또 닥칠까 두렵지만, 지레 겁먹고 주저앉지 않겠습니다. 그 안에서 주님이 위대한 역사를 이루고 계신다는 사실을 잊지 않겠습니다. 아멘.

# July 26

시편 84편 9-12절 9 우리 방패이신 하나님이여 주께서 기름 부으신 자의 얼굴을 살펴 보옵소서. 10 주의 궁정에서의 한 날이 다른 곳에서의 천 날보다 나은즉 악인의 장막에 사는 것보다 내 하나님의 성전 문지기로 있는 것이 좋사오니 11 여호와 하나님은 해요 방패 이시라. 여호와께서 은혜와 영화를 주시며 정직하게 행하는 자에게 좋은 것을 아끼지 아니하실 것임이니이다. 12 만군의 여호와여 주께 의지하는 자는 복이 있나이다.

한 날이 다른 곳에서의 천 날보다 나은즉  주님과 가까이 지내는 한 날이 다른 일을 즐기는 천 날보다 낫습니다(10절). 비록 더없이 하찮은 신분("하나님의 성전 문지기로 있는 것")으로 살지언정 하나님을 알고 지내는 편이 주 없이 떵떵거리고 사는 쪽보다 비교할 수 없을 만큼 낫습니다. 과장이 아닙니다. 하나님은 "주께 의지하는 자"(12절)에게 "좋은 것을 아끼지 아니"하시기(11절) 때문입니다. 신약성경은 여기에 관해 광범위한 이야기를 들려 줍니다. 하나뿐인 친아들까지 아끼지 않고 우리를 위해 내어 주신 분이 "어찌 그 아들과 함께 모든 것을 우리에게 선물로 거저 주지"(롬 8:32) 않으시겠습니까? 하나님은 "주께서 기름 부으신 자"를 위해 이런 일을 하십니다(9절). 그리스도인들에 이런 은혜를 베푸시는 분은 오로지 예수님뿐입니다.

*Prayer*  주님과 나누는 교제는 '소유를 다 팔아' 사들인 진주와도 같습니다 (마 13:45-46). 다른 것은 모두 싸구려 돌멩이처럼 보이게 할 만큼 진귀한 보화입니다. 이런 교제의 값어치를 알아보고 주님을 소망하는 데 마음을 기울이게 해주십시오. 그렇지 않고서는 하나님의 임재를 향하는 영적인 순례 여정을 계속할 힘이 나질 않습니다. 아멘.

# July 27

시편 85편 1-8절  1 여호와여 주께서 주의 땅에 은혜를 베푸사 야곱의 포로 된 자들이 돌아오게 하셨으며 2 주의 백성의 죄악을 사하시고 그들의 모든 죄를 덮으셨나이다(셀라). 3 주의 모든 분노를 거두시며 주의 진노를 돌이키셨나이다. 4 우리 구원의 하나님이여 우리를 돌이키시고 우리에게 향하신 주의 분노를 거두소서. 5 주께서 우리에게 영원히 노하시며 대대에 진노하시겠나이까? 6 주께서 우리를 다시 살리사 주의 백성이 주를 기뻐하도록 하지 아니하시겠나이까? 7 여호와여 주의 인자하심을 우리에게 보이시며 주의 구원을 우리에게 주소서. 8 내가 하나님 여호와께서 하실 말씀을 들으리니 무릇 그의 백성, 그의 성도들에게 화평을 말씀하실 것이라 그들은 다시 어리석은 데로 돌아가지 말지로다.

부흥의 청사진  시편 85편은 교회 공동체가 기울어져 가는 상황에 어떻게 대처해야 하는지 가르쳐 주는 일종의 청사진입니다. 우선, 부흥과 개혁이 일어났던 시기를 연구해야 합니다(1절). 교회사는 확신과 용기를 심어 줍니다. 타락이 얼마나 심각한 지경에 이르렀는지 되비쳐 줄 뿐만 아니라 하나님이 어떻게 역사하실 수 있는지 선명하게 보여 줍니다. 다음으로는 굳어진 마음과 죄가 하나님과 우리 사이의 장벽이 되었음을 깨닫고 회개해야 합니다(4-5절). 아울러 변함없는 사랑을 '보여 주시도록'(7절) 하나님께 기도하며 부르짖어야 합니다. 은혜의 복음을 새로이 '볼' 때, 다시 말해 신학적으로 파악하고 경험적으로 체험할 때마다 어김없이 부흥이 일어났습니다. 마지막으로, 거룩한 말씀에 신실하게 귀를 기울이며 주님의 역사를 기다려야 합니다(7-9절).

*Prayer*  주님, 내 영혼이 바짝 말라붙어 버리고 말았습니다. 성령의 생수를 흘려보내 주세요. 나는 "영원토록 주님을 즐거워하도록" 지음 받았고 그렇게 되어야 마땅합니다.[81] 하지만 지금 나는 그렇게 살지 못하고 있습니다. "주님의 백성이 주님을 기뻐하도록 우리를 되살려 주십시오?" 아멘.

# July 28

화합   사랑과 진리는 한데 어울려 화합을 이룹니다(10절). 어떻게 하나님은 진리로 죄를 벌하시는 동시에 사랑으로 죄인들을 끌어안으실 수 있을까요? 그리스도는 거룩한 보혈로 평화를 이루시고 하늘과 땅의 모든 것들을 화해시키셨습니다(골 1:20). 인류가 받아야 마땅한 징벌을 예수님께서 십자가에서 남김없이 짊어지셨을 때, 사랑과 거룩함이 '입을 맞추었'습니다. 두 가지 대의가 동시에 성취되고 실현되었습니다. 거룩함이 없는 사랑은 감상적인 수준에 머물 따름이고, 은혜를 놓친 의와 법은 바리새주의입니다. 인간의 천성적인 기질만으로는 어느 한쪽에 기울 수밖에 없지만 복음은 진리와 사랑을 놓치지 않고 우리 삶에 구현합니다. 그 둘이 우리 안에서 하나로 통합될수록 같은 복음을 믿는 이들과 더불어 더 깊은 관계를 맺게 됩니다.

*Prayer*   주님의 구원은 모든 것을 하나로 묶으셨습니다. 하지만 한 공동체 안에서 교제하는 이들에게도 마음을 다 주지 못합니다. 남들한테 나를 열어 보이는 일이 겁나고 걱정스럽습니다. 거룩한 사랑으로 내 두려움을 치유해 주십시오. 또 다른 하나님의 자녀들에게 더 가까이 나를 이끄셔서 주님이 내게 베푸시고자 하는 모든 은혜를 누리게 해 주십시오. 아멘.

# July 29

**시편 86편 1-7절** 1 여호와여 나는 가난하고 궁핍하오니 주의 귀를 기울여 내게 응답하소서. 2 나는 경건하오니 내 영혼을 보존하소서. 내 주 하나님이여 주를 의지하는 종을 구원하소서. 3 주여 내게 은혜를 베푸소서. 내가 종일 주께 부르짖나이다. 4 주여 내 영혼이 주를 우러러보오니 주여 내 영혼을 기쁘게 하소서. 5 주는 선하사 사죄하기를 즐거워하시며 주께 부르짖는 자에게 인자함이 후하심이니이다. 6 여호와여 나의 기도에 귀를 기울이시고 내가 간구하는 소리를 들으소서. 7 나의 환난 날에 내가 주께 부르짖으리니 주께서 내게 응답하시리이다.

**다스리시는 하나님** 적들에게 포위당한 채 공격을 받고 있는 상황에서(14절) 다윗이 쓴 노래입니다. 시인은 삶을 주체할 수 없는 지경에 이른 것처럼 보일 때 어떻게 대처해야 하는지에 관해 특별한 처방을 제시합니다. 외롭고 의지할 곳이 없는 느낌에 시달리던 다윗은 하나님의 성품과 역사를 떠올리고 계속 곱씹으며 버텼습니다. 가장 자주 입에 올린 하나님의 호칭은 '주'였습니다. 히브리어로는 '아도나이'(adonai)인데 '주권자'라는 뜻입니다. 형편을 좌우할 힘을 가진 분은 오로지 하나님뿐이라는 사실을 마음에 기억하고 또 새겼습니다. 하나님이 어떤 분이신지에 관한 의식을 놓치자마자 더없이 견디기 어려운 감정과 나쁜 마음가짐, 어리석은 행동에 휩쓸리는 경우가 얼마나 많은지 모릅니다. 스스로 자신의 삶을 되짚어 보시기 바랍니다.

*Prayer* 주님, 내게 힘을 주시고 나를 변화시키며 치유해 주시기를 끊임없이 구합니다. 하지만 그저 주님을 찬양하는 것만큼 힘을 주고 삶을 바꾸는 일은 없습니다. 주님의 지혜와 사랑, 거룩함과 권세에 대한 진리를 마음 한복판, 가장 깊은 자리에 심어 주십시오. 그래서 내 심령이 불타오르며 완전히 새로워지기를 원합니다. 아멘.

# July 30

시편 86편 8-13절　8 주여 신들 중에 주와 같은 자 없사오며 주의 행하심과 같은 일도 없나이다. 9 주여 주께서 지으신 모든 민족이 와서 주의 앞에 경배하며 주의 이름에 영광을 돌리리이다. 10 무릇 주는 위대하사 기이한 일들을 행하시오니 주만이 하나님이시니이다. 11 여호와여 주의 도를 내게 가르치소서 내가 주의 진리에 행하오리니 일심으로 주의 이름을 경외하게 하소서. 12 주 나의 하나님이여 내가 전심으로 주를 찬송하고 영원토록 주의 이름에 영광을 돌리오리니 13 이는 내게 향하신 주의 인자하심이 크사 내 영혼을 깊은 스올에서 건지셨음이니이다.

일심, 나뉘지 않은 마음　다윗은 '일심', 곧 나뉘지 않은 마음을 구합니다 (11절). 갈라진 마음은 여러 형태로 나타날 수 있습니다. 우선, 큰소리로 떠들어 대는 말과 내면의 태도가 서로 들어맞지 않는 진실치 못한 마음이 있습니다(시 12:1). 주께 온전히 드리지 못하고 우물쭈물하는 마음도 있습니다(약 1:6-8). 성령님과 사랑이 많으신 하나님의 능력에 힘입어 새로워졌지만 예전에 제 뜻대로 살던 마음이 그대로 남아 충돌을 일으킬 수도 있습니다(롬 7:15-25).[82] 다윗의 목표는 제힘으로 자아를 회복하는 심리 치료가 아니라 하나님을 '경외하는', 다시 말해 온몸과 마음을 다해 하나님을 기쁘시게 하며 주님께 경외감 가득한 사랑을 쏟는 데 있었습니다. 마음을 새롭게 하는 비결은 자기 성찰이 아니라 예배(12절)입니다.

*Prayer*　주님을 찬양합니다. 내게는 그게 최고의 선(善)이기 때문입니다. 온 힘을 다해 끌어모은 가장 진실한 마음으로 주님께 나를 맡깁니다. "마음의 욕구를 주님의 뜻 앞에 굽힙니다. 완전한 만족을 갈구하기 때문입니다."[83] 아멘.

# July 31

공격하는 이들에게서 배우다  주님을 안중에 두지 않는 교만한 이들이 다윗을 공격하고 있습니다(14절). 그들의 됨됨이를 감안하면, 15-16절 말씀은 놀랍기만 합니다. 하나님께 정의의 칼을 휘둘러 원수들을 무찔러 달라고 부르짖는 대신 다윗은 자신에게 초점을 맞춥니다. 하나님의 자비에 호소하며, 노하기를 더디하시고 오래 참아주신 데 대해 감사를 드립니다. 다윗은 바로잡기를 마다하지 않았습니다. 원적들의 속셈과 상관없이, 스스로 꾸지람을 받을 만하거나 달라져야 할 부분이 없는지 살폈습니다. 누군가로부터 비판을 받았고 그 내용의 대부분이 오류라 해도, 비난 내용 가운데 다만 20퍼센트라도 근거가 있는 듯 보인다면 반드시 확인해 보십시오. 주저 없이 그 지적을 받아들여야 합니다. 서슴없이 회개하는 이들이야말로 가장 힘센 그리스도인들입니다.

*Prayer*  말씀만이 아니라 친구들을 통해서도 주님은 나를 보게 해 주십니다. 공격적이거나 적대감을 보이는 이들을 통해서도 메시지를 보내 주십니다. 그런 이들로부터도 유익을 얻어야 한다는 사실을 잊지 않도록 지켜 주십시오. 아멘.

# August 1

시편 87편 1 그의 터전이 성산에 있음이여, 2 여호와께서 야곱의 모든 거처보다 시온의 문들을 사랑하시는도다. 3 하나님의 성이여 너를 가리켜 영광스럽다 말하는도다(셀라). 4 나는 라합과 바벨론이 나를 아는 자 중에 있다 말하리라. 보라, 블레셋과 두로와 구스여, 이것들도 거기서 났다 하리로다. 5 시온에 대하여 말하기를 이 사람, 저 사람이 거기서 났다고 말하리니 지존자가 친히 시온을 세우리라 하는도다. 6 여호와께서 민족들을 등록하실 때에는 그 수를 세시며 이 사람이 거기서 났다 하시리로다(셀라). 7 노래하는 자와 뛰어 노는 자들이 말하기를 나의 모든 근원이 네게 있다 하리로다.

**숨 막히는 기쁨** 장차 마주하게 될 새로운 세계 도시에 대한 환상이 여기에 펼쳐집니다. 온 언어와 부족, 민족과 국가에서 온 이들이 한 시민이 됩니다. 심지어 예전의 원수들까지도 화해를 합니다(4-6절). 지난날 적대적인 관계였던 우리도 그리스도를 믿고 생명책에 이름을 올렸습니다(빌 4:3). 한없는 기쁨의 근원으로 가득한 미래 도시의 시민이 된 것입니다(6절, 빌 3:20). 보기 흉한 샘이 어디에 있겠습니까? 물이 흘러내리며 들려주는 선율과 솟구쳤다 떨어지는 아름다운 모습은 저마다 특별한 자태로 늘 기쁨을 선사합니다. 하나님의 거룩한 백성으로 선택받은 이들은 주님이 주시는 환희, 샘물처럼 솟았다가 가라앉으며 오르락내리락 춤추는 그 기쁨을 누구보다 잘 알고 있습니다.

*Prayer* 예수님, 오로지 주님만이 만족과 기쁨을 주는 '생명수', 곧 은혜와 영원한 생명을 가지고 계십니다. 다른 곳에서 행복을 구하지 않도록 지켜 주십시오. "이런 물이 흘러가니 목마를 자 누구랴. 주의 은혜 풍족하여 넘치고도 넘친다!"[84] 아멘.

# August 2

시편 88편 1-9절  1 여호와 내 구원의 하나님이여 내가 주야로 주 앞에서 부르짖었사오니 2 나의 기도가 주 앞에 이르게 하시며 나의 부르짖음에 주의 귀를 기울여 주소서. 3 무릇 나의 영혼에는 재난이 가득하며 나의 생명은 스올에 가까웠사오니 4 나는 무덤에 내려가는 자 같이 인정되고 힘없는 용사와 같으며 5 죽은 자 중에 던져진 바 되었으며 죽임을 당하여 무덤에 누운 자 같으니이다. 주께서 그들을 다시 기억하지 아니하시니 그들은 주의 손에서 끊어진 자니이다. 6 주께서 나를 깊은 웅덩이와 어둡고 음침한 곳에 두셨사오며 7 주의 노가 나를 심히 누르시고 주의 모든 파도가 나를 괴롭게 하셨나이다 (셀라). 8 주께서 내가 아는 자를 내게서 멀리 떠나게 하시고 나를 그들에게 가증한 것이 되게 하셨사오니 나는 갇혀서 나갈 수 없게 되었나이다. 9 곤란으로 말미암아 내 눈이 쇠하였나이다. 여호와여 내가 매일 주를 부르며 주를 향하여 나의 두 손을 들었나이다.

더없이 캄캄하고 깊은 구덩이   시편 기자는 짓눌리고 잊힌 기분입니다. 간구는 암울한 가운데 끝납니다. 소망의 실마리라고는 한 가닥도 보이지 않습니다. 하지만 이 시편에는 헤만이라는 시인의 이름이 붙어 있습니다. 수많은 시편을 쓴(그중의 일부는 세계사를 통틀어 가장 위대한 작품으로 꼽힙니다) 고핫 음악가 조합의 지도자입니다. 암울한 경험은 기자를 변모시켜 허다한 이들에게 도움을 주는 예술가로 만들었습니다. 낙담한 시인은 하나님에게 버림받았다고 생각했지만 실상은 달랐습니다. 그리스도인이라면 누구나 예수님이 더없이 참혹한 하나님의 진노를 스스로 떠맡으셨음을 압니다(마 27:45). 마땅히 버림받아야 할 인류를 대신해 예수님이 외면을 받으셨으므로 하나님은 우리를 버리지 않으실 것입니다(히 13:5). 아무런 느낌이 없는 순간에도 하나님은 우리와 함께 그 자리에 계십니다.

*Prayer*   예수님, 이 시편을 보면서 분노와 두려움, 절망을 가져다가 날 것 그대로 주님 앞에 쏟아 놓을 수 있음을 배웠습니다. 주님은 다 듣고 이해해 주십니다. 하지만 그때마다 주님을 생생하게 드러내셔서 마치 아침 안개가 걷히듯 그 거룩한 임재의 빛이 그 모든 감정들을 거둬 가길 간구합니다. 아멘.

# August 3

시편 88편 10-18절   10 주께서 죽은 자에게 기이한 일을 보이시겠나이까 유령들이 일어나 주를 찬송하리이까? (셀라) 11 주의 인자하심을 무덤에서, 주의 성실하심을 멸망 중에서 선포할 수 있으리이까? 12 흑암 중에서 주의 기적과 잊음의 땅에서 주의 공의를 알 수 있으리이까? 13 여호와여 오직 내가 주께 부르짖었사오니 아침에 나의 기도가 주의 앞에 이르리이다. 14 여호와여 어찌하여 나의 영혼을 버리시며 어찌하여 주의 얼굴을 내게서 숨기시나이까? 15 내가 어릴 적부터 고난을 당하여 죽게 되었사오며 주께서 두렵게 하실 때에 당황하였나이다. 16 주의 진노가 내게 넘치고 주의 두려움이 나를 끊었나이다. 17 이런 일이 물 같이 종일 나를 에우며 함께 나를 둘러쌌나이다. 18 주는 내게서 사랑하는 자와 친구를 멀리 떠나게 하시며 내가 아는 자를 흑암에 두셨나이다.

**사탄은 졌다**   시편 88편은 한 점 빛도 없이, 아무런 소망과 신뢰의 표현도 없이 끝나는 몇 안 되는 노래 가운데 하나입니다. 하나님이 이 시편을 수천 년 동안 수없이 암송하고 노래해야 할 성경에 포함시킨 까닭은 무엇일까요? 우선, 경우에 따라서는 영적인 암흑기가 상당히 오랫동안 지속될 수 있음을 가르쳐 주십니다. 아울러, 그런 상황에서 그리스도인이 무얼 해야 하는지도 보여 주십니다. 소망이 끊어졌음을 하나님께 토로해야 한다는 것입니다. 그처럼 어둠 속에서 드리는 기도는 보기보다 훨씬 당당하고 강력한 의미를 지닙니다. 사탄은 아무 바라는 바 없이 하나님을 경외하는 인간은 없을 것이라고 하나님께 장담하지만(욥 1:9), 이 시편은 가진 것 없이 빈손으로 주께 기도하며 예배하는 존재가 여기 있음을 보여 줍니다. 사탄은 패배를 인정할 수밖에 없습니다.

*Prayer*   주님, 인간이 어떤 존재인지 꿰뚫어 아시는 주 하나님을 찬양합니다. 캄캄한 절망의 구덩이에 빠지는 게 무언지 주님은 정확히 아십니다. 주님은 이 땅에서 평범한 인간들처럼 사방팔방으로 시험과 유혹을 받으셨습니다. 그러므로 온갖 어려움과 씨름할 때마다 우리의 필요를 아십니다. 그 멋진 카운슬러에게로 달려갑니다. 아멘.

# August 4

시편 89편 1-8절  1 내가 여호와의 인자하심을 영원히 노래하며 주의 성실하심을 내 입으로 대대에 알게 하리이다. 2 내가 말하기를 인자하심을 영원히 세우시며 주의 성실하심을 하늘에서 견고히 하시리라 하였나이다. 3 주께서 이르시되 나는 내가 택한 자와 언약을 맺으며 내 종 다윗에게 맹세하기를 4 내가 네 자손을 영원히 견고히 하며 네 왕위를 대대에 세우리라 하셨나이다(셀라). 5 여호와여 주의 기이한 일을 하늘이 찬양할 것이요 주의 성실도 거룩한 자들의 모임 가운데에서 찬양하리이다. 6 무릇 구름 위에서 능히 여호와와 비교할 자 누구며 신들 중에서 여호와와 같은 자 누구리이까? 7 하나님은 거룩한 자의 모임 가운데에서 매우 무서워할 이시오며 둘러 있는 모든 자 위에 더욱 두려워할 이시니이다. 8 여호와 만군의 하나님이여, 주와 같이 능력 있는 이가 누구리이까? 여호와여 주의 성실하심이 주를 둘렀나이다.

변론하라  하나님은 시편 89편을 통해 변호사가 변론하듯 서로 논리를 다투자고 부르십니다. 시편 기자는 하나님께 원하는 바를 아뢸 뿐만 아니라 그 소원이 그분의 성품과 인생을 향한 목적에 부합된다고 보는 까닭을 설명합니다. 시인은 언약을 신실하게 지키시는 하나님의 면모와(1-2절) 다윗의 가계를 영원히 세우시겠다는 약속을(2, 4절) 지적하는 걸로 포문을 엽니다. 기도의 표본이라고 할 만한 대목입니다. 그리스도인은 무얼 구하든 신학적인 이유를 제시해야 합니다. 하나님의 성품과 구원, 세상을 두고 정하신 거룩한 목표에 어떻게 들어맞는지 설명해야 한다는 뜻입니다. 이렇게 간구하면 주님이 역사하시는 방식에 대한 이해가 깊어지고 참으로 모든 짐을 주께 맡겼다는 의식을 가질 수 있습니다.

*Prayer*  주님, 나의 기도 생활은 너무 천박하고 피상적입니다. 이제 필요와 관심사들을 주님 앞에 내려놓겠습니다. 거룩한 약속과 말씀에 근거해 소원을 아뢰도록 마음에 감동을 주시고 방법을 알려 주십시오. 그런 기도는 주님을 높이며 나를 깊어지게 하며 기운을 내서 세상을 변화시키도록 이끌어 줍니다. 아멘.

# August 5

강하고 의로우신 하나님   여기 하나님의 두 가지 속성이 있습니다. 주님은
전능하시며(9-13) 한 점 흠 없이 의로우십니다(14-18). 자신의 생각이 옳다고
굳게 믿는 이들에게 고난은 그런 하나님의 실재를 부정하는 증거에 지나지
않습니다. 그분이 선하시다면 당장 고통을 멈추게 하실 테고 전능하시다 해
도 당연히 그러하실 것이라는 논리를 폅니다. 그런데도 세상에 악이 계속되
는 것을 보면 하나님은 의롭지도, 전능하지도 않다고 결론짓습니다. 하지만
적어도 그리스도인은 무한하신 하나님이 고난을 허락하시는 데는 유한한 인
간의 생각으로는 가늠할 수 없는 이유가 있음을 인정할 줄 알아야 합니다. 일
단 그처럼 겸손한 마음가짐을 가지면 하나님의 속성은 깊은 위안을 줍니다.
주님은 전능하시기에 만사를 그분이 다스리기 때문입니다. 완벽하게 의로우
시므로 모든 일이 차츰 어우러져 마침내 선을 이루는(창 50:20) 까닭입니다.

*Prayer*   나의 마음은 더러 주님의 능력을 원망하고 의로우심에 의심을 품습
니다. 하지만 내가 주님보다 더 잘 안다고 생각할 때마다 어김없이 근심에 **빠**
지게 됩니다. "즐겁게 소리칠 줄 아는 백성은 복이 있나니"(15절)라는 말씀은
얼마나 정확한지요! 하나님의 선하심과 완전한 다스리심을 받아들일수록 더
느긋해질 수 있습니다. 아멘.

# August 6

시편 89편 19-26절   19 그 때에 주께서 환상 중에 주의 성도들에게 말씀하여 이르시기를 내가 능력 있는 용사에게는 돕는 힘을 더하며 백성 중에서 택함 받은 자를 높였으되 20 내가 내 종 다윗을 찾아내어 나의 거룩한 기름을 그에게 부었도다. 21 내 손이 그와 함께 하여 견고하게 하고 내 팔이 그를 힘이 있게 하리로다. 22 원수가 그에게서 강탈하지 못하며 악한 자가 그를 곤고하게 못하리로다. 23  내가 그의 앞에서 그 대적들을 박멸하며 그를 미워하는 자들을 치려니와 24 나의 성실함과 인자함이 그와 함께 하리니 내 이름으로 말미암아 그의 뿔이 높아지리로다. 25 내가 또 그의 손을 바다 위에 놓으며 오른손을 강들 위에 놓으리니 26 그가 내게 부르기를 주는 나의 아버지시오, 나의 하나님이시오, 나의 구원의 바위시라 하리로다.

**마음을 지켜보라**   시편 기자는 어떻게 다윗이 왕좌에 올랐는지(삼상 16-17) 이야기합니다. 사울과 다윗의 형 엘리압은 신장과 풍모가 왕다웠지만 하나님은 어린 다윗을 선택하셨습니다. 사무엘 선지자조차도 깜빡 속아 넘어갔지만 하나님은 엄중히 경고하셨습니다. "사람은 외모를 보거니와 나 여호와는 중심을 보느니라"(삼상 16:7). 오로지 주님만이 실체를 꿰뚫어 보십니다. 아름다움과 위대함은 성품에서 갈리기 마련입니다(벧전 3:3-4). 번지르르한 겉모습을 으뜸으로 치는 현대 문화의 흐름에는 어긋나지만, 마음의 됨됨이는 신체적인 준수함보다 이루 말할 수 없을 만큼 더 중요한 자질입니다. 재주나 영리함보다도 중요합니다. 그런 자질은 인생이 벼랑 끝에 몰리지 않도록 막아 주지 못합니다. 갈수록 이기적인 마음이 줄어들고 사랑이 늘어나고 있습니까? 덜 허전하고 더 즐거운가요? 더 슬기로워지고 있습니까? 비판에 덜 예민하게 반응합니까? 이런 됨됨이야말로 정말 중요한 자질들입니다.

*Prayer*   주님, 다윗은 쫓아다닌 게 아니라 부름을 받았습니다. 그는 성공지향적인 제국의 건설자가 아니었습니다. 그저 하나님의 뜻대로 살고 싶어 했고 주님은 그런 다윗을 들어 쓰셨습니다. 오직 다윗보다 더 위대한 후손, 예수님을 믿는 믿음을 통해서 받은 은혜에 기대어 나 역시 다윗처럼 살게 도와주십시오. 아멘.

# August 7

시편 89편 27-37절 27 내가 또 그를 장자로 삼고 세상 왕들에게 지존자가 되게 하며 28 그를 위하여 나의 인자함을 영원히 지키고 그와 맺은 나의 언약을 굳게 세우며 29 또 그의 후손을 영구하게 하여 그의 왕위를 하늘의 날과 같게 하리로다. 30 만일 그의 자손이 내 법을 버리며 내 규례대로 행하지 아니하며 31 내 율례를 깨뜨리며 내 계명을 지키지 아니하면 32 내가 회초리로 그들의 죄를 다스리며 채찍으로 그들의 죄악을 벌하리로다. 33 그러나 나의 인자함을 그에게서 다 거두지는 아니하며 나의 성실함도 폐하지 아니하며 34 내 언약을 깨뜨리지 아니하고 내 입술에서 낸 것은 변하지 아니하리로다. 35 내가 나의 거룩함으로 한 번 맹세하였은즉 다윗에게 거짓말을 하지 아니할 것이라. 36 그의 후손이 장구하고 그의 왕위는 해 같이 내 앞에 항상 있으며 37 또 궁창의 확실한 증인인 달 같이 영원히 견고하게 되리라 하셨도다 (셀라).

다시 살아나리라는 기대  방에 들어가려는데 누가 "이건 감방입니다"라고 한다면, '나쁘지 않은걸?'이라고 생각할지 모릅니다. 하지만 똑같은 방 앞에서 "신혼여행 숙소입니다"라는 소리를 듣는다면, "이렇게 허접한 쓰레기 같은 방이?"라며 펄쩍 뛸 것입니다. 기대는 현실을 해석하는 방식을 좌우합니다. 하나님은 다윗 왕국이 영원토록 이어지며(29절, 삼하 7:4-17) 점점 자라나 세상 모든 나라들을 아우르게 될 것이라고(27절) 말씀하셨습니다. 차츰 알게 되겠지만, 시편 기자는 이를 이스라엘이라는 정치적인 국가가 절대로 망하지 않는다는 뜻으로 받아들였습니다. 우리도 하나님의 약속을 들으며 개인적인 기대를 투영시키는 경우가 얼마나 많은지 모릅니다. 그러고는 번번이 하나님에 대해 실망합니다. 하지만 그건 사실 우리의 잘못입니다.

*Prayer*  거룩한 약속에 개인적인 의미, 곧 축복하시고 보살펴 주시며 지켜 주신다는 식의 의미를 부여하고 그렇게 해 주시지 않으면 주님을 탓했습니다. 스스로 주님의 종이 되는 게 아니라 주님을 나의 머슴으로 삼으려 들었습니다. 그처럼 터무니없는 잘못을 저지르는 나를 용서해 주십시오. 아멘.

# August 8

무너진 기대  시편 기자는 다윗과 맺은 언약을 하나님이 파기하셨다고 불평합니다(39절). 이스라엘은 침략을 받아 정복당하고 백성들은 포로로 끌려가는 지경에 이르렀습니다(40-45절). 다윗에게 영원한 왕국을 주시겠다는 약속을 생각할 때 이게 과연 가당키나 한 재난입니까? 예수님을 메시아로 여기고 환영했던 이들 역시 주님이 권력을 차지하지 못하자 기대가 무너졌습니다. 그리스도가 십자가에서 돌아가시는 것을 목격하고는 우리를 버려 두지 않으시고 구원해 주시겠다는 약속을 어떻게 지키시려는지 도무지 짐작조차 할 수 없었습니다. 하지만 바벨론의 포로 생활과 무시무시한 십자가는 모두 구원의 역사를 진전시키는 사건들이었습니다. 하나님은 늘 언약에 충실하시지만 인간이 쉽게 분별할 수 있는 수준보다 훨씬 복잡한 차원에서 약속을 지켜 가십니다.

*Prayer*  주님은 역사 속에서는 스스로 드러내지 않으시지만 말씀 가운데서는 자신을 감추지 않으십니다. 삶 속에서는 거룩한 역사를 감지하지 못하는 경우가 많지만 요셉이나 욥, 다윗, 그리고 예수님의 삶을 통해 보여 주시는 주님의 구원 계획을 읽으면 하나님이 정말 도우시고 반드시 죄와 죽음에서 건져 주신다는 사실을 또렷이 알 수 있습니다. 말씀을 주셔서 감사합니다. 그 말씀을 깊이 믿고 의지하게 나를 이끌어 주십시오. 아멘.

# August 9

시편 89편 46-52절 46 여호와여, 언제까지니이까? 스스로 영원히 숨기시리이까? 주의 노가 언제까지 불붙듯 하시겠나이까? 47 나의 때가 얼마나 짧은지 기억하소서. 주께서 모든 사람을 어찌 그리 허무하게 창조하셨는지요. 48 누가 살아서 죽음을 보지 아니하고 자기의 영혼을 스올의 권세에서 건지리이까(셀라)? 49 주여 주의 성실하심으로 다윗에게 맹세하신 그 전의 인자하심이 어디 있나이까? 50 주는 주의 종들이 받은 비방을 기억하소서. 많은 민족의 비방이 내 품에 있사오니 51 여호와여 이 비방은 주의 원수들이 주의 기름 부음 받은 자의 행동을 비방한 것이로소이다. 52 여호와를 영원히 찬송할지어다. 아멘, 아멘.

**충족된 기대**  시편 기자는 하나님의 명확한 제안과 좀처럼 현실화되지 않는 이행 사이에서 갈등합니다. 시인은 한 줌 망설임 없이 실망을 토로하지만 쓰라린 절망감보다는 당혹감이 더 큰 비중을 차지합니다. 오늘을 사는 그리스도인은 누구나 아는 사실이지만, 겉으로 드러난 모습과 달리, 하나님은 기대를 조금도 저버리지 않고 약속을 다 지키셨습니다. 다윗의 후손으로 이 세상에 오신 예수님은 말 그대로 하나님의 첫 아들이며, 모든 민족들을 아버지께로 이끌고 계시며, 언젠가는 실제로 영원히 통치하실 것입니다(26-29절). 그러므로 이 시편은 일종의 모형입니다. 실망감을 주께 아뢸 때 그 아픔을 하나님께 맡기십시오. 이뤄지지 않는 게 아니라 그저 그걸 보지 못하고 있음을 잊지 마십시오. 하나님이 주시는 응답을 보고 나면, 구했던 것과는 비교조차 할 수 없을 만큼 근사한 결과에 입을 다물지 못할 것입니다.

*Prayer*  하나님의 약속은 늘 내가 생각하는 수준을 뛰어넘어 훨씬 더 많은 것을 가져다주시니, 주님을 찬양합니다. 지금까지는 조금씩 맛만 보면서 살아왔습니다. 나를 도우셔서 처음 신앙을 가졌을 때 상상했던 것보다 더 깊고 슬기롭고 멋진 길로 이끄셨습니다. 이제 주님과 더불어 맞게 될 가늠키 어려울 만큼 근사한 미래를 기쁘게 기대하며 살겠습니다. 아멘.

# August 10

시편 90편 1-4절  1 주여, 주는 대대에 우리의 거처가 되셨나이다. 2 산이 생기기 전, 땅과 세계도 주께서 조성하시기 전 곧 영원부터 영원까지 주는 하나님이시니이다. 3 주께서 사람을 티끌로 돌아가게 하시고 말씀하시기를 너희 인생들은 돌아가라 하셨사오니 4 주의 목전에는 천 년이 지나간 어제 같으며 밤의 한 순간 같을 뿐임이니이다.

**짧고 짧은 인생**  4절은 시편 전체를 통틀어 가장 자주 인용되는 구절 가운데 하나입니다. 하나님의 타이밍을 헤아리지 못해 낙담할 때 위안을 주기 때문입니다. 우리 입장에서 보자면 시간은 더디기만 합니다. 굼벵이 기어가듯 한 시점에서 다음 시점으로 천천히 움직입니다. 하지만 영원 속에 거하는 하나님은 인간사 전체를 한 순간으로 보시므로 그분의 시간표는 인간의 일정과 잘 맞아떨어지지 않습니다. 이 시편을 쓴 모세는 하나님처럼 종합적이고 최종적으로 상황을 파악할 수 있는 인생의 끝자락에서 짧고 짧은 삶을 굽어보고 있는 듯합니다. 하찮은 일들에 세월을 허비하지 않도록 다잡아 주는 본문에 기대어 시간 앞에서 지혜로워지십시오. 서두르십시오. 금방 늦었다 싶은 날이 닥칠 것입니다.

*Prayer*  주님, 삶은 너무도 빨리 흘러갑니다. 하나님의 영원하심을 기억하지 못하면 더럭 겁이 납니다. 주님이 거처가 되어 주시지 않으면 인생은 잡초 덩이마냥 뿌리가 없으며 삶 전체가 바람에 흩날릴 수밖에 없습니다. 주님 안에서 우리는 집을 찾습니다. 하나님 안에서 소유한 보물은 결코 사라지지 않으며 영원히 지속됩니다. 이처럼 한결같은 위로를 주시는 아버지를 찬양합니다. 아멘.

# August 11

시편 90편 5-12절  5 주께서 그들을 홍수처럼 쓸어가시나이다. 그들은 잠깐 자는 것 같
으며 아침에 돋는 풀 같으니이다. 6 풀은 아침에 꽃이 피어 자라다가 저녁에는 시들어 마
르나이다. 7 우리는 주의 노에 소멸되며 주의 분내심에 놀라나이다. 8 주께서 우리의 죄
악을 주의 앞에 놓으시며 우리의 은밀한 죄를 주의 얼굴 빛 가운데에 두셨사오니 9 우리
의 모든 날이 주의 분노 중에 지나가며 우리의 평생이 순식간에 다하였나이다. 10 우리의
연수가 칠십이요 강건하면 팔십이라도 그 연수의 자랑은 수고와 슬픔뿐이요 신속히 가니
우리가 날아가나이다. 11 누가 주의 노여움의 능력을 알며 누가 주의 진노의 두려움을 알
리이까? 12 우리에게 우리 날 계수함을 가르치사 지혜로운 마음을 얻게 하소서.


우리가 날아가나이다  문득문득, 인생은 소멸의 과정일 뿐임을 아프게 떠올
릴 때가 있습니다. 갈수록 낡고 닳다가 마침내 먼지로 돌아갑니다(3절, 창 2:7절
과 비교). 7-11절은 죽음이란 사물의 자연적인 질서가 아니라 하나님께 등을
돌린 결과로 온 피조 세계에 내린 저주임을 깨우쳐 줍니다(창 3:1-19). 이처럼
확고한 교리에 근거해 죄를 바라보지 않으면 결코 지혜로워질 수 없습니다
(12절). 인간(또는 우리)이 어디까지 갈 수 있는지, 삶이 어떻게 아끼고 사랑하는
것들을 순식간에 휩쓸어 가는지 바라보며 연신 충격을 받습니다. 제 능력을
과신하고 결국은 잃어버릴 무언가에서 만족을 구합니다. 죄와 죽음을 직시하
십시오. 그렇지 않으면 현실과 동떨어진 삶을 살 수밖에 없습니다.

*Prayer*  주님, 죽음을 맞는 데 필요한 심령의 훈련을 게을리했습니다. "내일
이라도 세상을 떠날 준비가 되어 있는가?"라는 엄청난 질문을 스스로에게 던
질 힘을 주십시오. '생생하고도 선명한 현실'[85]임을 실감하게 하셔서 그 질문
에 슬기롭게 답하며 꼭 필요한 일들을 해 나가도록 도와주십시오. 아멘.

# August 12

시편 90편 13-17절 13 여호와여, 돌아오소서. 언제까지니이까? 주의 종들을 불쌍히 여기소서. 14 아침에 주의 인자하심이 우리를 만족하게 하사 우리를 일생 동안 즐겁고 기쁘게 하소서. 15 우리를 괴롭게 하신 날수대로와 우리가 화를 당한 연수대로 우리를 기쁘게 하소서. 16 주께서 행하신 일을 주의 종들에게 나타내시며 주의 영광을 그들의 자손에게 나타내소서. 17 주 우리 하나님의 은총을 우리에게 내리게 하사 우리의 손이 행한 일을 우리에게 견고하게 하소서. 우리의 손이 행한 일을 견고하게 하소서.

**평생토록 변함없는 사랑**   아무도 진심으로 사랑하는 이들을 잃어버리고 싶어 하지 않습니다. 그러나 인간은 유한한 존재들이라서 그 목표를 이룰 수 없습니다. 하지만 평생토록 변함없는, 끝이 없는 하나님의 사랑과 이어지면 그 사랑이 유한성을 이겨 내고 종말을 맞지 않게 해 줍니다. 본문은 모세의 통찰이지만 그리스도인들이라면 누구나, 예수님을 믿는 이들에게는 '죽어도 사는'(요 11:25) 부활과 생명이 기다리고 있음을 이미 알 것입니다. 그러므로 무엇에도 휘둘리지 않도록 마음을 지키십시오. 아침마다 주님의 사랑에서 만족을 얻으십시오(14절). 무엇에도 헷갈리지 말고 세상 천지가 다 변해도 오로지 한결같은 하나님의 영광을 바라보십시오(16절). 무엇에도 흔들리지 마시기 바랍니다. 하나님이 우리의 손으로 하는 일을 견실하게 해 주실 것이기 때문입니다(17절).

*Prayer*   한 번 거룩한 사랑에 붙들리면 죽음은 그저 나를 주께 더 가까이 데려갈 따름입니다. "무덤에 잠자는 죄인들아, 내 음성을 듣고 일어나라! 내가 세상을 구원하기 시작했으니 내 역사는 결코 그치지 않을 것이다."[86] 이 노랫말처럼 나를 사랑해 주시는 주님을 사랑합니다. 아멘.

# August 13

**시편 91편 1-4절**  1 지존자의 은밀한 곳에 거주하며 전능자의 그늘 아래에 사는 자여, 2 나는 여호와를 향하여 말하기를 그는 나의 피난처요 나의 요새요 내가 의뢰하는 하나님 이라 하리니 3 이는 그가 너를 새 사냥꾼의 올무에서와 심한 전염병에서 건지실 것임이로 다. 4 그가 너를 그의 깃으로 덮으시리니 네가 그의 날개 아래에 피하리로다. 그의 진실함 은 방패와 손 방패가 되시나니.

하나님이 자녀를 지키시는 두 가지 방법  본문은 방패와 성벽으로 물샐틈없이 둘러싼 요새, 그리고 날개 아래 새끼들을 모아 품는 어미 새라는 두 가지 대조적인 비유를 사용해 하나님의 보호하심을 설명합니다. 요새는 난공불락의 성벽에 둘러싸여 있습니다. 창이나 화살 따위는 흠집조차 내지 못합니다. 하지만 어미 새는 상하기 쉬운 속성을 가진 날개로 새끼를 감쌉니다. 뜨거운 햇살이나 차가운 비바람을 고스란히 맞아 가며 자식들을 지켜 내는 것입니다. 구약성경은 이처럼 굳센 힘과 희생적이고 사랑이 넘치는 희생이 하나님 안에서 어떻게 통합되는지 설명하지 않습니다. 공의의 압도적인 힘과 따뜻하고 희생적인 하나님의 사랑이 둘 다 완벽하게 구현되면서도 조화를 이루어 환하게 빛나는 자리는 오직 십자가뿐입니다.

*Prayer*  예수 그리스도를 통해 위엄과 연약함을 단번에 보여 주신 주님을 찬양합니다. "놀라워라, 은혜와 공의가 하나가 되어 자비의 곳간을 가리키네. 의지가 되신 우리에게 주님의 은혜로 공의가 미소 지으며 아무것도 요구하지 않네. 보혈로 우리를 씻으신 분이 하나님께로 가는 길을 닦으셨네!"[87] 아멘.

# August 14

시편 91편 5-13절 5 너는 밤에 찾아오는 공포와 낮에 날아드는 화살과 6 어두울 때 퍼지는 전염병과 밝을 때 닥쳐오는 재앙을 두려워하지 아니하리로다. 7 천 명이 네 왼쪽에서, 만 명이 네 오른쪽에서 엎드러지나 이 재앙이 네게 가까이 하지 못하리로다. 8 오직 너는 똑똑히 보리니, 악인들의 보응을 네가 보리로다. 9 네가 말하기를 여호와는 나의 피난처시라 하고 지존자를 너의 거처로 삼았으므로 10 화가 네게 미치지 못하며 재앙이 네 장막에 가까이 오지 못하리니 11 그가 너를 위하여 그의 천사들을 명령하사 네 모든 길에서 너를 지키게 하심이라. 12 그들이 그들의 손으로 너를 붙들어 발이 돌에 부딪히지 아니하게 하리로다. 13 네가 사자와 독사를 밟으며 젊은 사자와 뱀을 발로 누르리로다.

**화가 네게 미치지 못하며** 오늘 본문은 그리스도인들에게는 나쁜 일이 전혀 일어나지 않으리라고 약속하는 것처럼 보입니다. 사탄도 광야에서 예수님을 시험하면서 그런 의미로 11절을 인용했습니다(눅 4:9-12). 하나님이 우리를 역경 속에 놔두실 때 사탄은 우리로 하여금 하나님이 약속을 지키지 않으신다고 생각하게 만들고 싶어 합니다. 하지만 시편 91편은 하나님이 어려움'으로부터'가 아니라 어려움 '속에서' 구원해 주신다고 분명히 밝히고 있습니다(15절을 보십시오). 신실한 이들은 고난을 겪는다 해도 어차피 언젠가 다 사라질 것들을 잃을 뿐입니다. 참다운 실체, 하나님이 빚으시는 그 실질은(빌 1:6, 고후 3:18, 4:16-17) 아무런 해도 입지 않습니다.

*Prayer* 주님, 세상에 속한 것들을 은혜와 사랑, 거룩함보다 더 소중히 여기는 바람에 하찮은 일들과 사소한 어려움에도 금세 주저앉고 맙니다. 그것들이 겉모습과 사회적인 지위, 남들의 인정에 토대를 둔 나의 거짓 자아를 망가뜨립니다. 하지만 하나님의 자녀라는 참다운 신분에는 아무런 해도 끼치지 못합니다. 도리어 그 지위를 더 굳세게 할 따름입니다. 어려움 속에서도 주님을 더욱 닮아 가는 방법을 가르쳐 주십시오. 아멘.

# August 15

달콤한 사탕이 빼곡히 들어찬 상자  간추려 말하자면, 하나님은 사랑하는 이
들에게(14절) 일곱 가지를 약속하십니다. 처음 네 가지는 아주 실제적입니다.
건지고, 보호하고, 기도에 응답하며, 어려움을 겪을 때 함께하십니다(14-15절).
하지만 나머지 셋은 눈에 보이지 않는 지평선 너머로 데려갑니다. 우선 '영예'
또는 영광(15절)을 주십니다. 어떻게든 이뤄 내고 사람들에게서 인정받고 싶
어 안달하는 자존감과 가치를 주님이 덧입혀 주십니다. "잘하였도다!"라는 그
분의 칭찬은 은혜로 베풀어 주시는 감히 상상조차 할 수 없을 만큼 커다란 상
급입니다. 그 다음으로 주님은 몸과 영혼 양면에 걸쳐 영원한 생명과 구원을
주십니다. 또한 더 이상 기다릴 필요 없이 우리는 전모와 실체를 온전히 알
게 될 것입니다(롬 8:11, 23-25). 이것이 진정 "달콤한 사탕이 빼곡히 들어찬 상
자"[88]가 아니겠습니까!

*Prayer*  아버지, 내 속에 남들의 환호와 인정, 칭찬을 바라는 마음이 얼마나
간절한지 모릅니다. 하지만 그게 결국은 나를 옭아맵니다. 거부나 무시를 당
했다는 생각으로 잠을 이루지 못합니다. 비판을 받으면 죽을 것처럼 괴롭습
니다. 주님의 자녀요 상속자가 되었으며 그리스도 안에서 하나님이 나를 기
뻐하신다는 사실을 기억하고 늘 즐겁고 평온한 마음으로 살게 도와주십시오.
아멘.

# August 16

시편 92편 1-4절   1-3 지존자여, 십현금과 비파와 수금으로 여호와께 감사하며 주의 이름을 찬양하고 아침마다 주의 인자하심을 알리며 밤마다 주의 성실하심을 베풂이 좋으니이다. 4 여호와여, 주께서 행하신 일로 나를 기쁘게 하셨으니 주의 손이 행하신 일로 말미암아 내가 높이 외치리이다.

**안식일에 부르는 노래**   시편 92편의 제목은 '안식일의 찬송 시'입니다. 현대인들에게 '쉼'이란 주로 아무 일도 하지 않고 쉰다는 뜻으로 통용되지만 성경의 안식일은 예배를 통해 힘과 삶의 즐거움을 새로이 하는 데 초점이 있습니다. 찬양은 '기쁜' 일입니다(1절). 하나님보다 더 사랑하고 섬기는 대상은 무엇이든 힘을 앗아 가는 우상이 됩니다. 출세나 돈, 관계 같은 우상들은 결코 만족을 주지 못합니다. 그러므로 완전한 사랑을 베푸시는 참 하나님께 드리는 경배는 삶을 회복시키고 활력을 불어넣어 줍니다. 4절은 "주의 손이 행하신 일"에서 기쁨을 찾아야 한다고 말합니다. 오늘을 사는 그리스도인들은 이전 세대들에 비해 하나님이 행하신 구원 사역에 관해 훨씬 더 많이 알고 있습니다. 따라서 고귀한 십자가의 사랑을 입은 우리는 노래할 이유가 그 누구보다 많은 셈입니다.

*Prayer*   참다운 예배에서 오는 쉼과 회복을 깨달아 알게 해 주십시오. 근심과 자의식, 원망의 구덩이에서 벗어나 쉴 곳은 오직 거기뿐입니다. 주님의 영을 보내셔서 "주께서 행하신 일로" 기뻐하게 하시고 "주의 손이 행하신 일로 말미암아" 노래하게 하여 주십시오. 아멘.

**시편 92편 5-9절** 5 여호와여, 주께서 행하신 일이 어찌 그리 크신지요. 주의 생각이 매우 깊으시니이다. 6 어리석은 자도 알지 못하며 무지한 자도 이를 깨닫지 못하나이다. 7 악인들은 풀 같이 자라고 악을 행하는 자들은 다 흥왕할지라도 영원히 멸망하리니 8 여호와여, 주는 영원토록 지존하시니이다. 9 여호와여, 주의 원수들은 패망하리이다. 정녕 주의 원수들은 패망하리니 죄악을 행하는 자들은 다 흩어지리이다.

우리 눈을 열어 주소서 하나님께 드리는 예배는 기쁨을 가져다줄 뿐만 아니라 마음을 열어 사고하게 합니다. 우리는 모두 영적인 눈이 멀어서 신령한 실재를 헤아리지 못합니다. 육신적으로 시력을 잃은 이들이 주위 환경을 가늠하지 못하는 것이나 마찬가지입니다. 자연을 바라보면서도 지은이를 분별하지 못합니다. 역사를 보지만 하나님의 손길을 감지하지 못해서 주님이 주신 선물들을 죄다 자신의 공으로 여깁니다. 복음을 읽어도 어리석은 이야기로 치부합니다. 그리스도인들조차도 시신경이 둔해져서 그 안에 담긴 진리를 선명하게 보지 못합니다. 사람이 걸어가는 걸 보면서도 "나무 같은 것들이 걸어간다"(막 8:24)고 말합니다. 그러므로 예수님의 치유하시는 손길에 기대어 우리의 눈이 더욱 밝아지길 기도해야 합니다.

*Prayer* 주님, 내 삶에 역사하시는 성령님의 역사로 전에 보지 못했던 것들을 이제 마음으로 보게 되었습니다. 예전에는 따분하기만 하던 성경 말씀에서 경이롭고 감동적이며 매력적인 보물들을 끊임없이 찾아냅니다. 치유하시는 주님, 내 눈을 계속 어루만져 주셔서 모든 진리를 또렷이 보게 해 주십시오. 아멘.

# August 18

시편 92편 10-15절  10 그러나 주께서 내 뿔을 들소의 뿔 같이 높이셨으며 내게 신선한 기름을 부으셨나이다. 11 내 원수들이 보응 받는 것을 내 눈으로 보며 일어나 나를 치는 행악자들이 보응 받는 것을 내 귀로 들었도다. 12 의인은 종려나무 같이 번성하며 레바논의 백향목 같이 성장하리로다. 13 이는 여호와의 집에 심겼음이여, 우리 하나님의 뜰 안에서 번성하리로다. 14 그는 늙어도 여전히 결실하며 진액이 풍족하고 빛이 청청하니 15 여호와의 정직하심과 나의 바위 되심과 그에게는 불의가 없음이 선포되리로다.

**늙어도 여전히 청청하니**   10절은 힘의 상징인 '뿔'과 소생을 가리키는 '기름 부음'을 언급합니다. 스스로의 영광을 좇느라 지치고 탈진한 심령은 오로지 예배를 통해서만 회복될 수 있습니다. 오랫동안 하나님과의 관계를 유지하고 있다면(13절), 나이가 들수록 더 깊어지는 종류의 특별한 '청청함'이 나타나야 합니다. 영원한 영적 십대의 순정과는 질이 다릅니다. 오랜 시간 기도하며 하나님을 신뢰해 온 연륜과, 인생의 달고 쓴 맛을 다 보았던 풍부한 기억들이 가득 들어찬 보물 상자에서 나오는 지혜가 짝을 이뤄 차곡차곡 쌓이면서 나타나는 영적인 활력을 의미합니다. "그러므로 우리가 낙심하지 아니하노니 우리의 겉사람은 낡아지나 우리의 속사람은 날로 새로워지도다"(고후 4:16).

*Prayer*   주님, 나이가 들어갈수록 젊었을 때와는 차원이 다른 풍요로운 믿음과 생생한 예배를 허락해 주십시오. 육신은 나날이 약해져도 영적으로는 하루하루 힘이 붙기를 간구합니다. 아멘.

# August 19

시편 93편  1 여호와께서 다스리시니 스스로 권위를 입으셨도다. 여호와께서 능력의 옷을 입으시며 띠를 띠셨으므로 세계도 견고히 서서 흔들리지 아니하는도다. 2 주의 보좌는 예로부터 견고히 섰으며 주는 영원부터 계셨나이다. 3 여호와여, 큰물이 소리를 높였고 큰물이 그 소리를 높였으니 큰물이 그 물결을 높이나이다. 4 높이 계신 여호와의 능력은 많은 물소리와 바다의 큰 파도보다 크니이다. 5 여호와여, 주의 증거들이 매우 확실하고 거룩함이 주의 집에 합당하니 여호와는 영원무궁하시리이다.

**바다보다 크나이다**  옛 사람들은 바다를 혼돈의 근원이자 괴물의 소굴로 여기고 두려워했습니다. 하지만 하나님의 통치는 압도적이어서 그런 세력들을 누르고도 남습니다(3-4절). 주님의 말씀('주의 증거들', 5절)에 순종하며 그분의 임재 가운데 거룩하게 살아야 할 이유가 여기에 있습니다. 하지만 하나님의 거룩하심은 사나운 폭풍에 뛰노는 바다보다 더 두렵고 무섭습니다. 어떻게 죄에 물든 인간이 거룩하신 그분 앞에 설 수 있을까요? 예수님이 풍랑을 잠재우신 일은(막 4:35-41) 십자가에서 죄와 죽음이 불러오는 끝없는 혼돈을 눌러 이기실 것을 보여 주는 예표입니다. 창조와 구원, 그 모두에서 보여 주신 하나님의 권능 덕분에 우리는 세상에서 안연할 수 있습니다. 바닷가에 설 때마다 창조주 하나님과 구세주께 찬양을 드릴 마음이 솟구치는 게 당연하지 않겠습니까?

*Prayer*  주님, 환한 빛기둥을 볼 때면, 자연스레 그 줄기를 거슬러 근원으로 눈을 돌리게 됩니다. 그렇다면, 산과 바다를 비롯해 주님이 지으신 자연계의 구석구석과 마주할 때도 그러해야 마땅하지 않을까요? 모든 선한 것들을 통해 주님을 더 잘 알고 기뻐할 줄 아는 마음의 습관을 가지게 해 주십시오. 아멘.

# August 20

시편 94편 1-10절 1 여호와여, 복수하시는 하나님이여, 복수하시는 하나님이여, 빛을
비추어 주소서. 2 세계를 심판하시는 주여, 일어나사 교만한 자들에게 마땅한 벌을 주소
서. 3 여호와여, 악인이 언제까지, 악인이 언제까지 개가를 부르리이까? 4 그들이 마구 지
껄이며 오만하게 떠들며 죄악을 행하는 자들이 다 자만하나이다. 5 여호와여, 그들이 주
의 백성을 짓밟으며 주의 소유를 곤고하게 하며 6 과부와 나그네를 죽이며 고아들을 살해
하며 7 말하기를 여호와가 보지 못하며 야곱의 하나님이 알아차리지 못하리라 하나이다.
8 백성 중의 어리석은 자들아, 너희는 생각하라. 무지한 자들아, 너희가 언제나 지혜로울
까? 9 귀를 지으신 이가 듣지 아니하시랴? 눈을 만드신 이가 보지 아니하시랴? 10 뭇 백성
을 징벌하시는 이 곧 지식으로 사람을 교훈하시는 이가 징벌하지 아니하시랴?

**짓밟고 억압하는 자들**  요즘 세상에는 탐욕스럽고 인정머리 없는 부유층
을 향한 분노가 적잖은 듯합니다. 하나님은 시대를 초월해, 억압받는 이들
의 아픔을 대신 갚아 주시며 돈의 힘을 휘둘러 남들을 희생시켜 가며 제 삶을
기름지게 하는 이들을 심판하는 분이십니다. 아브라함과 욥의 경우에서 보
듯, 부자라는 사실 자체가 악은 아니지만 넉넉할수록 제 배만 불리려는 유혹
에 빠지기 쉬운 게 사실입니다(딤전 6:9-10). 조지 허버트의 신랄한 시, 〈탐욕〉
(Avarice)은 돈을 지나치게 사랑할 때 어떻게 재물에 주도권을 빼앗기고 인간성
을 잃어버리는지 설명합니다. 시인은 돈에게 말합니다. "사람들은 그대에게
그분의 부요함을 구하지, 그대를 넉넉하게 만드신 그분이 주시는. 그분은 그
대에게서 풍요로움을 캐내어 시궁창에 던져 버리시네."[89] 짓밟고 억압하는 이
들에 대한 하나님의 심판은 여러 형태로 나타납니다.

*Prayer*  연약하고 궁핍한 처지에 몰린 이들의 아픔을 대신 갚아 주시는 주님
을 찬양합니다. 하지만 이 진리는 양날을 가진 칼입니다. 참담하리만치 불공
평한 세상의 현실을 볼 때는 위안을 주는 반면, 안락한 삶에 안주하고 형편이
어려운 이들을 냉담하게 외면하는 나의 모습을 지적하기 때문입니다. 삶이
바뀔 때까지 나의 마음을 가다듬어 주십시오. 아멘.

# August 21

시편 94편 11-15절   11 여호와께서는 사람의 생각이 허무함을 아시느니라. 12 여호와여, 주로부터 징벌을 받으며 주의 법으로 교훈하심을 받는 자가 복이 있나니 13 이런 사람에게는 환난의 날을 피하게 하사 악인을 위하여 구덩이를 팔 때까지 평안을 주시리이다. 14 여호와께서는 자기 백성을 버리지 아니하시며 자기의 소유를 외면하지 아니하시리로다. 15 심판이 의로 돌아가리니 마음이 정직한 자가 다 따르리로다.

주의 법으로 교훈하심을 받는 자가 복이 있나니   월요일에 품었던 내 은밀한 생각들이 화요일이면 모조리 인터넷에 공개된다면 주위에 친구가 남아 있지 않을 것입니다. 우리는 방탕하고 잔인하며 시샘 가득하고 욕정이 넘치는 우리 생각들을 숨길 수 있다고 생각하지만 하나님은 낱낱이 다 보고 계십니다(11절). 그러기에 슬기로운 이들일수록 훈련, 다시 말해서 하나님의 법과 말씀으로 몰아가는 어려움을(12절) 즐거이 받아들입니다. 훈련을 통해 '평안'(13절)을 얻습니다. "바깥의 온갖 어려움들과 상관없이 내면에서 고요함"[90]을 누린다는 뜻입니다. 하나님은 시험하고 다듬으시지만 우리의 죄에도 불구하고 결코 내버리시지 않습니다(14절). 어째서 그럴까요? 악에 대한 심판과 거기에 따른 징벌을 예수님께 모두 덮어씌우셨기 때문입니다. 그러므로 "주님이 소유하신 백성을 버리지 않으실 것"(14절, 새번역)입니다.

*Prayer*   주님이 나의 모든 생각을 알고 계심을 기억합니다. 하루 종일 주님과 얼굴을 마주하는 마음가짐으로 생각하며 살겠습니다. 날마다 주님의 임재를 연습하게 해 주십시오. 그래야 마음을 어둡게 할 뿐인 내면의 소리를 따라가는 어리석은 실수를 막을 수 있습니다. 오, 주님! 나의 마음에 헛된 생각들을 바꿔 주십시오. 아멘.

# August 22

시편 94편 16-23절 **16** 누가 나를 위하여 일어나서 행악자들을 치며 누가 나를 위하여 일어나서 악행하는 자들을 칠까? **17** 여호와께서 내게 도움이 되지 아니하셨더면 내 영혼이 벌써 침묵 속에 잠겼으리로다. **18** 여호와여, 나의 발이 미끄러진다고 말할 때에 주의 인자하심이 나를 붙드셨사오며 **19** 내 속에 근심이 많을 때에 주의 위안이 내 영혼을 즐겁게 하시나이다. **20** 율례를 빙자하고 재난을 꾸미는 악한 재판장이 어찌 주와 어울리리이까? **21** 그들이 모여 의인의 영혼을 치려하며 무죄한 자를 정죄하여 피를 흘리려 하나 **22** 여호와는 나의 요새이시요 나의 하나님은 내가 피할 반석이시라. **23** 그들의 죄악을 그들에게로 되돌리시며 그들의 악으로 말미암아 그들을 끊으시리니 여호와 우리 하나님이 그들을 끊으시리로다.

**위안** 시편 기자는 많은 근심에 시달렸으며 하나님이 베푸시는 위안들에만 기대어 거기서 헤어 나왔노라고 고백합니다(19절). 그건 도대체 어떤 위안일까요? 으뜸을 꼽자면 무엇보다 하나님이 역사(여러분의, 나의, 세계의)를 그릇되게 이끌어 가지 않으신다는 사실입니다. 이는 이 노래의 주제이기도 합니다. 주님은 세상의 모든 잘못을 바로잡으실 것입니다. 삶에 어려운 일들이 벌어지는 것은 그분이 허용하실 때뿐입니다. 그러나 이러한 위안들의 바닥에는 더 깊은 위안이 깔려 있습니다. 예수님이 우리의 대리자가 되신다는 점입니다. 시편 기자는 자신을 위해 대신 싸워 줄 다윗과 같은 인물을 갈구했습니다. 다윗이 대신 골리앗과 싸워 준 덕분에 이스라엘 백성들은 직접 맞싸울 필요가 없었기 때문입니다. 예수님은 우리의 대리자이고 옹호자이십니다. 주님이 우리 대신 형벌을 져 주신 덕분에 우리가 직접 벌을 받지 않게 되었습니다.

*Prayer* 아버지, 주님의 종 다윗은 백성들을 위해 목숨을 걸고 거인과 싸웠습니다. 하지만 하나님의 아들은 나를 위해 목숨을 버려 가며 죄와 죽음에 맞서 싸우셨습니다. 나를 위해 주님이 보여 주신 용기를 바라보며 깊이 묵상합니다. 주님처럼 자신을 돌보지 않는 용기가 내 안에 자리 잡게 도와주십시오. 아멘.

# August 23

시편 95편 1-4절  1 오라, 우리가 여호와께 노래하며 우리의 구원의 반석을 향하여 즐거이 외치자. 2 우리가 감사함으로 그 앞에 나아가며 시를 지어 즐거이 그를 노래하자. 3 여호와는 크신 하나님이시요 모든 신들보다 크신 왕이시기 때문이로다. 4 땅의 깊은 곳이 그의 손 안에 있으며 산들의 높은 곳도 그의 것이로다.

일어나라  시편 95편과 96편은 함께 모여 드리는 공중 예배의 의식 같은 느낌입니다. 첫머리는 찬양입니다. 일어나 창조주 하나님을 기쁘게 노래합시다 (1-5절). 세상을 만드시고 움직이시는 하나님을 찬양합시다. 예배가 늘 엄숙하고 점잖아야 하는 것은 아닙니다. 외치고 찬송하고 발을 구르고 온 마음을 다해 노래할 수도 있습니다. 이루 헤아릴 수 없이 크고 뛰어나신 하나님, 온 우주를 다스리는 주님의 사랑이 유난히 생생하게 다가오면 기쁨을 주체하지 못하는 것이 당연합니다.

*Prayer*  주님은 영원한 동시에 지금도 늘 여기에 계시며, 완전한 지식과 지혜와 한없는 권세를 가지셨습니다. 또한 한 점 흠 없이 순전하시고, 완벽하게 바르고 정의로우시며, 아름다움과 영광에 끝이 없으십니다. 이런 하나님의 진면목을 다 찬양하기에는 나의 찬양이 너무 모자라 부끄럽습니다. 나의 구세주이신 예수님을 보시고 부족한 나의 찬양을 받아 주십시오. 아멘.

# August 24

시편 95편 5-7절   5 바다도 그의 것이라. 그가 만드셨고 육지도 그의 손이 지으셨도다. 6 오라, 우리가 굽혀 경배하며 우리를 지으신 여호와 앞에 무릎을 꿇자. 7 그는 우리의 하나님이시요 우리는 그가 기르시는 백성이며 그의 손이 돌보시는 양이기 때문이라.

무릎을 꿇자   예배의 다음 요소는 죄와 필요를 고백하는 일입니다. 겸손하게 대속하신 하나님 앞에 머리를 조아립시다(6-7절). 첫 다섯 절은 감정이 고조돼서 자리에서 벌떡 일어서거나 춤을 추는 분위기였다면, 6절에 등장하는 세 동사는 하나하나가 하나님 앞에 낮아지기를 요구합니다. 여기서 '경배'에 해당하는 히브리어는 본래 스스로 바닥에 엎드린다는 뜻이기 때문입니다. 하나님 앞에서 우리의 죄와 무기력함을 인정하고, 경건하게 머리를 조아리며, 겸손하게 무릎을 꿇어야 합니다. 찬양은 영광의 하나님께 주목하는 데서 비롯되는 반면, 복종은 우리의 죄를 대속하시고 그 품 안에 잠들게 하시는 언약의 하나님, 곧 은혜의 주님을 바라보는 데서 나옵니다(7절).

*Prayer*   주님, 나는 통찰하는 눈이 어둡고, 뜻이 고집스러우며, 생각이 아둔하며, 이 세상 것들에 마음을 빼앗겼음을 고백합니다. "나는 거짓되고 죄악으로 가득 찼으나, 주님은 진리와 은혜가 충만하나이다."[91] 주님의 은혜 없이는 길을 잃고 방황할 수밖에 없습니다. 그리스도를 통해 베풀어 주시는 하나님의 은혜가 내게 넘침을 찬양합니다. 아멘.

# August 25

시편 95편 8-11절   8 너희는 므리바에서와 같이 또 광야의 맛사에서 지냈던 날과 같이 너희 마음을 완악하게 하지 말지어다. 9 그 때에 너희 조상들이 내가 행한 일을 보고서도 나를 시험하고 조사하였도다. 10 내가 사십 년 동안 그 세대로 말미암아 근심하여 이르기를 그들은 마음이 미혹된 백성이라 내 길을 알지 못한다 하였도다. 11 그러므로 내가 노하여 맹세하기를 그들은 내 안식에 들어오지 못하리라 하였도다.

귀 기울여 들으라   이제 안식과 쉼을 주시는 분께 귀를 기울입시다(7-11). 공동 기도의 세 번째 요소는 마음을 누그러뜨리고 하나님의 말씀에 귀를 기울이며 읽고 연구하고 가르침을 받는 일입니다. 이스라엘 백성들은 여기에 실패했습니다(민 14:1-14). 어디 그들뿐이겠습니까? 히브리서 4장 1-13절은 우리 역시 똑같은 실수를 저지를 수 있다고 지적합니다. 하나님은 그리스도를 통해 물리적인 약속의 땅이 아니라 궁극적인 쉼, 노력하고 공로를 쌓아 제힘으로 구원에 이르려는 무거운 짐에서 벗어나 안식을 누릴 길을 제시하셨습니다(히 4:10). 어째서 그런 안식을 맛보고 즐기려고 하지 않는 걸까요? 자신이 아니라 하나님을 믿고 의지하는 참된 자유를 알기도 못하고 받아들이지도 못하기 때문입니다.

*Prayer*   주님, 내게 얼마나 쉼이 필요한지요! 내 속의 두려움과 욕망, 인정받으려는 갈망과 지배, 하고 싶은 욕구의 횡포에 복종하며 사느라 지치고 피곤합니다. 스스로의 노력으로 구원을 얻으려는 헛된 노력을 멈추고 독생자 예수님이 나를 위해 이미 끝내 놓으신 구원 사역 안에 안식하기를 원합니다. 그 안식에서 비롯되는 깊은 평안이 내게는 꼭 필요합니다. 아멘.

# August 26

시편 96편 1-9절  1 새 노래로 여호와께 노래하라. 온 땅이여 여호와께 노래할지어다. 2 여호와께 노래하여 그의 이름을 송축하며 그의 구원을 날마다 전파할지어다. 3 그의 영광을 백성들 가운데에, 그의 기이한 행적을 만민 가운데에 선포할지어다. 4 여호와는 위대하시니 지극히 찬양할 것이요 모든 신들보다 경외할 것임이여. 5 만국의 모든 신들은 우상들이지만 여호와께서는 하늘을 지으셨음이로다. 6 존귀와 위엄이 그의 앞에 있으며 능력과 아름다움이 그의 성소에 있도다. 7 만국의 족속들아 영광과 권능을 여호와께 돌릴지어다. 여호와께 돌릴지어다. 8 여호와의 이름에 합당한 영광을 그에게 돌릴지어다. 예물을 들고 그의 궁정에 들어갈지어다. 9 아름답고 거룩한 것으로 여호와께 예배할지어다. 온 땅이여 그 앞에서 떨지어다.

**입을 열어 외치라**   예배는 '백성들 가운데'(3절) 드려야 합니다. 2절은 예배를 드릴 때 '구원을 날마다 전파'하게 된다고 말합니다. 문자적으로 옮기자면 기쁜 소식들을 가득 담고 있다는 뜻입니다. 무신론자들에게 하나님의 위대하심과 진리의 아름다움을 보여 주려면 예배 이상의 방법이 없습니다(4-10절). 예배에는 믿지 않는 이들을 압도하고 움직이는 힘이 있어야 합니다. 그러자면 "정체된 예배와 피상적인 설교를 모두 바로잡아야"⁹² 합니다. 역동적인 예배는 세상을 이기는 수단일 뿐만 아니라 그 동기까지 제공합니다. 기쁨이 끓어넘치는 심령만이 그 환희의 근원을 모든 사람들과 나누고 싶어 합니다. 만약 암에서 완치됐다면 그 사실을 비밀에 붙이겠습니까? 예배는 우리로 하여금 세상을 섬기고 사랑하게 몰아갑니다.

*Prayer*   은혜를 이해하는 폭을 넓혀 주셔서, 그리스도인임을 공개적으로 드러내지 못하게 만드는 자기중심적이고 무기력하며 비관적인 마음가짐을 떨치게 해 주십시오. 주님이 내게 베푸신 일들을 이야기하지 않고 침묵하는 잘못을 용서해 주십시오. 아멘.

# August 27

시편 96편 10-13절  10 모든 나라 가운데서 이르기를 여호와께서 다스리시니 세계가 굳게 서고 흔들리지 않으리라, 그가 만민을 공평하게 심판하시리라 할지로다. 11 하늘은 기뻐하고 땅은 즐거워하며 바다와 거기에 충만한 것이 외치고 12 밭과 그 가운데에 있는 모든 것은 즐거워할지로다. 그 때 숲의 모든 나무들이 여호와 앞에서 즐거이 노래하리니, 13 그가 임하시되 땅을 심판하러 임하실 것임이라. 그가 의로 세계를 심판하시며 그의 진실하심으로 백성을 심판하시리로다.

고대하고 갈망하며  하나님이 마지막으로 이 땅에 임하시고 억압과 악, 죄로 물든 긴긴 밤이 끝나는 날, 온 피조물들은 기뻐 뛰놀 것입니다. 세상을 치유하시는 분이 돌아오셔서 온 천지를 심판하고 새로이 하시는 날, 나무들마저 찬양할 것입니다(11-13절). "하나님이 통치하는 곳에서는 … 지극히 미천한 피조물이라도 진면목을 찾게 될 것입니다. 하나님이 계신 곳에는 노래가 그치지 않을 것입니다. 주님이 다시 오시는 날, 이 땅에서는 '새벽별들이 입을 모아 찬양하며 이 땅도 마침내 동참할 것입니다. 이 시편은 비록 유리창을 통해서 어렴풋하게나마 주님의 얼굴을 본 이들에게 하나님의 임재가 어떤 영향을 주는지 잘 보여 줍니다."[93] 그리스도인들은 그리스도 안에서 더 이상 정죄함이 없으며 하나님이 넘치는 사랑을 베푸셔서 한 가족으로 받아들여 주셨습니다. 그날을 맞는 것이 감격스럽고 기쁘십니까? 아니면 여전히 확신이 없는 상태입니까?

*Prayer*  마지막 날에 얼굴과 얼굴을 맞대고 주님을 뵙고 싶은 마음에서 비롯된 기쁨과 소망이 날마다 넘쳐나기를 원합니다. "마음의 수고로도 연약하고 애써 따뜻해도 차갑기 그지없으나, 주님 모습 그대로 뵐 때 내 마음 그대로 찬양하겠습니다."[94] 아멘.

# August 28

시편 97편 1-5절  1 여호와께서 다스리시나니 땅은 즐거워하며 허다한 섬은 기뻐할지어
다. 2 구름과 흑암이 그를 둘렀고 의와 공평이 그의 보좌의 기초로다. 3 불이 그의 앞에서
나와 사방의 대적들을 불사르시는도다. 4 그의 번개가 세계를 비추니 땅이 보고 떨었도
다. 5 산들이 여호와의 앞 곧 온 땅의 주 앞에서 밀랍 같이 녹았도다.


**하나님의 불**  세상을 새로이 하시기 위해 다시 오시는 하나님은 온 세상에 환
희를 안기십니다(1절). 하지만 이 시편은 곧바로 무서운 시나리오를 제시합니
다. 하나님의 임재는 세상의 건강하지 못하고 뒤틀린 구성들을 모조리 태워
없애리라는 것입니다. 주님의 왕위를 거부하는 이들에게 그분의 재림은 충격
과 경악 그 자체가 될 것입니다(1-5절). 이 불의 실체는 무엇일까요? 무엇보다
하나님이 아끼는 피조물들을 망쳐 놓는 부정한 것들을 모조리 없애 버리는
거룩한 사랑의 불입니다(3절, 신 4:24, 히 12:29). 이를 이상하게 여겨서는 안 됩
니다. 누군가를 사랑한다면 그의 삶을 망가뜨리는 것은 무엇이든 다 끔찍이
싫어하기 마련입니다. 설령 상대가 스스로 선택한 것이라도 마찬가지입니다.
하나님은 완전한 사랑 그 자체이므로 악과 죄를 견디실 수 없습니다.

*Prayer*  거룩하시며 윤리적으로 완전하신 주님을 찬양합니다. 하나님 안에
는 한 점 악이 없습니다. 거룩한 임재 가운데도 죄악은 존재하지 않습니다.
그러기에 온 마음을 다해 죄인인 나를 깨끗하게 변화시켜 주시기를 갈구하고
소망합니다. 주님께 더 다가가게 해 주십시오. 그래서 내 안에 남은 죄가 남
김없이 드러나고 주님의 은혜로 깨끗이 벗겨지게 하옵소서. 아멘.

# August 29

**시편 97편 6-9절** 6 하늘이 그의 의를 선포하니 모든 백성이 그의 영광을 보았도다. 7 조각한 신상을 섬기며 허무한 것으로 자랑하는 자는 다 수치를 당할 것이라. 너희 신들아 여호와께 경배할지어다. 8 여호와여, 시온이 주의 심판을 듣고 기뻐하며 유다의 딸들이 즐거워하였나이다. 9 여호와여, 주는 온 땅 위에 지존하시고 모든 신들보다 위에 계시니이다.

**너희 신들아 여호와께 경배할지어다**  우상들을 버려야 합니다(7절). 우상들 가운데는 본래는 나쁘지 않은 무언가가 의미의 궁극적인 근원으로 뿌리 내리게 된 경우가 많습니다. 좋은 것들을 삶에서 제거해 버릴 필요는 없지만 마음에서 차지하는 자리는 바꿔 주어야 합니다. 이런 우상들더러 "여호와께 경배하라!"고 말하는 7절은 아주 흥미로운 말씀입니다. 출세를 신으로 모시면, 여느 우상들과 마찬가지로 자신을 최종 목표로 여기기를 요구합니다. "반드시 나를 손에 넣지 않으면, 어디에서도 쓸모없는 삶을 사는 셈이야"라고 속삭입니다. 거기에 속지 말고 한 사람 한 사람을 향한 하나님의 사랑과 보살핌을 내 정체성의 토대로 삼아야 합니다. 그래서 출세 하려는 마음이 이렇게 고백하게 만들어야 합니다. "나도 중요하지만 가장 소중한 건 아니야. 난 그저 하나님을 섬기는 도구일 뿐이지."

*Prayer*  주님의 은혜는 내 삶에 뿌리내린 죄의 나무를 잘라 버리셨습니다. 하지만 등걸과 뿌리는 여전히 남아 점점 깊이 파고듭니다. "주님! 언제까지 이렇게 입을 열 때마다 죄를 인정할 수밖에 없고 우상들이 마음속에 가득한 삶을 살아야 할까요! 오 주님! 거룩한 사랑의 불이 악한 자아를 밑동까지 살라 없애 주소서!"[95] 아멘.

# August 30

시편 97편 10-12절  10 여호와를 사랑하는 너희여, 악을 미워하라. 그가 그의 성도의 영혼을 보전하사 악인의 손에서 건지시느니라. 11 의인을 위하여 빛을 뿌리고 마음이 정직한 자를 위하여 기쁨을 뿌리시는도다. 12 의인이여, 너희는 여호와로 말미암아 기뻐하며 그의 거룩한 이름에 감사할지어다.

의인을 위하여 빛을 뿌리고  우상을 제거하면(7절), 빛이 우리 위에 비칩니다(11절). 옛 번역판들은 "빛이 뿌려진다"고 표현했습니다. 여기서 빛이란 거룩함과 거기서 비롯된 아름다움뿐만 아니라 진리와 그 명료함까지 아우르는 말입니다. 하나님의 빛은 온전한 지식과 무한한 영광을 가리킵니다. 그리스도를 믿으면 하나님의 영이 우리 안에 머무르십니다(고전 3:16, 딤후 1:14, 롬 8:9-11). 하나님은 참으로 우리 안에 빛을 '뿌리십니다.' 그리고 그 빛은 씨앗처럼 자라서 지혜와 아름다움을 우리 삶에 두루 퍼트립니다. 그리스도인은 세상과 마음을 들여다보고 거기에 나타나는 것들을 훨씬 더 잘 파악하고 이해해야 합니다. 그러면 서서히, 하지만 확실히 사랑스럽고 아름다워지는 모습을 주위 사람들도 느끼게 될 것입니다.

*Prayer*  빛이신 하나님을 찬양합니다. 주님 안에는 한 점 어둠도 깃들 수 없습니다. 하지만 아직 내 안에는 어두운 구석이 많습니다. 내 눈은 내 잘못에 어둡기만 합니다. 주님의 영광을 '보고' 종일 사랑하는 게 힘듭니다. 주님, 나의 속사람을 주님의 빛으로 가득 채워 주시기를 간구합니다. 아멘.

# August 31

시편 98편 1-6절 1 새 노래로 여호와께 찬송하라. 그는 기이한 일을 행하사 그의 오른 손과 거룩한 팔로 자기를 위하여 구원을 베푸셨음이로다. 2 여호와께서 그의 구원을 알게 하시며 그의 공의를 뭇 나라의 목전에서 명백히 나타내셨도다. 3 그가 이스라엘의 집에 베푸신 인자와 성실을 기억하셨으므로 땅 끝까지 이르는 모든 것이 우리 하나님의 구원을 보았도다. 4 온 땅이여 여호와께 즐거이 소리칠지어다. 소리 내어 즐겁게 노래하며 찬송할지어다. 5 수금으로 여호와를 노래하라 수금과 음성으로 노래할지어다. 6 나팔과 호각 소리로 왕이신 여호와 앞에 즐겁게 소리칠지어다.

외치라! 본문은 출애굽 사건을 염두에 두고 하나님을 찬양합니다(1-3절). 하지만 알다시피, 예수 그리스도는 십자가에서 출애굽과는 비교할 수 없을 정도로 큰 자유를 주시고 모든 민족들에게 전파하셨습니다. 두려움에 떨며 하나님의 거룩함과 진노를 서술하는 시편 97편이 끝나자마자 뜨거운 찬양과 환희가 넘치는 98편이 이어집니다. 십자가에서 예수님이 거두신 승리는 어떻게 그런 일이 가능한지를 잘 설명해 줍니다. 그리스도는 우리의 죗값을 치르셨습니다. 하나님은 '아들 안에서' 우리를 아름답도록 완벽하며 의로운 인간으로 보십니다(빌 3:9). 따라서 하나님의 의로움은 인간을 구석으로 모는 게 아니라 도리어 감싸 안습니다. 그럼 이제 어떻게 살아야 할까요? 환희가 넘치는 음악을 배경에 깔고 하루하루를 살아가야 하지 않을까요?(4-6절)

Prayer "나의 목자요, 신랑이요, 친구이며, 선지자이시고, 제사장이며, 왕이신 예수님! 나의 주님이고, 생명이며, 길이고, 목적이신 주님! 내가 드리는 찬양을 받아 주십시오."[96] 아멘.

# September 1

시편 98편 7-9절  7 바다와 거기 충만한 것과 세계와 그 중에 거주하는 자는 다 외칠지어다. 8 여호와 앞에서 큰물은 박수할지어다. 산악이 함께 즐겁게 노래할지어다. 9 그가 땅을 심판하러 임하실 것임이로다. 그가 의로 세계를 판단하시며 공평으로 그의 백성을 심판하시리로다.

9월

**강들도 손뼉을 치고**  나무와 물고기가 하나님을 찬양하며(시 96:11-12) 강들과 산들이 손뼉 치며 노래하는 상상은 그저 한 편의 시 정도에 그치지 않습니다. 로마서 8장 18-25절에 따르면 자연은 지금 상태보다 더 활력이 넘치고 영광스럽도록 지음을 받았습니다. 안타깝게도 인류가 다시 의로워지기 전까지는 자연도 본연의 모습을 찾을 수 없다는 사실을 현대 철학은 헤아리지 못합니다. 예수님은 다시 오셔서 태초의 조화를 회복시키실 것입니다(9절). 그러므로 그리스도인은 미래를 향해 강력한 소망을 품습니다. 주님이 재림하시는 날, 강들과 산들이 저렇게 기뻐 뛰놀진대, 우리는 어떠해야겠습니까?(요일 3:2-3).

*Prayer*  주님, 나무와 짐승들이 말을 하고, 주인공이 마술을 부려서 죽음과 시간의 사슬에서 벗어나며, 사랑이 악을 이기는 이야기를 듣고 가슴이 뛰던 시절이 있었습니다. 예수님이 죽음을 이기고 살아나셨으므로 우리도 그러할 줄 믿습니다. 이 모든 일들이 우리의 현실이 될 것입니다. 마지막 부활을 기쁜 마음으로 기다리며 하루하루를 살게 해 주십시오. 아멘.

# September 2

시편 99편 1-5절   1 여호와께서 다스리시니 만민이 떨 것이요, 여호와께서 그룹 사이에 좌정하시니 땅이 흔들릴 것이로다. 2 시온에 계시는 여호와는 위대하시고 모든 민족보다 높으시도다. 3 주의 크고 두려운 이름을 찬송할지니 그는 거룩하심이로다. 4 능력 있는 왕은 정의를 사랑하느니라. 주께서 공의를 견고하게 세우시고 주께서 야곱에게 정의와 공의를 행하시나이다. 5 너희는 여호와 우리 하나님을 높여 그의 발등상 앞에서 경배할지어다. 그는 거룩하시도다.

하나님은 거룩하시다!  '하나님은 거룩하시다'는 말은 무슨 뜻일까요? '거룩'에 해당하는 히브리어를 직역하자면 완전한 '구별'을 뜻합니다. 하나님께 적용하자면, 그분과 같은 존재는 다시없으며, 우리보다 무한히 높고, 만물을 다스리시며, 완전하시며, 지극히 의로우시다는 의미입니다. 인간을 가리켜 거룩하다고 할 때는(레 11:44, 벧전 1:16) 온전히 하나님께 속했음을 가리킵니다. 마음이 갈리지 않고 전심으로 주님을 섬긴다는 말입니다. 그리스도인들이 모인 교회 공동체에 쓰일 때는 전혀 다른 뜻이 되어야 합니다. 초대교회의 그리스도인들은 성실과 정직, 연민과 용서, 성적인 순결과 놀라우리만치 너그럽게 재물을 나누는 모습 때문에 이교도 사회 어디서나 단연 눈에 띄는 존재들이었습니다. 초대 그리스도인들은 거룩했습니다. 우리는 어떻습니까?

*Prayer*  주님, 처음 그리스도인이 되어서는 윤리적으로 살려고 애썼습니다. '거룩'이란 그런 것이라고 생각했기 때문입니다. 하지만 알고 보니 그 정도가 아니었습니다. 온전히 주님께 속하고 싶습니다. 오로지 주님을 위해서만 나를 드리고 싶습니다. 주님이 내 마음을 책임져 주시고 다른 데 빼앗기지 않도록 지켜 주십시오. 주님이 거룩하시므로 나도 거룩하게 만드시기를 간구합니다. 아멘.

# September 3

시편 99편 6-9절 6 그의 제사장들 중에는 모세와 아론이 있고 그의 이름을 부르는 자들 중에는 사무엘이 있도다. 그들이 여호와께 간구하매 응답하셨도다. 7 여호와께서 구름 기둥 가운데서 그들에게 말씀하시니 그들은 그가 그들에게 주신 증거와 율례를 지켰도다. 8 여호와 우리 하나님이여, 주께서는 그들에게 응답하셨고 그들의 행한 대로 갚기는 하셨으나 그들을 용서하신 하나님이시니이다. 9 너희는 여호와 우리 하나님을 높이고 그 성산에서 예배할지어다. 여호와 우리 하나님은 거룩하심이로다.

기도라는 선물  기도하며 하나님께 나갈 수 있는 특권은 그분이 주시는 가장 귀한 선물 가운데 하나입니다(6절). 사무엘은 "나는 너희를 위하여 기도하기를 쉬는 죄를 여호와 앞에 결단코 범하지 아니하고 선하고 의로운 길을 너희에게 가르칠 것"(삼상 12:23)이라고 했습니다. 참으로 고상한 기도 신학을 가지고 있었던 선지자입니다. 그런데 거룩하신 하나님(1-5절)이 어떻게 죄에 물든 인간의 기도를 들으신다는 말입니까? 8절은 하나님 앞에 기도하러 나가는 행위를 그분의 용서와 연결 짓습니다. "그룹 사이에 좌정하시니"(1절)라는 말은 피를 뿌려 죄를 씻던(출 25:17) 언약궤와 장막을 떠올리게 합니다. 그건 일종의 상징이었습니다. 예수님의 피는 온전한 확신을 품고 거룩하신 하나님의 임재 앞에 나갈 수 있게 해 줍니다(히 9:5, 11-14, 10:19-25).

*Prayer*  기도하지 않는 행위는 주님께 죄를 짓는 일입니다. 자신의 힘으로 자족할 수 있다는 마음에서 출발한 그릇된 행동이며 주님을 높이지 않는 태도입니다. 기도하지 않는 것은 주위에 있는 이들에게 죄를 짓는 처사이기도 합니다. 그리스도인이라면 온 마음과 주님의 능력으로 그들의 필요를 채워 주어야 하기 때문입니다. 주님, 전심으로, 주님이 기도하라고 주신 마음을 다하여 간구하게 해 주십시오. 아멘.

# September 4

시편 100편  1 온 땅이여, 여호와께 즐거운 찬송을 부를지어다. 2 기쁨으로 여호와를 섬기며 노래하면서 그의 앞에 나아갈지어다. 3 여호와가 우리 하나님이신 줄 너희는 알지어다. 그는 우리를 지으신 이요 우리는 그의 것이니 그의 백성이요 그의 기르시는 양이로다. 4 감사함으로 그의 문에 들어가며 찬송함으로 그의 궁정에 들어가서 그에게 감사하며 그의 이름을 송축할지어다. 5 여호와는 선하시니 그의 인자하심이 영원하고 그의 성실하심이 대대에 이르리로다.

**주님의 소유가 될수록 더 자유로운**  시편 100편은 스스로 자기 삶의 주인이 될 수 없음을 깨닫고 하나님께 자신을 드리라고 우리에게 손짓합니다(3절). 이런 자기 헌신은 즐겁고 기쁜 마음으로 이뤄져야 합니다(1-2절). 윤리적인 신앙(순종을 하나님한테 무얼 얻으려면 반드시 감당해야 할 지겨운 일쯤으로 보는 신앙)이든, 요즘 흔히 말하는 자기결정적인 사고(독립성을 잃는다는 것은 죽음이나 다름없다고 여기는 사고)든 이러한 진리를 정확하게 파악할 수 없기는 마찬가지입니다. 그리스도인에게는 즐거이 자신을 헌신할 강력한 동기가 있습니다. "우리는 우리 자신의 것이 아니라 주님이 값으로 산 것"(고전 6:19-20)이라는 사실입니다. 이러한 진리는 그리스도인들로 하여금 즐거이 순종하게 합니다. 이제 우리는 기꺼이, 우리를 희생적으로 사랑하시고 영원히 참아 주시는(5절) 분을 알고, 섬기고, 기쁘시게 하고, 닮아갑니다.

*Prayer*  "온 세상이여, 방방곡곡에서 하나님, 나의 주님을 노래합시다! 찬양이 날아가기엔 하늘도 넉넉히 높지 못하고, 찬송이 퍼지기엔 땅도 충분히 깊지 못합니다! 온 세상이여, 방방곡곡에서 하나님, 나의 주님을 노래합시다!"[97] 아멘.

# September 5

시편 101편  1 내가 인자와 정의를 노래하겠나이다. 여호와여 내가 주께 찬양하리이다.
2 내가 완전한 길을 주목하오리니 주께서 어느 때나 내게 임하시겠나이까? 내가 완전한
마음으로 내 집 안에서 행하리이다. 3 나는 비천한 것을 내 눈 앞에 두지 아니할 것이요
배교자들의 행위를 내가 미워하오리니 나는 그 어느 것도 붙들지 아니하리이다. 4 사악한
마음이 내게서 떠날 것이니 악한 일을 내가 알지 아니하리로다. 5 자기의 이웃을 은근히
헐뜯는 자를 내가 멸할 것이요 눈이 높고 마음이 교만한 자를 내가 용납하지 아니하리로
다. 6 내 눈이 이 땅의 충성된 자를 살펴 나와 함께 살게 하리니 완전한 길에 행하는 자가
나를 따르리로다. 7 거짓을 행하는 자는 내 집 안에 거주하지 못하며 거짓말하는 자는 내
목전에 서지 못하리로다. 8 아침마다 내가 이 땅의 모든 악인을 멸하리니 악을 행하는 자
는 여호와의 성에서 다 끊어지리로다.


**흠잡을 데 없는 삶**  시편 101편은 다윗의 노래입니다. '완전'하며(2-3절) '악한
일에는 함께 하지' 않겠다는(4절) 말은 윤리적인 순수를 내세우는 바리새적인
망상이 아니라 부패하지 않은 통치를 꿈꾸는(2절, '집'이라는 표현에 주목) 왕의 소
망을 드러내는 표현입니다. 다윗은 헐뜯거나 부정직한 소리를 허용할 뜻이
없습니다(7절). 그 땅에 공의가 실현되길 추구합니다(8절). 이들은 하나같이 세
상 모든 정부가 좇아야 할 고귀한 이상들입니다. 하지만 인류 사회가 얼마나
비전 부족에 허덕이고 있는지 드러내는 통렬한 메시지이기도 합니다. 이스라
엘의 가장 위대한 왕으로 꼽히는 다윗과 솔로몬 부자부터 이 규범들을 지키
지 않았다는 사실은 그야말로 비극적인 역사가 아닐 수 없습니다. "다행스럽
게도 마지막 말은 다윗에게 있지 않고, 하나님의 아들이신 주님께 있습니다.
그래서 거기엔 어두움이 없습니다."[98]

*Prayer*  주님, 온 나라와 우리 지역, 재계, 예술과 문화 기구의 지도자들을
위해 기도합니다. 그들이 각자의 자리에서 정직하고 슬기로우며 노련하고 정
의로우며 덕스럽게 책임을 다하게 하옵소서. 그들이 하는 일이 모든 사람들
에게 축복이 되게 하옵소서. 아멘.

# September 6

시편 102편 1-11절   1 여호와여, 내 기도를 들으시고 나의 부르짖음을 주께 상달하게 하소서. 2 나의 괴로운 날에 주의 얼굴을 내게서 숨기지 마소서. 주의 귀를 내게 기울이사 내가 부르짖는 날에 속히 내게 응답하소서. 3 내 날이 연기 같이 소멸하며 내 뼈가 숯 같이 탔음이니이다. 4 내가 음식 먹기도 잊었으므로 내 마음이 풀 같이 시들고 말라 버렸사오며 5 나의 탄식 소리로 말미암아 나의 살이 뼈에 붙었나이다. 6 나는 광야의 올빼미 같고 황폐한 곳의 부엉이 같이 되었사오며 7 내가 밤을 새우니 지붕 위의 외로운 참새 같으니이다. 8 내 원수들이 종일 나를 비방하며 내게 대항하여 미칠 듯이 날뛰는 자들이 나를 가리켜 맹세하나이다. 9 나는 재를 양식 같이 먹으며 나는 눈물 섞인 물을 마셨나이다. 10 주의 분노와 진노로 말미암음이라 주께서 나를 들어서 던지셨나이다. 11 내 날이 기울어지는 그림자 같고 내가 풀의 시들어짐 같으니이다.

혼자가 아니다   여기 온갖 종류의 고난이 적혀 있습니다. 연기에 타고(3절) 육신은 소진됩니다(4절). 불면(7절), 식욕 저하(4절), 주체할 수 없는 눈물(9절)을 비롯한 우울증의 조짐들이 보입니다. 거절감과 고립감이 너무도 절절했던 시인은 자신의 처지를 폐가에 깃든 외로운 부엉이에 빗댔습니다(6절). 우리 모두에게 이 시편이 필요합니다. 안락한 환경에 있는 이들에게는 어려운 처지에 몰린 이들의 아픔에 공감하고 그 짐을 나누어지도록 이끌어 줍니다(갈 6:2). 하지만 대부분은 시인과 같은 감정을 느끼는 이들에게, 결코 혼자가 아니며, 예수님을 포함해 다른 이들이 나란히 걸으며 함께 난국을 헤쳐 나왔고, 앞으로도 그럴 것임을 알려 줍니다(23-27절).

*Prayer*   주님 말씀이 얼마나 사실적인지 겁이 납니다. 시인과 같은 고통을 마주칠 수 있다는 사실을 믿고 싶지 않습니다. 그처럼 형편이 곤란한 이들을 피하고 싶습니다. 내가 그렇게 사악합니다. 나를 위해 자원해서 한없는 고통을 겪으신 주님을 기억하기 원합니다. 주님 덕분에 이제는 주님과 더불어 역경에 맞설 수 있습니다. 역경에 맞선 다른 이들까지 도우며 살도록 나를 이끌어 주십시오. 아멘.

시편 102편 12-17절  12 여호와여, 주는 영원히 계시고 주에 대한 기억은 대대에 이르리이다. 13 주께서 일어나사 시온을 긍휼히 여기시리니, 지금은 그에게 은혜를 베푸실 때라. 정한 기한이 다가옴이니이다. 14 주의 종들이 시온의 돌들을 즐거워하며 그의 티끌도 은혜를 받나이다. 15 이에 뭇 나라가 여호와의 이름을 경외하며 이 땅의 모든 왕들이 주의 영광을 경외하리니 16 여호와께서 시온을 건설하시고 그의 영광중에 나타나셨음이라. 17 여호와께서 빈궁한 자의 기도를 돌아보시며 그들의 기도를 멸시하지 아니하셨도다.

**응답받지 못하는 기도는 없다**  끔찍한 재앙이 닥쳐 예루살렘은 폐허가 되고 수많은 이들이 포로로 붙잡혀 갔습니다(16절, 20절). 시편 기자는 하나님께 당장(13절) 시온을 회복시키셔서 온 세상이 그 영광을 볼 수 있게 해 달라고 기도합니다(16절). 하지만 그런 일은 일어나지 않았습니다. 기도했지만 결국 응답을 받지 못한 것일까요? 실은 그렇지 않습니다. 하나님의 응답은 "지금 곧바로도 아니고 네가 생각하는 방식을 통해서도 아니다"라는 것이었습니다. 예수님을 통해 구체화된 응답의 면모는 시인의 생각보다 훨씬 크고 위대했습니다(히 12:12-28). 엘리야도 마찬가지였습니다. 목숨을 거두어 달라고 기도했지만(왕상 19:4) 하나님의 대답은 달랐습니다. "어리석게 굴지 말거라. 넌 절대로 죽지 않을 것이다."[99] 결국 응답받지 못한 기도란 없습니다. 언뜻 "안 돼!"라든지 "아직!"처럼 보인다면, 그것은 하나님께서 우리가 구한 것보다 더 나은 방식으로 원하는 바를 채워 주시기 때문입니다.

*Prayer*  주님이 늘 기도를 들으신다는 사실이 내게 위안이 되지 않음을 고백합니다. 이는 분명 나의 잘못입니다. 선하고 행복한 삶이란 정확히 이러저러해야 한다는 확고한 고정관념을 가진 탓입니다. 주님의 슬기로운 사랑은 "주림으로 오히려 나를 먹이십니다. … 주님, 땅 위에 스스로 세운 바보들의 천국을 무너뜨려 주십시오. 그래야 영원히 구원을 누릴 수 있을 것 같습니다."[100] 아멘.

# September 8

시편 102편 18-22절    18 이 일이 장래 세대를 위하여 기록되리니, 창조함을 받을 백성이 여호와를 찬양하리로다. 19 여호와께서 그의 높은 성소에서 굽어보시며 하늘에서 땅을 살펴보셨으니 20 이는 갇힌 자의 탄식을 들으시며 죽이기로 정한 자를 해방하사 21 여호와의 이름을 시온에서, 그 영예를 예루살렘에서 선포하게 하려 하심이라. 22 그 때에 민족들과 나라들이 함께 모여 여호와를 섬기리로다.

지옥의 문들은 개가를 부르지 못할 것    시대마다 하나님은 은혜를 베푸셔서 거룩한 백성들로 구성된 새로운 세대를 만들어 내셨습니다(18절). 그리스도인은 누구나 그분의 백성이 '아닌' 상태에서 출발해 거듭남을 거쳐 '하나님의 백성'으로 재창조됩니다(벧전 1:3, 2:9-10). 그러므로 사형 선고를 받은 처지에서 구원해 주신 주님을 찬양하는 이들은 새록새록 끊임없이 나타나기 마련입니다(20절). 시편 기자로서는 이 구원의 끝없는 폭과 깊이를 다 헤아리지 못했습니다. 예수님을 믿는 이들은 결코 '심판을' 받지 않으며 죄의 징벌에서 영원히 해방된다는(롬 8:1) 원리를 다 알 길이 없었습니다. 교회는 새로 일어났다 약해지고 끝내는 완전히 잊히는 일을 되풀이하는 갖가지 신앙, 또는 불신앙과의 경쟁을 꾸준히 헤쳐 나왔습니다. 하나님 말씀에 충실한 기독교 신앙은 시간이 끝나는 순간까지, 아니 그 뒤로도 변함없이 이어질 것입니다(마 16:18).

*Prayer*    기독교 신앙에 적대적인 세력은 한둘이 아닙니다. 대중문화는 기독교 신앙을 편협하다고 손가락질하며, 세상의 숱한 지도자들은 위협적인 사상으로 여깁니다. 완전히 사라지거나 드러나지 않게 믿으라고 요구하는 강력한 제도와 단체들이 널렸습니다. 이런 반대 세력들 가운데 그 어떤 것도 끝내 승리를 거두지 못할 것입니다. 주님이 친히 교회 가운데 살아 역사하시므로 지옥의 문들이라 할지라도 버텨 낼 수 없음을 기억하며 감사를 올려 드립니다. 아멘.

# September 9

시편 102편 23-28절   23 그가 내 힘을 중도에 쇠약하게 하시며 내 날을 짧게 하셨도다. 24 나의 말이, 나의 하나님이여 나의 중년에 나를 데려가지 마옵소서. 주의 연대는 대대에 무궁하니이다. 25 주께서 옛적에 땅의 기초를 놓으셨사오며 하늘도 주의 손으로 지으신 바니이다. 26 천지는 없어지려니와 주는 영존하시겠고 그것들은 다 옷 같이 낡으리니 의복 같이 바꾸시면 바뀌려니와. 27 주는 한결같으시고 주의 연대는 무궁하리이다. 28 주의 종들의 자손은 항상 안전히 거주하고 그의 후손은 주 앞에 굳게 서리이다 하였도다.

관점   시편 기자는 삶은 짧으며 누구나 결국 죽는다는 사실과 마주합니다 (23절). 당시로서는 알 길이 없었겠지만, 시인이 받은 거절과 고통, 이른 죽음과 하나님의 진노를 입어 버려지는 아픔은 하나같이 전조들입니다. 우리의 죄를 짊어지고 하나님 나라(시편 기자가 그토록 갈망했던)를 여신 예수님의 고난을 (히 1:10-12) 미리 엿보게 하는 예표였던 것입니다. 당시로서는 모든 민족이 들어가게 될 하늘의 시온을 상상조차 할 수가 없었습니다(히 12:22-27). 아마 시편 기자도 지금은 하늘에서 그 전모를 보고 있을 것입니다. 그렇다면, "독생자의 입장에서 그분의 경험과 말씀을 길게 볼 때, 주님은 기도를 들으시고도 마지막 요청을 거절하셨던 하늘 아버지가 고맙고 반갑지 않았겠습니까?"[101]

*Prayer*   이 땅에는 영원히 지속되는 게 하나도 없습니다. 그러기에 하나님을 찬양합니다. 모든 게, 심지어 세상의 마지막 토대까지 다 썩어 없어져도 주님은 영원하십니다. 주님은 떨어지지 않고 붙어 있기만 하면 사랑으로 끌어안아 주십니다. 그러므로 우리는 참다운 고향에서 영원히 살며 거기서 최종적인 마음의 안식을 누릴 것입니다. 커다란 위로와 구원을 베풀어 주신 주님을 찬송합니다. 아멘.

# September 10

시편 103편 1-5절   1 내 영혼아, 여호와를 송축하라. 내 속에 있는 것들아, 다 그의 거룩한 이름을 송축하라. 2 내 영혼아, 여호와를 송축하며 그의 모든 은택을 잊지 말지어다. 3 그가 네 모든 죄악을 사하시며 네 모든 병을 고치시며 4 네 생명을 파멸에서 속량하시고 인자와 긍휼로 관을 씌우시며 5 좋은 것으로 네 소원을 만족하게 하사 네 청춘을 독수리 같이 새롭게 하시는도다.

복음으로 드리는 기도   복음이 어떻게 마음에 스며들어 변화를 이끌어 내는지를 여기서 볼 수 있습니다. 이런 역사는 마음의 소리에 귀를 기울이기만 하는 게 아니라 우리 영혼과 직접적으로, 그리고 강력하게 소통하는 내면의 대화를 통해 일어납니다. 세상의 유사품들과 달리 성경적인 묵상은 심신을 이완시켜 마음을 비우는 기술이 아닙니다. 오히려 마음을 진리로 채우는, 사고와 기억을 동원해 심령에 불을 놓는 과정에 가깝습니다. 다윗은 여기서 하나님이 죄를 용서하시고 결국 모든 고난과 질병을 없애시리라는 사실을 붙들고 늘어집니다. 죄는 고백하고 구하면 곧바로 용서를 받지만(요일 1:8-9) 괴로움은 사라지지 않을 수도 있습니다(고후 12:8-9, 삼하 12:13-23). 죄는 하나님과의 관계를 가로막지만 고난은 교제를 더 깊게 하는 이유가 거기에 있습니다.

*Prayer*   주님이 주신 은혜를 통째로 잊어버리는 탓에, 주님이 그리스도를 통해 베푸시고 약속하신 선물들을 완전히 까먹는 까닭에, 툭하면 두려움과 분노, 걱정과 낙심에 사로잡힙니다. 나의 허물을 덮어 주시고, 나를 기뻐하시며, 내게 면류관을 씌우시고, 나를 위해 잔치를 열어 주신다는 것을 머리로는 아는데 마음으로는 쉽게 잊어버립니다. 부디 용서해 주세요. 새 힘이 솟을 때까지 그 진리를 거듭 나의 마음에 들려 줄 수 있도록 도와주십시오. 아멘.

# September 11

시편 103편 6-12절  6 여호와께서 공의로운 일을 행하시며 억압 당하는 모든 자를 위하여 심판하시는도다. 7 그의 행위를 모세에게, 그의 행사를 이스라엘 자손에게 알리셨도다. 8 여호와는 긍휼이 많으시고 은혜로우시며 노하기를 더디 하시고 인자하심이 풍부하시도다. 9 자주 경책하지 아니하시며 노를 영원히 품지 아니하시리로다. 10 우리의 죄를 따라 우리를 처벌하지는 아니하시며 우리의 죄악을 따라 우리에게 그대로 갚지는 아니하셨으니 11 이는 하늘이 땅에서 높음 같이 그를 경외하는 자에게 그의 인자하심이 크심이로다. 12 동이 서에서 먼 것 같이 우리의 죄과를 우리에게서 멀리 옮기셨으며.

더딘 분노, 끝을 가늠할 수 없는 큰 사랑  하나님의 분노는 인간의 분노와 다릅니다. 우리는 툭하면 화를 내고 억울한 일을 당하면 이내 앙갚음을 합니다. 그러고도 노여움을 풀지 않고 오래도록 간직하기 십상입니다. 하나님은 노하기를 더디 하시며 언제라도 용서를 베푸실 뿐만 아니라 우리 죄를 기억조차 않으십니다. 8절은 참으로 놀라운 말씀입니다. 출애굽기 34장 6절을 인용하고 있는데 이 구절은 "그러나 나는 죄를 벌하지 않은 채 그냥 넘기지는 아니한다"고 하신 34장 7절(새번역)로 이어지기 때문입니다. 하나님은 반드시 죄의 대가를 요구하신다는 모세의 말과, 마땅히 돌아와야 할 징계를 면하게 하신다는 다윗의 이야기가 어떻게 둘 다 성립할 수 있습니까? 오로지 십자가만이 정답입니다. 하나님은 거기서 우리를 벌주지 않으시면서 죗값을 치르게 하셨습니다. 무한한 거리에 비유하지 않고는(11-12절) 이처럼 무한한 사랑을 표현할 길이 없습니다.

*Prayer*  주님, 내 노여움은 정말 주님과 다릅니다. 성령님의 능력으로 나를 깨끗이 씻어 주셔서 상처 입은 자아가 분노를 촉발하지 않도록 도와주십시오. 오로지 불의와 악에 대해서만 분을 내게 해 주십시오. 내 안에 화가 응어리져서 기쁨을 앗아 가는 일이 없게 하시고 긍휼히 여기는 마음이 내 마음을 차지하게 도와주십시오. 아멘.

# September 12

> 시편 103편 13-18절   13 아버지가 자식을 긍휼히 여김 같이 여호와께서는 자기를 경외
> 하는 자를 긍휼히 여기시나니 14 이는 그가 우리의 체질을 아시며 우리가 단지 먼지뿐임
> 을 기억하심이로다. 15 인생은 그 날이 풀과 같으며 그 영화가 들의 꽃과 같도다. 16 그것
> 은 바람이 지나가면 없어지나니 그 있던 자리도 다시 알지 못하거니와 17 여호와의 인자
> 하심은 자기를 경외하는 자에게 영원부터 영원까지 이르며 그의 의는 자손의 자손에게
> 이르리니 18 곧 그의 언약을 지키고 그의 법도를 기억하여 행하는 자에게로다.

**사랑이 넘치는 아버지**   어른은 아이의 감춰진 이기심과 조바심, 어리석음을 단박에 알아챕니다. 자식들이 어떤 죄를 좀처럼 떨쳐 내지 못하는지 아빠엄마는 압니다(14절). 하지만 그럼에도 불구하고 좋은 아버지는 아이들을 변함없이 사랑합니다(13절). 사실 자녀들이 약하고 부족할수록 아버지는 더 마음을 쓰기 마련입니다. 하나님은 그처럼 인간의 기질과 속성을 속속들이 아시지만 그럼에도 불구하고 아이들의 표현처럼 '하늘만큼, 땅만큼' 사랑해 주십니다. 주님은 우리의 허물을 모르는 체하는 데 그치지 않습니다. 아예 우리를 식구로 맞으셔서 사랑을 쏟으시고, 기도하는 가운데 만나 주시고, 영광의 유산을 나눠 주시며, 심지어 가족 유사성까지 부여해 주십니다. 성령님을 보내셔서 하나님의 성품이 우리 안에 나타나게 해 주신다는 뜻입니다(요 1:12-13, 마 6:9, 갈 4:7, 요일 3:1-3).

*Prayer*   왕과 목자만이 아니라 아버지가 되어 주시는 주님을 찬양합니다. 전능하신 하나님을 나의 아버지로 인정하고 받아들이게 도와주십시오. 주님은 무한한 권능을 가지셨음에도 늘 따뜻하게 대해 주시며, 사랑해 주시고, 나를 위해 온갖 수고를 아끼지 않으시는 나의 아버지이십니다. 주님이 베푸시는 아버지의 사랑을 더 깊이 실감해 가는 과정을 통해 나의 기도 생활이 완전히 변하기를 소원합니다. 아멘.

# September 13

온 자연계가 입을 모아 노래하며  시편 기자는 스스로의 심령에 주님을 찬양하자고 외칩니다(1-2). 그러고는 복음을 통해 오는 구원의 헤아리기 어려울 만큼 큰 유익을 떠올리며 기뻐하는 법을 배웁니다. 본문 끝 쪽에 이르면 온 피조물이 하나가 되었음을 깨닫습니다. 자연계 전체가 하나님 안에서 크게 기뻐하는 모습을 바라봅니다. 꿈도 꾸지 못했던 일이 정말 벌어진 것입니다. 하늘(22절)과 땅(20-21절)에서 주님의 작품들이 벌써 하나님과 서로를 바라보며 노래합니다. 그리고 주님은 이 거대한 합창과 만물의 교향악 속에서 아무도 감당할 수 없는 아주 독특한 부분을 담당하십니다. 복음을 믿으면 그 음악을 듣고 함께할 길이 열립니다. 조나단 에드워즈는 하나님을 찬양하도록 주신 심령을 바라보며 "온 세상이 기뻐하며 얼싸안고 노래합니다"[102]라고 적었습니다.

*Prayer*  주님과 올바른 관계를 맺지 못할 때는 세상에 나 혼자뿐인 듯 외롭습니다. 하지만 지극히 높으신 하나님을 찬양하면, 아침에 지저귀는 새소리나 물 위에 떨어지는 빗방울 소리에서도 기쁨이 가득한 주님의 음성을 들을 수 있습니다. 그 거대한 음악의 일부가 되고 싶습니다. 거대한 교향악에서 아름다움을 끌어내고 또 보태 가며 내가 맡은 부분을 노래하기 원합니다. 아멘.

# September 14

눈부신 빛  시편 104편은 피조 세계의 경이로움과 그 이면에 계신 창조주의 아름다움을 곰곰이 새기는 묵상입니다. 동양의 신비 사상들과 달리, 여기에는 피조물들과 뚜렷이 구별되면서도 홀로 동떨어져 있지 않은 인격적인 하나님이 계십니다. 옷, 누각, 수레 같은 이미지들은 하나님의 에너지와 임재가 자연계 전체를 가득 채우고 있음을 보여 줍니다. 경이로운 눈으로 피조 세계를 바라보며 존중하게 되는 까닭이 거기에 있습니다. 우리는 눈이 부셔서 영광의 광채를 받아들이지 못합니다. 그러므로 우리는 우리가 상상할 수 있는 것보다 더 능력이 크시고 영광스러운 하나님 앞에 엎드려 절하고 찬양해야 합니다. "드릴 찬양을 다 올려 드리세. 오, 보게 하소서. 주님을 가린 건 오직 저 빛난 광채뿐이라!"[103]

Prayer  주님의 말씀과 방법들을 이해하지 못하는 일이 얼마나 많은지 모릅니다. 자기 변명에 익숙한 내 마음은 반사적으로 주님을 탓합니다. 영적인 시력이 약해서 주님의 찬란한 빛을 보지 못하는 게 나의 진정한 문제임을 절감합니다. 영적인 눈을 밝게 하셔서 그 빛을 남김없이 받아들이게 하옵소서. 아멘.

# September 15

시편 104편 5-9절  5 땅에 기초를 놓으사 영원히 흔들리지 아니하게 하셨나이다. 6 옷으로 덮음 같이 주께서 땅을 깊은 바다로 덮으시매 물이 산들 위로 솟아올랐으나 7 주께서 꾸짖으시니 물은 도망하며 주의 우렛소리로 말미암아 빨리 가며 8 주께서 그들을 위하여 정하여 주신 곳으로 흘러갔고 산은 오르고 골짜기는 내려갔나이다. 9 주께서 물의 경계를 정하여 넘치지 못하게 하시며 다시 돌아와 땅을 덮지 못하게 하셨나이다.

**경계를 정하여 넘치지 못하게 하시며**  시편 기자는 창조의 셋째 날, 다시 말해 하나님이 마른 땅과 바다를 가르셨던 날을(창 1:9-10) 묵상하고 있습니다(7-8절). 과학은 자연의 항상성에 토대를 둡니다. X가 특정한 조건 아래서 Y를 빚어냈다면 같은 환경이 주어질 때마다 같은 결과가 나와야 한다고 믿습니다. 자연계가 그처럼 규칙적으로 돌아가는 까닭은 무엇입니까? 인간은 제멋대로 돌아가는 혼돈스러운 세상에 살지만 누군가 '경계'(9절)를 정하셨기 때문입니다. 창조주가 계셔서 물리학과 수학, 화학과 생물학의 원리들과 그밖에 다양한 영역의 원칙들로 세상을 가득 채우셨습니다. 덕분에 공기 역학(하늘을 날 수 있게 해 주는), 전기 전자학, 의학을 비롯해 수많은 기정 사실과 한계들을 연결하는 학문들이 발전하고 오늘과 같은 문명을 누릴 수 있게 된 것입니다. 하나님께 감사하고 또 감사할 일입니다.

*Prayer*  주님, 일상적으로 일어나는 허다한 일들, 일상생활을 안전하고 편하게 만들어 주는 온갖 과학적인 발전들을 당연하게 생각하며 지냈습니다. 정신없이 돌아가는 몸과 마음을 세우고, 그 하나하나를 경이로워하며 주님을 찬양하지 않는다면, 결국 주님의 영광을 빼앗고 스스로도 만족을 느끼지 못할 것입니다. 감사하는 훈련을 계속하도록 도와주십시오. 아멘.

# September 16

시편 104편 10-13절  10 여호와께서 샘을 골짜기에서 솟아나게 하시고 산 사이에 흐르게 하사 11 각종 들짐승에게 마시게 하시니 들나귀들도 해갈하며 12 공중의 새들도 그 가에서 깃들이며 나뭇가지 사이에서 지저귀는도다. 13 그가 그의 누각에서부터 산에 물을 부어 주시니 주께서 하시는 일의 결실이 땅을 만족시켜 주는도다.

갈증을 풀게 하시며  하나님은 또한 피조물들을 보살피십니다. 물을 지으셔서 갈증을 풀게 하시며(11절) 땅을 적셔 열매를 내게 하십니다(13절). 이처럼 창조 세계를 돌보는 하나님의 모습을 통해 그리스도인이 해야 할 역할을 배웁니다. 그리스도인들은 자연을 이용하고 착취하는 게 아니라 보호해서 그 선하고 아름다운 속성을 지켜야 합니다. "주께서 하시는 일의 결실이 땅을 만족시키게" 돕고 있습니까? 아니면 무지와 탐욕 탓에 하나님이 허락하신 풍요로운 세상을 제대로 보살피지 못하고 있습니까? 단 한 분 예수님만이 주실 수 있는 물, 영원한 생명의 물을 마시고 내면의 깊은 만족을 얻지 못한다면(요 4:13-14), 갈증을 채우기 위해 자연을 학대하는 짓을 멈추기 어려울 것입니다.

*Prayer*  주 예수님, 편하고 손쉬운 것에만 신경을 쓰느라 날마다 일상적으로 하는 행동들이 자연계에 악영향을 미친다는 생각은 조금도 하고 싶어 하지 않음을 고백합니다. 하지만 이 세상은 주님의 소유입니다. 주님은 이 세계를 깊이 사랑하십니다. 그러므로 하루하루 겸손하고 인내하는 마음을 주셔서 오늘 묵상했던 여러 질문들을 나 자신에게 던져 보며 돌아보기를 원합니다. 아멘.

# September 17

시편 104편 14-18절  14 그가 가축을 위한 풀과 사람을 위한 채소를 자라게 하시며 땅
에서 먹을 것이 나게 하셔서 15 사람의 마음을 기쁘게 하는 포도주와 사람의 얼굴을 윤택
하게 하는 기름과 사람의 마음을 힘 있게 하는 양식을 주셨도다. 16 여호와의 나무에는 물
이 흡족함이여, 곧 그가 심으신 레바논 백향목들이로다. 17 새들이 그 속에 깃들임이여,
학은 잣나무로 집을 삼는도다. 18 높은 산들은 산양을 위함이여, 바위는 너구리의 피난처
로다.

마음을 힘 있게 하는  하나님은 피조물들의 신체적이고 물리적인 필요만 채
우시는 게 아닙니다. 우리가 다 즐거워서 얼굴이 해처럼 환하게 빛나길 바라
시고 몸만이 아니라 마음도 지키길 원하십니다(15절). 예수님도 '마음을 즐겁
게 하는' 포도주를 주셨습니다. 그리스도는 맛 좋은 포도주를 만들어 결혼 잔
치를 이어 가게 하는 기적으로 사역을 시작하셨습니다(요 2:1-11). 어째서 이런
역사로 공생애의 첫머리를 여신 것일까요? 죄를 용서하는 데서 그치지 않고
온전하고 만족스러운 삶을 회복시키고 잔치의 기쁨을 맛볼 수 있도록 보장하
시는 그분의 사명을 한눈에 보여 주시려는 뜻이었습니다. "기쁨의 기름으로
그 슬픔을 대신"(사 61:3)하기 전까지는 하나님이 주신 것을 모두 받아 누렸다
고 할 수 없습니다.

*Prayer*  그저 순종하는 것만으로는 주님께 영광을 돌릴 수 없습니다. 주님을
즐거워하고 그 기쁨을 만끽하는 것이야말로 하나님을 더없이 영화롭게 하는
길입니다. 하나님의 성품과 속성, 그리고 주님이 나를 위해 행하신 모든 역사
를 기억하고 그 안에서 한껏 즐거워하게 해 주십시오. 내 마음에 기쁨을 일깨
우고 회복시켜 주십시오. 아멘.

# September 18

**주께서 지으신 것들이 땅에 가득하니이다**   24절은 우리로 하여금 돌이켜 예배하게 하는 구절입니다. 해저에는 알려진 것만 무려 5천 여 종의 해면동물이 서식하고 딱정벌레의 종수는 무려 30만이 넘는다고 합니다. 꽃과 나무, 새와 짐승들의 숫자는 이루 헤아리기 어려울 지경입니다. 한눈에 반할 만큼 예쁜 녀석들이 있는가 하면 입이 딱 벌어지도록 기괴한 놈들도 있습니다. 어째서일까요? 이는 하나님의 창조성이 얼마나 무궁무진하며, 주님의 생각이 얼마나 무한하고, 거룩한 사랑이 얼마나 아름다우며, 심지어 그분의 유머감각이 얼마나 탁월한지 여실히 드러냅니다. 오늘 본문은 이 모두가 하나님의 설계로 지어졌으므로 그저 감탄하는 수준을 넘어 탐험하고 연구해야 한다고 가르칩니다. 과학과 예술, 모두를 향한 초대입니다.

*Prayer*   귀를 닫지만 않으면, 모든 피조물이 입을 모아 주님의 존재와 위대함을 증언한다고 성경은 이야기합니다. 나의 귀를 열어 주십시오. "들리는 소리 없어도/ 내 마음 귀가 열리면/ 그 말씀 밝히 들리네/ 우리를 지으신 이/ 대주재 성부 하나님."[104] 아멘.

# September 19

시편 104편 25-29절  25 거기에는 크고 넓은 바다가 있고 그 속에는 생물 곧 크고 작은 동물들이 무수하니이다. 26 그 곳에는 배들이 다니며 주께서 지으신 리워야단이 그 속에서 노나이다. 27 이것들은 다 주께서 때를 따라 먹을 것을 주시기를 바라나이다. 28 주께서 주신즉, 그들이 받으며 주께서 손을 펴신즉, 그들이 좋은 것으로 만족하다가 29 주께서 낯을 숨기신즉, 그들이 떨고 주께서 그들의 호흡을 거두신즉, 그들은 죽어 먼지로 돌아가나이다.

**즐겁게 뛰놀도록 빚어진**  자연은 철따라 양식을 내고(27절) 인간은 때맞춰 거둡니다(28절). 하지만 그런 과정들을 통해 온갖 먹을거리를 주시는 분은 하나님 한 분이십니다(27절). 거대한 바다 생물이 '노닐며' 공중으로 뛰어올랐다가(26절) 공중제비를 돌며 물속으로 들어갑니다. 조금 더 깊이 들여다보면, 그런 자연적인 움직임 하나하나에도 깊은 이유가 있습니다. 하나님이 '지으실' 때 염두에 두신 바로 그 일을 하고 있다는 기쁨과 자유를 모든 창조물들이 마음껏 누리고 있는 것입니다. 인간 역시 하나님의 설계에 따라 살 때만 지극한 즐거움과 만족을 맛볼 수 있습니다. 이런 점에서 자연은 우리를 가슴 벅차게 합니다. 엘리자베스 엘리엇은 말합니다. "조개는 우리보다 더 하나님을 영화롭게 합니다. 조개는 창조 목적에 그대로 부합하는 삶을 살지만, 인간은 그렇지 않기 때문입니다."[105]

*Prayer*  잠깐은 불순종이 쉬워 보이지만, 길게 보면 참으로 어려운 길입니다. 나의 본성을 짓밟는 일이기 때문입니다. 그러므로 순종은 시작하는 게 어려울지 몰라도 때가 되면 마침내 근사한 열매를 맺습니다. 참다운 자아에 부합하는 생활을 꾸려 갈 수 있기 때문입니다. 형편이 어려울 때마다 이러한 진리를 기억하게 도와주십시오. 아멘.

# September 20

시편 104편 30-35절   30 주의 영을 보내어 그들을 창조하사 지면을 새롭게 하시나이
다. 31 여호와의 영광이 영원히 계속할지며 여호와는 자신께서 행하시는 일들로 말미암
아 즐거워하시리로다. 32 그가 땅을 보신즉, 땅이 진동하며 산들을 만지신즉, 연기가 나는
도다. 33 내가 평생토록 여호와께 노래하며 내가 살아 있는 동안 내 하나님을 찬양하리로
다. 34 나의 기도를 기쁘게 여기시기를 바라나니 나는 여호와로 말미암아 즐거워하리로
다. 35 죄인들을 땅에서 소멸하시며 악인들을 다시 있지 못하게 하시리로다. 내 영혼아,
여호와를 송축하라. 할렐루야.

지면을 새롭게 하시나이다   물리적인 세계에 자양분을 공급하고 성장을 이
끌어 내는 이들은 하나님의 역사에 힘을 보태고 있는 셈입니다. 하나님의 영
은 마음을 새롭게 할 뿐만 아니라(딛 3:5-6) "땅의 모습을 다시 새롭게"(30절, 새번
역) 하십니다. 주님은 영적이든 생물학적이든, 온 생명의 근원이시기 때문입
니다. 하나님은 자연계의 피조물들을 보고 즐거워하십니다. 그러므로 우리도
그래야 마땅합니다. 하지만 35절은 타락하고 죄에 물든 세상은 반드시 바로
잡혀야 한다는 사실을 일깨워 줍니다. 우리는 피조물들을 돌보는 데 그쳐서
는 안 되며 사람들의 경제적이고 물질적인 필요를 채우도록 도와야 합니다.
그러므로 그리스도인은 이웃을 제 몸처럼 사랑하며 그들의 몸과 영혼의 형편
을 두루 보살펴야 합니다.

Prayer   하나님은 몸과 영혼을 둘 다 지으셨으며, 그리스도는 죽음을 이기고
부활하셔서 몸과 마음을 모두 대속하셨습니다. 그러므로 나 역시 말씀과 복
음으로만이 아니라 실제적인 도움과 헌신적인 베풂으로 이웃들을 섬기며 살
기를 원합니다. 아멘.

# September 21

시편 105편 1-7절  1 여호와께 감사하고 그의 이름을 불러 아뢰며 그가 하는 일을 만민 중에 알게 할지어다. 2 그에게 노래하며 그를 찬양하며 그의 모든 기이한 일들을 말할지어다. 3 그의 거룩한 이름을 자랑하라. 여호와를 구하는 자들은 마음이 즐거울지로다. 4 여호와와 그의 능력을 구할지어다. 그의 얼굴을 항상 구할지어다. 5-6 그의 종 아브라함의 후손 곧 택하신 야곱의 자손 너희는 그가 행하신 기적과 그의 이적과 그의 입의 판단을 기억할지어다. 7 그는 여호와, 우리 하나님이시라. 그의 판단이 온 땅에 있도다.

그의 모든 기이한 일들을 말할지어다   시편 105편은 역사 속에서 보여 주시는 하나님의 강력한 구원의 손길을 설명합니다. 하지만 기자는 본론으로 들어가기 전에 주님이 행하신 '모든' 놀라운 일들(2절)과 기적들을 찬양하고 경배하라고 백성들을 향해 부르짖습니다. 그리스도인들은 이 호소를 주위 사람들에게 하나님이 우리 삶에서 어떤 일들을 이루셨는지 들려 주라는 뜻으로 받아들여야 합니다. 저마다의 역사 속에서 하나님이 이루신 구원 사역을 알리지 않고 침묵하는 경우가 얼마나 많은지 모릅니다. 그런 주제에 관해서는 입을 다무는 게 겸손하고 점잖은 처신이라고 생각하기 쉽지만, 결과를 보면 정반대임을 알 수 있습니다. 남들한테 그리스도인은 하나님이 아니라 자기 힘으로 어려움을 딛고 일어서서 삶을 꾸려 간다는 인상을 심어 주기 때문입니다.

*Prayer*   어느 날 문득, 나의 삶에 개입하셔서 걸음을 멈추고 눈을 열게 하시고 하나님의 거룩한 이름을 향한 사랑의 불씨를 지펴 주신 주님을 찬양합니다. 그 모든 일들을 그토록 슬기로우며 명석하고 아름다운 방식으로 진행해 주셨습니다. 주님이 베푸신 선한 역사를 다른 이들에게 간증할 수 있도록 겸손과 용기를 주십시오. 아멘.

# September 22

시편 105편 8-11절   8 그는 그의 언약, 곧 천 대에 걸쳐 명령하신 말씀을 영원히 기억하
셨으니 9 이것은 아브라함과 맺은 언약이고 이삭에게 하신 맹세이며 10 야곱에게 세우신
율례, 곧 이스라엘에게 하신 영원한 언약이라. 11 이르시기를, 내가 가나안 땅을 네게 주
어 너희에게 할당된 소유가 되게 하리라 하셨도다.

본향을 주시겠다는 약속   아브라함의 후손들에게 본향을 주시겠다고 하신
하나님의 약속은 구원 계획을 이해하는 키워드가 됩니다. 너나없이 안전하
고 위로와 사랑이 넘치는 집, 또는 본향을 갈망합니다. 인간은 본래 죽음이나
사랑하는 이와의 이별이 없는 곳, 하나님과 더불어 걸으며 얼굴과 얼굴을 마
주하는 세계에 살도록 지음을 받았습니다. 하지만 죄가 그 세상을 망쳐 놓았
고 세상은 집으로든 고향으로든, 더 이상 제 구실을 할 수 없게 되었습니다.
에덴동산에서 쫓겨난 뒤로 인류는 기약 없는 망명 생활을 이어 갈 수밖에 없
었습니다. 그러기에 이 땅에 오신 하나님의 아들은 머리 둘 곳이 없었으며(눅
9:58) 성 밖에서 십자가에 못 박히셨습니다. 주님은 마땅히 우리 몫으로 돌아
와야 할 엄중한 추방을 당하셔서 인류가 하나님의 집으로 돌아갈 길을 여셨
습니다(엡 2:17-19). 그리고 언젠가는 이 땅에 다시 오셔서 참다운 집이 되어 주
실 것입니다(계 21:1-8).

*Prayer*   주님, 세상의 그 무엇도 진정한 집, 또는 본향이 될 수 없음을 알고
거기서 평안을 얻을 수 있게 해 주십시오. 기도하는 가운데, 하나님의 사랑과
임재를 실감할 때마다 미래의 고향을 맛보는 것에서 힘을 얻기를 원합니다.
언젠가 평생 이토록 갈망하는 그 본향에 데려가실 주님을 찬양합니다. 아멘.

# September 23

시편 105편 12-15절   12 그 때에 그들의 사람 수가 적어 그 땅의 나그네가 되었고 13 이 족속에게서 저 족속에게로, 이 나라에서 다른 민족에게로 떠돌아다녔도다. 14 그러나 그는 사람이 그들을 억압하는 것을 용납하지 아니하시고 그들로 말미암아 왕들을 꾸짖어 15 이르시기를, 나의 기름 부은 자를 손대지 말며 나의 선지자들을 해하지 말라 하셨도다.


**오직 은혜로만**   본문은 아브라함과 이삭, 야곱과 같은 족장들을 이야기하면서 세상을 떠도는 동안 하나님이 어떻게 안전하게 지켜 주셨는지 설명합니다. 하지만 15절은 아브라함이 아비멜렉에게 사라를 누이로 속였던 사건을 짚어 줍니다. 왕이 자신의 목숨을 빼앗고 아내를 빼앗아 갈까 봐 두려워서 아브라함이 저지른 일이었습니다. 하나님은 아비멜렉에게 주의를 주셔야 했습니다. 아브라함을 선지자라고 말씀하시며(창 20:6) 그 아내에게 손을 대지 말라고 하셨습니다. 이처럼 족장들의 개인사는 오류와 도덕적인 실수들이 차고 넘칩니다. 어떻게 이들이 오늘을 사는 그리스도인들에게 윤리적인 모범이 될 수 있을까요? 답은 간단합니다. 다른 종교들과 달리 기독교는 기본적으로 도덕적인 본보기를 좇는 신앙이 아닙니다. 성경의 역사는 곧 자격도 없고, 애써 구하지도 않으며, 구원받은 뒤에도 제대로 감사할 줄도 모르는 이들에게 한결같이 은혜를 베푸시는 하나님의 역사입니다.

*Prayer*   은혜의 하나님을 찬양합니다. 나를 에워싼 여러 세력들에게서 지켜 주실 뿐만 아니라 나 스스로에게서도 구원해 주셔서 감사합니다. 주님의 은혜를 아는 지식이 나를 움직여 온 마음으로 하나님께 깊이 순종하기를 원합니다. 아멘.

# September 24

시편 105편 16-22절  16 그가 또 그 땅에 기근이 들게 하사 그들이 의지하고 있는 양식을 다 끊으셨도다. 17 그가 한 사람을 앞서 보내셨음이여, 요셉이 종으로 팔렸도다. 18 그의 발은 차꼬를 차고 그의 몸은 쇠사슬에 매였으니 19 곧 여호와의 말씀이 응할 때까지라. 그의 말씀이 그를 단련하였도다. 20 왕이 사람을 보내어 그를 석방함이여 뭇 백성의 통치자가 그를 자유롭게 하였도다. 21 그를 그의 집의 주관자로 삼아 그의 모든 소유를 관리하게 하고 22 그의 뜻대로 모든 신하를 다스리며 그의 지혜로 장로들을 교훈하게 하였도다.

**연약함을 통한 구원**  요셉은 백성들을 구하기 위해 이집트로 '먼저 보냄을' 받았습니다. 하지만 이스라엘을 구원하기까지의 과정이 어떠했습니까? '종으로' 팔리면서 시작되었습니다. 요셉이 배신을 당하고, 팔리고, 여러 해 동안 옥에 갇히지 않았더라면 치명적인 인격적 결함에서 벗어나지도 못했을 것이고, 한 세대에서 다음 세대로 이어지는 죄에서 동족을 건져 낼 수도 없었을 것이고, 허다한 백성들에게 굶주림을 면하게 해 줄 수도 없었을 것입니다(창 37-50). 요셉은 하나님의 구원을 모형적으로 심도 깊게 보여 줍니다. 요셉도 그랬지만 특히 예수님은 거절과 연약함, 희생을 통해 구원을 이루셨습니다. 우리도 스스로 연약함을 인정하고 고백하는 회개를 통해 구원에 줄을 댈 수 있습니다. 하나님은 이렇게 어려움과 역경을 사용해 우리를 흠과 결함에서 건져 내 건강하게 하십니다.

*Prayer*  허약하고 속수무책이라는 느낌이 정말 싫습니다. 하지만 주님은 "능력이 약한 데서 온전하여짐"(고후 12:9)이라고 말씀하십니다. 연약해지는 순간마다 주 앞에 나가서, 단단히 붙들고 늘어지며, 죄를 고백하고, 깊이 의지하는 법을 가르쳐 주십시오. 주님을 통해서만 정말 강해질 수 있습니다. 아멘.

# September 25

시편 105편 23-25절   23 이에 이스라엘이 애굽에 들어감이여, 야곱이 함의 땅에 나그네
가 되었도다. 24 여호와께서 자기의 백성을 크게 번성하게 하사 그의 대적들보다 강하게
하셨으며 25 또 그 대적들의 마음이 변하게 하여 그의 백성을 미워하게 하시며 그의 종들
에게 교활하게 행하게 하셨도다.

**하나님의 계획**   이집트 사람들은 이스라엘 백성들을 미워하게 되었습니다(출
1:1-14). 하지만 이는 거룩한 계획의 일부였습니다(25절). 하나님은 아시리아를
동원해 이스라엘을 징계하셨지만 정복자들에게도 폭력에 대한 응분의 책임
을 물으셨습니다(사 10:5-12). 예수님의 죽음 또한 하나님이 예정해 두신 길이
었지만, 주님을 죽음으로 몰아간 이들에게는 죄가 돌아갔습니다(행 2:23). 여
기에 두 가지, 하지만 반드시 조화를 이루어야 할 성경의 핵심적인 진리가 있
습니다. 우리가 하는 일 하나하나는 모두 하나님의 계획 속에 들어 있지만,
주님은 무슨 일이든 억지로 강요하시는 법이 없으므로 행동에 대한 책임은
오롯이 우리의 몫이라는 사실입니다. 첫 번째 진리를 잊으면 모든 게 스스로
어떻게 사느냐에 달렸다는 생각에 시달리게 되고, 두 번째 진리를 놓치면 어
느 쪽을 택하든 상관없다는 착각에 빠지게 됩니다. 이러한 가르침을 마음에
새겨 안일과 염려에서 모두 벗어나시기 바랍니다.

*Prayer*   주님은 주권자이시며 내게는 책임이 있습니다. 첫 번째 진리를 잊
어버리면, 하나님의 계획을 내가 망쳐 버릴 수 있다는 두려움에 얼어붙고 말
것입니다. 또 두 번째 진리를 믿지 않으면 수동적이고 냉소적이 될 것입니다.
이 놀랍고도 역설적인 교리에 기대어 스스로 분발하는 한편, 마땅히 누려야
할 위안과 안심을 얻을 수 있게 도와주십시오. 아멘.

시편 105편 26-36절  26 그리하여 그는 그의 종 모세와 그의 택하신 아론을 보내시니 27 그들이 그들의 백성 중에서 여호와의 표적을 보이고 함의 땅에서 징조들을 행하였도다. 28 여호와께서 흑암을 보내사 그곳을 어둡게 하셨으나 그들은 그의 말씀을 지키지 아니하였도다. 29 그들의 물도 변하여 피가 되게 하사 그들의 물고기를 죽이셨도다. 30 그 땅에 개구리가 많아져서 왕의 궁실에도 있었도다. 31 여호와께서 말씀하신즉, 파리 떼가 오며 그들의 온 영토에 이가 생겼도다. 32 비 대신 우박을 내리시며 그들의 땅에 화염을 내리셨도다. 33 그들의 포도나무와 무화과나무를 치시며 그들의 지경에 있는 나무를 찍으셨도다. 34 여호와께서 말씀하신즉, 황충과 수많은 메뚜기가 몰려와 35 그들의 땅에 있는 모든 채소를 먹으며 그들의 밭에 있는 열매를 먹었도다. 36 또 여호와께서 그들의 기력의 시작인 그 땅의 모든 장자를 치셨도다.

**불순종의 어두움**  시편 기자는 이집트에 칠흑 같은 어둠이 덮쳤던 아홉 번째 재앙을 조명하면서 '그들이 하나님의 말씀을 지키지 아니하였기 때문'이라고 지적합니다(28절). 마음에 짙은 어둠이 깔리는 현상은 하나님께 불순종한 것에 따르는 지극히 보편적인 결과입니다. 생각은 헛바퀴를 돌고 두려움과 분노, 절망 따위의 정서가 마음을 지배합니다(롬 1:21, 엡 4:18). 이 진리는 거꾸로 뒤집어도 참입니다. 아직 빛이 들기 전이라도 일단 순종하기 시작하면 차츰 전모를 정확히 알게 됩니다(요 7:17, "하나님의 뜻을 따르려는 사람은 누구든지 … 알 것이다"). 다 알아야 순종하겠다는 식의 마음가짐을 버리십시오. 우리를 위해 악과 죄라는 어둠의 극치를 맛보신 분을 기억하시기 바랍니다(마 27:45-46).

*Prayer*  아버지, 나는 당신의 자녀입니다. 다른 철부지들처럼 아버지가 왜 이러저러한 일을 하라고 하시는지 알 수가 없습니다. 하지만 완전히 납득이 가야 아빠·엄마가 하는 말에 따르겠다고 마음먹는 아이는 결국 참담한 결과와 마주할 수밖에 없을 것입니다. 그러므로 그냥 듣자마자 순종하려 합니다. 하나님은 나의 아버지이시기 때문입니다. 아멘.

# September 27

시편 105편 37-42절  37 마침내 그들을 인도하여 은금을 가지고 나오게 하시니 그의 지파 중에 비틀거리는 자가 하나도 없었도다. 38 그들이 떠날 때에 애굽이 기뻐하였으니 그들이 그들을 두려워함이로다. 39 여호와께서 낮에는 구름을 펴사 덮개를 삼으시고 밤에는 불로 밝히셨으며 40 그들이 구한즉 메추라기를 가져 오시고 또 하늘의 양식으로 그들을 만족하게 하셨도다. 41 반석을 여신즉, 물이 흘러나와 마른 땅에 강 같이 흘렀으니 42 이는 그의 거룩한 말씀과 그의 종 아브라함을 기억하셨음이로다.

하나님의 예비하심  이스라엘이 광야를 떠돌던 시절, 하나님은 살아가는 데 필요한 재정과 보호, 그리고 먹을거리를 끊임없이 공급해 주셨습니다(37-40절). 그럼에도 불구하고 백성들은 광야로 끌어내 죽게 만들었다며 모세와 하나님을 원망했습니다(출 17:1-7). 터무니없는 원성을 들으신 하나님은 모세에게 지팡이를 잡으라고 하셨습니다. 이집트에 거룩한 심판을 내리는 도구로 쓰셨던 특별한 지팡이였습니다. 하지만 모세는 하나님의 명령에 따라 심판의 지팡이로 이스라엘 백성들이 아니라 하나님이 서 계신 반석을 쳤습니다. 그러자 그 바위에서 생명을 주는 샘물이 쏟아져 나왔습니다(41절). 바울은 이 반석이 그리스도라고 설명합니다(고전 10:4-6). 예수님은 우리 대신 얻어맞고 심판을 받으셨습니다. "어우러져 흘러내리는 슬픔과 사랑"에 힘입어 우리는 영원한 생명을 누릴 수 있게 된 것입니다. [106]

Prayer  주님, "온 세상 만물이 다 내 것이라도 주께 드리기에는 너무도 작은 선물입니다. 그처럼 놀라운 사랑, 거룩한 사랑이 내 영혼, 내 생명, 내 모든 것을 찾으십니다."[107] 아멘.

# September 28

시편 105편 43-45절  43 그의 백성이 즐겁게 나오게 하시며 그의 택한 자는 노래하며 나오게 하시고 44 여러 나라의 땅을 그들에게 주시며 민족들이 수고한 것을 소유로 가지게 하셨으니 45 이는 그들이 그의 율례를 지키고 그의 율법을 따르게 하려 하심이로다. 할렐루야.

주님을 찬양하라!  하나님이 이스라엘에 베푸신 구원은 위대했지만, 한편으로는 일시적이고 불완전했습니다. 백성들은 율법과 계명을 꾸준히 지키지 않았습니다(45절). 그보다 더 확실한 조처가 필요했습니다. 예수님을 통해 우리는 더 큰 요셉을 얻습니다. 주님은 사로잡혀 죽임을 당했지만 부활하셔서 하나님의 보좌 오른편에 앉아 그분을 배신한 이들을 용서하고 구원하십니다. 우리는 인간과 하나님 사이에 서서 새로운 언약을 맺으시는 더 위대한 모세를 얻습니다. 하나님의 공의, 그 무서운 지팡이로 맞으시고 광야 같은 세상을 헤매는 우리에게 영원한 생명의 물을 주시는 더 위대한 반석을 얻습니다. 하나님이 행하시는 모든 일 뒤에는 어김없이 상상조차 할 수 없을 만큼 위대한 무언가가 있습니다. 주님을 찬양하십시오!

*Prayer*  주님이 행하시는 일은 하나같이 "우리가 구하거나 생각하는 것 이상"(엡 3:20, 새번역)임을 성경 말씀을 통해 보여 주셔서 감사합니다. 좀처럼 떨쳐 내지 못하는 막연한 공포감 대신 이 진리를 품고 자신 있게 살아가게 도와주십시오. 아멘.

# September 29

시편 106편 1-5절  1 할렐루야, 여호와께 감사하라. 그는 선하시며 그 인자하심이 영원함이로다. 2 누가 능히 여호와의 권능을 다 말하며 주께서 받으실 찬양을 다 선포하랴? 3 정의를 지키는 자들과 항상 공의를 행하는 자는 복이 있도다. 4 여호와여 주의 백성에게 베푸시는 은혜로 나를 기억하시며 주의 구원으로 나를 돌보사 5 내가 주의 택하신 자가 형통함을 보고 주의 나라의 기쁨을 나누어 가지게 하사 주의 유산을 자랑하게 하소서.

언제나 정의를 실천하는 이들   시편 106은 끊임없이 은혜를 저버리는 인간의 면모와 대가를 바라지 않는 하나님의 사랑과("주의 택하신 자", 5절) 인내를 이야기합니다. 하지만 3절은 인간의 죄에도 불구하고 하나님이 끊임없이 보내시는 은혜의 메시지를 이렇게 소개하고 있습니다. "정의를 지키는 자들과 항상 공의를 행하는 자는 복이 있도다." 절대 어떤 경우에도, 은혜의 복음을 바른 일을 하지 않아도 된다는 임시 허가증으로 여겨서는 안 됩니다. 하나님은 이루 말할 수 없이 자비로우시고 오래 참아 주시지만(그러기에 더더구나) 그리스도인은 반드시 항상 정의를 지켜야 합니다. 이쯤은 괜찮지 않느냐는 식의 핑계가 용납될 여지는 전혀 없습니다(고전 10:13). 끝이 없는 자비의 곳간과 공의를 요구하는 엄정한 명령이 공존하는 것은 불가능한 일입니다. 이쪽, 아니면 저쪽으로 기우는 게 인간의 성정입니다. 하지만 하나님 안에서는 이 둘이 완벽하게 조화를 이룹니다.

*Prayer*   주님이 한없는 은혜로 베풀어 주시는 선물들은 어그러짐 없이 완전한 의로움에 주어지는 상급일 뿐입니다. 무얼 준다 한들, 나를 위해 이 모든 일을 행하신 분을 거역하겠습니까? 주님, 은혜에 온전히 사로잡혀 항상 옳은 일만 하게 도와주십시오. 아멘.

# September 30

시편 106편 6-12절  6 우리가 우리의 조상들처럼 범죄하여 사악을 행하며 악을 지었나이다. 7 우리의 조상들이 애굽에 있을 때 주의 기이한 일들을 깨닫지 못하며 주의 크신 인자를 기억하지 아니하고 바다 곧 홍해에서 거역하였나이다. 8 그러나 여호와께서는 자기의 이름을 위하여 그들을 구원하셨으니 그의 큰 권능을 만인이 알게 하려 하심이로다. 9 이에 홍해를 꾸짖으시니 곧 마르니 그들을 인도하여 바다 건너가기를 마치 광야를 지나감 같게 하사 10 그들을 그 미워하는 자의 손에서 구원하시며 그 원수의 손에서 구원하셨고 11 그들의 대적들은 물로 덮으시매 그들 중에서 하나도 살아남지 못하였도다. 12 이에 그들이 그의 말씀을 믿고 그를 찬양하는 노래를 불렀도다.

감사할 줄 모르는 죄    오늘 본문은 감사할 줄 모르는 죄를 지적합니다. "주의 크신 인자를 기억하지 아니하고"(7절). 이는 인간이 짓는 모든 죄의 뿌리입니다. "하나님을 영화롭게도 아니하며 감사하지도 아니하고"(롬 1:21). 언뜻 심각한 잘못처럼 들리지 않을지 모르지만, 표절이라는 범죄를 곱씹어 보면 금방 그 중대성을 감지할 수 있습니다. 표절은 도둑질이고 거짓말입니다. 마땅히 다른 누군가에게 돌아가야 할 몫을 빼앗고 남들에게 실상보다 더 나은 인간이라는 허상을 심어 줍니다. 죄는 우주적인 배은망덕의 산물입니다. 스스로도 자기 삶을 조화롭게 꾸려 갈 수 있다는 망상을 갖게 합니다. 하지만 실제로 한 순간도 멈추지 않고 심장이 뛰고, 나라가 외적의 침략을 받지 않으며, 두뇌가 제대로 돌아가는 것은 처음부터 끝까지 하나님이 베풀어 주시는 엄청나게 큰 은혜 덕분입니다. 그러므로 경이감에 사로잡혀 감사하고 기뻐하는 마음으로 하루하루를 살아가야 합니다.

*Prayer*    주님, 일상적으로 자비를 베풀어 주셔서 감사합니다. 날마다 목숨을 이어 가게 해 주셔서 감사합니다. 끝없이 참아 주셔서 감사합니다. 어리석은 행동의 결과들로부터 한결같이 지켜 주셔서 감사합니다. 시련의 길을 걸을 때 동행해 주셔서 감사합니다. 그리고 기도할 때마다 응답해 주셔서 감사합니다. 아멘.

# October 1

시편 106편 13-18절  13 그러나 그들은 그가 행하신 일을 곧 잊어버리며 그의 가르침을 기다리지 아니하고 14 광야에서 욕심을 크게 내며 사막에서 하나님을 시험하였도다. 15 그러므로 여호와께서는 그들이 요구한 것을 그들에게 주셨을지라도 그들의 영혼은 쇠약하게 하셨도다. 16 그들이 진영에서 모세와 여호와의 거룩한 자 아론을 질투하매 17 땅이 갈라져 다단을 삼키며 아비람의 당을 덮었고 18 불이 그들의 당에 붙음이여 화염이 악인들을 살랐도다.

그러나 그들은 곧 잊어버리며  본문은 한 구절 한 구절 같은 지점을 가리키고 있습니다. 인류는 하나님, 그리고 이웃들과 더불어 살아가는 정도를 늘 지키지 못한다는 사실입니다. 하나님이 아무리 멋지고 선한 일들을 해 주셔도 배은망덕(13절), 끝없는 욕심(14절), 하나님 위에 서려는 의지(14절), 시기심과 이기심(16절) 같은 인간의 속성은 좀처럼 변하지 않습니다. 인간에게는 내면에 역사해 구원하고 변화시켜 주시는 손길이 반드시 필요합니다. 스스로의 힘으로는 절대 불가능하기 때문입니다. 〈슈퍼맨 리턴즈〉(Superman Returns)라는 영화에서 로이스 레인(Lois Lane)은 말합니다. "세상에 구세주 따위는 필요 없어! 나도 그래!"[108] 인간의 천성을 단적으로 보여 주는 한 마디입니다. 하지만 이는 끔찍하고 치명적인 결과를 낳을 뿐입니다.

*Prayer*  주님을 향해 내 마음이 활짝 열리게 해 주십시오. 예나 지금이나 제 힘으로는 어림도 없습니다. "주님 말고는 아무도 마음을 빼앗지 못합니다. 주님의 넘치는 은혜에 목마른 까닭입니다. 아는 건 이것뿐입니다. 내가 주님을 사랑한다 해도 주님은 그보다 먼저 나를 사랑하셨습니다."[109] 아멘.

10월

# October 2

시편 106편 19-23절   **19** 그들이 호렙에서 송아지를 만들고 부어 만든 우상을 경배하여 **20** 자기 영광을 풀 먹는 소의 형상으로 바꾸었도다. **21** 애굽에서 큰일을 행하신 그의 구원자 하나님을 그들이 잊었나니 **22** 그는 함의 땅에서 기사와 홍해에서 놀랄 만한 일을 행하신 이시로다. **23** 그러므로 여호와께서 그들을 멸하리라 하셨으나 그가 택하신 모세가 그 어려움 가운데에서 그의 앞에 서서 그의 노를 돌이켜 멸하시지 아니하게 하였도다.

**노를 돌이켜 멸하시지 아니하게**   기적적인 출애굽 이후에 이스라엘 백성들은 "구원자 하나님을 잊어버렸"습니다(21절, 새번역). 우리도 다를 바가 없습니다(6절을 보십시오). 너나없이 속으로 묻습니다. '성경 속의 하나님께서 나를 위해서는 무얼 하고 계신 걸까?' 그런 질문이 속에서 떠오를 때 거기에 빠지지 말고 맞서시기 바랍니다. 모세는 기도로 하나님의 진노를 되돌렸습니다(23절). 하지만 예수님은 십자가에서 스스로 하나님의 노여움을 고스란히 받아 지셨습니다(히 9:5, 요일 2:2). 그러므로 주님을 믿는 이들에게는 더 이상 진노가 따르지 않습니다(요 3:36, 롬 8:1). 하나님이 여전히 사랑하시는지 회의가 들 때마다 예수님을 기억하십시오. 우리가 있기도 전에 하나님은 오늘을 사는 우리를 위해 그 일들을 행하셨습니다.

*Prayer*   그리스도 안에서 나는 용서를 받고 하나님의 가정에 입양이 되었습니다. 주님은 나를 의롭다 여겨 주시고, 성령의 은사를 베푸셨으며, 부활해 인간의 머리로는 가늠할 수 없을 만큼 커다란 영광에 들어가게 해 주셨습니다. 굳이 다른 일을 해 주시지 않아도 세상을 떠나는 날까지 온 마음과 정성을 다해 주님을 찬양하고 섬겨야 마땅하다는 사실을 늘 일깨워 주십시오. 아멘.

# October 3

시편 106편 24-31절　24 그들이 그 기쁨의 땅을 멸시하며 그 말씀을 믿지 아니하고 25 그들의 장막에서 원망하며 여호와의 음성을 듣지 아니하였도다. 26 이러므로 그가 그의 손을 들어 그들에게 맹세하기를 그들이 광야에 엎드러지게 하고 27 또 그들의 후손을 뭇 백성 중에 엎드러뜨리며 여러 나라로 흩어지게 하리라 하셨도다. 28 그들이 또 브올의 바알과 연합하여 죽은 자에게 제사한 음식을 먹어서 29 그 행위로 주를 격노하게 함으로써 재앙이 그들 중에 크게 유행하였도다. 30 그 때에 비느하스가 일어서서 중재하니 이에 재앙이 그쳤도다. 31 이 일이 그의 의로 인정되었으니 대대로 영원까지로다.

**그가 그들에게 맹세하기를**　하나님은 징벌을 약속하고 맹세까지 하시지만 (26-27절), 그러한 다짐이 백성들의 순종을 이끌어 내지는 못했습니다. '충격요법'을 활용한 예방 프로그램들이 적지 않습니다. 청소년들에게 감옥의 현실을 심하다 싶을 만큼 적나라하게 보여 주는가 하면, 심각한 통계 수치를 제시하며 마약 중독이 불러오는 무시무시한 결과들을 알려 주기도 합니다. 하지만 연구에 따르면, 이런 프로그램을 거친 이들은 경계하고자 하는 행위를 자제하는 게 아니라 더 빠져드는 경향이 있다고 합니다.[110] 특정한 행동을 금지하면 도리어 한 번 해 보고 싶은 욕구가 생기며 자신은 남들과 다르리라고 합리화하는 내면의 핑계가 더 그럴듯해진다는 것입니다. 바울은 선한 일을 행하고자 하는 욕구가 가장 클 때 내면에 도사린 악이 고개를 쳐들고 일어났다고 말합니다(롬 7:14-24). 정말로 우리에게는 구세주가 필요합니다.

*Prayer*　주님, 더럽고 고집불통인 내 마음을 들여다볼 때마다 가슴이 아픕니다. 대대로 죄를 물려받은 데다가 그걸 평생 방치해 온 탓입니다. 그야말로 엉망진창입니다. "아, 나는 비참한 사람입니다. 누가 이 죽음의 몸에서 나를 건져 주겠습니까? 우리 주 예수 그리스도를 통하여 나를 건져 주신 하나님께 감사를 드립니다"(롬 7:24-25, 새번역). 아멘.

# October 4

시편 106편 32-39절 32 그들이 또 므리바 물에서 여호와를 노하시게 하였으므로 그들 때문에 재난이 모세에게 이르렀나니 33 이는 그들이 그의 뜻을 거역함으로 말미암아 모세가 그의 입술로 명령되이 말하였음이로다. 34 그들은 여호와께서 멸하라고 말씀하신 그 이방 민족들을 멸하지 아니하고 35 그 이방 나라들과 섞여서 그들의 행위를 배우며 36 그들의 우상들을 섬기므로 그것들이 그들에게 올무가 되었도다. 37 그들이 그들의 자녀를 악귀들에게 희생제물로 바쳤도다. 38 무죄한 피, 곧 그들의 자녀의 피를 흘려 가나안의 우상들에게 제사하므로 그 땅이 피로 더러워졌도다. 39 그들은 그들의 행위로 더러워지니 그들의 행동이 음탕하도다.

그들의 우상들을 섬기므로  가나안 주민들을 멸망시키라는 하나님의 명령은 참으로 무섭게 느껴집니다. 하지만 세상을 구원하시려는 하나님의 목적이라는 더 큰 틀에서 이 가르침을 보아야 합니다.[111] 이스라엘 백성들을 통해 심판하시기 전에 하나님은 사람을 제물로 바칠 만큼 폭력적인 가나안의 여러 민족들을 오랫동안 참고 또 참으며 기다리셨습니다(창 15:16). 이제 하나님은 그리스도인들에게 믿음이 없는 세상을 공격하는 게 아니라 그들의 유익을 추구하라고 말씀하십니다(렘 29:7). 그럼에도 불구하고 다원론적인 사회에서 살아간다는 것은 곧 우리 시대 문화가 섬기는 우상들을 받아들이거나 하나님의 법을 버리고 세상에 순응하지 않도록 신경을 곤두세우고 조심해야 한다는 뜻입니다(36절). 이처럼 사랑과 철저한 구별을 조화시키려고 노력하는 그리스도인은 세상 사람들에게 희한하면서도 매력적인 존재로 보이기 마련입니다(벧전 2:11-12).

*Prayer*  주 예수님, 이웃들이 나를 보고 기독교 신앙에 대한 거부감과 매력을 동시에 느낄 만큼 남다르게 살지 못했음을 고백합니다. 남들보다 더 행복하거나 친절하거나 겸손하거나 슬기롭게 보일 만한 면이 없었습니다. 오 주님, 은혜 가운데 성숙하게 하셔서 머리부터 발끝까지 빚고 이끄시는 하나님께 영광이 돌아가게 해 주십시오. 아멘.

# October 5

40 그러므로 여호와께서 자기 백성에게 맹렬히 노하시며 자기의 유업을 미워하사 41 그들을 이방 나라의 손에 넘기시매 그들을 미워하는 자들이 그들을 다스렸도다. 42 그들이 원수들의 압박을 받고 그들의 수하에 복종하게 되었도다. 43 여호와께서 여러 번 그들을 건지시나 그들은 교묘하게 거역하며 자기 죄악으로 말미암아 낮아짐을 당하였도다. 44 그러나 여호와께서 그들의 부르짖음을 들으실 때에 그들의 고통을 돌보시며 45 그들을 위하여 그의 언약을 기억하시고 그 크신 인자하심을 따라 뜻을 돌이키사 46 그들을 사로잡은 모든 자에게서 긍휼히 여김을 받게 하셨도다. 47 여호와 우리하나님이여, 우리를 구원하사 여러 나라로부터 모으시고 우리가 주의 거룩하신 이름을 감사하며 주의 영예를 찬양하게 하소서. 48 여호와 이스라엘의 하나님을 영원부터 영원까지 찬양할지어다. 모든 백성들아 아멘 할지어다. 할렐루야.

그러나 부르짖음을 들으실 때에 돌보시며   하나님은 숱하게 백성들을 돌아보시지만 정작 그 백성들은 주께 고개를 돌리는 법이 없었습니다. 그럼에도 불구하고 주님은 그들의 부르짖음을 들으셨습니다(43-44절). 하나님은 어째서 이처럼 우리를 포기하지 않으시는 걸까요? 우리와 나눈 언약을 기억하시기 때문입니다. 여호와께서는 둘로 쪼갠 짐승들 사이를 걸으시며 아브라함과 언약을 맺으셨습니다. 그 후손을 구원하며 복 주시겠다고 죽음의 자리를 두고 맹세하셨습니다(창 15:8-21). 그리스도를 믿는 이들은 아브라함의 자손들입니다. 예수님이 죽음의 자리로 들어가셔서 우리에게 돌아올 저주를 대신 감당하신 덕분에, 속속들이 죄에 물들었음도 불구하고 은총을 입은 것입니다(갈 3:10-14). 주님의 신실하심에 비춰 보면, 밥 먹듯 언약을 짓밟는 우리의 불성실함이 더없이 도드라집니다. 반대로, 우리의 부정(不貞)에 견주면, 주님의 성실은 이루 말할 수 없이 놀라울 따름입니다.

*Prayer*   지칠 줄 모르고 사랑을 쏟아 부어 주시는 주님을 찬양합니다. 나를 너무나 아끼셔서 결코 죽지 않는 신성과 권능, 영광까지 서슴없이 버리시고 더없이 깊은 바닥까지 내려가셨습니다. 그저 놀라고 사랑하고 찬양하는 게 전부입니다. 아멘.

# October 6

시편 107편 1-9절  1 여호와께 감사하라. 그는 선하시며 그 인자하심이 영원함이로다. 2 여호와의 속량을 받은 자들은 이같이 말할지어다. 여호와께서 대적의 손에서 그들을 속량하사 3 동서남북 각 지방에서부터 모으셨도다. 4 그들이 광야 사막 길에서 방황하며 거주할 성읍을 찾지 못하고 5 주리고 목이 말라 그들의 영혼이 그들 안에서 피곤하였도다. 6 이에 그들이 근심 중에 여호와께 부르짖으매 그들의 고통에서 건지시고 7 또 바른 길로 인도하사 거주할 성읍에 이르게 하셨도다. 8 여호와의 인자하심과 인생에게 행하신 기적으로 말미암아 그를 찬송할지로다. 9 그가 사모하는 영혼에게 만족을 주시며 주린 영혼에게 좋은 것으로 채워주심이로다.

거주할 성읍을 찾지 못하고  깃들여 살 곳을 찾지 못해 방황하며(4절) 주리고 (5절) 지쳤으며(5절) 고립된 이들이 있습니다. 언뜻 보면, 도시라는 데가 인간적인 번영을 누리기에 좋은 공간이 될 수 있음을 이야기하는 듯합니다. 하지만 본문을 조금 더 깊이 들여다보면, 영적인 방황을 치유하고, 영적인 주림을 해결하며, 넉넉한 쉼으로 영적인 탈진에서 회복되며, 주님의 몸인 교회를 통해서 외로움을 떨치기 위해서는 반드시 예수님이 필요하다는 메시지임을 알 수 있습니다. [112] 그러므로 그리스도인들은 저마다 살고 있는 지역을 누구나 살기 좋은 곳으로 만드는 한편(렘 29:7), 함께 하나님을 믿어 거룩한 도성, 하늘나라의 시민이 되자고(계 21-22, 히 12:22-24) 모든 사람들을 초청해야 합니다.

Prayer  내 할 일 하기에 바빠서 동네 사람들의 좋은 이웃이 되지 못하는 나를 붙들어 주십시오. 또 한편으론, 번쩍거리고 신나 보이는 세속 도시에 마음을 빼앗기지 않게 지켜 주십시오. 하늘나라 시민권에 마음을 두기를 원합니다. 아멘.

# October 7

시편 107편 10-16절   10 사람이 흑암과 사망의 그늘에 앉으며 곤고와 쇠사슬에 매임은 11 하나님의 말씀을 거역하며 지존자의 뜻을 멸시함이라. 12 그러므로 그가 고통을 주어 그들의 마음을 겸손하게 하셨으니 그들이 엎드러져도 돕는 자가 없었도다. 13 이에 그들이 그 환난 중에 여호와께 부르짖으매 그들의 고통에서 구원하시되 14 흑암과 사망의 그늘에서 인도하여 내시고 그들의 얽어 맨 줄을 끊으셨도다. 15 여호와의 인자하심과 인생에게 행하신 기적으로 말미암아 그를 찬송할지로다. 16 그가 놋문을 깨뜨리시며 쇠빗장을 꺾으셨음이로다.

**곤고와 쇠사슬에 매인**  여기 죄를 지은 이들이 있습니다(11절). 하나님을 거역하고 지금은 사슬에 묶인 채 쇠빗장과 놋문들 너머 감방에 갇혀 있습니다 (16절). 이는 자기 힘으로는 도저히 벗어날 도리가 없는 수치와 죄책감에 짓눌린 양심과 영혼의 암담한 상태를 가리킵니다. 백성들의 울부짖음을 들으신 하나님은 사슬과 빗장을 깨트리십니다(14, 16절). 하지만 묶으신 것도 그분이 (11-12절) 아닙니까? 마땅히 내려야 할 형벌을 내리셨을 뿐인데, 어떻게 다시 풀어 주실 수 있을까요? 그리스도를 통해 스스로 심판을 받으셨기에 친히 채우신 빗장을 부숴 버리실 수 있는 것입니다(사 53:6, 갈 3:13, 롬 3:25). 얼마나 큰 죄를 지었든, 하나님께 부르짖으십시오. 주님은 반드시 귀 기울여 들어 주십니다.

*Prayer*  "오래도록 죄에 붙잡힌 내 영혼은/ 죄와 본성의 밤에 묶인 채 갇혀 있었습니다./ 주님의 눈이 되살리는 빛을 뿌리셨습니다./ 눈을 떠 보니 감옥은 빛으로 가득했습니다./ 사슬은 끊어져 뒹굴고, 마음은 자유로워졌습니다./ 자리를 털고 발을 내딛어 주님을 따랐습니다." 이 찬송가 가사처럼 극적으로 나를 용서해 주신 주님의 이름을 찬양합니다. [113] 아멘.

# October 8

시편 107편 17-22절  17 미련한 자들은 그들의 죄악의 길을 따르고 그들의 악을 범하기 때문에 고난을 받아 18 그들은 그들의 모든 음식물을 싫어하게 되어 사망의 문에 이르렀도다. 19 이에 그들이 그들의 고통 때문에 여호와께 부르짖으매 그가 그들의 고통에서 그들을 구원하시되 20 그가 그의 말씀을 보내어 그들을 고치시고 위험한 지경에서 건지시는도다. 21 여호와의 인자하심과 인생에게 행하신 기적으로 말미암아 그를 찬송할지로다. 22 감사제를 드리며 노래하여 그가 행하신 일을 선포할지로다.

자해, 자신을 망가뜨리는  자신을 망가뜨리는 이들이 있습니다. '미련해진' 까닭에 병이 든 사람들입니다. 성경이 말하는 '미련한 자'란, 일삼아 죄를 짓는 부류만이 아니라 파괴적이리만치 자기중심적이고 자기기만적인 이들을 가리킵니다. 내키는 대로 사는 갖가지 어리석은 라이프스타일과 중독으로 영혼과 육신의 삶을 심각하게 손상시키는 이들을 한마디로 압축한 표현입니다. "그런 맥락에서, 18절은 이 시대의 골칫거리인 약물 중독을 먼저 떠올리게 하지만 이는 스스로에게 타격을 입히는 인간의 여러 결정들 가운데 하나일 따름입니다."[114] 하나님의 대안은 그저 용서하는 데 머물지 않고 변함없는 사랑을 베풀며(21절) 말씀으로 치유하는 데까지 이릅니다(20절). 복음을 받아들이는 믿음은 죄를 용서할 뿐만 아니라 생각과 의지, 감정을 아울러 인간을 통째로 변화시킵니다(롬 6:15-23).

*Prayer*  주님, 죄를 용서받고 뛸 듯이 기뻐하면서도 여전히 절뚝거립니다. 두려움과 자기 연민, 분노와 자의식, 좌절과 낙담에 발목을 잡혀 기어다니는 것만 같습니다. 복음의 진리를 더 온전히 받아들여야 이 모든 증상들을 더 철저하게 치료할 수 있습니다. 말씀이 중심에 더 깊이 박히게 해 주십시오. 내 안에 풍성히 거하셔서 죄의 결과에서 더 자유로워지기를 원합니다. 아멘.

# October 9

사납게 몰아치는 폭풍우  도저히 감당할 수 없는 세력에 시달리는 이들이 있습니다. 흔히 항해를 인생에 빗대어 말합니다. 마음먹은 대로 일이 잘 풀려 가는, 말하자면 어디로든 원하는 곳까지 배를 몰아갈 수 있을 것 같은 맑은 날이 있습니다. 하지만 커다란 폭풍이 닥치면 엄청난 파도 앞에 그야말로 속수무책임을 깨닫고 맙니다(26절). 관리 능력만('지각', 27절) 갖추면 얼마든지 인생을(또는 바다를) 요리할 수 있으리라는 헛된 꿈은 산산이 부서지고 맙니다. 제 힘을 믿고 살면 역경에 부닥쳐 침몰할 수밖에 없습니다. 하지만 하나님은 풍랑 이는 바다에서 항구가 되어 주십니다(30절). 신약성경의 가르침에 따르면, 하나님은 두 갈래로 자녀들을 도우십니다. 풍랑을 잠재워 주실 수도 있고(막 4:35-41) 주님을 바라보며 험한 파도를 헤쳐 갈 힘을 주실 수도 있습니다(마 14:29-31).

*Prayer*  계획을 잘 세우고, 괜찮은 이들과 어울리며, 좋은 책을 읽어 가며 인생을 잘 가꿔 갈 수 있으리라는 자신감을 품고 삽니다. 그러다 '난데없이' 폭풍우가 몰아치면 금방 길을 잃고 맙니다. 하나님께 순간순간 더 기대고 의지하는 법을 가르쳐 주십시오. 주님이 없으면 아무것도 할 수 없습니다. 아멘.

# October 10

시편 107편 33-43절    33 여호와께서는 강이 변하여 광야가 되게 하시며 샘이 변하여
마른 땅이 되게 하시며 34 그 주민의 악으로 말미암아 옥토가 변하여 염전이 되게 하시며
35 또 광야가 변하여 못이 되게 하시며 마른 땅이 변하여 샘물이 되게 하시고 36 주린 자
들로 거기에 살게 하사 그들이 거주할 성읍을 준비하게 하시고 37 밭에 파종하며 포도원
을 재배하여 풍성한 소출을 거두게 하시며 38 또 복을 주사 그들이 크게 번성하게 하시고
그의 가축이 감소하지 아니하게 하실지라도 39 다시 압박과 재난과 우환을 통하여 그들
의 수를 줄이시며 낮추시는도다. 40 여호와께서 고관들에게는 능욕을 쏟아 부으시고 길
없는 황야에서 유리하게 하시나 41 궁핍한 자는 그의 고통으로부터 건져 주시고 그의 가
족을 양 떼 같이 지켜 주시나니 42 정직한 자는 보고 기뻐하며 모든 사악한 자는 자기 입
을 봉하리로다. 43 지혜 있는 자들은 이러한 일들을 지켜보고 여호와의 인자하심을 깨달
으리로다.

그 크신 하나님의 사랑   본문은 한 절 한 절, 하나님이 베풀어 주신 사랑을 파
고들며 되새깁니다(43절). 어려운 일을 만나면 그 짐을 끌어안고 죄책감에 빠
져 스스로를 망치는 이들이 있는가 하면, 노숙자들처럼 손을 놓아 버리는 이
들도 있습니다. 형편은 제각각이지만 공동된 반응이 있습니다. "부르짖을" 때
마다(6, 13, 19절) 하나님은 어김없이 들으시고 공동체든, 용서든, 치유든, 항구
든 간구하는 바를 채워 주신다는 점입니다. 여기서 무얼 배울 수 있습니까?
하나님의 사랑은 노력의 산물이 아니라 은혜로 주신 선물이라는 사실입니다.
그러므로 훌륭한 구석이나 의로운 생활로 성취해 낸 게 아니라 기도하며 의
지하는 가운데 공짜로 얻었을 따름입니다. 누구든 부르짖으면 하나님은 듣고
응답하십니다. 오, 하나님의 사랑은 얼마나 극진한지요!

*Prayer*   끝이 없는 은혜와 사랑의 창고에 들어가는 비밀번호는 '나의 의'가
아니라 '그리스도의 의로움' 하나뿐입니다. 십자가에서 나를 위해 이루신 주
님의 역사에 기대어 필요를 아뢰기만 하면 하나님이 들어 주심을 기억하고
찬양합니다. 아멘.

# October 11

시편 108편 1-4절   1 하나님이여, 내 마음을 정하였사오니 내가 노래하며 나의 마음을 다하여 찬양하리로다. 2 비파야, 수금아, 깰지어다 내가 새벽을 깨우리로다. 3 여호와여, 내가 만민 중에서 주께 감사하고 뭇 나라 중에서 주를 찬양하오리니 4 주의 인자하심이 하늘보다 높으시며 주의 진실은 궁창에까지 이르나이다.

**고난을 거치며 굳세지는 용기**   시편 108편은 57편과 60편에 등장하는 절박한 탄식들을 합쳐 놓은 분위기입니다. 그런데 그 둘을 조합하자 놀라우리만치 다른 결과가 드러납니다. 이 시편은 '한결같은' 마음, 굳센 용기를 지닌(1절) 심령의 표현입니다. 여기엔 적극적인 기쁨이 있습니다. 형편은 암울할지언정, 하나님께 드리는 시인의 노래는 새벽을 깨웁니다(2절). 순진한 낙관이 아니라 주 안에서 품는 자신감입니다. 한없이 허약하고 궁핍해 본 경험들을 말 그대로 종합해 내린 결론입니다. 성경이 연약함에서 강함이 나온다고 가르치는 이유가 여기에 있습니다. 좁다란 해협을 지나며 하나님의 인도하심을 깊이 경험할수록 나날이 더 사무치는 평안과 용기를 갖게 될 것입니다.

*Prayer*   연약함에도 '불구하고'만이 아니라 그 연약함을 '통해서'도 나를 강하게 하시는 주님을 찬양합니다. 어마어마한 압력이 탄소를 다이아몬드로 바꾸고 맹렬한 불길이 금을 제련하는 것처럼, 고난의 경험들이 나를 빚어 더욱 주님을 닮아가게 하시기를 소원합니다. 아멘.

# October 12

시편 108편 5-13절  5 하나님이여, 주는 하늘 위에 높이 들리시며 주의 영광이 온 땅에서 높임 받으시기를 원하나이다. 6 주께서 사랑하시는 자들을 건지시기 위하여 우리에게 응답하사 오른손으로 구원하소서. 7 하나님이 그의 성소에서 말씀하시되 내가 기뻐하리라, 내가 세겜을 나누며 숙곳 골짜기를 측량하리라. 8 길르앗이 내 것이요 므낫세도 내 것이며 에브라임은 내 머리의 투구요 유다는 나의 규이며 9 모압은 내 목욕통이라. 에돔에는 내 신발을 벗어 던질지며 블레셋 위에서 내가 외치리라 하셨도다. 10 누가 나를 이끌어 견고한 성읍으로 인도해 들이며 누가 나를 에돔으로 인도할꼬? 11 하나님이여, 주께서 우리를 버리지 아니하셨나이까? 하나님이여 주께서 우리의 군대들과 함께 나아가지 아니하시나이다. 12 우리를 도와 대적을 치게 하소서 사람의 구원은 헛됨이니이다. 13 우리가 하나님을 의지하고 용감히 행하리니 그는 우리의 대적들을 밟으실 자이심이로다.

**하나님을 위한 용기**  "마음을 정하였사오니"(1절)라는 말은 곧 용기를 가리킵니다. 눈앞의 두려움이나 결과에 매이지 않고 소신을 지키며 올바른 일을 한다는 뜻입니다. 이런 용기는 어디서 오는 걸까요? 주로 스스로의 안전보다 더 귀한 무언가를 바라는 마음에서 비롯됩니다. 다윗은 오로지 주님의 영광을 보고 싶어 했습니다(5절). 참다운 용기는 "나는 할 수 있어!"(자신감)가 아니라 "그게 나보다 더 중요해!"에 가깝습니다. 동물의 세계에서, 어미는 몸집에 개의치 않고 적과 맞섭니다. 이길 수 있다는 판단이 들어서가 아니라 새끼를 지키기 위해서입니다. 다윗은 그 무엇보다 사랑하는 주님을 위해 과감하게 적과 싸웠습니다. 자기 자신을 돌보기에 급급하지 않았습니다. 이것이 바로 용기의 비밀입니다.

*Prayer*  일상 속에서 살아계신 주님의 실재를 생생하게 감지하는 능력을 주셔서 두려움 없는 삶을 살게 해 주십시오. 두려움은 마음의 초점을 주님께 맞추는 게 아니라 나의 능력을 먼저 생각하는 데서 비롯됩니다. 담대한 배짱이 생길 만큼 주님을 깊이 사랑하기를 원합니다. 아멘.

# October 13

시편 109편 1-5절 **1** 내가 찬양하는 하나님이여, 잠잠하지 마옵소서. **2** 그들이 악한 입과 거짓된 입을 열어 나를 치며 속이는 혀로 내게 말하며 **3** 또 미워하는 말로 나를 두르고 까닭 없이 나를 공격하였음이니이다. **4** 나는 사랑하나 그들은 도리어 나를 대적하니 나는 기도할 뿐이라. **5** 그들이 악으로 나의 선을 갚으며 미워함으로 나의 사랑을 갚았사오니.

**나는 기도할 뿐이라**   다윗은 자신을 공격하는 이들을(4, 5절) 우정으로 대했지만 돌아오는 것은 증오와 거짓이 가득한 비난의 말뿐이었습니다(2, 3절). 다윗은 어떻게 반응할까요? 시인은 짧고 담담하게 말합니다. "나는 기도할 뿐이라." 공격을 당하는 동안에도 반대자들을 위해 계속 기도한다는 의미입니다(마 5:44). 스트레스가 견딜 수 없을 만큼 커지면 기도의 피난처로 달려갔다는 뜻이기도 합니다. 스트레스에 어떻게 반응하고 있습니까? 공격을 받으면, 설령 상대의 잘못을 바로잡거나 정면으로 맞서는 동안이라 할지라도, 상대방을 위해 뜨겁게 간구하고 있습니까? 답에 따라 결과는 판이하게 달라질 것입니다.

*Prayer*   주님, 나의 기도는 나 자신을 위한 것들뿐입니다. 힘들게 하는 이들을 향한 내 마음을 바꿔 주십시오. 상대방이 불행해지는 꼴을 보고 싶은 그릇된 의지와 욕구를 기도하며 떨쳐 내게 도와주십시오. 그런 감정은 나를 더 완고하고 비인간적으로 만들 따름입니다. 부디 나를 거기서 건져 주십시오, 주님. 아멘.

# October 14

시편 109편 6-15절  6 악인이 그를 다스리게 하시며 사탄이 그의 오른쪽에 서게 하소서. 7 그가 심판을 받을 때에 죄인이 되어 나오게 하시며 그의 기도가 죄로 변하게 하시며 8 그의 연수를 짧게 하시며 그의 직분을 타인이 빼앗게 하시며 9 그의 자녀는 고아가 되고 그의 아내는 과부가 되며 10 그의 자녀들은 유리하며 구걸하고 그들의 황폐한 집을 떠나 빌어먹게 하소서. 11고리대금하는 자가 그의 소유를 다 빼앗게 하시며 그가 수고한 것을 낯선 사람이 탈취하게 하시며 12 그에게 인애를 베풀 자가 없게 하시며 그의 고아에게 은혜를 베풀 자도 없게 하시며 13 그의 자손이 끊어지게 하시며 후대에 그들의 이름이 지워지게 하소서. 14 여호와는 그의 조상들의 죄악을 기억하시며 그의 어머니의 죄를 지워 버리지 마시고 15 그 죄악을 항상 여호와 앞에 있게 하사 그들의 기억을 땅에서 끊으소서.

그 죄악을 항상 여호와 앞에 있게 하사  적들이 죗값을 치르게 해 달라는 다윗의 시퍼렇게 날 선 기도를 들으면 나도 모르게 움찔하게 됩니다. 하지만 그리스도인은 불의에 저항하는 부르짖음을 귀 기울여 들어 주시는 하나님께 감사하는 마음을 가져야 합니다(약 5:4). 아울러 여기서도 다윗은 하나님의 손에 심판을 맡기고 있음을 볼 수 있습니다(롬 12:19). 시인은 스스로 적들의 자녀를 고아로 만들겠다고 말하지 않습니다(10절). 심판을 주님의 몫으로 돌린다면, 못된 짓을 하는 이들에게 노여움을 표현하는 것은 잘못이 아닙니다. 하지만 그저 분노를 쏟아 내기만 한다면 죄스러운 반감과 미움, 용서하지 못하는 심사를 부를 뿐입니다.[115] 그리스도인은 가장 가까운 친구에게 배신당하셨던 예수님이 그러하셨던 것처럼, 십자가를 지고 상대를 축복하며 저주하지 말아야 합니다(롬 12:14).

*Prayer*  정의의 하나님, 다른 사람을 향한 분노가 가득한 나의 기도도 들어 주시니 감사합니다. 하지만 실제로 그런 기도를 드릴 때마다 특별한 도우심이 필요합니다. 공의에 대한 관심이 지나쳐서, 상대방이 달라지고 잘되는 모습을 지켜보고자 하는 사랑과 소망을 집어삼키지 않도록 지켜 주십시오. 개인적인 관계만이 아니라 정치적으로도 그럴 힘을 주시기 원합니다. 아멘.

# October 15

부작위(不作爲), 알고도 행하지 아니한 죄   부작위의 죄라는 표현은 적들을 향 한 다윗의 분노를 더 잘 이해할 수 있게 해 줍니다. 아울러 시인이 드린 기도 의 공정함을 보여 주는 말이기도 합니다. 다윗은 몸서리쳐질 만큼 끔찍한 죄 의 결과를 알고 있었습니다. 하나님의 심판은 흔히 자연스러운 결말을 통해 드러나는 경우가 많습니다. 길게 보면, 다른 이들을 염두에 두고 계획하거나 선택한 결과가 고스란히 되돌아오기 십상입니다. 이러한 사실은 복수를 하 나님의 손에 맡기는 데 도움을 줍니다. 다윗에게도 그랬지만 우리에게도 마 찬가지입니다. 이 표현은 또한 '자축하는 마음가짐'을 죄로 보고 피할 수 있게 해 줍니다. 흔히 욕설을 퍼붓거나 언어 폭력을 휘두르는 것을 의식적이고 적 극적인 죄로 여기고 그런 행동을 하지 않으면 스스로 의롭다고 여깁니다. 하 지만 친절을 베풀 생각을 하지 않는(16절) 것도 역시 죄입니다. 이는 부작위, 곧 알고도 행하지 않는 죄로(약 4:17), 누구나 저지르는 잘못 가운데 하나입니 다.

Prayer   오로지 내 생각만 하느라 다른 이들의 필요를 헤아리거나 감지하지 못할 때가 많습니다. 이웃을 사랑하고 섬기지 못한 허물이 내 죄의 상당 부 분을 차지하고 있음을 고백합니다. 오 주님, 무감과 둔감의 죄에서 나를 구해 주옵소서. 아멘.

# October 16

**그러나 주 여호와여**   여기에 쓰인 "그러나 주 여호와여"라는 말은 여느 시편에서와 마찬가지로 커다란 터닝 포인트를 암시합니다. 딱딱한 기도가 부드러워지고, 절망적인 기도에 확신이 깃들며, 서글픈 기도에 기쁨이 넘치고, 죄의식이 가득하던 기도가 자비에 이릅니다. 스스로의 상처와 죄, 공격해 오는 적들과 척박한 환경, 갖가지 어려움 속에서 기도를 시작하는 것은 어쩌면 당연한 행동인지도 모릅니다. 하지만 아뢰는 것을 넘어 모든 짐들을 하나님 앞에 내려놓고, 주님의 성품과 역사에 비추어 상황을 보며 "그러나 주 여호와여"라고 고백할 때, 해방과 위안, 성장과 소망, 그리고 힘이 솟아나기 시작합니다. 시편의 "그러나 주 여호와여"와 짝을 이루는 신약의 표현을 찾는다면, 바울의 "그러나 이제는"을 꼽아야 할 것입니다. 누구라고 할 것 없이 온 인류가 죄 가운데 방황하지만 (롬 1:18-3:20) "그러나 이제는 율법과는 상관없이 하나님의 의가" 나타났으며 그 의는 "예수 그리스도를 믿는 믿음을 통하여" 온다는 것을 잊지 마십시오.

*Prayer*   주님의 실재가 모든 것을 바꿔 놓습니다. 얼마나 감사한지요. 나는 연약합니다. 은혜를 입을 자격이 없습니다. "그러나 주님은…." 나는 여기서 벗어날 길을 찾지 못합니다. "그러나 주님은…." 내 삶은 궤도를 이탈한 것 같습니다. "그러나 주님은…." 나는 어떻게 기도해야 할지 모릅니다. 아, 그러나 주님은 나를 도우십니다. 아멘.

# October 17

시편 109편 30-31절  30 내가 입으로 여호와께 크게 감사하며 많은 사람 중에서 찬송 하리니 31 그가 궁핍한 자의 오른쪽에 서서 그의 영혼을 심판하려 하는 자들에게서 구원 하실 것임이로다.

**궁핍한 자의 오른쪽에 서사**  옛 법정에서는 원고가 피고의 오른쪽에 서서 자신이 입은 피해를 고발했습니다. 다윗은 스스로 억울한 고발의 희생자임을 분명히 선언하며 또 다른 고소인이 나타나 적의 오른편에 서 주길 소망합니다(6절). 그러다 갑자기 장면이 바뀌고 하나님이 "가난한 사람의 오른쪽에"(31절) 서십니다. 이번에는 고발하는 게 아니라 변호하시려는 것입니다. 하나님은 그리스도를 통해 변호사가 되십니다(요일 2:1-2). 우리가 고발을 당할 때마다 옹호하고 방어하십니다(행 7:56). 또한 놀랍게도, 참다운 변호사로 오신 예수님은 등을 돌린 배반자와 적들을 용서하셨습니다(요 13:18-30). 그분을 따르는 그리스도인들도 마땅히 그리해야 합니다.

*Prayer*  주님, 해묵은 원한을 품고 살면서, 직접 앙갚음하려 들지 않는 것만 해도 꽤 의로운 일이라고 자부합니다. 하지만 여전히 맘에 들지 않는 상대를 외면해 버리고 어떻게든 주저앉으면 좋겠다고 생각합니다. 주님, 온전히, 끝까지 용서하게 해 주십시오. 회개하고 복을 받도록 간구하는 기도를 시작하게 도와주십시오. "사랑하는 주님, 내 죄가 주님을 피 흘리게 했으나, 주님은 도리어 나를 위해 기도하셨습니다!"[116] 아멘.

# October 18

> **시편 110편** 1 여호와께서 내 주에게 말씀하시기를, 내가 네 원수들로 네 발판이 되게 하기까지 너는 내 오른쪽에 앉아 있으라 하셨도다. 2 여호와께서 시온에서부터 주의 권능의 규를 내보내시리니 주는 원수들 중에서 다스리소서. 3 주의 권능의 날에 주의 백성이 거룩한 옷을 입고 즐거이 헌신하니 새벽이슬 같은 주의 청년들이 주께 나오는도다. 4 여호와는 맹세하고 변하지 아니하시리라. 이르시기를 너는 멜기세덱의 서열을 따라 영원한 제사장이라 하셨도다. 5 주의 오른쪽에 계신 주께서 그의 노하시는 날에 왕들을 쳐서 깨뜨리실 것이라. 6 뭇 나라를 심판하여 시체로 가득하게 하시고 여러 나라의 머리를 쳐서 깨뜨리시며 7 길 가의 시냇물을 마시므로 그의 머리를 드시리로다.

**영원한 제사장, 전능하신 임금**  다윗은 그의 '주'에게 하나님이 주시는 말씀을 들었습니다(1절). 스스로 이스라엘의 왕인데, 도대체 누가 그보다 더 높은 '주'라는 말입니까? 예수님은 바로 자신을 가리키는 구절이라고 말씀하십니다(막 12:35-37). 이처럼 강력한 왕은 또한 백성들을 대표해 하나님 앞에 서는, 긍휼이 가득한 제사장이기도 합니다(4절. 창 14:18-20, 히 6:19-7:28을 참조하십시오). 그러므로 예수님은 사람이자 하나님이십니다. 사자인 동시에 양이십니다(계 5:5-6). 세상의 왕들은 주검으로 온 땅을 덮어 가며 정복하지만(6절), 예수님은 자신의 몸으로 온 세상을 바꾸고 천지를 뒤덮으십니다(엡 1:22-23). 그러므로 이제 남은 것은 사랑과 섬김, 그리고 진리를 무기 삼는 싸움뿐입니다(고후 10:4-5, 롬 12:9-21). 기꺼이 그 대열에 동참(3절)하겠습니까?

*Prayer*  주님, "칼날끼리 사납게 맞서지도, 요란한 북소리가 가슴을 뒤흔들지도 않습니다. 하나님의 나라는 사랑과 자비의 손길을 통해 임합니다."[117] 너그러움이 부족하며 스스로의 필요와 안전에 집착하는 마음을 성령님의 역사로 만져 주십시오. 그래서 세상에 역사하는 주님의 사역에 진심으로 동참할 수 있기를 원합니다. 아멘.

**시편 111편** 1 할렐루야, 내가 정직한 자들의 모임과 회중 가운데에서 전심으로 여호와께 감사하리로다. 2 여호와께서 행하시는 일들이 크시오니 이를 즐거워하는 자들이 다 기리는도다. 3 그의 행하시는 일이 존귀하고 엄위하며 그의 의가 영원히 서 있도다. 4 그의 기적을 사람이 기억하게 하셨으니 여호와는 은혜로우시고 자비로우시도다. 5 여호와께서 자기를 경외하는 자들에게 양식을 주시며 그의 언약을 영원히 기억하시리로다. 6 그가 그들에게 뭇 나라의 기업을 주사 그가 행하시는 일의 능력을 그들에게 알리셨도다. 7 그의 손이 하는 일은 진실과 정의이며 그의 법도는 다 확실하니 8 영원무궁토록 정하신 바요 진실과 정의로 행하신 바로다. 9 여호와께서 그의 백성을 속량하시며 그의 언약을 영원히 세우셨으니 그의 이름이 거룩하고 지존하시도다. 10 여호와를 경외함이 지혜의 근본이라. 그의 계명을 지키는 자는 다 훌륭한 지각을 가진 자이니 여호와를 찬양함이 영원히 계속되리로다.

**닮아야 할 단 한 분** 시인은 시편 111편에서 주님의 모습을 그려 낸 뒤에 112편에서는 어떻게 거룩한 백성들이 그분을 닮아 가야 하는지 설명합니다. 인간은 하나님의 '형상대로' 지음 받았습니다(창 1:27). 창조주와 관계를 맺으며 그분의 성품을 되비쳐 보이도록 빚어졌다는 뜻입니다. 그렇다면 우리가 닮아 가야 할 하나님은 어떤 분이십니까? 큰일을 행하시는 일꾼이십니다(2절). 의롭고(3절) 자비로우신(4-5절) 동시에 진리의 하나님이십니다(7-8절). 마지막으로 약속을 충실히 지키는 성실하신 하나님이십니다(9절). 이런 주님을 닮아 가자면 그분의 다스림에 순종할 뿐만 아니라(그 역시 대단히 중요하지만 그에 못지않게) "여호와를 경외"(10절)하는 마음을 품고 예배해야 합니다. 누구나 더없이 사랑하는 대상을 닮아 가기 마련입니다.

*Prayer* 주님, 늘 기도하고 거룩한 계명에 순종할지라도 정말 나를 변화시키는 힘은 진정한 예배와 찬양에서 나옵니다. 피상적인 종교 의식에 안주하지 않게 지켜 주십시오. 주님의 낯을 구하는 데서 오는 감격스러운 두려움이 내 마음을 가득 채우게 해 주십시오. 아멘.

# October 20

시편 112편  1 할렐루야, 여호와를 경외하며 그의 계명을 크게 즐거워하는 자는 복이 있
도다. 2 그의 후손이 땅에서 강성함이여, 정직한 자들의 후손에게 복이 있으리로다. 3 부
와 재물이 그의 집에 있음이여, 그의 공의가 영구히 서 있으리로다. 4 정직한 자들에게는
흑암 중에 빛이 일어나나니 그는 자비롭고 긍휼이 많으며 의로운 이로다. 5 은혜를 베풀
며 꾸어 주는 자는 잘 되나니 그 일을 정의로 행하리로다. 6 그는 영원히 흔들리지 아니함
이여 의인은 영원히 기억되리로다. 7 그는 흉한 소문을 두려워하지 아니함이여, 여호와를
의뢰하고 그의 마음을 굳게 정하였도다. 8 그의 마음이 견고하여 두려워하지 아니할 것이
라. 그의 대적들이 받는 보응을 마침내 보리로다. 9 그가 재물을 흩어 빈궁한 자들에게 주
었으니 그의 의가 영구히 있고 그의 뿔이 영광중에 들리리로다. 10 악인은 이를 보고 한탄
하여 이를 갈면서 소멸되나니 악인들의 욕망은 사라지리로다.

**악인들의 욕망은 사라지리로다**  그저 하나님을 믿는 데 그치지 않고 깊이 경
외하며 중심에서 우러나는 기쁨을 품고 순종하는 이들은(1절을 보십시오) 성품
이 변해 주님을 닮아 가게 됩니다(엡 4:22-24). 하나님은 불쌍히 여기는 마음이
넘치는 분이시므로(시 111:4) 그들 역시 너그러워집니다. 하나님의 말씀에는
변함이 없으므로(시 111:8) 주님을 따르는 이들 역시 들려오는 소식이 좋든 궂
든 한결같이 그분을 두려워합니다. 하나님은 의로운 분이시므로(시 111:3) 그
들 역시 의롭지만(3절), 성경이 말하는 의로움은 전통적인 가족의 가치뿐만 아
니라(2절) 가난한 이들을 돕는 일까지를(9절) 한데 아우르는 개념입니다. 본문
은 하나님 없이는 가장 깊숙한 내면의 갈망을 채울 길이 없다고 지적합니다.
뒤집어 말하자면 하나님만 붙들면 그 갈증을 완전히 풀 수 있다는 뜻입니다
(시 16:11, 요 6:35).

*Prayer*  주님, 일용할 양식을 주셔서 감사합니다. 의미와 만족, 자유와 관계
를 찾아 헤매는 이들이 사방에 차고 넘칩니다. 하지만 이들은 모두 뿌리 깊은
영적 굶주림에서 비롯된 몇 가지 현상들에 지나지 않으며 오로지 주님의 은
혜와 얼굴만이 그 빈속을 채울 수 있습니다. 온 천지에서 벌어지는 부질없는
추구에 휩쓸리지 않게 지켜 주십시오. 주님의 선하심을 맛보아 알게 해 주십
시오. 아멘.

# October 21

시편 113편  1 할렐루야, 여호와의 종들아 찬양하라. 여호와의 이름을 찬양하라. 2 이제부터 영원까지 여호와의 이름을 찬송할지로다. 3 해 돋는 데에서부터 해 지는 데에까지 여호와의 이름이 찬양을 받으시리로다. 4 여호와는 모든 나라보다 높으시며 그의 영광은 하늘보다 높으시도다. 5 여호와 우리 하나님과 같은 이가 누구리요? 높은 곳에 앉으셨으나 6 스스로 낮추사 천지를 살피시고 7 가난한 자를 먼지 더미에서 일으키시며 궁핍한 자를 거름 더미에서 들어 세워 8 지도자들 곧 그의 백성의 지도자들과 함께 세우시며 9 또 임신하지 못하던 여자를 집에 살게 하사 자녀들을 즐겁게 하는 어머니가 되게 하시는도다. 할렐루야.

지극히 작아지실 만큼 한없이 크신  하나님을 찬양하십시오! 주께는 감당 못할 큰 일이 없습니다. 시간을 뛰어넘으시며(2절) 장소를 초월하시고(3절), 인간의 권세와 지위에 매이지 않으십니다. 또한 하나님을 찬양하십시오! 주께는 못 보고 지나칠 만큼 사소하고 작은 게 없으십니다(7-9절). 가난한 이들을 끌어올려 보좌에 앉히십니다(7절). 인간의 궁핍한 형편은 종종 영적인 눈을 열어 은혜의 필요성과 구원의 풍요로움을 바라보게 하는 도구가 됩니다(눅 6:20, 계 1:6). 물리적인 세계 속에서도 하나님은 역사를 통틀어 억압받는 이들을 위해 정의를 실현하는 작업을 계속하고 계십니다(시 103:6, 140:12, 146:7). 주님은 아기를 갖지 못하고(사라, 한나, 엘리사벳처럼) 공동체 속에서 외로운 처지에 몰린 (9절) 여인들과 더불어 자주 일하셨습니다. 하나님의 크고 위대한 면모는 변변찮은 존재들까지 살뜰하게 보살피시는 모습을 통해 선명하게 볼 수 있습니다. 예수님의 사역을 통해 하나님은 스스로 얼마든지 작아질 수 있을 만큼 큰 분이심을 입증해 보이셨습니다.

*Prayer*  수없이 많은 은하계를 품은 우주보다 이루 가늠하기 어려울 만큼 크시면서도 기꺼이 작디작은 갓난아이가 되신 주 예수님을 찬양합니다. 나를 위해 즐거이 그런 일을 해 주셨습니다. 그러한 역사가 내 마음을 지극히 낮아지게도 하고, 별만큼 높아지게도 만듭니다. 주님, 감사합니다. 아멘.

# October 22

시편 114편  1 이스라엘이 애굽에서 나오며 야곱의 집안이 언어가 다른 민족에게서 나
올 때에 2 유다는 여호와의 성소가 되고 이스라엘은 그의 영토가 되었도다. 3 바다가 보
고 도망하며 요단은 물러갔으니 4 산들은 숫양들 같이 뛰놀며 작은 산들은 어린 양들 같
이 뛰었도다. 5 바다야, 네가 도망함은 어찌함이며 요단아 네가 물러감은 어찌함인가? 6
너희 산들아, 숫양들 같이 뛰놀며 작은 산들아 어린 양들 같이 뛰놂은 어찌함인가? 7 땅이
여, 너는 주 앞 곧 야곱의 하나님 앞에서 떨지어다. 8 그가 반석을 쳐서 못물이 되게 하시
며 차돌로 샘물이 되게 하셨도다.

**땅이여, 떨지어다**  이집트를 탈출할 당시, 하나님은 권능으로 이스라엘 백성
들 앞에 놓인 심각한 장애물들을 모두 치워 버리신 것처럼 보입니다. 홍해는
갈라지고 산들은 흔들거렸습니다(출 19:18, 히 12:18-27). 시편 기자는 "산들은
숫양들 같이"(4절) 뛰놀았다고 전하며 세상 권세를 비웃습니다. 우리를 향한
하나님의 사랑은 온 세상을 뒤흔들고도 남습니다. 그 무엇도 거룩한 자녀들
을 하나님의 사랑에서 떼어 놓을 수 없기 때문입니다(롬 8:38). 예수님이 돌아
가시고(마 27:51) 부활하실 때(마 28:2) 모두 땅이 흔들렸습니다. 이는 하나님의
구원하는 능력이 임했음을 가리킵니다. 우리를 참다운 본향으로 데려가 함께
살게 하시기 위해서 하나님은 죽음 그 자체를 뒤흔들고 아예 파괴해 버리실
것입니다(고전 15:56-57). 그러므로 아무것도 우리를 흔들거나 겁먹게 만들지
못합니다(고전 15:58).

*Prayer*  주님, 나는 얼마나 쉽게 흔들리는지 모릅니다. 비판, 낭패감, 변화와
상실 따위가 모두 나를 겁먹게 합니다. "흔들리지 않는 나라"(히 12:28)에 살 수
있도록 도와주십시오. 하루하루 주님의 말씀과 사랑에 기대어 사는 법을 가
르쳐 주십시오. 그밖에 모든 것들은 그저 스쳐 지나갈 뿐임을 기억하게 해 주
십시오. 아멘.

310

# October 23

시편 115편 1-8절 **1** 여호와여 영광을 우리에게 돌리지 마옵소서. 우리에게 돌리지 마옵소서. 오직 주는 인자하시고 진실하시므로 주의 이름에만 영광을 돌리소서. **2** 어찌하여 뭇 나라가 그들의 하나님이 이제 어디 있느냐 말하게 하리이까? **3** 오직 우리 하나님은 하늘에 계셔서 원하시는 모든 것을 행하셨나이다. **4** 그들의 우상들은 은과 금이요 사람이 손으로 만든 것이라. **5** 입이 있어도 말하지 못하며 눈이 있어도 보지 못하며 **6** 귀가 있어도 듣지 못하며 코가 있어도 냄새 맡지 못하며 **7** 손이 있어도 만지지 못하며 발이 있어도 걷지 못하며 목구멍이 있어도 작은 소리조차 내지 못하느니라. **8** 우상들을 만드는 자들과 그것을 의지하는 자들이 다 그와 같으리로다.

**우상들의 힘**　소설 《무언가 사악한 게 이리로 온다》(*Something Wicked This Way Comes*)에서 등장인물들은 저마다 젊음을 되찾는다거나, 판타지 속 미녀와 하룻밤을 같이 한다거나, 뛰어난 운동 실력을 갖춘다거나, 큰돈을 벌고 싶다는 식의 은밀한 욕망을 품고 있습니다.[118] 하지만 가진 것을 다 팔아 그 꿈을 사고 나면 만족을 얻기는커녕 도리어 그 노예가 되고 맙니다. 이는 우상 숭배에 관한 성경의 가르침과 딱 들어맞습니다. 무엇이든 참 하나님보다 더 중요하게 여기는 게 바로 우상입니다. 우상은 누구나 간절히 소망하는 사랑과 용서를 베풀고 앞길을 인도할 힘이 없습니다(5-7절). 하지만 희한하게도 사람들의 사랑을 끌어모으고(8절) 영적인 눈을 가려 심령을 절름발이로 만들며 변화를 도모하지 못하게 만드는 힘만큼은 대단히 뛰어납니다.

*Prayer*　세상이 부추기는 대로 우상을 만들어 살고 있음을 고백합니다. 주님의 사랑만으로 배부르고 만족하게 해 주십시오. 남들의 눈 밖에 나면 어쩌나 하는 두려움에 휩쓸리지 않고 그들에게 최선이 될 만한 것을 추구하며 살게 도와주십시오. 인정의 우상들을 없애 버리게 도와주십시오. 그런 잡신들은 인정받고 싶은 내 욕구를 절대로 채워 줄 수 없습니다. 아멘.

# October 24

시편 115편 9-18절  9 이스라엘아 여호와를 의지하라. 그는 너희의 도움이시요 너희의 방패시로다. 10 아론의 집이여, 여호와를 의지하라. 그는 너희의 도움이시요 너희의 방패시로다. 11 여호와를 경외하는 자들아, 너희는 여호와를 의지하여라. 그는 너희의 도움이시요 너희의 방패시로다. 12 여호와께서 우리를 생각하사 복을 주시되 이스라엘 집에도 복을 주시고 아론의 집에도 복을 주시며 13 높은 사람이나 낮은 사람을 막론하고 여호와를 경외하는 자들에게 복을 주시리로다. 14 여호와께서 너희를 곧 너희와 너희의 자손을 더욱 번창하게 하시기를 원하노라. 15 너희는 천지를 지으신 여호와께 복을 받는 자로다. 16 하늘은 여호와의 하늘이라도 땅은 사람에게 주셨도다. 17 죽은 자들은 여호와를 찬양하지 못하나니 적막한 데로 내려가는 자들은 아무도 찬양하지 못하리로다. 18 우리는 이 제부터 영원까지 여호와를 송축하리로다. 할렐루야.

축복  '복' 또는 '복을 주시다' 같은 말이 다섯 차례나 되풀이됩니다. 여기서 복이란 풍성함, 완전함, 다양한 영역에서 맛보는 번영과 만족 따위를 가리키는 말입니다. "이스라엘 집에도 복을 주시고"(12절)라는 시편 기자의 말을 들으면 목숨을 걸고 아버지 이삭의 축복을 손에 넣으려 다투었던 야곱(이스라엘로 이름이 바뀌었습니다)이 떠오릅니다(창 28:1-29). 외롭고 캄캄한 어느 날 밤, 야곱은 정체를 알 수 없는 신비로운 존재와 맞붙어 씨름하기 시작했습니다. 주님이 친히 임하셨음을 깨달은 야곱은 말합니다. "당신이 내게 축복하지 아니하면 가게 하지 아니하겠나이다." 하나님이 정확하게 무어라 대답하셨는지 우리로선 가늠할 길이 없지만, "그 자리에서 야곱에게 축복하여 주었다"는 사실만큼은 분명히 압니다(창 32:26-29). 주님 말고는 세상의 그 무엇도 우리가 그토록 갈망하는 깊은 축복을 주지 못합니다.

*Prayer*  아버지, 다른 데서 그토록 찾아 헤매던 의미와 가치, 안전을 독생자 예수 그리스도가 주셨습니다. 지금보다 더 온전하게 주님 안에서 기뻐하는 법을 배우기 원합니다. "세상에 속한 기쁨을 얻으려는 헛된 꿈을 깨트리셔서 주 안에서 모든 걸 찾게 해 주십시오."[119] 아멘.

# October 25

시편 116편 1-11절 1 여호와께서 내 음성과 내 간구를 들으시므로 내가 그를 사랑하는 도다. 2 그의 귀를 내게 기울이셨으므로 내가 평생에 기도하리로다. 3 사망의 줄이 나를 두르고 스올의 고통이 내게 이르므로 내가 환난과 슬픔을 만났을 때에 4 내가 여호와의 이름으로 기도하기를, 여호와여 주께 구하오니 내 영혼을 건지소서 하였도다. 5 여호와는 은혜로우시며 의로우시며 우리 하나님은 긍휼이 많으시도다. 6 여호와께서는 순진한 자를 지키시나니 내가 어려울 때에 나를 구원하셨도다. 7 내 영혼아, 네 평안함으로 돌아갈 지어다. 여호와께서 너를 후대하심이로다. 8 주께서 내 영혼을 사망에서, 내 눈을 눈물에서, 내 발을 넘어짐에서 건지셨나이다. 9 내가 생명이 있는 땅에서 여호와 앞에 행하리로다. 10 내가 크게 고통을 당하였다고 말할 때에도 나는 믿었도다. 11 내가 놀라서 이르기를 모든 사람이 거짓말쟁이라 하였도다.

감사가 넘치는 삶   시편 기자는 거의 죽다시피 했습니다(3, 8절). 두려움에 사로잡혀 "모든 사람이 거짓말쟁이"(11절)라고 탄식합니다. 하지만 추스르기 힘들 만큼 감정이 뛰놀 때, 시인은 하나님을 신뢰하고 의지합니다(10절). 그리고는 고마우신 주님의 사랑 위에 삶을 다시 세워 갑니다. "내가 평생에 기도하리로다"(2절)라는 말씀은 감사가 넘치는 삶의 첫 번째 특성을 잘 드러냅니다. 성경에서 "여호와의 이름으로 기도한다"는 말은 두 가지 의미를 갖고 있습니다. 하나님을 믿고 의지할 뿐 다른 어디에서도 구원을 찾지 않는다(롬 10:12-13)는 뜻인 동시에, 기도하고 예배하는 일에 삶 전체를 드린다는(창 12:8) 말입니다. 감사하는 이들은 또한 "주님 보시는 앞에서" 살아야 합니다(9절). 이는 항상 주님을 의식하며 사는 삶을 가리킵니다. "온전히 노출되지만(그리고 책임지지만) 온전히 보살핌(사랑)을 받는"[120] 삶입니다. 주님을 사랑하십시오. 그분은 귀 기울여 들어 주십니다.

*Prayer*   궁지에 빠질 때마다 내 마음은 본능적으로 되뇌입니다. '해결할 수 있어. 내 힘으로 처리해 낼 수 있어.' 그리고 당장 도움이 될 만한 상대를 찾아 나서지만 모두 쓸데없는 짓일 뿐입니다. 나는 스스로의 삶을 좌우할 수 없습니다. 이를 빨리 깊이 인식할수록 주님을 찾는 데서 오는 깊은 평안을 더 빨리 깨달을 수 있습니다. 아멘.

# October 26

**죽음에서 구원받은 삶**   하나님은 시편 기자를 죽음에서 건져 주셨습니다 (8절). "경건한 자들의 죽음은 여호와께서 보시기에 귀중한 것"이기 때문입니다(15절). 시인은 말 그대로 '생명이 있는 땅'(9절을 보라)에 다시 태어난 기분입니다. 물론, 하나님은 거룩한 백성들에게도 죽음을 허락하십니다. 하지만 자녀들 하나하나가 너무도 소중한 나머지 직접 십자가에 달려 영원히 값을 치르셔서 우리 육신의 죽음은 그저 더 크고 놀라운 삶으로 들어가는 입구 구실만 하게 만드셨습니다(고후 5:1-10). 그러므로 우리는 하나님을 예배하며 '구원의 잔을 들고'(13절) 구원의 기쁨을 만끽할 수 있습니다. 이 모두가 죄를 향한 거룩한 진노의 잔을 예수님이 우리 대신 들이키신 덕분입니다(눅 22:42).

*Prayer*   예수님이 돌아가셔서 정작 나 자신은 영원히 죽지 않는 생명을 얻었습니다. 그리고 주님이 부활하셔서 나는 영원히 살게 되었습니다. 그러므로 "주님을 찬양하게 해 주십시오, 지체 없이!"[121] 환희가 넘치는 소망을 품고 하루하루를 살아가게 해 주십시오. "죄는 당신을 한 줌 흙으로 만들었지만, 하나님의 생명은 당신을 금으로, 그만큼 고귀한 것으로 바꿔 놓으셨습니다."[122] 아멘.

# October 27

**모든 나라들을 향해 부르는 노래**  '모든 나라들'은(1절) '우리에게 향하신 여호와의 인자하심'을(2절) 기억하고 찬송해야 합니다. 하나님이 친히 역사에 개입하셔서서 뭇 백성들을 구원하셨으며 특히 예수님을 통해 그 놀라운 일들을 행하셨다고 복음은 선포합니다. 이는 예수님을 믿든 말든 "착하게 살면 누구나 하늘나라에 간다"고 믿는 이들은 이를 편협한 신앙이라고 몰아세웁니다. 그렇지 않습니다! 구원은 누구에게나 열려 있습니다. 심지어 착하게, 도덕적으로, 오순도순 살지 못하는 이들까지도 다 아우릅니다. 복음은 착하게 살아서 충분한 자격을 갖췄다고 자부하는 이들이 아니라 하나님의 헤세드(chesedh), 곧 인자하심 덕분이라고 믿는 사람들, 예수님이 우리를 위해 역사 속에서 행하신 구원 사역을 믿는 이들을 향하고 있습니다. 시편 117편을 기도하고 찬양할 때마다 그 말씀은 고스란히 우리에게로 되돌아옵니다. 오늘을 사는 그리스도인들 역시 밖으로 나가서 모든 나라들을 향해 하나님을 찬양해야 합니다.

*Prayer*  모든 인종과 나라, 민족들을 두루 아끼시므로 구원의 사랑으로 그 모두를 아우르길 원하시는 주님을 찬양합니다. 하지만 나는 마음에 들지 않는 이들에게는 그다지 너그럽지 못함을 고백합니다. 우리는 모두 죄에 물들었지만 주님이 주시는 사랑의 수혜자임을 똑바로 보게 해 주십시오. 아멘.

# October 28

시편 118편 1-9절 1 여호와께 감사하라. 그는 선하시며 그의 인자하심이 영원함이로다. 2 이제 이스라엘은 말하기를, 그의 인자하심이 영원하다 할지로다. 3 이제 아론의 집은 말하기를, 그의 인자하심이 영원하다 할지로다. 4 이제 여호와를 경외하는 자는 말하기를, 그의 인자하심이 영원하다 할지로다. 5 내가 고통 중에 여호와께 부르짖었더니 여호와께서 응답하시고 나를 넓은 곳에 세우셨도다. 6 여호와는 내 편이시라. 내가 두려워하지 아니하리니, 사람이 내게 어찌할까? 7 여호와께서 내 편이 되사 나를 돕는 자들 중에 계시니, 그러므로 나를 미워하는 자들에게 보응하시는 것을 내가 보리로다. 8 여호와께 피하는 것이 사람을 신뢰하는 것보다 나으며 9 여호와께 피하는 것이 고관들을 신뢰하는 것보다 낫도다.

**사람을 의지하지 말라** '사람을 신뢰하는 것'(8절)이란 무얼 가리키는 말일까요? 남들의 인정 위에 삶을 세워 가는 것을 말합니다. 누군가 로맨틱하게 사랑을 고백해 오거나 외모와 지성, 또는 재주를 칭찬하고 찬사를 늘어놓으면 당연히 기분이 좋을 것입니다. 하지만 자칫하면 지지와 성적인 친밀감을 표현하는 말에 너무 목말라 한다든지, 비판에 지나치게 예민해진다든지, 이름을 내고 싶어 안달을 하게 될 염려가 있습니다. 그렇다면 '고관들을 신뢰하는 것'(9절)은 무얼 의미할까요? 아무 힘도 없는 우상을 만들어 낸다는 뜻입니다. 힘 좀 쓸 것 같은 친구들과 교분을 맺거나 스스로 권력을 휘두를 수 있는 자리에 오르고 싶어 안간힘을 쓰는 것을 말합니다. 시간이 갈수록 이런 마음가짐은 외로움을 빚어낼 뿐입니다. 사랑의 핵심은 겸손한 섬김이기 때문입니다(롬 15:3). 그러므로 하나님 안에서 피난처를 찾으시기 바랍니다.

*Prayer* 주님, 복음을 잊어버리면 남들의 미소나 평가에 기대게 됩니다. 비판을 내 존재에 대한 총체적인 정죄로 받아들입니다. 하지만 주님은 "이제 그리스도 예수 안에 있는 자에게는 결코 정죄함이 없다"(롬 8:1)고 말씀하십니다. 나를 보고 기뻐하고 노래하십니다(습 3:14-17). '흠 없고 책망할 것이 없는 자로'(골 1:22) 여기십니다. 항상 그 진리를 잊지 않게 해 주십시오. 아멘.

# October 29

시편 118편 10-18절　10 뭇 나라가 나를 에워쌌으니, 내가 여호와의 이름으로 그들을 끊으리로다. 11 그들이 나를 에워싸고 에워쌌으니, 내가 여호와의 이름으로 그들을 끊으리로다. 12 그들이 벌들처럼 나를 에워쌌으나 가시덤불의 불 같이 타 없어졌나니, 내가 여호와의 이름으로 그들을 끊으리로다. 13 너는 나를 밀쳐 넘어뜨리려 하였으나 여호와께서는 나를 도우셨도다. 14 여호와는 나의 능력과 찬송이시요 또 나의 구원이 되셨도다. 15 의인들의 장막에는 기쁜 소리, 구원의 소리가 있음이여, 여호와의 오른손이 권능을 베푸시며 16 여호와의 오른손이 높이 들렸으며 여호와의 오른손이 권능을 베푸시는도다. 17 내가 죽지 않고 살아서 여호와께서 하시는 일을 선포하리로다. 18 여호와께서 나를 심히 경책하셨어도 죽음에는 넘기지 아니하셨도다.

경책　여기서 '경책하다'라는 동사는 적들의 공격을 설명하는 데 쓰였습니다. 시편 기자는 하나님의 도우심에 힘입어 침략을 물리쳤다고 말하면서도 외적의 적대적인 행위 이면에 감춰진 '경책'을 감지합니다. 재난을 피하게 해 주시긴 했지만, 난국을 사용하여 시인을 경책하셨습니다(18절). '경책'이라는 말은 작심하고 가르친다는 뜻입니다. 혹독한 요법을 써서 됨됨이를 바르게 빚는다는 말이기도 합니다. 히브리서 12장 4-12절은 굼나조(gymnazdo)라는 헬라어 어휘를 동원해 하나님이 사랑하는 이들을 '연단'하신다고 설명합니다. 운동을 하는 동안에는 점점 더 기운이 빠지는 느낌이 들지만 부담과 압력을 줄수록 근육은 더 강해집니다. 하나님이 트레이너처럼 삶에 압박과 스트레스를 주시는 까닭이 여기에 있습니다. 믿음과 사랑과 소망을 키우시려는 것입니다. 삶 가운데서 이러한 훈련을 분별할 수 있습니까?

*Prayer*　주님, 나를 지금 상태 그대로 버려두지 않으시는 사랑의 하나님을 찬양합니다. 거룩한 훈련 프로그램을 내 삶에 적용해 주셔서 감사합니다. 기운이 빠지지만 원래 훈련이라는 게 다 그렇기 마련임을 압니다. 견딜 수 없다는 생각이 들 때마다 스스로의 죄가 아니라 내 허물 때문에 자발적으로 경책을 받으신 예수님을 기억하게 해 주십시오(히 12:1-3). 아멘.

# October 30

**시편 118편 19-29절** 19 내게 의의 문들을 열지어다. 내가 그리로 들어가서 여호와께 감사하리로다. 20 이는 여호와의 문이라, 의인들이 그리로 들어가리로다. 21 주께서 내게 응답하시고 나의 구원이 되셨으니 내가 주께 감사하리이다. 22 건축자가 버린 돌이 집 모퉁이의 머릿돌이 되었나니 23 이는 여호와께서 행하신 것이요, 우리 눈에 기이한 바로다. 24 이 날은 여호와께서 정하신 것이라. 이 날에 우리가 즐거워하고 기뻐하리로다. 25 여호와여 구하옵나니, 이제 구원하소서. 여호와여 우리가 구하옵나니, 이제 형통하게 하소서. 26 여호와의 이름으로 오는 자가 복이 있음이여, 우리가 여호와의 집에서 너희를 축복하였도다. 27 여호와는 하나님이시라. 그가 우리에게 빛을 비추셨으니 밧줄로 절기 제물을 제단 뿔에 맬지어다. 28 주는 나의 하나님이시라. 내가 주께 감사하리이다. 주는 나의 하나님이시라. 내가 주를 높이리이다. 29 여호와께 감사하라. 그는 선하시며 그의 인자하심이 영원함이로다.

**문들을 열지어다** 민족의 지도자들은 마치 쓸모없는 돌을 내다 버리듯 시편 기자를 거부했습니다. 하지만 하나님은 그를 모퉁잇돌로 삼으셨습니다(22절). 의인만 지날 수 있는 성전 문으로 들어선 시인은(19-20절) 제단 뿔들에 이르기까지 열렬한 환영을 받았습니다(27절).[123] 훗날, 예수님이 예루살렘에 입성할 당시, 성 안팎에는 시편 118편 26절을 외치는 함성이 요란했습니다. "여호와의 이름으로 오는 자가 복이 있음이여!" 그분 역시 지도자들의 배척을 받았고 제단으로 나아가셨습니다. 하지만 주님은 우리를 의롭게 하여 하나님 앞에 설 수 있게 하시려고(히 10:22) 스스로 속죄의 제물이 되셨습니다(사 53:10, 히 9:12). 그러므로 기도하면 '의의 문들'이 열립니다. 예수님의 희생을 통해 성령님에 기대어 성부 하나님께 나아갈 수 있게 된 것입니다(엡 2:18).

*Prayer* 하나님을 찬양합니다. 내가 기도로 주님 앞에 나갈 수 있는 길을 여시려고 예수님은 그토록 끔찍한 죄의 값을 기꺼이 치르셨습니다. 그처럼 놀라운 역사를 일으키시려 하늘나라부터 이 땅까지 멀고 먼 간격을 흔쾌히 뛰어넘으신 독생자를 생각한다면, 거룩한 피를 흘려 선사하신 선물을 더 잘 쓰기 위해 아침마다 조금 더 일찍 일어나는 정도의 수고를 어떻게 마다하겠습니까? 주님, 나를 빚어 기도의 사람이 되게 해 주십시오. 아멘.

# October 31

시편 119편 1-8절  1 행위가 온전하여 여호와의 율법을 따라 행하는 자들은 복이 있음이여. 2 여호와의 증거들을 지키고 전심으로 여호와를 구하는 자는 복이 있도다. 3 참으로 그들은 불의를 행하지 아니하고 주의 도를 행하는도다. 4 주께서 명령하사 주의 법도를 잘 지키게 하셨나이다. 5 내 길을 굳게 정하사 주의 율례를 지키게 하소서. 6 내가 주의 모든 계명에 주의할 때에는 부끄럽지 아니하리이다. 7 내가 주의 의로운 판단을 배울 때에는 정직한 마음으로 주께 감사하리이다. 8 내가 주의 율례들을 지키오리니, 나를 아주 버리지 마옵소서.

말씀이란 무엇인가?  시편 1편은 하나님의 말씀을 기뻐하는 게 그분을 알아 가는 열쇠가 된다고 가르칩니다. 거룩한 말씀을 즐거워한다는 것은 무슨 뜻일까요? 주님의 법이자 명령이며 계명인 말씀에는 절대적인 권위가 있으며 어김없이 순종해야 합니다(1절, 5-6절). '여호와의 증거'인 말씀은 시간과 장소를 초월해 영원한 의미를 가지며 반드시 믿고 의지해야 합니다(2절). 거룩한 '법도'인 말씀은 완전한 지혜의 총체이므로 인간의 필요와 성품에 정확하게 들어맞습니다(4절). '주님이 가르치신 길'인 말씀은 추상적인 규정들이 아니라 그분의 성품과 본질의 표현입니다(3절). 그러므로 말씀을 아는 것은 그 자체가 목적이 아닙니다. "온 마음을 기울여서 주님을" 찾기 위해(2절), 다시 말해 그분과 더불어 교제하기 위해 말씀을 공부해 알아 갈 따름입니다.

*Prayer*  오랫동안 주님은 성령님을 통해 내 삶 가운데 역사하시며 성경은 그저 갖가지 규칙과 감동적인 이야기들이 기록된 책일 뿐이라고 생각했습니다. 이제 성경은 성령님을 통해 내 안에 강력하게 움직이시는 주님의 도구임을 깨닫게 해 주셔서 감사합니다. 말씀에 의지해 하나님을 더 잘 알아 가게 도와주십시오. 아멘.

# November 1

**시편 119편 9-16절**   9 청년이 무엇으로 그의 행실을 깨끗하게 하리이까? 주의 말씀만 지킬 따름이니이다. 10 내가 전심으로 주를 찾았사오니 주의 계명에서 떠나지 말게 하소서. 11 내가 주께 범죄하지 아니하려 하여 주의 말씀을 내 마음에 두었나이다. 12 찬송을 받으실 주 여호와여, 주의 율례들을 내게 가르치소서. 13 주의 입의 모든 규례들을 나의 입술로 선포하였으며 14 내가 모든 재물을 즐거워함 같이 주의 증거들의 도를 즐거워하였나이다. 15 내가 주의 법도들을 작은 소리로 읊조리며 주의 길들에 주의하며 16 주의 율례들을 즐거워하며 주의 말씀을 잊지 아니하리이다.

11월

**말씀, 무엇을 해야 하는가?**   말씀을 어떻게 사용해야 할까요? 우선, 말씀에 담긴 놀라우리만치 풍성한 비밀을 알고(14절) 오랫동안 열심히 묵상해야 합니다(15-16절). 찬찬히 읽고 암송해서 중심 깊은 곳에 간직해야 합니다. 성경의 진리를 삶의 여러 관심 영역에 적용해서 그 가르침이 사랑과 소망, 생각을 빚어내기에 이르러야 합니다. 예수님은 그야말로 '독보적인' 본보기이십니다. 예수님은 버림받고(마 26:31), 배신당하고(마 26:53-56), 목숨을 빼앗기는(마 27:46) 더없이 암담한 상황에서도 성경 말씀을 인용하셨습니다. 말씀이 마음을 빚으셨기에 필요할 때마다, 어려움에 맞닥뜨릴 때마다 자연스럽게 머릿속에 떠올리셨습니다. 이처럼 하나님의 말씀이 우리 안에 "풍성히 거하게" 해야 합니다(골 3:16). 우리의 형편은 어떻습니까?

*Prayer*   주님, 삶을 통틀어 별 다른 노력을 하지 않고도 귀중한 무언가를 얻을 수 있는 경우는 없습니다. 말씀을 통해 하나님을 더 알아 가는 일이라고 해서 다를 리가 있겠습니까? 말씀을 가벼이 여겼음을 고백합니다. 성경을 읽기는 해도 잘 소화해서 적용하는 일은 게을리했습니다. 나를 도와주십시오. 아멘.

# November 2

시편 119편 17-24절  17 주의 종을 후대하여 살게 하소서. 그리하시면 주의 말씀을 지키리이다. 18 내 눈을 열어서 주의 율법에서 놀라운 것을 보게 하소서. 19 나는 땅에서 나그네가 되었사오니 주의 계명들을 내게 숨기지 마소서. 20 주의 규례들을 항상 사모함으로 내 마음이 상하나이다. 21 교만하여 저주를 받으며 주의 계명들에서 떠나는 자들을 주께서 꾸짖으셨나이다. 22 내가 주의 교훈들을 지켰사오니 비방과 멸시를 내게서 떠나게 하소서. 23 고관들도 앉아서 나를 비방하였사오나 주의 종은 주의 율례들을 작은 소리로 읊조렸나이다. 24 주의 증거들은 나의 즐거움이요 나의 충고자니이다.

**말씀은 나의 충고자**  조언자를 구하는 것도 고립과(19절), 멸시와 천대, 모함(22-23절)에 맞서는 좋은 방법이 됩니다. 성경은 그 자체로 대단히 훌륭한 충고자이지만(24절) '놀라운 것'을(18절) 볼 줄 아는 눈이 있어야 혜택을 입을 수 있습니다. 바울은 영적인 너울, 또는 덮개가 우리의 마음을 가리고 있다고 지적합니다(고후 3:14-18). 성경에서 여러 가지 사실(fact)들을 보고 안다고 하더라도 성령님의 도우심이 없으면 그 가르침과 그리스도 자신의 영광스러움과 놀랍고 아름다운 면모들을 제대로 파악할 수 없습니다. 오직 성령님만이 마음의 너울을 걷어 주십니다(고후 3:18). 눈을 열어 말씀의 아름다움과 영광을 보게 해 주시길 하나님께 간구하십시오. 성경 말씀이 심령을 고치는 의사가 되어 움직이기 시작할 것입니다.

*Prayer*  성경은 주 예수님을 '기묘자' 곧 '놀라우신 조언자'라고 부릅니다. 볼수록 참말입니다. 하지만 주님의 값진 조언과 위안을 성경 이곳저곳에서 찾아낼 때만 그렇습니다. 눈을 열어 주셔서 성경 말씀을 정확히 보게 하시고 점점 더 주님의 조언을 잘 받아들일 수 있게 해 주십시오. 아멘.

# November 3

시편 119편 25-32절   25 내 영혼이 진토에 붙었사오니 주의 말씀대로 나를 살아나게 하소서. 26 내가 나의 행위를 아뢰매 주께서 내게 응답하셨사오니 주의 율례들을 내게 가르치소서. 27 나에게 주의 법도들의 길을 깨닫게 하여 주소서. 그리하시면 내가 주의 기이한 일들을 작은 소리로 읊조리리이다. 28 나의 영혼이 눌림으로 말미암아 녹사오니 주의 말씀대로 나를 세우소서. 29 거짓 행위를 내게서 떠나게 하시고 주의 법을 내게 은혜로이 베푸소서. 30 내가 성실한 길을 택하고 주의 규례들을 내 앞에 두었나이다. 31 내가 주의 증거들에 매달렸사오니 여호와여 내가 수치를 당하지 말게 하소서. 32 주께서 내 마음을 넓히시면 내가 주의 계명들의 길로 달려가리이다.

말씀은 시험관   시편 기자는 스스로에게 말씀을 들이대면서(26절) 삶을 꼼꼼히 되짚습니다. "거짓 행위를 내게서 떠나게 하시고"라는 29절에 따르면, 하나님의 말씀은 남들을 속이지 않는 건 물론이고, 자신의 참모습을 착각하지 않도록 지켜 준다는 사실을 알 수 있습니다. 현대인들은 성경을 샅샅이 뒤져가며 받아들일 수 없는 사실을 찾는 데 골몰하지만 그리스도인들은 도리어 말씀으로 자신을 검증해 하나님이 도저히 용납하지 못할 만한 점이 있는지 살펴야 합니다. 시편 기자는 마음을 가다듬어 하나님의 법에 성실했노라고 말합니다(30절). "말씀에서 얻은 가르침이라면 무엇이든 다 행동에 옮기겠습니다"라는 기초적인 헌신조차 망설인다면 성경 말씀을 제대로 이해했다고 볼 수 없습니다. 이런 고백과 마음가짐이 구속적이고 제한적이라는 생각이 들지 모르지만, 머잖아 진정한 자유를 맛보게 될 것입니다(45절을 보십시오).

*Prayer*   주님, 나야말로 성경을 샅샅이 공부해야 할 사람입니다. 말씀의 속뜻을 알고 나면 반드시 거기에 마음을 속속들이 비쳐 보게 해 주십시오. 겸손과 사랑이 더없이 깊어져서 흔쾌히 그 가르침에 따르게 해 주십시오. 아멘.

# November 4

시편 119편 33-40절　**33** 여호와여, 주의 율례들의 도를 내게 가르치소서. 내가 끝까지 지키리이다. **34** 나로 하여금 깨닫게 하여 주소서. 내가 주의 법을 준행하며 전심으로 지키리이다. **35** 나로 하여금 주의 계명들의 길로 행하게 하소서. 내가 이를 즐거워함이니이다. **36** 내 마음을 주의 증거들에게 향하게 하시고 탐욕으로 향하지 말게 하소서. **37** 내 눈을 돌이켜 허탄한 것을 보지 말게 하시고 주의 길에서 나를 살아나게 하소서. **38** 주를 경외하게 하는 주의 말씀을 주의 종에게 세우소서. **39** 내가 두려워하는 비방을 내게서 떠나게 하소서 주의 규례들은 선하심이니이다. **40** 내가 주의 법도들을 사모하였사오니 주의 의로 나를 살아나게 하소서.

**말씀과 자아**　시편 기자는 하나님의 법을 지키길 원하지만(34절) 툭하면 자기중심적인 마음가짐(36절)과 우상('허탄한 것', 37절) 쪽으로 돌아서는 걸 의식합니다. 에베소서 4장 22-24절은 그리스도인들에게 '옛 사람'과 '새 사람'이 있다고 가르칩니다. 알다시피, 옛 사람은 비방을 받을까 두려워하고(39절) 아무리 애써도 선해지지 않는 현실에 몸부림칩니다. 정확한 직관이지만 도덕적인 노력으로는 해결이 나지 않습니다. 오직 그리스도를 통해서만 비방을 떨쳐 내고 새로운 정체성을 가질 수 있습니다(롬 8:1, 히 10:22). 하루하루가 전쟁입니다. 옛 사람을 입고 싸우겠습니까, 아니면 새 사람으로 전선에 나가겠습니까?

*Prayer*　해묵은 방식으로 용납과 안전을 확보하고 싶은 옛 사람의 마음이 여전히 남아 있음을 고백합니다. 속내가 드러나고 사기꾼이자 실패자의 면모가 노출될지 모른다는 모호한 두려움이 여전히 나를 괴롭힙니다. 주님, "그리스도의 피가 모든 죄를 씻어 나를 깨끗이 해 주었다"는 진리를 낙인처럼 내 의식에 새겨 주십시오. 아멘.

# November 5

시편 119편 41-48절 41 여호와여 주의 말씀대로 주의 인자하심과 주의 구원을 내게 임하게 하소서. 42 그리하시면 내가 나를 비방하는 자들에게 대답할 말이 있사오리니, 내가 주의 말씀을 의지함이니이다. 43 진리의 말씀이 내 입에서 조금도 떠나지 말게 하소서. 내가 주의 규례를 바랐음이니이다. 44 내가 주의 율법을 항상 지키리이다. 영원히 지키리이다. 45 내가 주의 법도들을 구하였사오니 자유롭게 걸어갈 것이오며 46 또 왕들 앞에서 주의 교훈들을 말할 때에 수치를 당하지 아니하겠사오며 47 내가 사랑하는 주의 계명들을 스스로 즐거워하며 48 또 내가 사랑하는 주의 계명들을 향하여 내 손을 들고 주의 율례들을 작은 소리로 읊조리리이다.

**말씀과 자유**    시편 기자는 하나님께 순종하려 애쓸수록 더 "자유롭게 걸어갈" 수 있을 것이라고 말합니다(45절). 하나님이 다스리지 않으시면 죄와 습관(133절), 사랑과 인정에 목말라하는 갈증(42절), 근심, 또는 돈과 성공을 얻으려는 욕구(36절)와 같은 것들이 우리를 주관하게 됩니다. 그러나 하지만 하나님이 주도권을 장악하면 이들은 즉시 영향력을 잃어버립니다. 왕 앞이라 할지라도 떨지 않습니다(46절). 아울러 하나님과 함께하면, "마음의 지평을 열어 인간의 한계를 훌쩍 뛰어넘는 지혜와 비전을 마주할 수 있습니다. 45절은 그야말로 '전폭'을 의미합니다. … 모펫(Moffatt) 주석은 이 구절을 '주님은 내 삶을 열어 주신다'고 풀이했습니다."[124] 창의적인 인물 곁에만 있어도 생각이 자유로워지는 법입니다. 그렇다면 살아계신 하나님과 그분의 말씀을 늘 접하면 얼마나 대단한 일이 벌어지겠습니까?

*Prayer*    주님은 진정으로 "내 삶을 열어 주십니다." 전에는 출세의 사다리를 끝없이 올라가는 게 인생의 전부라고 착각했었습니다. 하지만 이제 드러나지 않은 영적인 실제가 있으며 영원과 영광을 좇아 살아야 한다는 것을 압니다. 말씀을 통해 입이 다물어지지 않을 만큼 놀라운 비전을 주신 주님을 찬양합니다. 아멘.

# November 6

**말씀과 문화**  수많은 이들이 하나님의 진리를 조롱하고 모욕하는 문화 속에서 신앙을 지키기는 쉬운 노릇이 아닙니다(51절). 시대에 뒤처졌음에 틀림없는 고대 법령에 누가 관심을 갖는다는 말입니까(52절). 이런 문화적인 경멸에도 불구하고 시편 기자는 말씀을 단단히 붙잡습니다(51-52절). 그리고 결국 생명을 보전하는 결과를 얻습니다(50절). 하나님의 말씀이 생명을 살린다는 구절은 다른 데서도 찾아볼 수 있지만(문자적으로 삶을 소생시킨다는 의미를 갖는 경우도 적지 않지만) 여기서는 그 수준을 넘어서는 깊은 뜻을 담고 있습니다. 성경은 인내를 낳습니다. 마음을 끌어올리고 광대한 통찰이 의지를 강화하는 덕분입니다. 하나님 말씀은 참으로 영적인 만나입니다. 두 발을 단단히 붙들어 꾸준히 걷게 합니다.

*Prayer*  그날, 다들 무자비하게 주님을 조롱했습니다. "우리에게 선지자 노릇을 하라. 너를 친 자가 누구냐?"(마 26:68). 주님이 나를 위해 그런 모욕과 경멸을 끈질기게 참아 내셨으니, 이제 나도 주님을 위해 조롱을 견딜 수 있습니다. 주님이 나를 위해 비웃음을 당하셨음을 기억하게 해 주십시오. 담대한 마음을 주셔서 입을 열어 내 믿음을 이야기하게 해 주십시오. 아멘.

# November 7

시편 119편 57-64절   57 여호와는 나의 분깃이시니 나는 주의 말씀을 지키리라 하였나이다. 58 내가 전심으로 주께 간구하였사오니 주의 말씀대로 내게 은혜를 베푸소서. 59 내가 내 행위를 생각하고 주의 증거들을 향하여 내 발길을 돌이켰사오며 60 주의 계명들을 지키기에 신속히 하고 지체하지 아니하였나이다. 61 악인들의 줄이 내게 두루 얽혔을지라도 나는 주의 법을 잊지 아니하였나이다. 62 내가 주의 의로운 규례들로 말미암아 밤중에 일어나 주께 감사하리이다. 63 나는 주를 경외하는 모든 자들과 주의 법도들을 지키는 자들의 친구라. 64 여호와여, 주의 인자하심이 땅에 충만하였사오니 주의 율례들로 나를 가르치소서.

주의 인자하심이 땅에 충만하였사오니   "주님의 인자하심이 온 땅에" 가득합니다(64절, 새번역). 하나님은 세상을 지으시고 사랑으로 보살피십니다. 하나님은 공중의 새들까지 돌보시므로 믿고 의지하기에 부족함이 없는 분이시라고 예수님은 말씀하셨습니다(마 6:26). 창조주께서는 친히 지으신 모든 사람들을 깊이 사랑하시므로 모두가 죄를 대속하는 깊은 사랑 또한 받아들이길 원하십니다. "죽을 죄를 지은 사람이라도, 그가 죽는 것을 나는 절대로 기뻐하지 않는다. 그러므로 너희는 회개하고 살아라"(겔 18:32, 새번역). 하나님이 그리스도인들만 사랑한다거나 세상 모든 인간들을 획일적인 방식으로 사랑한다고 오해하지 않는 게 중요합니다. 그처럼 사랑이 넘치는 하나님께 어떻게 반응해야 할까요? 삶의 모든 영역을 주님의 말씀에 맞추어 재조정해야 합니다(59-60).

*Prayer*   항상 나를 사랑해 주시는 주님, 그리고 내 마음을 열어 구원의 사랑을 받아들이게 해 주신 주님을 찬양합니다. "하나님의 주권적인 자비가 나를 부르시고 마음을 열어 가르치셨습니다. 그렇지 않았더라면 세상이 나를 사로잡아 하늘의 영광을 보지 못하게 했을 것입니다."[125] 은혜를 베풀어 주셔서 감사합니다. 아멘.

# November 8

시편 119편 65-72절   65 여호와여, 주의 말씀대로 주의 종을 선대하셨나이다. 66 내가 주의 계명들을 믿었사오니 좋은 명철과 지식을 내게 가르치소서. 67 고난당하기 전에는 내가 그릇 행하였더니 이제는 주의 말씀을 지키나이다. 68 주는 선하사 선을 행하시오니 주의 율례들로 나를 가르치소서. 69 교만한 자들이 거짓을 지어 나를 치려 하였사오나 나는 전심으로 주의 법도들을 지키리이다. 70 그들의 마음은 살져서 기름덩이 같으나 나는 주의 법을 즐거워하나이다. 71 고난당한 것이 내게 유익이라. 이로 말미암아 내가 주의 율례들을 배우게 되었나이다. 72 주의 입의 법이 내게는 천천 금은보다 좋으니이다.

고난이라는 학교   고난은 아픔을 겪지 않았더라면 결코 공부하지 않았을 자신의 본모습과 하나님, 그리고 삶에 관해 배우는 학교입니다(66-67절). 주님이 가르쳐 주신 이루 말할 수 없이 값진 가르침들을 돌아보면서, 어려움을 당하는 이들은 역경을 주신 분께 고백할 수 있게 됩니다. "주님은 선하십니다. 주님이 하신 일도 선합니다"(68절, 65절과 71절을 참고하십시오). 이 학교에 다니며 하나님 말씀에 깊이 젖어 들면 마음의 감도가 아주 예민해지며(70절) 성경 자체에 묻힌 생각지도 못한 보물들을 볼 수 있는 눈이 열립니다(72절). 하나님 말씀만 품으면 고난을 더 깊이, 더 슬기롭게, 더 풍성하게, 더 사랑스럽게, 심지어 더 행복하게 헤쳐 나갈 수 있다니, 얼마나 놀라운 일입니까!

*Prayer*   예수님은 스스로 선생이자 주님이라고 말씀하셨습니다. 하지만 나는 아주 늦게 배우는 학생입니다. 고난이 지나가기만 기다리며 이를 악물고 참을 뿐입니다. 그러지 말고, 어려운 일들이 생길 때마다 "여기서 배워야 할 건 무얼까?"라고 스스로 묻게 해 주십시오. 그리고 답을 알려 주십시오. 아멘.

# November 9

시편 119편 73-80절 73 주의 손이 나를 만들고 세우셨사오니 내가 깨달아 주의 계명들을 배우게 하소서. 74 주를 경외하는 자들이 나를 보고 기뻐하는 것은 내가 주의 말씀을 바라는 까닭이니이다. 75 여호와여, 내가 알거니와 주의 심판은 의로우시고 주께서 나를 괴롭게 하심은 성실하심 때문이니이다. 76 구하오니, 주의 종에게 하신 말씀대로 주의 인자하심이 나의 위안이 되게 하시며 77 주의 긍휼히 여기심이 내게 임하사 내가 살게 하소서. 주의 법은 나의 즐거움이니이다. 78 교만한 자들이 거짓으로 나를 엎드러뜨렸으니 그들이 수치를 당하게 하소서. 나는 주의 법도들을 작은 소리로 읊조리리이다. 79 주를 경외하는 자들이 내게 돌아오게 하소서. 그리하시면 그들이 주의 증거들을 알리이다. 80 내 마음으로 주의 율례들에 완전하게 하사 내가 수치를 당하지 아니하게 하소서.

**고난에 대한 증언** 시편 기자는 스스로의 고난이 하나님을 믿는 다른 이들('주를 경외하는 자들', 74, 79절)에게 어떻게 영향을 미치는지 찬찬히 되짚습니다. 우선, 하나님이 '성실하심'으로, 다시 말해 사랑과 지혜로 어려움을 주신다고 믿습니다(75절, 창 50:20, 롬 8:28). 역경 속에서 하나님을 신뢰하는 것을 보는 이들은 그처럼 용감하게 소망을 품는 모습을 통해 큰 기쁨을 맛보게 될 것입니다(74절). 시련을 겪는 동안 시편 기자는 말씀을 깊이 묵상하며 위안과(76절), 즐거움(77절), 완전하게 하심(80절), 다시 말해 "말씀을 중심으로 모든 수용력이 완벽하게 통합되는 내면의 상태"[126]를 깊이 경험합니다. 시인의 삶에 나타나는 말씀의 능력을 목격한 그리스도인들은 단단한 결속을 이루며 사랑의 교제가 한결 깊어집니다. 올바르게 대처하기만 하면 고난은 풍성한 공동체와 넉넉한 교제를 낳습니다.

*Prayer* 나의 상처만 생각할 때는 남들 생각은 못 하고 그저 혼자 있고만 싶습니다. 하지만 그런 순간도 마음을 열어 다른 이들을 돕게 하시고 나의 어려움을 통해 이웃들을 세워 줄 길을 보여 주십시오. 주님은 더없이 큰 고난을 당하면서도 오로지 내 생각만 해 주셨습니다. 나 역시 곤고한 길을 걷는 내내 공동체를 먼저 생각하게 해 주십시오. 아멘.

# November 10

시편 119편 81-88절  81 나의 영혼이 주의 구원을 사모하기에 피곤하오나 나는 주의 말씀을 바라나이다. 82 나의 말이 주께서 언제나 나를 안위하실까 하면서 내 눈이 주의 말씀을 바라기에 피곤하니이다. 83 내가 연기 속의 가죽 부대 같이 되었으나 주의 율례들을 잊지 아니하나이다. 84 주의 종의 날이 얼마나 되나이까? 나를 핍박하는 자들을 주께서 언제나 심판하시리이까? 85 주의 법을 따르지 아니하는 교만한 자들이 나를 해하려고 웅덩이를 팠나이다. 86 주의 모든 계명들은 신실하니이다. 그들이 이유 없이 나를 핍박하오니 나를 도우소서. 87 그들이 나를 세상에서 거의 멸하였으나 나는 주의 법도들을 버리지 아니하였사오니 88 주의 인자하심을 따라 나를 살아나게 하소서. 그리하시면 주의 입의 교훈들을 내가 지키리이다.

**생명 유지 장치**  시편 기자는 진퇴양난입니다. 버틸 힘은 바닥이 나버렸습니다(81-82절). 뾰족한 이유 없이 당하는 고난인 데다(86절) 마땅한 해법도 없습니다. 그처럼 극단적인 상황이라면 도대체 무얼 해야 할까요? 하던 일을 계속해야 합니다. 말씀 안에 머물며 정직하게, 그리고 뜨겁게 기도하십시오. 말씀 읽기와 기도는 고난에 맞닥뜨렸을 때 가장 먼저 해야 할 일들입니다. 사실 그 둘은 다시없는 생명 유지 장치입니다. "성경과 기도는 … 지혜에 이르는 중요한 수단들입니다. 하나는 생수의 샘이고 다른 하나는 그 물을 퍼 올릴 두레박입니다."[127]

*Prayer*  주님, 나의 힘과 슬기로는 전혀 해결하지 못하는 상황에서도 솟아날 구멍이 아주 없는 것은 아닙니다. 기도와 말씀으로 주님께 나갈 길은 언제나 열려 있습니다. 나의 생명을 유지해 주는 장치들을 소홀히 다루지 않게 해 주십시오. 아멘.

# November 11

시편 119편 89-96절  89 여호와여 주의 말씀은 영원히 하늘에 굳게 섰사오며 90 주의 성실하심은 대대에 이르나이다. 주께서 땅을 세우셨으므로 땅이 항상 있사오니 91 천지 가 주의 규례들대로 오늘까지 있음은 만물이 주의 종이 된 까닭이니이다. 92 주의 법이 나 의 즐거움이 되지 아니하였더면 내가 내 고난 중에 멸망하였으리이다. 93 내가 주의 법도 들을 영원히 잊지 아니하오니 주께서 이것들 때문에 나를 살게 하심이니이다. 94 나는 주 의 것이오니 나를 구원하소서. 내가 주의 법도들만을 찾았나이다. 95 악인들이 나를 멸하 려고 엿보오나 나는 주의 증거들만을 생각하겠나이다. 96 내가 보니 모든 완전한 것이 다 끝이 있어도 주의 계명들은 심히 넓으니이다.

**영원한 말씀**  시편 기자는 영원한 주님의 말씀이 '하늘에 굳건히 자리 잡고' 있으며(89절) 온 세상을 유지하고 움직인다고(91절, 히 1:3 참조) 이야기합니다. 그리고 자연스럽게 그 영원한 말씀을 기록된 성경 말씀과 연결시킵니다(91- 92). 성경은 우주를 주관하는 동일한 정신을 드러냅니다. 그러므로 완벽한 진 실성과 성경의 진리에는 아무런 제한이 없습니다(96절). 그러므로 오직 성경 만이 인생을 세워 갈 단단한 토대가 됩니다. 인간의 문화와 철학, 이른바 '발 전'의 방향 따위는 한두 세대 안에 빛을 잃고 소멸됩니다. 하지만 주님의 말씀 은 대대로 이어지며(90절) 영원히 살아 역사합니다(89절).

*Prayer*  주님, 할아버지 할머니가 젊었을 때 세상이 옳다고 믿었던 것들이 지금은 우스갯감이 되거나 공격을 받고 있습니다. 성경을 '퇴행'으로 규정하 는 현대 사상들이 문화를 지배하고 있습니다. 하지만 마침내는 그런 사고방 식들이 역사의 쓰레기통에 처박히고 말 것입니다. 주님의 말씀은 완전하며 동시에 영원하다는 것을 늘 기억하게 도와주십시오. 아멘.

> 시편 119편 97-104절    97 내가 주의 법을 어찌 그리 사랑하는지요. 내가 그것을 종일
> 작은 소리로 읊조리나이다. 98 주의 계명들이 항상 나와 함께 하므로 그것들이 나를 원수
> 보다 지혜롭게 하나이다. 99 내가 주의 증거들을 늘 읊조리므로 나의 명철함이 나의 모든
> 스승보다 나으며 100 주의 법도들을 지키므로 나의 명철함이 노인보다 나으니이다. 101
> 내가 주의 말씀을 지키려고 발을 금하여 모든 악한 길로 가지 아니하였사오며 102 주께서
> 나를 가르치셨으므로 내가 주의 규례들에서 떠나지 아니하였나이다. 103 주의 말씀의 맛
> 이 내게 어찌 그리 단지요. 내 입에 꿀보다 더 다니이다. 104 주의 법도들로 말미암아 내
> 가 명철하게 되었으므로 모든 거짓 행위를 미워하나이다.

**지혜의 말씀**    지혜란 어떤 상황에서도 가야 할 바른 길을 안다는 뜻입니다
(101절). 하나님 말씀 말고는 그 어디서도 지혜를 얻을 수 없습니다. 학식이나
연구(99절)로는, 교양이나 재주로는(100절) 인간의 마음과 본성, 세상이 나갈
길을 안내할 수 없습니다. 예수님과(눅 10:21) 사도 바울(고전 1:18-25)은 똑똑하
고 지체 높은 세상 사람들은 복음을 배척하는 반면, 가난하고 겸손한 이들은
기쁘게 받아들이는 경향이 있다고 한목소리로 지적합니다. 하지만 지혜는 성
경에 기록된 사실들을 그저 잘 아는 데서 비롯되는 것은 아닙니다. 도리어 사
랑과(97절), 순종(101절), 그리고 즐거이(103절) 받아들이는 겸손한 이들에게 더
욱 선명하게 나타납니다.

*Prayer*    주님의 말씀은 한없이 달콤합니다. "마음을 다해 한 글자 한 글자 맛
보게 해 주십시오."[128] 말씀은 어떤 상처에도 잘 듣는 명약입니다. 말씀을 공
부하는 데 그치지 않고 그 가르침을 음미하고 즐기며 살기 원합니다. 아멘.

# November 13

> 시편 119편 105-112절   105 주의 말씀은 내 발에 등이요, 내 길에 빛이니이다. 106 주의 의로운 규례들을 지키기로 맹세하고 굳게 정하였나이다. 107 나의 고난이 매우 심하오니 여호와여 주의 말씀대로 나를 살아나게 하소서. 108 여호와여 구하오니, 내 입이 드리는 자원제물을 받으시고 주의 공의를 내게 가르치소서. 109 나의 생명이 항상 위기에 있사오나 나는 주의 법을 잊지 아니하나이다. 110 악인들이 나를 해하려고 올무를 놓았사오나 나는 주의 법도들에서 떠나지 아니하였나이다. 111 주의 증거들로 내가 영원히 나의 기업을 삼았사오니 이는 내 마음의 즐거움이 됨이니이다. 112 내가 주의 율례들을 영원히 행하려고 내 마음을 기울였나이다.

**주의 말씀은 내 발에 등**   내 눈으로 사물을 분별할 수 없을 만큼 캄캄한 길을 가려면 반드시 등불이 필요합니다. 내 지혜로 분별하기에는 인생길이 어둡기만 합니다. 하나님 말씀으로 앞을 비추지 않으면(105절) 길에서 벗어날 수밖에 없습니다. 말씀이 등불 구실을 하려면 그 빛이 비추는 현실이 마음에 들지 않아도 이를 악물고 따라가야 합니다. "내 마지막 순간까지, 변함없이 주님의 율례를 지키기로 결심하였습니다"(112절, 새번역). "순종이 없는 기쁨은 경망스럽고 기쁨이 빠진 순종은 도덕주의일 따름입니다."[129] 시험을 받는 캄캄한 상황에서(눅 4:1-13) 보여 주신 예수님의 모습을 잊지 마십시오. 그리스도를 흑암에 빠트리려 안간힘을 쓸 때마다 그리스도는 말씀을 잇달아 인용하시며 그 어둠을 떨쳐 내셨습니다.

*Prayer*   주님, 거룩한 말씀을 깊이 묵상하게 해 주세요. 예수님이 경험하셨던 것처럼, 그때그때 말씀들이 뇌리에 떠올라 그 말씀이 상황을 해석하고, 바른 방향으로 인도하며, 마음을 굳세게 세우게 해 주십시오. 아멘.

# November 14

**시편 119편 113-120절** 113 내가 두 마음 품는 자들을 미워하고 주의 법을 사랑하나이
다. 114 주는 나의 은신처요, 방패시라. 내가 주의 말씀을 바라나이다. 115 너희 행악자들
이여, 나를 떠날지어다. 나는 내 하나님의 계명들을 지키리로다. 116 주의 말씀대로 나를
붙들어 살게 하시고 내 소망이 부끄럽지 않게 하소서. 117 나를 붙드소서. 그리하시면 내
가 구원을 얻고 주의 율례들에 항상 주의하리이다. 118 주의 율례들에서 떠나는 자는 주
께서 다 멸시하셨으니 그들의 속임수는 허무함이니이다. 119 주께서 세상의 모든 악인들
을 찌꺼기 같이 버리시니 그러므로 내가 주의 증거들을 사랑하나이다. 120 내 육체가 주
를 두려워함으로 떨며 내가 또 주의 심판을 두려워하나이다.

**하나님을 아는 일** 120절은 하나님을 두려워하는 마음과 말씀을 경외하는
심령을 긴밀하게 연결시킵니다. 말씀을 대하면 그 장엄하고 한결같으며 슬기
로운 속성 앞에 경외감을 느끼기 마련입니다. 이는 곧바로 하나님을 향한 두
려움, 중심을 뒤흔드는 깊은 기쁨과 경이감으로 이어집니다. 이러저러하실
것이라고 상상하던 수준을 훨씬 뛰어넘는 하나님의 진면목을 더 깊이 만날수
록 이런 감정들은 점점 커져 갑니다. 이랬으면 좋겠다 싶은 모습이 아니라 참
다운 하나님의 실체와 마주하다니, 어떻게 그런 일이 벌어질 수 있단 말입니
까? 오직 말씀을 통해서만 가능합니다. 성경은 "인간들이 깨달아 알고 그분과
신실한 관계를 맺을 수 있는 방식으로 하나님이 스스로를 드러내는 주요한
수단입니다."[130]

*Prayer* 끝없이 방대한 말씀의 세계로 나를 이끌어 주십시오. 뛰어난 감각을
허락하셔서 신성을 감지해 내게 도와주십시오. 동이 트고 해가 저무는 걸 바
라볼 때처럼 숨 막히는 감동으로 말씀을 대하기를 원합니다. 산과 바다를 마
주할 때처럼 마음이 뛰놀기를 원합니다. 그리고 이내 주님의 얼굴을 보게 되
기를 간절히 원합니다. 아멘.

# November 15

시편 119편 121-128절   121 내가 정의와 공의를 행하였사오니 나를 박해하는 자들에게 나를 넘기지 마옵소서. 122 주의 종을 보증하사 복을 얻게 하시고 교만한 자들이 나를 박해하지 못하게 하소서. 123 내 눈이 주의 구원과 주의 의로운 말씀을 사모하기에 피곤하니이다. 124 주의 인자하심대로 주의 종에게 행하사 내게 주의 율례들을 가르치소서. 125 나는 주의 종이오니 나를 깨닫게 하사 주의 증거들을 알게 하소서. 126 그들이 주의 법을 폐하였사오니 지금은 여호와께서 일하실 때니이다. 127 그러므로 내가 주의 계명들을 금 곧 순금보다 더 사랑하나이다. 128 그러므로 내가 범사에 모든 주의 법도들을 바르게 여기고 모든 거짓 행위를 미워하나이다.

지금은 여호와께서 일하실 때   시편 기자는 하나님의 법이 무시당하고(126절) 주님을 좇는 이들이 억압받는(121-122절) 문화 속에 살았습니다. 하나님의 말씀에는 아무도 귀를 기울이지 않았습니다(123절). 오늘을 사는 그리스도인들의 형편도 비슷합니다. 믿음에 관한 이야기를 꺼냈다가는 대놓고 무시당하거나 제지를 받기까지 합니다. 그럴 때 시인은 어떤 태도를 보입니까? 하나님께서 '일해 주시길'(126절) 간구합니다. "내게는 뾰족한 수가 없고 힘도 없으니, 이 모든 일을 주님의 손에 맡깁니다"라고 부르짖는 것입니다. 기도하며, 마음과 삶을 돌아보고, 하나님이 문을 열어 주시길 기다리는(계 3:8) 것 말고는 아무 할 일이 없는 순간이 누구에게나 닥치기 마련입니다.

*Prayer*   주님, 성령님을 대신하려고 안간힘을 써 왔음을 고백합니다. 사랑하는 이들이 진리에 귀를 기울이지 않을 때는, 오로지 안에서만 열리게 되어 있는 문을 밖에서 끝없이 두들겨 대곤 합니다. 오로지 성령님만이 그 안에 들어가실 수 있습니다. 나는 불가능합니다. 이제 주님이 일하시길 기다리겠습니다. 아멘.

# November 16

129 주의 증거들은 놀라우므로 내 영혼이 이를 지키나이다. 130 주의 말씀을 열면 빛이 비치어 우둔한 사람들을 깨닫게 하나이다. 131 내가 주의 계명들을 사모하므로 내가 입을 열고 헐떡였나이다. 132 주의 이름을 사랑하는 자들에게 베푸시던 대로 내게 돌이키사 내게 은혜를 베푸소서. 133 나의 발걸음을 주의 말씀에 굳게 세우시고 어떤 죄악도 나를 주관하지 못하게 하소서. 134 사람의 박해에서 나를 구원하소서. 그리하시면 내가 주의 법도들을 지키리이다. 135 주의 얼굴을 주의 종에게 비추시고 주의 율례로 나를 가르치소서. 136 그들이 주의 법을 지키지 아니하므로 내 눈물이 시냇물 같이 흐르나이다.

**주의 말씀을 열라**  시편 기자는 하나님의 말씀이 '놀랍다'라고 하면서 '초자연적'이라는 뜻을 가진 단어를 사용합니다(129절). 성경은 한낱 인간이 쓴 책이 아닙니다. 끈질기게 파헤치는 이들에게 그토록 깊은 비밀을 열어 보일 수 있는 까닭이 여기에 있습니다. 성경의 메시지는 어린아이라도 알아들을 만큼 분명하지만, 입을 다물 수 없을 만큼 풍성한 비밀을 두루 누리려면 믿고 의지하며(133절), 순종하고(136절), 사모하고(131절), 연구하고, 꾸준히 성찰해야 합니다. 그런 값을 치르기만 하면 수고와 비교할 수 없을 만큼 큰 보상이 돌아옵니다.

*Prayer*  주님, 그저 수박 겉핥듯 성경을 보고 연구하는 데도 시간이 듭니다. 하지만 누구나 스스로 으뜸가게 소중하다고 여기는 일에 시간을 쏟기 마련입니다. 결국 내 마음에 주님의 말씀을 알고자 하는 뜻이 거의 없음을 고백할 수밖에 없습니다. 시편 119편이 내 차가운 마음을 깨트려 주기를 간절히 원합니다. 아멘.

# November 17

시편 119편 137-144절   137 여호와여 주는 의로우시고 주의 판단은 옳으니이다. 138 주께서 명령하신 증거들은 의롭고 지극히 성실하니이다. 139 내 대적들이 주의 말씀을 잊어 버렸으므로 내 열정이 나를 삼켰나이다. 140 주의 말씀이 심히 순수하므로 주의 종이 이를 사랑하나이다. 141 내가 미천하여 멸시를 당하나 주의 법도를 잊지 아니하였나이다. 142 주의 의는 영원한 의요 주의 율법은 진리로소이다. 143 환난과 우환이 내게 미쳤으나 주의 계명은 나의 즐거움이니이다. 144 주의 증거들은 영원히 의로우시니 나로 하여금 깨닫게 하사 살게 하소서.

의로운 말씀   하나님은 의로우시다고 성경은 말합니다(137, 142절). 한 점 이지러짐 없이 정의롭고 공평하다는 의미입니다. 주님은 결코 착취하거나 학대하지 않으십니다. 하나님의 말씀은 그 의로움을 완벽하게 드러냅니다(138, 144절). 세계사를 통틀어 어느 때보다 극심하게 권위를 거부하는 문화 속에 사는 현대인들로서는 받아들이기가 무척 어려운 일입니다. 말씀 가운데는 언뜻 부당하고 심지어 강요하는 것처럼 보이는 대목이 적지 않기 때문입니다. 하지만 오랫동안 삶의 도가니에서 "정련되어 참으로 순수한"(140절, 새번역) 하나님의 말씀을 믿고 의지하면, 진리를 찾을 뿐만 아니라(142절) 즐거움을 만끽하게 된다는(143절) 것이 성경의 진술이자 수없이 많은 이들의 고백입니다. 결국 말씀을 사랑하게 된다는 말입니다(140절).

*Prayer*   한때는 말씀에 엄하고 가혹해 보이는 일들이 수두룩하다고 생각했지만 시간이 흐를수록 그런 마음이 훨씬 줄어들었습니다. 하나님의 말씀이 참이라는 사실이 차츰 선명해졌습니다. 세상 모든 문화로부터 온갖 심한 의심을 받고 있는 주님의 말씀을 다른 이들에게 더없이 믿음직스러운 진리로 소개할 기회를 열어 주십시오. 아멘.

**시편 119편 145-152절**  145 여호와여 내가 전심으로 부르짖었사오니 내게 응답하소서. 내가 주의 교훈들을 지키리이다. 146 내가 주께 부르짖었사오니 나를 구원하소서. 내가 주의 증거들을 지키리이다. 147 내가 날이 밝기 전에 부르짖으며 주의 말씀을 바랐사오며 148 주의 말씀을 조용히 읊조리려고 내가 새벽녘에 눈을 떴나이다. 149 주의 인자하심을 따라 내 소리를 들으소서. 여호와여 주의 규례들을 따라 나를 살리소서. 150 악을 따르는 자들이 가까이 왔사오니 그들은 주의 법에서 머니이다. 151 여호와여 주께서 가까이 계시오니 주의 모든 계명들은 진리니이다. 152 내가 전부터 주의 증거들을 알고 있었으므로 주께서 영원히 세우신 것인 줄을 알았나이다.

**말씀을 읽는 시간**  본문은 말씀을 좇아 사는 삶의 어느 하루를 슬쩍 들여다보게 해 줍니다. 주인공은 날이 밝기 전에 일어나 기도하며 하나님의 말씀을 바라고(147절), 늦은 밤까지 그 약속을 묵상합니다(148절). 160절에는 "주의 의로운 규례들로 말미암아 하루 일곱 번씩 주를 찬양하나이다"라는 고백도 등장합니다. 숱한 수도원 규범들은 이를 문자적으로 좇아 하루에 일곱 차례씩 기도하고 말씀을 읽습니다. 하지만 일곱이라는 숫자는 완전함이나 총체성을 상징합니다. 따라서 기도하며 하나님의 말씀을 연구하는 것을 가장 높은 우선순위에 두고 시간을 써야 한다는 의미로 보아야 합니다. 다른 일들에 밀리고 눌리게 해서는 안 된다는 말입니다.

*Prayer*  이 기도를 마치자마자 곧바로 계획을 세워서 점점 더 자주 주님의 말씀을 읽기 시작하겠습니다. 너무 비현실적이어서 실행이 어렵거나 너무 느슨해서 별 변화가 없는 계획을 세우지 않도록 도와주십시오. 아멘.

# November 19

시편 119편 153-160절 153 나의 고난을 보시고 나를 건지소서. 내가 주의 율법을 잊지 아니함이니이다. 154 주께서 나를 변호하시고 나를 구하사 주의 말씀대로 나를 살리소서. 155 구원이 악인들에게서 멀어짐은 그들이 주의 율례들을 구하지 아니함이니이다. 156 여호와여 주의 긍휼이 많으오니 주의 규례들에 따라 나를 살리소서. 157 나를 핍박하는 자들과 나의 대적들이 많으나 나는 주의 증거들에서 떠나지 아니하였나이다. 158 주의 말씀을 지키지 아니하는 거짓된 자들을 내가 보고 슬퍼하였나이다. 159 내가 주의 법도들을 사랑함을 보옵소서. 여호와여 주의 인자하심을 따라 나를 살리소서. 160 주의 말씀의 강령은 진리이오니 주의 의로운 모든 규례들은 영원하리이다.

말씀에 대한 교리　시편 기자는 "주님의 말씀은 모두 진리"(160절, 151절도 보라)라고 고백합니다. 성경이 가르치는 바는 하나도 빠짐없이 진실합니다. 정서적인 선호, 문화적인 관습, 또는 대중의 견해와 상관없이 반드시 따라야 합니다. 아울러, 하나님의 말씀은 영원합니다(160절, 152절도 보십시오). 말씀에는 유통 기한이 없습니다. 현대화하거나 수정하거나 보충할 필요가 없습니다. 성경은 어김없는 참말을 묶은 책, 그 이상도 이하도 아닙니다. 하나님과 강건하게 하시는 그분의 사랑을 아는 유일한 길입니다(159절). 하지만 이렇게 말씀을 만나자면 성경의 완전한 영감과 권위를 믿는 교리적인 헌신이 토대를 이뤄야합니다. 성경이 하나님에 대해 가르치는 바를 온전히 신뢰하지 못한다면, 주님이 보여 주시는 일들을 두루 깨달아 알 도리가 없습니다.

*Prayer*　윗세대 어른들은 말씀을 외면할지라도 존중할 줄은 아는 시대에 살았습니다. 그러나 지금 우리는 말씀을 공격하고 훼손하는 시절을 살고 있습니다. 내게 능력을 주셔서 마음을 다해 성경의 진리를 지키게 하시고 기회가 있을 때마다 다른 이들 앞에서 변호할 줄 알게 해 주십시오. 아멘.

# November 20

시편 119편 161-168절  161 고관들이 거짓으로 나를 핍박하오나 나의 마음은 주의 말씀만 경외하나이다. 162 사람이 많은 탈취물을 얻은 것처럼 나는 주의 말씀을 즐거워하나이다. 163 나는 거짓을 미워하며 싫어하고 주의 율법을 사랑하나이다. 164 주의 의로운 규례들로 말미암아 내가 하루 일곱 번씩 주를 찬양하나이다. 165 주의 법을 사랑하는 자에게는 큰 평안이 있으니 그들에게 장애물이 없으리이다. 166 여호와여, 내가 주의 구원을 바라며 주의 계명들을 행하였나이다. 167 내 영혼이 주의 증거들을 지켰사오며 내가 이를 지극히 사랑하나이다. 168 내가 주의 법도들과 증거들을 지켰사오니 나의 모든 행위가 주 앞에 있음이니이다.

**값지고 귀한 말씀** 시편 기자는 '주의 말씀만 경외'(161절)한다고 고백합니다. 말씀과 그 저자를 정확하게 동일시하는 까닭에 성경에 열렬히 마음을 쏟아 놓습니다. 하나님이 생명의 근원이시라면 그분의 말씀은 당연히 생명을 낳기 마련입니다. 주님이 처음부터 끝까지 온전히 신실하신 분이라면 그 말씀에는 오류가 있을 수 없습니다. 하나님이 영광스러운 분이라면 성경 또한 보배임에 틀림없습니다. "사람이 많은 탈취물을 얻은 것처럼 나는 주의 말씀을 즐거워하나이다"(162절). 여기 쓰인 '탈취물'이란 단어는 병사들이 치열한 전투를 치르고 난 뒤에 받는 보상을 뜻합니다. 하나님의 말씀을 배우고 소화시키는 데는 싸움이 따르기 마련입니다. 분주한 스케줄, 정신을 산란하게 만드는 일들, 완고한 마음, 그리고 세상의 삐딱한 시선과 경멸에 맞서 싸워야 합니다. 하지만 일단 승리를 거두기만 하면, 순금을 상으로 받게 될 것입니다.

*Prayer* 주님의 말씀은 "깊고도 깊은 광산, 값지고 진귀한 보석들은 깊고 깊은 곳에 묻혀 찾는 이를" 기다립니다.[131] 내게 에너지를 주셔서 하나님의 말씀을 연구하게 해 주십시오. 그러자면 성경에서 찾아낼 진귀한 보물의 가치를 금방 알아볼 줄 아는 심원한 감각이 꼭 필요합니다. 아멘.

# November 21

**시편 119편 169-176절** 169 여호와여, 나의 부르짖음이 주의 앞에 이르게 하시고 주의 말씀대로 나를 깨닫게 하소서. 170 나의 간구가 주의 앞에 이르게 하시고 주의 말씀대로 나를 건지소서. 171 주께서 율례를 내게 가르치시므로 내 입술이 주를 찬양하리이다. 172 주의 모든 계명들이 의로우므로 내 혀가 주의 말씀을 노래하리이다. 173 내가 주의 법도들을 택하였사오니 주의 손이 항상 나의 도움이 되게 하소서. 174 여호와여, 내가 주의 구원을 사모하였사오며 주의 율법을 즐거워하나이다. 175 내 영혼을 살게 하소서. 그리하시면 주를 찬송하리이다. 주의 규례들이 나를 돕게 하소서. 176 잃은 양 같이 내가 방황하오니 주의 종을 찾으소서. 내가 주의 계명들을 잊지 아니함이니이다.

**강력한 힘을 가진 말씀**　시편 119편은 성경을 가지고 무얼 할 수 있을지에 관해 여러 가지 지침을 줍니다. 우선 읽고 공부하고 깨달아 알아야 합니다. 또 묵상하고 암송하며 좇아 살아야 합니다. 아침저녁으로 꼬박꼬박 말씀과 함께 시간을 보내야 합니다. 하지만 이런 노력을 기울인다 하더라도 하나님이 만나 주지 않으시면 아무 소용이 없습니다(176절). 하나님의 말씀은 살았고 역사하는 힘이 있어 외과의사의 메스처럼 심령을 꿰뚫고 상처를 치유합니다. 성경이 진리임을 신뢰하지 못하거나 그런 안목이 없는 친구들에 둘러싸여 지내고 있다면, 앞뒤 가릴 것 없이 일단 말씀을 읽는 데 온 마음을 쏟으십시오. 정말 예리한 칼이라는 확신이 아직 없을지라도 상관없습니다. 참으로 날이 서 있다면 우리 상태와 상관없이 마음을 자르고 베어 낼 것입니다.

*Prayer*　주님, 여기 대단한 거울이 있습니다. "마주 선 이의 두 눈을 고치는 거울, 되비쳐 보여 주는 대상을 깨끗이 씻어 내는 샘물과도 같습니다. 어느 누가 그 찬송을 한껏 사랑하지 않을 수 있겠습니까?"[132] 치유하고 날카롭게 벼리는 말씀의 능력이 얼마나 놀라운지요! 하나님 말씀을 온 힘을 다해 사모하기를 원합니다. 아멘.

# November 22

**추방**   오늘 본문은 해마다 절기를 지키러 시온 산에 올라가는 이들이 불렀던 '성전에 올라가는 노래' 열다섯 편 가운데 첫 곡입니다.[133] 시편 기자는 평화를 갈구하지만 사방을 돌아봐도 눈에 들어오는 것은 신앙을 둘러싼 갈등뿐입니다(7절). 그러기에 시인은 "완전한 굴복, 또는 회심이 일어나지 않는다면 아무리 선의가 넘쳐도 해결되지 않는 반대편의 생활방식을 바라보며 분한 심정을 토로합니다."[134] 형편이 이러할지라도 성경은 타협하거나(고후 6:14) 복수하지(롬 12:14-21) 말라고 주문합니다. 시편 기자는 앙갚음하는 일을 하나님의 손에 맡깁니다(3-4절). 그리스도인들이 평화롭게 이웃들을 섬기면 적대적인 이들도 마음이 돌아설 것입니다(벧전 2:12). 그러므로 전쟁이 일상인 문화 속에서도 평화를 지키셨던 주님을 좇아야 합니다(벧전 2:21-25).

*Prayer*   평화를 제안했음에도 불구하고 상대방이 완강하게 적대적인 태도를 보이면 마음이 상하고 인내심이 바닥을 보입니다. 게다가 반복적으로 분노를 표출하는 것을 미덕으로 여기는 문화 속에서 살고 있습니다. 주님, 나와 내 신앙을 싫어하는 이들을 꾸준히 사랑하고 존중하도록 도와주십시오. 아멘.

시편 121편 **1** 내가 산을 향하여 눈을 들리라. 나의 도움이 어디서 올까? **2** 나의 도움은 천지를 지으신 여호와에게서로다. **3** 여호와께서 너를 실족하지 아니하게 하시며 너를 지키시는 이가 졸지 아니하시리로다. **4** 이스라엘을 지키시는 이는 졸지도 아니하시고 주무시지도 아니하시리로다. **5** 여호와는 너를 지키시는 이시라. 여호와께서 네 오른쪽에서 네 그늘이 되시나니 **6** 낮의 해가 너를 상하게 하지 아니하며 밤의 달도 너를 해치지 아니하리로다. **7** 여호와께서 너를 지켜 모든 환난을 면하게 하시며 또 네 영혼을 지키시리로다. **8** 여호와께서 너의 출입을 지금부터 영원까지 지키시리로다.

도움 시편 기자는 산을 바라보며 도움을 구합니다(1절). 저기라면 숨을 만한 공간이나 은신처가 있지 않을까요? 하지만 산을 지으신(2절) 주님의 도우심에 비하면 험산준령은 그야말로 아무것도 아닙니다. 위협이 될 수도 없고 도움을 주지도 못합니다. 하나님의 도우심이란 무슨 뜻입니까? '주님의 임재를 통한 영혼의 소생'(5절, 그늘)을 가리킵니다. 실족하거나 죄에 빠지지 않게 막아 주시는 하나님의 능력을 의미하기도 합니다(3절, 시 73:2). 한 톨의 죄가 한 보따리의 고난보다 인간을 더 심각하게 해칠 수 있습니다. 죄는 마음을 딱딱하게 굳혀서 모든 걸 다 잃게 몰아가지만, 역경은 제대로 처리하기만 하면 더 지혜롭고 행복하게 하며 영혼의 깊이를 더해 줍니다.

*Prayer* 주님, 온갖 문제들이 내 삶을 잔뜩 짓누르고 있습니다. 해가 뜨거운 볕을 내리쬐며 온 힘을 다해 나를 말려 죽이려는 것만 같습니다. 하지만 기도를 드리노라면, 문득 주님이 웃음 짓고 계시는 것을 느낄 때가 있습니다. 마음에 시원한 그늘이 지거나 상쾌한 바람이 불어오는 듯한 순간들입니다. 내게 은혜를 베푸셔서 그늘이요 도움이 되시는 주님을 더 잘 알아 가기를 원합니다. 아멘.

시편 122편  **1** 사람이 내게 말하기를 여호와의 집에 올라가자 할 때에 내가 기뻐하였도 다. **2** 예루살렘아, 우리 발이 네 성문 안에 섰도다. **3** 예루살렘아, 너는 잘 짜여진 성읍과 같이 건설되었도다. **4** 지파들 곧 여호와의 지파들이 여호와의 이름에 감사하려고 이스라 엘의 전례대로 그리로 올라가는도다. **5** 거기에 심판의 보좌를 두셨으니 곧 다윗의 집의 보좌로다. **6** 예루살렘을 위하여 평안을 구하라. 예루살렘을 사랑하는 자는 형통하리로 다. **7** 네 성 안에는 평안이 있고 네 궁중에는 형통함이 있을지어다. **8** 내가 내 형제와 친구 를 위하여 이제 말하리니 네 가운데에 평안이 있을지어다. **9** 여호와 우리 하나님의 집을 위하여 내가 너를 위하여 복을 구하리로다.

**교회**  해마다 절기를 지키는 이들은 기쁘고 즐거운 마음으로 예루살렘에 들 어섰습니다(1절). 거룩한 성을 사랑하고 갈수록 번성하길 기도했습니다(6-7절). 오늘을 사는 그리스도인에게는 교회가 옛 유대인들의 예루살렘과 같은 성격을 갖습니다. 그리스도를 믿으면 그때부터 새 예루살렘의 시민이 되는 것입니다(히 12:22-24, 빌 3:20). 새(또는 미래의) 예루살렘의 출현은 교회, 곧 온 세 상이 하나님의 뜻에 따라 사는 삶을 두 눈으로 확인할 수 있는 사회가 제시하 는 대안문화의 등장을 의미합니다. 복음을 통해 모든 인종과 나라들이 아주 가까이 어울립니다(3절, 엡 2:11-22). 너나없이 교회를 벗어나지 않고 그 안에서 서로 사랑하며 살아갑니다. 그러므로 기쁜 마음으로 교회를 찾아야 합니다. 성경은 고독한 외톨이 신앙을 가르치지 않습니다.

*Prayer*  세상에 하나님의 영광을 드러내는 대안사회 교회의 설계도를 보여 주신 주님을 찬양합니다. 하지만 다른 한편으로 나는 주님의 성품을 드러내 기는커녕 흠투성이 공동체에 불과한 지금 현실 교회의 일원임을 고백합니다. 문제가 아니라 해결에 힘을 보태는 데 필요한 깨달음과 사랑을 허락해 주십 시오. 아멘.

시편 123편  1 하늘에 계시는 주여, 내가 눈을 들어 주께 향하나이다. 2 상전의 손을 바라보는 종들의 눈 같이, 여주인의 손을 바라보는 여종의 눈 같이 우리의 눈이 여호와 우리 하나님을 바라보며 우리에게 은혜 베풀어 주시기를 기다리나이다. 3 여호와여, 우리에게 은혜를 베푸시고 또 은혜를 베푸소서. 심한 멸시가 우리에게 넘치나이다. 4 안일한 자의 조소와 교만한 자의 멸시가 우리 영혼에 넘치나이다.

초점  그리스도인은 세상의 멸시를 받으며 아픔을 느낍니다(3-4절). 어떻게 하면 세상의 관점에 휩쓸리지도, 원한을 품거나 위축되지도 않을 수 있을까요? 눈을 들어 하나님을 보아야 합니다(1절). '한 번 쳐다보는' 정도를 말하는 게 아닙니다. 꾸준히 성찰하고 경배하는 마음으로(1, 2절) 갈망과 기대가 가득한 눈길을 보내야 합니다(마 6:23, 수 7:21 참조). 시인은 기도하는 가운데 온 관심과 마음의 갈망을 하나님에 집중했습니다(2절). 사소한 몸짓 하나하나에 숨은 상전의 뜻을 읽어 내고 반응하도록 훈련받은 종처럼 행동했습니다(2절). 다시 말해, 정신을 산란하게 하는 모든 요인들을 이겨 내고, 체험적으로 하나님을 알며, 하나님께 순종하며 섬기는 일을 삶 전체를 통틀어 으뜸가는 과제로 삼았습니다. 주님이 자비를 보여 주시기까지, 날마다 이 시편으로 기도하시기 바랍니다.

Prayer  '주의력 결핍 장애'(attention deficit disorder)를 앓는 사회에 사는 것만 같습니다. 이런저런 일들이 꼬리를 물고 시야에 들어왔다 사라집니다. 오 주님, 하나님께 초점을 맞추는 법을 가르쳐 주십시오. 하루 종일 주님을 마음에 품게 해 주십시오. 기도하면서 오래도록 갈망하는 시선을 주님께 두게 도와주십시오. 아멘.

# November 26

시편 124편 1 이스라엘은 이제 말하기를, 여호와께서 우리 편에 계시지 아니하셨더라면 우리가 어떻게 하였으랴? 2 사람들이 우리를 치러 일어날 때에 여호와께서 우리 편에 계시지 아니하셨더라면 3 그 때에 그들의 노여움이 우리에게 맹렬하여 우리를 산 채로 삼켰을 것이며 4 그 때에 물이 우리를 휩쓸며 시내가 우리 영혼을 삼켰을 것이며 5 그 때에 넘치는 물이 우리 영혼을 삼켰을 것이라 할 것이로다. 6 우리를 내주어 그들의 이에 씹히지 아니하게 하신 여호와를 찬송할지로다. 7 우리의 영혼이 사냥꾼의 올무에서 벗어난 새 같이 되었나니 올무가 끊어지므로 우리가 벗어났도다. 8 우리의 도움은 천지를 지으신 여호와의 이름에 있도다.

언약  시인은 네 차례나(1, 2, 6, 8절) '주님', 곧 은혜로 우리와 언약을 맺으신 하나님을 찾습니다. 현대인들로서는 낯설기 짝이 없는 이 호칭은 그분의 사랑이 끝없는 헌신을 통해 레이더처럼 자동으로 우리를 추적한다는 뜻을 담고 있습니다. 그러기에 주님은 늘 우리 편이십니다(1-2절). 죄는 더 이상 그리스도 안에 있는 우리를 정죄할 수 없으므로 하나님은 항상 자녀들과 함께하십니다(롬 8:1, 34-35). 따라서 "환난이나 곤고나 박해나 기근이나 적신이나 위험이나 칼이라도 … 우리를 우리 주 그리스도 예수 안에 있는 하나님의 사랑에서 끊을 수 없"습니다(롬 8:35, 39). 하늘과 땅을 만드신(그리스도를 통해) 분이 우리의 도움이시므로 두려워할 게 없습니다(8절). 누가 감히 우리에게 맞서겠습니까?(롬 8:31)

*Prayer*  주님은 언약을 지키시는 하나님이십니다. 주님의 독생자는 우리를 구원하시겠다고 약속하셨습니다. 그러므로 지옥이 달려들어 온 힘을 다해 물고 늘어진다 해도 주님이 약속을 지키는 것을 가로막을 수 없습니다. 나도 주님처럼 신실하게 도와주십시오. "내 뜻을 가져가 주님 몫으로 삼아 주십시오. 이제는 내 것이 아닙니다. 내 전부를 받아 주십시오. 영원토록 오로지 주님만을 위해 살겠습니다."[135] 아멘.

시편 125편  1 여호와를 의지하는 자는 시온 산이 흔들리지 아니하고 영원히 있음 같도
다. 2 산들이 예루살렘을 두름과 같이 여호와께서 그의 백성을 지금부터 영원까지 두르시
리로다. 3 악인의 규가 의인들의 땅에서는 그 권세를 누리지 못하리니 이는 의인들로 하
여금 죄악에 손을 대지 아니하게 함이로다. 4 여호와여 선한 자들과 마음이 정직한 자들
에게 선대하소서. 5 자기의 굽은 길로 치우치는 자들은 여호와께서 죄를 범하는 자들과
함께 다니게 하시리로다. 이스라엘에게는 평강이 있을지어다.

**요동 없이 한결같은**  옛날 옛적에는 산이 병풍처럼 둘러싸고 있는 지형을 군
사적으로 더없이 안전한 도시의 입지 조건으로 여겼습니다. 하나님을 믿고
의지하는 삶은 산성에 들어앉는 형국과 매한가지였습니다(2절). 어떻게 그럴
수 있을까요? 우선, 주님을 신뢰하면 유리한 고지를 선점할 수 있습니다. 스
스로의 죄를 깨닫고 머잖아 악행의 대가를 치를 수밖에 없음을 의식하게 됩
니다. 그분께 기대는 마음가짐은 또한 숨이 막히도록 근사한 하나님의 진면
목과 마주하는 통로가 됩니다. '높이 들린 보좌에 앉아 계시는' 거룩한 분을
뵙는 순간, 세상 모든 일을 바라보는 이사야의 시각은 완전히 달라졌습니다
(사 6:1-8). 하나님을 의지한다는 말은 무엇보다도 영원히 요동치 않는 분과 관
계를 맺는다는 뜻입니다. 아울러 우리 역시 흔들리지 않으리라는 의미이기도
합니다(1절). 한결같음을 찾아볼 수 없는 세상을 살지라도, 항상 그 진리에 마
음을 붙들어 매야 합니다.

*Prayer*  쉴 새 없이 움직이며 순간순간 달라지는 삶에 지쳤습니다. 하지만
주님은 변함이 없이 나의 거처가 되십니다. 이 진리에 기대어 마음을 가라앉
히게 해 주십시오. "주님의 자비는 영원토록 한결같으며, 늘 신실하고, 항상
확실합니다."[136] 아멘.

# November 28

시편 126편  1 여호와께서 시온의 포로를 돌려보내실 때에 우리는 꿈꾸는 것 같았도다. 2 그 때에 우리 입에는 웃음이 가득하고 우리 혀에는 찬양이 찼었도다. 그 때에 뭇 나라 가운데서 말하기를 여호와께서 그들을 위하여 큰일을 행하셨다 하였도다. 3 여호와께서 우리를 위하여 큰일을 행하셨으니 우리는 기쁘도다. 4 여호와여, 우리의 포로를 남방 시내들 같이 돌려보내소서. 5 눈물을 흘리며 씨를 뿌리는 자는 기쁨으로 거두리로다. 6 울며 씨를 뿌리러 나가는 자는 반드시 기쁨으로 그 곡식 단을 가지고 돌아오리로다.

회복  이스라엘 백성들에게도 영적으로 풍요롭고 생동감이 넘쳐서 어딜 보든 기쁨이 가득하던(2절) 시기가 있었습니다(1-3절). 하지만 신앙 공동체들은 십중팔구 심령이 완전히 말라비틀어지는 '네겝' 시절을 겪기 마련입니다(네겝은 사막처럼 황량한 지역입니다). 간혹, 먼 산간에 폭우가 쏟아지기라도 하듯 성령의 물결이 돌연히, 그리고 강력하게 밀려와 공동체를 극적으로 회복시킬 때가 있습니다(4절). 하지만 서서히 더딘 길을 걸어 부흥에 이르는 경우도 있습니다. '눈물을 흘리며 씨를 뿌리는 자'(5, 6절)는 곧 스스로의 죄와 믿음이 없는 이들의 죄를 끌어안고 눈물을 쏟아 가며 열심히 기도하는 사람들을 가리킵니다. 농사를 짓는다고 생각해 보십시오. 씨를 뿌렸다고 해서 곧 열매가 맺히는 건 아닙니다. 하지만 신실한 기도와 섬김은 결국 결실을 보게 됩니다. 황무지가 정원으로 바뀌는 것입니다(사 35:1-2).

*Prayer*  주님, 교회와 우리나라, 그리고 사랑하는 이들을 위해 기도합니다. 영적으로 새 힘을 얻고 부흥하게 해 주십시오. 눈물로 기도하면 마치 들에 뿌린 씨앗이 열매를 맺듯, 관심을 쏟는 이들의 삶에 결실이 맺히게 되리라는 사실을 믿습니다. 주님의 때를 기다리며 불안해하지 않고 침착하게 나를 이끌어 주십시오. 아멘.

# November 29

시편 127편  1 여호와께서 집을 세우지 아니하시면 세우는 자의 수고가 헛되며 여호와께서 성을 지키지 아니하시면 파수꾼의 깨어 있음이 헛되도다. 2 너희가 일찍이 일어나고 늦게 누우며 수고의 떡을 먹음이 헛되도다. 그러므로 여호와께서 그의 사랑하시는 자에게는 잠을 주시는도다. 3 보라, 자식들은 여호와의 기업이요 태의 열매는 그의 상급이로다. 4 젊은 자의 자식은 장사의 수중의 화살 같으니 5 이것이 그의 화살 통에 가득한 자는 복되도다. 그들이 성문에서 그들의 원수와 담판할 때에 수치를 당하지 아니하리로다.

쉼  번영과 안녕은 궁극적으로 애써서 얻은 성과가 아니라 하나님의 선물입니다(1절). 그러므로 과로, 걱정, 지나친 압박 따위는 모두 어리석고 그릇된 일입니다(2절). 같은 원리로, 아들딸들이 구김살 없이 잘 자라는 것 또한 하나님이 하시는 일입니다(3-5절). '헬리콥터 양육'(온 신경을 자녀에게 집중하며 시시콜콜 개입하는 태도-옮긴이)이나 과도하게 아이들의 삶에 개입하는 방식으로는 건강과 행복을 보장할 수 없습니다. 주님이 그 삶에 들어가지 않는다면, 아빠엄마가 아무리 신경을 곤두세운다 하더라도 소용없는 일입니다. 역사를 주관하시는 분이 한결같은 사랑을 베풀어 주신다는 사실을 기억한다면, 언제든 단잠을 잘 수 있을 것입니다(2절). 반면에, 늘 과로와 스트레스에 시달린다면, 하나님이 어떤 분이신지 잊은 게 아닌지 살펴봐야 합니다. 예수님은 더없이 또렷이 말씀하셨습니다. "너희가 아무것도 할 수 없음이라"(요 15:5).

*Prayer*  내 삶의 열매가 모두 주님의 선물임을 인정하는 것은 참으로 달콤하고 쌉싸름한 일입니다. 처음엔 쓰라릴 수 있습니다. 스스로 초라한 기분이 들게 만들기 때문입니다. 하지만 곧 말할 수 없이 달콤한 평안을 가져옵니다. 세상만사가 내게 달린 게 아니며 그랬던 적이 단 한 번도 없었습니다. 열심히 일하지만 한편으론 주님이 주신 통찰력으로 스스로 짊어진 죄스러운 압박감을 떨쳐 버리게 나를 도와주십시오. 아멘.

# November 30

**시편 128편** 1 여호와를 경외하며 그의 길을 걷는 자마다 복이 있도다. 2 네가 네 손이 수고한 대로 먹을 것이라. 네가 복되고 형통하리로다. 3 네 집 안방에 있는 네 아내는 결실한 포도나무 같으며 네 식탁에 둘러앉은 자식들은 어린 감람나무 같으리로다. 4 여호와를 경외하는 자는 이같이 복을 얻으리로다. 5 여호와께서 시온에서 네게 복을 주실지어다. 너는 평생에 예루살렘의 번영을 보며 6 네 자식의 자식을 볼지어다. 이스라엘에게 평강이 있을지어다.

**가족** 사랑하는 배우자와 잘 자라는 자녀들은 커다란 축복입니다(3-4절). 하지만 마음의 죄와 세상의 악은 이런 인생에 끼어들어 훼방을 놓곤 합니다. 가정을 이루고 싶지만 그러지 못하거나 꿈꾸던 것과는 아주 동떨어진 가정을 이루고 사는 이들이 얼마나 많은지 모릅니다. 식구들의 끔찍한 학대에 시달리는 사례도 허다합니다. 거룩한 가정은 생물학적인 혈연관계로 맺어지지 않는다고 예수님은 말씀하셨습니다. "누구든지 하나님의 뜻대로 행하는 자가 내 형제요 자매요 어머니이니라"(막 3:35). 교회는 가족을 지지하고 치유할 뿐만 아니라, 결혼했든 혼자 살든, 자식이 있든 없든 누구나 사랑을 만끽하며 잘 지낼 공동체를 이루며 살아갈 길을 찾아야 합니다.

*Prayer* 교회에 출석하면서도 다른 그리스도인들과 형제자매라기보다는 가게 손님 비슷한 관계로 지내는 이들이 수두룩합니다. 함께 종교 의식에 참여할 뿐, 가족처럼 함께 어울려 살고 싶어 하지 않습니다. 나의 생각을 바꿔 주십시오. 교회를 도와 참된 공동체를 이루게 해 주십시오. 아멘.

# December 1

시편 129편 1 이스라엘은 이제 말하기를, 그들이 내가 어릴 때부터 여러 번 나를 괴롭혔도다. 2 그들이 내가 어릴 때부터 여러 번 나를 괴롭혔으나 나를 이기지 못하였도다. 3 밭가는 자들이 내 등을 갈아 그 고랑을 길게 지었도다. 4 여호와께서는 의로우사 악인들의 줄을 끊으셨도다. 5 무릇 시온을 미워하는 자들은 수치를 당하여 물러갈지어다. 6 그들은 지붕의 풀과 같을지어다. 그것은 자라기 전에 마르는 것이라. 7 이런 것은 베는 자의 손과 묶는 자의 품에 차지 아니하나니 8 지나가는 자들도 여호와의 복이 너희에게 있을지어다 하거나 우리가 여호와의 이름으로 너희에게 축복한다 하지 아니하느니라.

**억압** 시편 기자는 채찍에 맞아 등이 상처투성이가 된(3절), 그러나 하나님이 해방시키신 노예들에 대해 이야기합니다. 주님은 "공의를 세우시며 억눌린 모든 사람의 권리를" 변호하시며(시 103:6, 새번역) 폭력적인 세상의 지배자들을 미워하십니다(눅 22:25-27). 그러기에 압제자들의 권력은 늘 한시적일 수밖에 없고(5절), 그리스도인은 세상에 사회 정의를 실현하기 위해 애써야 합니다. 하지만 한편으로는 또 다른 차원에서 본문을 읽을 줄 알아야 합니다. 스스로 때리는 자들에게 등을 내어 맡긴(사 50:6) 분이 있습니다. 그분이 채찍에 맞고 상하신 덕분에 우리는 나음을 받았습니다(사 53:5). 복음에 맞서며 반대하는 ('시온을 미워하는', 5절) 이들을 만날 때마다, 용서와 사랑으로 악을 물리치신(롬 12:14-21, 벧전 2:22-24) 예수님을 기억하며, 그들이 뉘우치고 돌아오도록 사랑으로 초청해야 합니다(겔 18:30-32).

*Prayer* 주님, 저들은 '칼과 몽둥이를 들고'(마 26:47) 몰려와서 주님을 채찍질했습니다. "몽둥이와 곤봉을 추켜들고 저들은 주님을 찾았습니다, 마치 도둑을 찾아다니듯, 단 하나 참 길이신, 참 구원이신 주님을. 그들에게 주님은 한없이 진실하셨습니다. 더없이 큰 괴로움을 안긴 그들에게."[137] 그런 형편에도 내게 진실하신 주님, 채찍에 맞음으로 나를 치유해 주신 주님, 참 고맙습니다. 아멘.

# December 2

시편 130편 1 여호와여, 내가 깊은 곳에서 주께 부르짖었나이다. 2 주여, 내 소리를 들으시며 나의 부르짖는 소리에 귀를 기울이소서. 3 여호와여, 주께서 죄악을 지켜보실진대 주여 누가 서리이까? 4 그러나 사유하심이 주께 있음은 주를 경외하게 하심이니이다. 5 나, 곧 내 영혼은 여호와를 기다리며 나는 주의 말씀을 바라는도다. 6 파수꾼이 아침을 기다림보다 내 영혼이 주를 더 기다리나니 참으로 파수꾼이 아침을 기다림보다 더하도다. 7 이스라엘아, 여호와를 바랄지어다. 여호와께서는 인자하심과 풍성한 속량이 있음이라. 8 그가 이스라엘을 그의 모든 죄악에서 속량하시리로다.

용서  우리에게 모든 것을 베풀어 주시고 일 분 일 초 생명을 이어 가게 하시는 하나님께 우리는 무얼 드릴 수 있을까요? 우선, 주님을 사랑하고 오로지 그분만을 섬겨야 합니다. 하지만 아무도 혼자 힘으로는 그럴 수 없습니다. 자신의 공로로는 심판 날 하나님 앞에 설 도리가 없다는 뜻입니다(3절, 롬 3:10 참조). 하나님의 자비를 기다리는 것은 언뜻 불면증을 앓는 이가 아침을 기다리듯 기약 없는 일처럼 보일지 모릅니다. 그런 순간은 결코 오지 않을 것만 같은 느낌이 지배할 수도 있습니다(6절). 하지만 복음이 여기에 있습니다. "그가 이스라엘을 그의 모든 죄악에서 속량하시리로다"(8절). 예수님은 하나님 자신이시면서도 택하신 백성들을 죄에서 건지기 위해 돌아가셨습니다. 주님의 용서와 자비는 벅찬 두려움과 놀라움을 불러일으키고 삶의 원동력이 됩니다(4절). 마침내 아침이 밝은 것입니다.

*Prayer*  죄 사함의 감격을 맛보게 해 주셔서 감사합니다. 얼마나 놀라운 일이었는지, 지금도 기억이 생생합니다. 그때까지는 죄책감이 은근한 만성 두통처럼 나를 괴롭혔습니다. 이제야 그 죄의식이 그동안의 삶에서 기쁨과 확신을 앗아 갔었음을 깨닫습니다. 죄를 용서받았음을 마음에 새겨서 가벼운 마음으로 삶을 누리고 이웃에게 다가가기를 원합니다. 아멘.

# December 3

> **시편 131편** 1 여호와여, 내 마음이 교만하지 아니하고 내 눈이 오만하지 아니하오며 내가 큰일과 감당하지 못할 놀라운 일을 하려고 힘쓰지 아니하나이다. 2 실로 내가 내 영혼으로 고요하고 평온하게 하기를 젖 뗀 아이가 그의 어머니 품에 있음 같게 하였나니 내 영혼이 젖 뗀 아이와 같도다. 3 이스라엘아, 지금부터 영원까지 여호와를 바랄지어다.

**자족** 살다 보면 분에 넘치도록 대단하고 성공한 인물이 되고 싶은 욕구가 생길 수 있습니다(1절). 하지만 성경은 "네가 너를 위하여 큰일을 찾느냐? 그것을 찾지 말라"(렘 45:5)라고 말합니다. 그런 추구는 엄청난 초조감과 불만을 불러일으킵니다. 시편 기자는 이런 마음을 버렸습니다. 갓난아이는 누가 젖을 주는지 잘 알고 엄마 품을 파고들며, 엄마가 짐짓 모른 체하면 몸부림치며 자지러지게 울음을 터트립니다. 하지만 '젖 뗀 아기'(2절)와 더 돌봐 줄 필요가 없을 만큼 큰 아이는 엄마가 함께 있기만 해도 흡족해합니다. 아무것도 바라지 않고 친밀감과 사랑을 즐거워할 뿐입니다. 베풀어 주실 무언가를 바라고 하나님 앞에 나갈 때가 많지만, 그분의 거룩한 임재 가운데 그냥 쉬는 자세가 필요합니다. 예수님의 이름으로, 말씀과 기도를 통해 바로 지금부터 그렇게 시작하기 바랍니다.

*Prayer* 주님은 모든 필요를 가지고 오라고 말씀하십니다. 하지만 그저 하나님의 임재 가운데 쉼을 누리기 원합니다. 주님과 함께하는 상황 자체를 만끽하게 해 주십시오. 더없이 깊은 수준의 친밀감과 사랑을 체험하게 해 주십시오. 오직 내게는 그것이 필요할 뿐입니다. 아멘.

# December 4

시편 132편 1-10절 1 여호와여, 다윗을 위하여 그의 모든 겸손을 기억하소서. 2 그가 여호와께 맹세하며 야곱의 전능자에게 서원하기를 3 내가 내 장막 집에 들어가지 아니하며 내 침상에 오르지 아니하고 4 내 눈으로 잠들게 하지 아니하며 내 눈꺼풀로 졸게 하지 아니하기를 5 여호와의 처소, 곧 야곱의 전능자의 성막을 발견하기까지 하리라 하였나이다. 6 우리가 그것이 에브라다에 있다 함을 들었더니 나무 밭에서 찾았도다. 7 우리가 그의 계신 곳으로 들어가서 그의 발등상 앞에서 엎드려 예배하리로다. 8 여호와여, 일어나사 주의 권능의 궤와 함께 평안한 곳으로 들어가소서. 9 주의 제사장들은 의를 옷 입고 주의 성도들은 즐거이 외칠지어다. 10 주의 종 다윗을 위하여 주의 기름 부음 받은 자의 얼굴을 외면하지 마옵소서.

**친밀함** 다윗은 언약궤를 예루살렘으로 가져오고('그의 발등상', 7절. 대상 28:2 참조) 하나님의 처소를 짓겠다고 약속했습니다(7절. 삼하 7:1-17 참조). 이는 단순히 정치적인 행동이 아니었습니다. 5절에서 다윗은 주님을 '야곱의' 하나님으로 기억합니다. 주님은 한사코 붙들고 늘어지는 이 옛 족장과 한바탕 씨름을 벌렸지만, 그가 그토록 찾아 헤매던 축복을 한없이 베풀어 주셨습니다(창 32:29). 다윗은 하나님의 은총을 더 깊이 알고 싶어 어떻게든 하나님께 가까이 나가려 했습니다. 수없이 많은 어려움을 감수하고서라도 예루살렘에 하나님의 집을 세우고자 했다고 본문은 말합니다(1절). 오늘을 사는 그리스도인들도 마찬가지입니다. 어떤 값을 치르고서라도 하나님께 가까이 가야 합니다. 다윗이 그러했듯, 서원하고 찾아오셨던 분, 한없이 비싼 값을 치르고 우리를 만나러 오신 분을 기억하며 그분께 나가야 합니다(히 10:5-10).

*Prayer* 옛 사람들은 성전에 계신 하나님의 임재를 알기 위해 예루살렘까지 먼 길을 가야 했습니다. 이제 예수님을 통해 언제, 어디서라도 주께 나갈 수 있게 되었으니 참으로 감사합니다. 그동안 이루 값을 매길 수 없을 만큼 소중한 이 선물에 무관심했음을 고백합니다. 주께 가까이 나가겠습니다. 주님, 반겨 맞아 주십시오. 아멘.

# December 5

시편 132편 11-18절 11 여호와께서 다윗에게 성실히 맹세하셨으니 변하지 아니하실지라. 이르시기를, 네 몸의 소생을 네 왕위에 둘지라. 12 네 자손이 내 언약과 그들에게 교훈하는 내 증거를 지킬진대, 그들의 후손도 영원히 네 왕위에 앉으리라 하셨도다. 13 여호와께서 시온을 택하시고 자기 처소를 삼고자 하여 이르시기를, 14 이는 내가 영원히 쉴 곳이라. 내가 여기 거주할 것은 이를 원하였음이로다. 15 내가 이 성의 식료품에 풍족히 복을 주고 떡으로 그 빈민을 만족하게 하리로다. 16 내가 그 제사장들에게 구원을 옷 입히니 그 성도들은 즐거이 외치리로다. 17 내가 거기서 다윗에게 뿔이 나게 할 것이라. 내가 내 기름 부음 받은 자를 위하여 등을 준비하였도다. 18 내가 그의 원수에게는 수치를 옷 입히고 그에게는 왕관이 빛나게 하리라 하셨도다.

**확실한 약속** 오늘 본문의 강조점은 한 점 어긋남이 없이 반드시 언약을 지키시는 하나님의 맹세에 있습니다. 주님은 다윗으로서는 꿈에도 생각지 못한 방식으로 그 후손이 세상에 하나님의 임재를 두루 가져다줄 것이라고 약속하십니다(11절, 삼하 7:11-16 참조). 그리고 오랜 세월이 지난 뒤, 다윗보다 더 큰 다윗, 예수님이 세상에 오셨으며 하나님의 임재를 인류 속에 심으셨습니다. 우리가 거룩하신 하나님의 처소가 된 것입니다(벧전 2:4-10). 우리는 하나님의 거처입니다. 열심히 애써서 얻어 낸 게 아니라 은혜로 선택받았을 따름입니다(13절). 거룩한 임재를 중심에 품고 있다는 확신이 없으면 구원에서 아무런 위안도 받을 수 없습니다. 주님은 우리를 결코 버리지 않으십니다. 하나님의 약속은 그 약속을 확인해 줍니다.

*Prayer* 주님, "안식을 찾아 예수님께 기댄 영혼을 주님은 절대로 원수에게 내주지 않으십니다. 지옥이 흔들려 제아무리 안간힘을 써도 결코, 결단코, 절대로 저버리지 않으십니다."[138] 성령님은 이 진리를 내 마음에 말씀해 주십니다(롬 8:16). 아멘.

# December 6

시편 133편  1 보라, 형제가 연합하여 동거함이 어찌 그리 선하고 아름다운고! 2 머리에 있는 보배로운 기름이 수염, 곧 아론의 수염에 흘러서 그의 옷깃까지 내림 같고 3 헐몬의 이슬이 시온의 산들에 내림 같도다. 거기서 여호와께서 복을 명령하셨나니 곧 영생이로 다.

**연합**  북부 지방의 높다란 헐몬 산과 남쪽 지역의 야트막한 언덕 시온 산이 상징하듯, 거룩한 백성들 사이의 연합은 상극들까지 하나로 만듭니다(3절). 헐몬의 이슬이 시온에 내린다는 것은 기적입니다. 마찬가지로 지극히 다채로운 문화와 인종, 계급을 가진 이들이 주님 안에서 한 덩어리가 되는 연합은 그야말로 초자연적인 사건입니다. 주님이 허락하신 연합은 고대의 진귀한 향유 같아서 등 돌리고 외면할 수도 있는 이들을 향기롭고 매력적으로 여기게 합니다. 그러므로 "모든 겸손과 온유로 하고 오래 참음으로 사랑 가운데서 서로 용납하고 평안의 매는 줄로 성령이 하나 되게 하신 것을 힘써 지키"시기 바랍니다(엡 4:2-3).

*Prayer*  세상은 이리저리 나뉜 인종과 문화의 장벽들을 넘어 서로 사랑하는 모습을 보고 우리가 그리스도인이라는 것을 알아볼 것입니다. 하지만 교회는 갈수록 이런 부분에서 세상을 닮아 갑니다. 어떻게 하면 다양하면서도 한 몸을 이루는 교회의 본모습을 찾을 수 있을지 가르쳐 주십시오. 혼자 의로운 척하지 않으면서 그 길을 이룰 수 있도록 이끌어 주십시오. 아멘.

# December 7

시편 134편 1 보라, 밤에 여호와의 성전에 서 있는 여호와의 모든 종들아 여호와를 송축하라. 2 성소를 향하여 너희 손을 들고 여호와를 송축하라. 3 천지를 지으신 여호와께서 시온에서 네게 복을 주실지어다.

경배  마침내 예루살렘에 도착한 순례자들은 성전으로 들어갑니다. 밤에도 제사장들과 레위지파 사람들이 나와 노래하는 모습이 보입니다(1절, 대상 23:30). 아마 '야간 당번'들에게는 대중의 관심이 덜했을 것입니다. 알아 주는 이가 거의 없었을지도 모릅니다. 그래도 하나님의 임재 안에서 기도하고 찬양할 수 있다는 사실 "한 가지만이라도 족하게"(눅 10:42) 여겼습니다. 상대적으로 덜 빛나는 일을 하고 있었지만 하나님은 부르심에 충실한 사람들에게 늘 그러셨던 것처럼 그들에게 은총을 베푸셨습니다. 주님의 임재 가운데 살며 늘 하나님께 감사하는 마음으로 찬양을 드리는 것은 더없이 근사한 일입니다. 하지만 그건 오로지 '시온', 곧 피를 뿌려 죄를 대속하는 제사를 드리는 곳에서만 가능한 일임을 기억해야 합니다. 요즘으로 말하자면, 우리를 위해 쏟으신 예수님의 보혈을 잊지 말아야 한다는 뜻입니다(히 10:1-22).

*Prayer*  하루 종일 의식적으로 하나님을 경배하기를 원합니다. 그러면 온갖 좋은 일들은 주님의 마음으로부터 온 선물로, 갖가지 나쁜 일들은 주님의 손에서 비롯된 시험으로 받아들일 수 있을 것입니다. 순간순간을 하나님 중심으로 살게 해 주십시오. 아멘.

# December 8

시편 135편 1-12절    1 할렐루야! 여호와의 이름을 찬송하라. 여호와의 종들아 찬송하라. 2 여호와의 집 우리 여호와의 성전 곧 우리 하나님의 성전 뜰에 서 있는 너희여, 3 여호와를 찬송하라. 여호와는 선하시며 그의 이름이 아름다우니 그의 이름을 찬양하라. 4 여호와께서 자기를 위하여 야곱 곧 이스라엘을 자기의 특별한 소유로 택하셨음이로다. 5 내가 알거니와 여호와께서는 위대하시며 우리 주는 모든 신들보다 위대하시도다. 6 여호와께서 그가 기뻐하시는 모든 일을 천지와 바다와 모든 깊은 데서 다 행하셨도다. 7 안개를 땅 끝에서 일으키시며 비를 위하여 번개를 만드시며 바람을 그 곳간에서 내시는도다. 8 그가 애굽의 처음 난 자를 사람부터 짐승까지 치셨도다. 9 애굽이여, 여호와께서 네게 행한 표적들과 징조들을 바로와 그의 모든 신하들에게 보내셨도다. 10 그가 많은 나라를 치시고 강한 왕들을 죽이셨나니 11 곧 아모리인의 왕 시혼과 바산 왕 옥과 가나안의 모든 국왕이로다. 12 그들의 땅을 기업으로 주시되 자기 백성 이스라엘에게 기업으로 주셨도다.

**찬양 받으실 하나님**    왜 하나님을 찬양해야 하는가? 주님은 선하시기 때문입니다(3절). 뿐만 아니라, 마땅히 찬양 받으시기에 합당한 분이시기에 우리는 찬양해야 합니다. 이는 인간의 가장 기본적인 갈망과 창조 의도에 정확하게 들어맞으므로 입을 열어 주님을 노래할 때마다 참다운 기쁨이 몰려오기 마련입니다. 아울러, 놀랍게도 은혜를 베푸셔서 우리를 선하게 여겨 주시는 까닭에 찬양을 드릴 수밖에 없습니다. 주님은 우리를 보물로 여기십니다(4절). 얼마나 위로가 되는 말씀입니까! 마지막으로 모든 일을 합력하여 선을 이루시기에 하나님을 찬양해야 합니다(6절, 롬 8:28 참조). 주님의 거룩한 사랑이 우리를 온전히 감싸고 있습니다!

*Prayer*    스스로 선하시므로 행하시는 일마다 모두 선한 주님을 찬양합니다. 이러한 사실이 나의 자유를 제한하기는커녕 도리어 그 바탕이 된다는 사실을 기억하며 찬양을 드립니다. 주님은 나를 한결같이 사랑하시는 내 삶의 주권자이십니다. 내 힘으로는 내 삶을 이끌어 갈 수 없습니다. 그랬다가는 결국 엉망진창이 되고 말 것입니다. 아멘.

# December 9

**찬양의 대상이 될 수 없는 잡신들**   우상들을 염두에 둔 이 구절들은 시편 115편의 가르침을 되풀이하고 있습니다(10월 23일 묵상을 살펴보십시오). 잡신들도 보통은 선한 것들이어서 오직 하나님만이 주실 수 있는 의미와 안전을 그 잡신들에게서 찾으려 하기 쉽습니다. 일단 그런 마음가짐을 가지면 그 무언가가 곧바로 궁극적인 존재가 되고 맙니다. 어떻게 하면 우상을 모조리 치워 버릴 수 있을까요? 마음이 유혹이나 염려, 또는 돌연한 분노 따위에 사로잡혀 있다고 판단될 때마다 스스로 물으십시오. 오로지 예수님만이 주실 수 있는 무언가를 수중에 넣고 싶은 욕구가 지나칠 때마다 어떤 감정이 찾아옵니까? 엉뚱한 데서 찾고 있는 바로 그 무언가를 어떻게 그리스도는 더 완전하고 영광스러우며 적절하게 베풀어 주십니까?

*Prayer*   애정과 관심을 다투는 것들을 내다버리기 전까지는 하나님을 충분히 사랑할 수 없습니다. 나의 마음을 깨끗이 씻어 그 무엇보다 주님을 기뻐하게 해 주십시오. 하나님을 으뜸으로 사랑하면, 오히려 다른 이들과 다른 무엇들을 더 많이, 그리고 더 슬기롭게 사랑할 수 있을 것입니다. 아멘.

# December 10

시편 136편 1-9절  1 여호와께 감사하라. 그는 선하시며 그 인자하심이 영원함이로다. 2 신들 중에 뛰어난 하나님께 감사하라. 그 인자하심이 영원함이로다. 3 주들 중에 뛰어난 주께 감사하라. 그 인자하심이 영원함이로다. 4 홀로 큰 기이한 일들을 행하시는 이에게 감사하라. 그 인자하심이 영원함이로다. 5 지혜로 하늘을 지으신 이에게 감사하라. 그 인자하심이 영원함이로다. 6 땅을 물 위에 펴신 이에게 감사하라. 그 인자하심이 영원함이로다. 7 큰 빛들을 지으신 이에게 감사하라. 그 인자하심이 영원함이로다. 8 해로 낮을 주관하게 하신 이에게 감사하라. 그 인자하심이 영원함이로다. 9 달과 별들로 밤을 주관하게 하신 이에게 감사하라. 그 인자하심이 영원함이로다.

**찬양의 신학**  이 시편의 한 구절 한 구절은 모두 성경의 진리들을 가리켜 보이고 있습니다. 하지만 견실한 신학은 그 자체가 끝이 아니며 찬양으로 이어져야 합니다. 심지어 순종마저도 충분치 않습니다. 뜨거운 예배 없이 윤리적으로 거룩한 뜻에 따른다면 마음을 빼고 의지만 드리는 셈입니다. 이런 찬양을 혼자 드렸던 게 아니라는 점에도 주목할 필요가 있습니다. 오늘 본문을 보면, 회중들이 경배를 드리면서 얼마나 많은 시편들을 주고받으며 찬양했는지 조금이나마 가늠해 볼 수 있습니다. 그러므로 성경 지식과 건전한 교리에 만족하지 말고 온 마음과 삶을 아우르는 예배로 이어 가야 합니다. 아울러 개인적이고 사사로운 영성에 머물지 말고 회중 속에 계시는 하나님을 알고 공동체의 한 지체가 되어 주님께 순종해야 합니다.

*Prayer*  주님의 임재 안에는 충만한 기쁨과 영원한 즐거움이 있습니다(시 16:11). 하지만 기도하기를 배우기보다 출세, 심지어 취미에 더 신경을 씁니다. 주님이 사랑과 평화, 기쁨을 한 상 가득 차려 놓으셨음에도 불구하고 진흙 구덩이에 뒹구는 것과 같습니다. 주님, 기도하는 법을 가르쳐 주십시오. 기도를 몸에 익힐 수 있는 교회에 속하는 복을 허락해 주십시오. 아멘.

# December 11

시편 136편 10-16절   10 애굽의 장자를 치신 이에게 감사하라. 그 인자하심이 영원함
이로다. 11 이스라엘을 그들 중에서 인도하여 내신 이에게 감사하라. 그 인자하심이 영원
함이로다. 12 강한 손과 펴신 팔로 인도하여 내신 이에게 감사하라. 그 인자하심이 영원함
이로다. 13 홍해를 가르신 이에게 감사하라. 그 인자하심이 영원함이로다. 14 이스라엘을
그 가운데로 통과하게 하신 이에게 감사하라. 그 인자하심이 영원함이로다. 15 바로와 그
의 군대를 홍해에 엎드러뜨리신 이에게 감사하라. 그 인자하심이 영원함이로다. 16 그의
백성을 인도하여 광야를 통과하게 하신 이에게 감사하라. 그 인자하심이 영원함이로다.

사랑의 경이로움   "그 인자하심이 영원함이로다"라는 구절은 여기서도 계속
반복됩니다. 하지만 어째서 '인자'만 이야기합니까? 주님의 의로우심과 권세
도 영원하지 않을까요? 하나님의 여러 성품들을 한꺼번에 이야기하지 않고는
그 어떤 속성도 제대로 이해할 수 없습니다. 바울은 실마리를 줍니다. 하나님
의 위대하심은 피조 세계에서 논리적으로 유추해 낼 수 있지만(롬 1:20), 그분
의 사랑은 처음부터 끝까지 놀라움과 경이로움뿐이라는 것입니다. 인간의 마
음과 역사를 가만히 들여다보면, 창조주가 사랑할 만한 구석이라고는 조금도
찾을 수 없을 것입니다. 하지만 주님은 우리를 사랑하십니다. 바울은 하나님
의 의로우심이 아니라 "그리스도의 사랑의 너비와 길이와 높이와 깊이가 어
떠한지를"(엡 3:18) 깨달을 수 있게 해 주시길 구했습니다. 사랑은 하나님의 더
없이 놀라운 속성입니다. 그와 마찬가지로, 사랑은 그리스도를 좇는 이들의
가장 도드라진 특징이 되어야 합니다(요 13:35). 저마다 자신은 어떠한지 돌아
보시기 바랍니다.

*Prayer*   그리스도인의 증표는 사랑입니다. 그러므로 친구만이 아니라 그냥
알고 지내는 이들도 나를 사랑이 많은 사람이라 인정해 줄 만해야 합니다. 하
지만 현실은 그렇지 못함을 고백합니다. 성령님의 역사에 힘입어 지나치게
분주한 일상, 교만, 약점이 드러날까 두려워하는 마음을 비롯한 여러 요인들
을 정리하기를 원합니다. 아멘.

# December 12

**시편 136편 17-26절**  17 큰 왕들을 치신 이에게 감사하라. 그 인자하심이 영원함이로다. 18 유명한 왕들을 죽이신 이에게 감사하라. 그 인자하심이 영원함이로다. 19 아모리인의 왕 시혼을 죽이신 이에게 감사하라. 그 인자하심이 영원함이로다. 20 바산 왕 옥을 죽이신 이에게 감사하라. 그 인자하심이 영원함이로다. 21 그들의 땅을 기업으로 주신 이에게 감사하라. 그 인자하심이 영원함이로다. 22 곧 그 종 이스라엘에게 기업으로 주신 이에게 감사하라. 그 인자하심이 영원함이로다. 23 우리를 비천한 가운데에서도 기억해 주신 이에게 감사하라. 그 인자하심이 영원함이로다. 24 우리를 우리의 대적에게서 건지신 이에게 감사하라. 그 인자하심이 영원함이로다. 25 모든 육체에게 먹을 것을 주신 이에게 감사하라. 그 인자하심이 영원함이로다. 26 하늘의 하나님께 감사하라. 그 인자하심이 영원함이로다.

**비천한 인간**  하나님의 사랑은 예수 그리스도를 통해 스스로 비천한 인간의 옷을 입으셨을 만큼 크고도 놀랍습니다(23절). 어느 시인이 그려 낸 십자가에 달린 예수님과 그분의 말씀을 통해 그 깊은 사랑을 묵상해 봅시다.

인간은 열매를 훔쳤지만, 나는 그 나무에 매달려야 했습니다.
누구에게나 생명을 주는 나무, 하지만 나한테만큼은 아닙니다.
내 괴로움만큼 큰 아픔이 지금껏 또 있었을까요?

"이제 당신 자신이나 치료하시오, 의사양반. 어서 내려와 보라고."
아아! 이미 내려왔거늘, 왕좌를 버리고.
그리고 그대에게 보내는 아버지의 미소, 이윽고 느껴지는 그분의 찌푸림.
내 괴로움만큼 큰 아픔이 지금껏 또 있었을까요?

… 구원이 자리를 잡습니다.…
그대들의 안전이 이어집니다, 내가 아파하는 가운데.
내 괴로움만큼 큰 아픔이 지금껏 또 있었을까요?[139]

*Prayer*  주님의 사랑은 한결같지만 나는 뜨겁고 차가워지기를 되풀이합니다. 보통은 차갑기 십상이지요. 오, 성령님. 이 시편의 가르침을 행동에 옮기게 도와주십시오. 거룩한 사랑을 담은 진리를 끊임없이 주입하셔서 내 마음에 사랑의 불을 지펴 주십시오. 그런 사랑을 소유하며 또 실감하고 싶습니다. 아멘.

# December 13

시편 137편  1 우리가 바벨론의 여러 강변 거기에 앉아서 시온을 기억하며 울었도다. 2 그 중의 버드나무에 우리가 우리의 수금을 걸었나니 3 이는 우리를 사로잡은 자가 거기서 우리에게 노래를 청하며 우리를 황폐하게 한 자가 기쁨을 청하고 자기들을 위하여 시온의 노래 중 하나를 노래하라 함이로다. 4 우리가 이방 땅에서 어찌 여호와의 노래를 부를까? 5 예루살렘아, 내가 너를 잊을진대 내 오른손이 그의 재주를 잊을지로다. 6 내가 예루살렘을 기억하지 아니하거나 내가 가장 즐거워하는 것보다 더 즐거워하지 아니할진대 내 혀가 내 입천장에 붙을지로다. 7 여호와여, 예루살렘이 멸망하던 날을 기억하시고 에돔 자손을 치소서. 그들의 말이 헐어 버리라, 헐어 버리라, 그 기초까지 헐어 버리라 하였나이다. 8 멸망할 딸 바벨론아, 네가 우리에게 행한 대로 네게 갚는 자가 복이 있으리로다. 9 네 어린 것들을 바위에 메어치는 자는 복이 있으리로다.

시온의 노래들  바벨론에 포로로 끌려간 이스라엘 백성들은 그 도시의 평안을 구했지만(렘 29:4-7), 그들을 잡아 간 지배자들은 놀이 삼아 시편을 노래하게 시켰습니다. 이스라엘 백성들은 그 주문을 거부했습니다(2-4절). 시온의 노래는 문화 상품이 아니라 하나님의 구원 계획을 담은 독보적인 기사입니다. 억압자들이(7절) 행한 악행들을 고스란히 당하기를(8-9절) 간구하는 외침은 놀랍기만 합니다. 세상의 억압받는 이들의 고통에 귀를 닫아서는 안 됩니다. 다시 한 번 주의해서 보십시오. 이 시편을 노래하는 이들은 심판을 하나님께 맡기고 있습니다(7절). 그리스도인들은 하나님의 아들 예수님이 약하고 약한 갓난아이로 세상에 오셔서 끝내 억압자들에게 짓밟혔음을(8-9절) 기억해야 합니다. 주님은 불의한 이들에게 돌아가 마땅한 징벌을 스스로 받으셨습니다. 그러므로 그리스도인들은 용서와 화해를 위해 기도할 줄 알아야 합니다.

*Prayer*  오늘날, 주님이 세우신 교회를 도와주시길 다급한 마음으로 간구합니다. 상대적인 세상에서 우리는 절대적인 진리를 믿습니다. '종교적으로' 살라는 유혹이 끊이지 않습니다. 하나님이 보여 주신 유일한 진리를 믿고 있다는 신앙이 없으면 문화가 속삭이는 대로 따라갈 수밖에 없습니다. 어떻게 하면 이웃을 섬기면서도 사랑으로 단호하게 복음을 주장할 수 있을까요? 오, 주님. 우리를 도와주십시오. 아멘.

시편 138편 1 내가 전심으로 주께 감사하며 신들 앞에서 주께 찬송하리이다. 2 내가 주의 성전을 향하여 예배하며 주의 인자하심과 성실하심으로 말미암아 주의 이름에 감사하오리니 이는 주께서 주의 말씀을 주의 모든 이름보다 높게 하셨음이라. 3 내가 간구하는 날에 주께서 응답하시고 내 영혼에 힘을 주어 나를 강하게 하셨나이다. 4 여호와여, 세상의 모든 왕들이 주께 감사할 것은 그들이 주의 입의 말씀을 들음이오며 5 그들이 여호와의 도를 노래할 것은 여호와의 영광이 크심이니이다. 6 여호와께서는 높이 계셔도 낮은 자를 굽어 살피시며 멀리서도 교만한 자를 아심이니이다. 7 내가 환난 중에 다닐지라도 주께서 나를 살아나게 하시고 주의 손을 펴사 내 원수들의 분노를 막으시며 주의 오른손이 나를 구원하시리이다. 8 여호와께서 나를 위하여 보상해 주시리이다. 여호와여 주의 인자하심이 영원하오니 주의 손으로 지으신 것을 버리지 마옵소서.

낮은 자를 굽어 살피시며   다윗은 우상들, 다시 말해서 높고 강력한 무언가나 누군가에게로 눈을 돌리지 않았습니다(1절). 하나님은 지극히 고상하고 높으실지라도 항상 낮은 이들과 함께하신다고 믿었습니다(6절). 여기에는 두 가지 의미가 있습니다. 우선, 하나님은 가난한 남편을 잃고 어려운 처지에 몰린 여인들을 사랑하십니다(시 113:7-8). 아울러 오직 스스로 구세주가 필요하다는 사실을 잘 알고 있는 겸손한 이들의 마음과 삶에만 임하십니다(사 57:15, 벧전 5:6, 마 5:3). 하나님의 사랑이 얼마나 후한지를 아는 것 말고는 아무 가진 게 없는 이들입니다. 혼자서도 잘 살 수 있다고 생각하는 이들은 그만한 절박함을 품고 하나님께 나갈 수 없으며 자신에게 쏟아부어 주시는 사랑과 권능을 알아보지도 못합니다.

*Prayer*   자기주장을 강조하는 문화 속에 살고 있습니다. 하지만 주님이 나를 붙들고 있는 손을 거두시면, 단 한 순간도 살 수 없을 것입니다. 그런 사실을 잊어버리고 내 힘으로, 그리고 세상과 힘을 모아 산다고 생각했음을 고백합니다. 이 지긋지긋한 자기주장에서 벗어나게 하시길 간구합니다. 아멘.

# December 15

시편 139편 1-12절 1 여호와여 주께서 나를 살펴보셨으므로 나를 아시나이다. 2 주께서 내가 앉고 일어섬을 아시고 멀리서도 나의 생각을 밝히 아시오며 3 나의 모든 길과 내가 눕는 것을 살펴보셨으므로 나의 모든 행위를 익히 아시오니 4 여호와여 내 혀의 말을 알지 못하시는 것이 하나도 없으시니이다. 5 주께서 나의 앞뒤를 둘러싸시고 내게 안수하셨나이다. 6 이 지식이 내게 너무 기이하니 높아서 내가 능히 미치지 못하나이다. 7 내가 주의 영을 떠나 어디로 가며 주의 앞에서 어디로 피하리이까? 8 내가 하늘에 올라갈지라도 거기 계시며 스올에 내 자리를 펼지라도 거기 계시니이다. 9 내가 새벽 날개를 치며 바다 끝에 가서 거주할지라도 10 거기서도 주의 손이 나를 인도하시며 주의 오른손이 나를 붙드시리이다. 11 내가 혹시 말하기를 흑암이 반드시 나를 덮고 나를 두른 빛은 밤이 되리라 할지라도 12 주에게서는 흑암이 숨기지 못하며 밤이 낮과 같이 비추이나니 주에게는 흑암과 빛이 같음이니이다.

**주께서 살피시므로** 하나님은 모든 걸 알고 계시며(1-6절) 어디에나 동시에 존재하십니다. 무소부재(無所不在), 그야말로 없는 곳이 없으십니다(7-12절). 깊은 위로가 되어야 마땅하지만(10절) 오히려 위협감 같은 것을 느낍니다("주께서 나의 앞뒤를 둘러싸시고", 5절). 하나님의 낯을 피해 숨고 싶은 욕구가 마음에 도사린 까닭입니다(창 3:7). 하지만 그리스도 안에서 우리는 예수님의 의로움을 덧입었습니다(빌 3:9). 그걸 알기에 툭하면 혼란스러워하고 이리저리 치우치는 뒤틀린 자아상을 걷어 내고 하나님 앞에 담대히 나갈 수 있습니다. 누군가 온 마음을 다해 잘못을 지적하면 몹시 괴로워하면서도 귀를 기울이기 마련입니다. 편을 들어 주시는 하나님의 사랑에 의지하면 그 불편한 진실을 받아들일 수 있습니다. 그리고 바로 그 순간부터 성장 가능성은 무한대로 확장됩니다. 하나님이 함께하시기 때문입니다.

*Prayer* 살다가 이런저런 일들이 꼬일 때, 가던 길을 멈추고 사랑이 많으신 하나님이 변화가 필요한 대목을 보여 주시려는 게 아닌지 헤아려 볼 줄 몰랐습니다. 회개합니다. 참다운 친구 사이라면 설령 상처가 될지라도 잘못을 짚어 주기 마련입니다. 주님의 우정과 비판에 마음을 열게 해 주세요. 아멘.

# December 16

시편 139편 13-24절 **13** 주께서 내 내장을 지으시며 나의 모태에서 나를 만드셨나이다. **14** 내가 주께 감사하음은 나를 지으심이 심히 기묘하심이라. 주께서 하시는 일이 기이함을 내 영혼이 잘 아나이다. **15** 내가 은밀한 데서 지음을 받고 땅의 깊은 곳에서 기이하게 지음을 받은 때에 나의 형체가 주의 앞에 숨겨지지 못하였나이다. **16** 내 형질이 이루어지기 전에 주의 눈이 보셨으며 나를 위하여 정한 날이 하루도 되기 전에 주의 책에 다 기록이 되었나이다. **17** 하나님이여 주의 생각이 내게 어찌 그리 보배로우신지요? 그 수가 어찌 그리 많은지요? **18** 내가 세려고 할지라도 그 수가 모래보다 많도소이다. 내가 깰 때에도 여전히 주와 함께 있나이다. **19** 하나님이여 주께서 반드시 악인을 죽이시리이다. 피 흘리기를 즐기는 자들아 나를 떠날지어다. **20** 그들이 주를 대하여 악하게 말하며 주의 원수들이 주의 이름으로 헛되이 맹세하나이다. **21** 여호와여 내가 주를 미워하는 자들을 미워하지 아니하오며 주를 치러 일어나는 자들을 미워하지 아니하나이까? **22** 내가 그들을 심히 미워하니 그들은 나의 원수들이니이다. **23** 하나님이여 나를 살피사 내 마음을 아시며 나를 시험하사 내 뜻을 아옵소서. **24** 내게 무슨 악한 행위가 있나 보시고 나를 영원한 길로 인도하소서.

**내가 깰 때에도 여전히** 하나님은 전능하십니다(13-18절). 말할 수 없이 위로가 되는 사실입니다. 앞날이 어떻게 펼쳐지든, 그분은 죽음보다 더 큰 권세로 그 길을 인도하십니다. 시편 기자는 제아무리 짙은 어둠이 덮친다 하더라도 주님은 거룩한 자녀들의 손을 놓으시므로(11-12절을 보십시오) "내가 깰 때에도 여전히 주와 함께 있나이다"(18절)라고 고백합니다. 시편 17편 15절이 일깨우듯, 하나님은 우리를 깊이 사랑하셔서 늘 함께하시므로 설령 죽음이라 할지라도 그 사이를 갈라놓지 못합니다(롬 8:38-39). 주님은 우리와 영원히 동행해 주십니다.

*Prayer* 가끔 "나에게 정하여진 날들이 아직 시작되기도 전에 이미 주님의 책에 다 기록되었다"는 사실이 부담스럽고 답답할 때가 있습니다. 하지만 시간이 갈수록, 그리고 인간의 지혜라는 게 얼마나 제한적인지 제대로 보게 될수록 주님을 의지하는 게 유일한 희망임을 실감합니다. 기묘하고 기이하게 나를 지으신 주님을 찬양합니다. 아멘.

# December 17

시편 140편  1 여호와여, 악인에게서 나를 건지시며 포악한 자에게서 나를 보전하소서. 2 그들이 마음속으로 악을 꾀하고 싸우기 위하여 매일 모이오며 3 뱀 같이 그 혀를 날카롭게 하니 그 입술 아래에는 독사의 독이 있나이다(셀라). 4 여호와여 나를 지키사 악인의 손에 빠지지 않게 하시며 나를 보전하사 포악한 자에게서 벗어나게 하소서. 그들은 나의 걸음을 밀치려 하나이다. 5 교만한 자가 나를 해하려고 올무와 줄을 놓으며 길 곁에 그물을 치며 함정을 두었나이다(셀라). 6 내가 여호와께 말하기를, 주는 나의 하나님이시니 여호와여 나의 간구하는 소리에 귀를 기울이소서 하였나이다. 7 내 구원의 능력이신 주 여호와여, 전쟁의 날에 주께서 내 머리를 가려 주셨나이다. 8 여호와여, 악인의 소원을 허락하지 마시며 그의 악한 꾀를 이루지 못하게 하소서. 그들이 스스로 높일까 하나이다(셀라). 9 나를 에워싸는 자들이 그들의 머리를 들 때에 그들의 입술의 재난이 그들을 덮게 하소서. 10 뜨거운 숯불이 그들 위에 떨어지게 하시며 불 가운데와 깊은 웅덩이에 그들로 하여금 빠져 다시 일어나지 못하게 하소서. 11 악담하는 자는 세상에서 굳게 서지 못하며 포악한 자는 재앙이 따라서 패망하게 하리이다. 12 내가 알거니와, 여호와는 고난당하는 자를 변호해 주시며 궁핍한 자에게 정의를 베푸시리이다. 13 진실로 의인들이 주의 이름에 감사하며 정직한 자들이 주의 앞에서 살리이다.

**세상을 바꿔 주세요!**  다윗은 보호해 주시길 하나님께 간구합니다(1-5절). 신변을 지킬 실질적인 수단들을 가지고 있었음에도 오로지 주님만이 자신을 안전하게 품어 주실 수 있음을 잊지 않고 있습니다(6-8절). 아울러 하나님의 속성을 그대로 드러내셔서 사회에 정의가 서며 착취당하고 억압받는 이들이 꾸준히 줄어들게 해 주시길 기도합니다(11-12절). 기도가 마지막 대목에 이르자 다윗의 확신은 한층 더 커집니다(13절). 시인은 세상을 변화시켜 주시길 간청합니다. 약자를 착취하며 폭력을 휘두르는 이들의 계획을 무너뜨리고, 궁핍하고 짓밟힌 이들을 일으켜 세워 달라고 호소합니다. 우리도 이렇게 기도해야 합니다. 기도로 세계 곳곳에서 벌어지는 굵직굵직한 일들에 개입해 하늘 아버지께 부르짖으면 역사의 흐름이 달라집니다.

*Prayer*  "얻지 못함은 구하지 아니하기 때문"(약 4:2)이라는 주님의 약속을 잊지 않기 원합니다. 기도하지 않아서 많은 친구들을 실족하게 만든 잘못을 용서해 주십시오. 나의 기도를 사용하셔서 세상에 선한 일을 이뤄 주십시오. 아멘.

# December 18

시편 141편  1 여호와여, 내가 주를 불렀사오니 속히 내게 오시옵소서. 내가 주께 부르 짖을 때에 내 음성에 귀를 기울이소서. 2 나의 기도가 주의 앞에 분향함과 같이 되며 나의 손 드는 것이 저녁 제사 같이 되게 하소서. 3 여호와여 내 입에 파수꾼을 세우시고 내 입 술의 문을 지키소서. 4 내 마음이 악한 일에 기울어 죄악을 행하는 자들과 함께 악을 행하 지 말게 하시며 그들의 진수성찬을 먹지 말게 하소서. 5 의인이 나를 칠지라도 은혜로 여 기며 책망할지라도 머리의 기름 같이 여겨서 내 머리가 이를 거절하지 아니할지라. 그들 의 재난 중에도 내가 항상 기도하리로다. 6 그들의 재판관들이 바위 곁에 내려 던져졌도 다. 내 말이 달므로 무리가 들으리로다. 7 사람이 밭 갈아 흙을 부스러뜨림 같이 우리의 해골이 스올 입구에 흩어졌도다. 8 주 여호와여 내 눈이 주께 향하며 내가 주께 피하오니 내 영혼을 빈궁한 대로 버려두지 마옵소서. 9 나를 지키사 그들이 나를 잡으려고 놓은 올 무와 악을 행하는 자들의 함정에서 벗어나게 하옵소서. 10 악인은 자기 그물에 걸리게 하 시고 나만은 온전히 면하게 하소서.

**말해 주고 귀 기울여 들어줄**  다윗은 다시 한 번 도움을 간구합니다. 하지만 이번에는 마음이 악에 휩쓸리지 않도록 지켜 주시길 요청합니다(4절). 심령을 단단히 붙들어 줄, 본문에 따르자면 '책망해 줄'(5절) 의인을 보내 주시길 기도 하며 그걸 은혜로 여기겠노라고(5절) 말씀드립니다. 비판을 청하고 귀를 기울 이는 노력은 지혜를 이루는 대체할 수 없는 필수 성분입니다(잠 27:5-6, 27:27, 28:23, 29:5). 시인은 또한 "입에 파수꾼을" 세워 주시길(3절) 구합니다. 분별없 이 내뱉은 말은 남들을 상하게 할 뿐만 아니라 스스로에게도 가장 어두운 성 품을 더 강화하는 역할을 합니다(약 3:1-12). 그리스도인의 말은 정직하고 드물 어야 하며 지혜롭고 적합하며 친절해야 합니다. 성경은 "사랑으로 진리를 말 하고"(엡 4:15)라고 가르칩니다.

*Prayer*  주님, 두 가지를 간구합니다. 사랑으로 진리를 말하는 친구가 되게 해 주십시오. 그리고 내게도 기꺼이 그리해 줄 친구를 주십시오. 유혹에 빠져 마음이 굳어지지 않도록 사랑으로, 하지만 솔직하게 충고하며 권고해 줄(히 3:13) 벗을 허락해 주십시오. 아멘.

# December 19

시편 142편   1 내가 소리 내어 여호와께 부르짖으며 소리 내어 여호와께 간구하는도다.
2 내가 내 원통함을 그의 앞에 토로하며 내 우환을 그의 앞에 진술하는도다. 3 내 영이 내
속에서 상할 때에도 주께서 내 길을 아셨나이다. 내가 가는 길에 그들이 나를 잡으려고
올무를 숨겼나이다. 4 오른쪽을 살펴보소서. 나를 아는 이도 없고 나의 피난처도 없고 내
영혼을 돌보는 이도 없나이다. 5 여호와여, 내가 주께 부르짖어 말하기를 주는 나의 피난
처시요 살아 있는 사람들의 땅에서 나의 분깃이시라 하였나이다. 6 나의 부르짖음을 들으
소서. 나는 심히 비천하니이다. 나를 핍박하는 자들에게서 나를 건지소서. 그들은 나보다
강하니이다. 7 내 영혼을 옥에서 이끌어 내사 주의 이름을 감사하게 하소서. 주께서 나에
게 갚아 주시리니 의인들이 나를 두르리이다.

**감정과 기도**   오늘 본문과 시편 57편은 사울을 피해 동굴에 숨어 있던 시절
에 겪은, 같은 사건에서 비롯되었습니다. 이 두 노래는 같은 상황과 하나님을
믿는 신앙의 틀 속에서도 감정이 얼마나 크게 뛰놀 수 있는지 여실하게 보여
줍니다. 시편 57편에서 다윗은 동굴을 하나님이 지켜 주시는 장소로 보지만,
여기 본문에서는 죽음의 덫으로 여깁니다(3-4절). 부끄러움을 무릅쓰고 '부르
짖으며'라는 표현을 세 번씩이나 되풀이합니다. 시인은 호소를 들어 주시고,
보살펴 주시며, 절박한 필요를 살펴 주시고, 구원해 주시길 간구합니다. 점잖
은 기도가 필요할 때가 있지만 하나님은 마음에서 우러나는 다급한 외침도
외면하지 않으십니다. 그리고 서둘러 소망의 불씨를 되살려 주십니다(7절).

*Prayer*   하나님 아버지, 독생자 예수님은 감정이 메마른 분이 아니었습니다.
슬퍼할 줄 아시는 분이었고 괴로움에 익숙한 분이었습니다. 끊임없이 눈물짓
고 탄식하고 영적인 기쁨을 누리셨습니다. 그동안은 근사해 보일 욕심에 감
정을 숨기거나 그저 떨쳐 내려고만 했음을 고백합니다. 어떻게 하면 정직하
면서도 주께 순종하는 마음으로 나의 감정을 드러낼 수 있을지 가르쳐 주십
시오. 아멘.

# December 20

시편 143편  1 여호와여, 내 기도를 들으시며 내 간구에 귀를 기울이시고 주의 진실과 의로 내게 응답하소서. 2 주의 종에게 심판을 행하지 마소서. 주의 눈앞에는 의로운 인생 이 하나도 없나이다. 3 원수가 내 영혼을 핍박하며 내 생명을 땅에 엎어서 나로 죽은 지 오랜 자 같이 나를 암흑 속에 두었나이다. 4 그러므로 내 심령이 속에서 상하며 내 마음이 내 속에서 참담하니이다. 5 내가 옛날을 기억하고 주의 모든 행하신 것을 읊조리며 주의 손이 행하는 일을 생각하고 6 주를 향하여 손을 펴고 내 영혼이 마른 땅 같이 주를 사모하 나이다(셀라). 7 여호와여, 속히 내게 응답하소서. 내 영이 피곤하니이다. 주의 얼굴을 내 게서 숨기지 마소서. 내가 무덤에 내려가는 자 같을까 두려워하나이다. 8 아침에 나로 하 여금 주의 인자한 말씀을 듣게 하소서. 내가 주를 의뢰함이니이다. 내가 다닐 길을 알게 하소서. 내가 내 영혼을 주께 드림이니이다. 9 여호와여 나를 내 원수들에게서 건지소서. 내가 주께 피하여 숨었나이다. 10 주는 나의 하나님이시니 나를 가르쳐 주의 뜻을 행하게 하소서. 주의 영은 선하시니 나를 공평한 땅에 인도하소서. 11 여호와여, 주의 이름을 위 하여 나를 살리시고 주의 의로 내 영혼을 환난에서 끌어내소서. 12 주의 인자하심으로 나 의 원수들을 끊으시고 내 영혼을 괴롭게 하는 자를 다 멸하소서. 나는 주의 종이니이다.

**의로운 인생은 하나도 없다**  다윗은 여러 시편에서 스스로 '흠잡을 데가 없 다'는 식의 주장을 펼칩니다. 한 점 죄가 없는 줄 안다는 인상이 듭니다. 하지 만 실상은 다릅니다. 시인은 특정한 이슈에 관해 결백함을 토로하고 있을 뿐 입니다. 삶 전체를 하나님이 검증하신다면 결코 합격점을 받을 수 없음을 다 윗은 정확하게 알고 있었습니다. 오늘 시편에서 기자는 그 어떤 인간도, 심지 어 더없이 고상하게 살아온 이들도 하나님 앞에서 의로울 수 없다고 고백합 니다(2절, 롬 3:10-18 참고). 모두가 죄를 지었을 뿐만 아니라 길을 잃었다고 말합 니다. 하지만 아직 끝이 아닙니다. 하나님이 죄인에게 면죄부를 주는 재판관 을 미워하신다는(잠 17:15) 것을 빤히 알면서 다윗은 어떻게 자신을 심판하지 말아 달라고(2절) 간구할 수 있었던 걸까요? 오직 십자가만이 답이 될 것입니 다(요일 1:9-2:2).

*Prayer*  정의를 실현하면서도 죄인들을 구속하셔서 스스로 의로움을 지키 시는 동시에 믿는 이들을 의롭게 하신(롬 3:26) 구원의 아름다움을 기억하며 하 늘 아버지를 찬양합니다. 이것만을 가지고도 끊임없이 주님을 경배하기 원합 니다. 아멘.

# December 21

시편 144편 1-8절  1 나의 반석이신 여호와를 찬송하리로다. 그가 내 손을 가르쳐 싸우게 하시며 손가락을 가르쳐 전쟁하게 하시는도다. 2 여호와는 나의 사랑이시요 나의 요새이시요 나의 산성이시요 나를 건지시는 이시요 나의 방패이시니 내가 그에게 피하였고 그가 내 백성을 내게 복종하게 하셨나이다. 3 여호와여, 사람이 무엇이기에 주께서 그를 알아주시며 인생이 무엇이기에 그를 생각하시나이까? 4 사람은 헛것 같고 그의 날은 지나가는 그림자 같으니이다. 5 여호와여, 주의 하늘을 드리우고 강림하시며 산들에 접촉하사 연기를 내게 하소서. 6 번개를 번쩍이사 원수들을 흩으시며 주의 화살을 쏘아 그들을 무찌르소서. 7 위에서부터 주의 손을 펴사 나를 큰물과 이방인의 손에서 구하여 건지소서. 8 그들의 입은 거짓을 말하며 그의 오른손은 거짓의 오른손이니이다.

**주님이 돌보시는 까닭** "사람은 한낱 숨결과 같고, 그의 일생은 사라지는 그림자와 같습니다"(4절, 새번역). 인생은 비참하고 잔혹하며 지극히 짧기만 합니다. 그렇다면 어째서 하나님은 우리를 알아 주시고 유난히 사랑하실까요?(3절) 회의적인 시각을 가진 이들은 광대한 우주를 움직이는 어마어마한 능력을 가진 존재가 어떻게 지구라는 그저 한 점 먼지 같은 행성에 깃들여 사는 조그맣고 잠깐 살다 죽는 인간에게 관심을 가지고 보살필 수 있느냐고 묻습니다. 하지만 하나님을 '나의 사랑'(2절)으로 고백하는 이들은 바로 그 점이 핵심이라고 말합니다. 주께서는 우리를 돌보실 아무 타당한 이유가 없습니다. 그럼에도 불구하고 놀랍게도 그분은 우리를 살뜰히 챙기십니다. 어떤 식으로든 유익하기에 우리를 사랑하시는 게 아닙니다. 인간이 무슨 수로 주님께 유익을 드리겠습니까? 하나님은 우리를 사랑하시기에 그냥 사랑을 베푸실 뿐입니다(신 7:7). 우리가 주님을 찬양할 수밖에 없는 까닭이 거기에 있습니다.

*Prayer* 가늠할 수 없이 크신 분이 그저 내게 사랑을 베푸시는 정도가 아니라 끝없이 자신을 줄여 친히 만드신 우주 속에 들어오셨고 벌레처럼 비참하게 돌아가시기까지 하셨습니다. 모두 나를 위해서 말입니다. "놀라워라 그 사랑, 어떻게 주님, 나의 하나님이 나를 위해 돌아가셨습니까?"[140] 아멘.

# December 22

시편 144편 9-15절  9 하나님이여, 내가 주께 새 노래로 노래하며 열 줄 비파로 주를 찬양하리이다. 10 주는 왕들에게 구원을 베푸시는 자시요 그의 종 다윗을 그 해하려는 칼에서 구하시는 자시니이다. 11 이방인의 손에서 나를 구하여 건지소서. 그들의 입은 거짓을 말하며 그 오른손은 거짓의 오른손이니이다. 12 우리 아들들은 어리다가 장성한 나무들과 같으며 우리 딸들은 궁전의 양식대로 아름답게 다듬은 모퉁잇돌들과 같으며 13 우리의 곳간에는 백곡이 가득하며 우리의 양은 들에서 천천과 만만으로 번성하며 14 우리 수소는 무겁게 실었으며 또 우리를 침노하는 일이나 우리가 나아가 막는 일이 없으며 우리 거리에는 슬피 부르짖음이 없을진대, 15 이러한 백성은 복이 있나니 여호와를 자기 하나님으로 삼는 백성은 복이 있도다.

**감사**  이 찬양은 사울 왕의 손에서 다윗을 건져 주신 사건, 그리고 어쩌면 왕의 자리에 오르게 하신 일까지 아울러 이야기합니다. 또 하나님이 중요한 기도에 응답해 주셨을 때 어떻게 반응해야 하는지 알려 줍니다. 바로 감사입니다. 이는 겸손한 마음에(응답이 순전히 하나님의 선물이라는 깨달음에서 비롯된) 자신감이(사랑이 넘치는 하나님이 늘 기도에 귀를 기울이심을 아는 데서 나오는) 어우러진 결과물입니다. 오늘 본문을 보면, 겸비함과 담대함이 결합된 이 독특한 정서가 다윗의 생각과 마음에 두루 스며들어 있음을 알 수 있습니다. 하나님의 응답에 대한 시인의 첫 번째 반응은 어리둥절해하면서 어떻게 하나님이 우리처럼 하찮을 것없는 존재를 알아봐 주시는지 묻는 것이었습니다(3-4절). 하지만 시편 기자는 기뻐하는 데 그치지 않습니다. 날로 번성하며(12-13절) 정의로운(14절) 사회를 만들어 주시길 뜨겁게 간구합니다. 간곡하게 요청하지만 근심하지는 않습니다. 커다란 감격과 흥분이 처음부터 끝까지 이 시편을 사로잡고 있습니다. 그처럼 풍성하고 조화로운 삶에는 감사에서 비롯된 기쁨이 자리 잡기 마련입니다.

*Prayer*  잠깐만 삶을 되짚어 봐도, 감사할 이유가 한두 가지가 아닙니다. 그러기에 주님을 찬양할 뿐입니다. 무심코 지나쳤던 수많은 선물에 감사하는 시간을 갖게 해 주십시오. 감사를 통해 주님과 저 자신, 이웃과 삶을 향한 마음가짐을 바꾸기 시작하도록 도와주십시오. 아멘.

# December 23

시편 145편 1-9절 1 왕이신 나의 하나님이여, 내가 주를 높이고 영원히 주의 이름을 송축하리이다. 2 내가 날마다 주를 송축하며 영원히 주의 이름을 송축하리이다. 3 여호와는 위대하시니 크게 찬양할 것이라. 그의 위대하심을 측량하지 못하리로다. 4 대대로 주께서 행하시는 일을 크게 찬양하며 주의 능한 일을 선포하리로다. 5 주의 존귀하고 영광스러운 위엄과 주의 기이한 일들을 나는 작은 소리로 읊조리리이다. 6 사람들은 주의 두려운 일의 권능을 말할 것이요 나도 주의 위대하심을 선포하리이다. 7 그들이 주의 크신 은혜를 기념하여 말하며 주의 의를 노래하리라. 8 여호와는 은혜로우시며 긍휼이 많으시며 노하기를 더디 하시며 인자하심이 크시도다. 9 여호와께서는 모든 것을 선대하시며 그 지으신 모든 것에 긍휼을 베푸시는도다.

하나님 사랑의 영광스러움   모세가 주님의 영광을 보여 주시길 간청하자(출 33:18), 하나님은 분명히 선포하셨습니다. "여호와는 은혜로우시며 긍휼이 많으시며 노하기를 더디 하시며 인자하심이 크시도다"(8절, 출 34:5-6도 보십시오). 그렇습니다. 하나님은 절대적인 권세를 가지셨지만, 모든 이들에게 긍휼을 베푸시는 성품만큼 그분의 영광을 크게 드러내는 건 다시없을 것입니다. 멸시하던 민족에게 하나님이 너그러운 사랑을 베푸시자 잔뜩 심통이 난 요나는 이 구절을 인용해 가며 툴툴거립니다(욘 4:2). 주님은 사악한 니느웨 사람들뿐만 아니라 그 짐승들까지 보살피시겠다고 말씀하시며(욘 4:11) 요나를 꾸짖으셨습니다. 9절의 진리를 그대로 보여 주는 장면입니다. 한없이 선하신 하나님을 찬양하십시오!

*Prayer*   주님, 내 마음가짐이 요나와 똑같음을 고백합니다. 하나님이 내 기준에 맞는 사람들만 사랑해 주면 좋겠다고 생각했습니다. "모두 다 사랑한다"는 것은 말뿐이고 속으로는 그렇지 않았습니다. 주님이 지으신 모든 이들을 긍휼하게 여기는 마음을 주십시오. 도무지 정이 가지 않는 이들을 참아 주는 데서부터 시작하게 도와주십시오. 아멘.

# December 24

시편 145편 10-21절   10 여호와여, 주께서 지으신 모든 것들이 주께 감사하며 주의 성도들이 주를 송축하리이다. 11 그들이 주의 나라의 영광을 말하며 주의 업적을 일러서 12 주의 업적과 주의 나라의 위엄 있는 영광을 인생들에게 알게 하리이다. 13 주의 나라는 영원한 나라이니 주의 통치는 대대에 이르리이다. 14 여호와께서는 모든 넘어지는 자들을 붙드시며 비굴한 자들을 일으키시는도다. 15 모든 사람의 눈이 주를 앙망하오니 주는 때를 따라 그들에게 먹을 것을 주시며 16 손을 펴사 모든 생물의 소원을 만족하게 하시나이다. 17 여호와께서는 그 모든 행위에 의로우시며 그 모든 일에 은혜로우시도다. 18 여호와께서는 자기에게 간구하는 모든 자 곧 진실하게 간구하는 모든 자에게 가까이 하시는도다. 19 그는 자기를 경외하는 자들의 소원을 이루시며 또 그들의 부르짖음을 들으사 구원하시리로다. 20 여호와께서 자기를 사랑하는 자들은 다 보호하시고 악인들은 다 멸하시리로다. 21 내 입이 여호와의 영예를 말하며 모든 육체가 그의 거룩하신 이름을 영원히 송축할지로다.

**빛나는 사랑**   하나님의 사랑은 흔히 생각하는 것보다 훨씬 풍성합니다. 우선, 친히 만드신 모든 이들을 향한 보편적인 사랑이 있습니다(8절을 보십시오). 또 구원받은 자녀들에게는 대속의 사랑을 베푸십니다. '진실하게 간구하는' 이들과 '경외하는' 이들 모두를(18-19절) 다채로우면서도 고상한 방식으로 가까이하십니다. 이런 구원에 이르는 믿음이 없으면 영원한 멸망에 이르게 됩니다(20절). 마지막으로 상하고 쓰러진 이들을 향한 하나님의 안타까운 사랑이 있습니다. "여호와께서는 모든 넘어지는 자들을 붙드시며 비굴한 자들을 일으키시는도다"(14절). 주님이 모든 이들을 균일하게 사랑하신다거나 세상에는 주님이 사랑하지 않는 이들이 있다는 식으로 말하는 것은 둘 다 올바르지 못합니다. 하나님의 사랑은 이리저리 잘 깎은 다이아몬드처럼 아름답고 빛나는 다면체에 가깝습니다.

*Prayer*   우리를 먹이시고 필요를 채우시는 하나님을 찬양합니다. 농사와 요리, 뜨개질 같은 평범한 인간의 노동들도 모두 커다란 존엄성을 가지고 있습니다. 하나같이 창조주께서 피조물들을 사랑하는 수단들이기 때문입니다. 그런 존엄함을 감지해 더없이 간단한 일을 하면서도 주님께 영광을 돌리게 도와주십시오. 아멘.

# December 25

시편 146편  1 할렐루야 내 영혼아, 여호와를 찬양하라. 2 나의 생전에 여호와를 찬양하며 나의 평생에 내 하나님을 찬송하리로다. 3 귀인들을 의지하지 말며 도울 힘이 없는 인생도 의지하지 말지니 4 그의 호흡이 끊어지면 흙으로 돌아가서 그 날에 그의 생각이 소멸하리로다. 5 야곱의 하나님을 자기의 도움으로 삼으며 여호와 자기 하나님에게 자기의 소망을 두는 자는 복이 있도다. 6 여호와는 천지와 바다와 그 중의 만물을 지으시며 영원히 진실함을 지키시며 7 억눌린 사람들을 위해 정의로 심판하시며 주린 자들에게 먹을 것을 주시는 이시로다. 여호와께서는 갇힌 자들에게 자유를 주시는도다. 8 여호와께서 맹인들의 눈을 여시며 여호와께서 비굴한 자들을 일으키시며 여호와께서 의인들을 사랑하시며 9 여호와께서 나그네들을 보호하시며 고아와 과부를 붙드시고 악인들의 길은 굽게 하시는도다. 10 시온아 여호와는 영원히 다스리시고 네 하나님은 대대로 통치하시리로다. 할렐루야.

**정의를 노래하는 찬양**  마지막 다섯 편의 노래들은 모두 찬양과 기쁨으로 가득합니다. "시편은 망가진 축복과 기쁨으로 끝나는 인간사 전체를 보여 주는 축소판"[141]임을 알려 주는 대목입니다. 아울러 참다운 기도는 "깊어질수록 찬양이"[142] 된다는 사실도 가르쳐 줍니다. 하나님과 세상을 있는 그대로 진실하게 대면하는 기도는 마침내 찬양으로 이어지기 마련입니다. 오늘 본문만 하더라도 정의를 보장하시는 하나님을 찬송합니다. 주님은 가난하고, 주리고, 옥에 갇히고, 몸이 불편하고, 심령이 지치고, 정처 없이 떠돌고, 혼자 아이를 키우는 엄마, 또는 아빠들을 보살피십니다(7-9절). 궁핍한 집안에 태어난 무기력한 갓난아이들에게 더 큰 관심을 기울이십니다. 주님을 찬양하십시오!

*Prayer*  오늘은 성탄절입니다. 우리를 너무나 사랑하고 염려하신 나머지 친히 연약한 인간으로 오셨다가 죄에 대한 정의의 요구를 충족시키기 위해 돌아가신 주님, 정말 감사합니다. 말로 다 할 수 없이 큰 선물을 주신 하나님을 찬양합니다. 아멘.

# December 26

시편 147편 1-11절  1 할렐루야, 우리 하나님을 찬양하는 일이 선함이여. 찬송하는 일이 아름답고 마땅하도다. 2 여호와께서 예루살렘을 세우시며 이스라엘의 흩어진 자들을 모으시며 3 상심한 자들을 고치시며 그들의 상처를 싸매시는도다. 4 그가 별들의 수효를 세시고 그것들을 다 이름대로 부르시는도다. 5 우리 주는 위대하시며 능력이 많으시며 그의 지혜가 무궁하시도다. 6 여호와께서 겸손한 자들은 붙드시고 악인들은 땅에 엎드러뜨리시는도다. 7 감사함으로 여호와께 노래하며 수금으로 하나님께 찬양할지어다. 8 그가 구름으로 하늘을 덮으시며 땅을 위하여 비를 준비하시며 산에 풀이 자라게 하시며 9 들짐승과 우는 까마귀 새끼에게 먹을 것을 주시는도다. 10 여호와는 말의 힘이 세다 하여 기뻐하지 아니하시며 사람의 다리가 억세다 하여 기뻐하지 아니하시고 11 여호와는 자기를 경외하는 자들과 그의 인자하심을 바라는 자들을 기뻐하시는도다.

그가 별들을 부르시는도다  인간의 학문으로는 아직 별의 숫자조차 다 헤아리지 못하지만, 하나님은 그 하나하나를 이름으로 부르십니다(4절, 사 30:26 참고). 욥은 하나님의 창조 사역을 이야기하면서 "그날 새벽에 별들이 함께 노래하였고, 천사들은 모두 기쁨으로 소리를 질렀다"(욥 38:7, 새번역)고 했습니다. 시편 19편은 일부러 억누르지 않는다면, 지금도 별들이 창조주를 노래하는 소리를 들을 수 있다고 말합니다. "내 마음 귀가 열리면 그 말씀 밝히 들리네. 우리를 지어내신 이 대주재 성부 하나님."[143] 그런데 이처럼 끝을 알 수 없게 크신 하나님은 그분의 자비로운 사랑에 삶의 소망을 두는 이들의 찬양을 참으로 즐겁고 기쁘게 여기시며 한없이 기꺼워하십니다(11절). 크고 놀라우신 주님!

*Prayer*  내가 주님을 기쁘게 해 드릴 수 있다니, 정말 놀랍습니다. 주님은 나의 행실에 따라 기뻤다 말았다 하시는 게 아니라, 내가 예수 그리스도 안에 있다는 사실 자체 때문에 언제나 변치 않고 즐거워하십니다(엡 1:3-4). 날마다 "온 우주를 통틀어 가장 중요한 분이 나를 보며 더없이 기뻐하신다"는 사실을 되새기며 하루를 시작하게 해 주십시오. 아멘.

# December 27

시편 147편 12-20절   12 예루살렘아 여호와를 찬송할지어다. 시온아 네 하나님을 찬양할지어다. 13 그가 네 문빗장을 견고히 하시고 네 가운데에 있는 너의 자녀들에게 복을 주셨으며 14 네 경내를 평안하게 하시고 아름다운 밀로 너를 배불리시며 15 그의 명령을 땅에 보내시니 그의 말씀이 속히 달리는도다. 16 눈을 양털 같이 내리시며 서리를 재 같이 흩으시며 17 우박을 떡 부스러기 같이 뿌리시나니 누가 능히 그의 추위를 감당하리요? 18 그의 말씀을 보내사 그것들을 녹이시고 바람을 불게 하신즉 물이 흐르는도다. 19 그가 그의 말씀을 야곱에게 보이시며 그의 율례와 규례를 이스라엘에게 보이시는도다. 20 그는 어느 민족에게도 이와 같이 행하지 아니하셨나니 그들은 그의 법도를 알지 못하였도다. 할렐루야.

찬양과 순종   꼬맹이가 장난감을 잃어버리고는 찾지 못한 채로 찬송가를 교재 삼아 피아노 연습을 하고 있었습니다. 얼마나 시간이 흘렀을까요? 밖에서 엄마가 장난감을 찾았으니 나와서 가져가라고 불렀습니다. 아이가 대답했습니다. "못 가요. 지금 예수님을 찬양하고 있거든요." 그러자 엄마가 대답했습니다. "순종하지 않으면 예수님께 아무리 찬송을 불러 드려도 아무 소용없단다!"[144] 하나님은 입에 발린 말이 아니라 그분의 말씀에 순종하는 이들을 기뻐하십니다(19-20절, 11절). 찬양 예배에 참석해 마음이 뜨거워지는 정서적인 경험을 하지만 삶에서 주께 기꺼이 순종하지 않는다면, 자신을 하나님께 드리는 대신 그분을 이용하는 셈이다. 그리스도인은 율법이 아니라 믿음으로 구원을 받았습니다. 하지만 율법은 은혜로 구원해 주신 분을 어떻게 기쁘시게 하고, 사랑하며, 닮아 갈지 가르쳐 줍니다.

*Prayer*   기쁨이 넘치는 예배가 없는 윤리적인 행위나, 온 삶을 드리는 순종이 빠진 채 감격에 겨워 드리는 찬양은 둘 다 참다운 기독교 신앙이 아닙니다. 나는 그 두 길에서 모두 돌아섰습니다. 계속 바른 길을 가게 도와주십시오. 삶과 생각, 의지와 감정을 온전히 주님께 드리기를 원합니다. 아멘.

# December 28

시편 148편 1-6절  1 할렐루야, 하늘에서 여호와를 찬양하며 높은 데서 그를 찬양할지어다. 2 그의 모든 천사여 찬양하며 모든 군대여 그를 찬양할지어다. 3 해와 달아 그를 찬양하며 밝은 별들아 다 그를 찬양할지어다. 4 하늘의 하늘도 그를 찬양하며 하늘 위에 있는 물들도 그를 찬양할지어다. 5 그것들이 여호와의 이름을 찬양함은 그가 명령하시므로 지음을 받았음이로다. 6 그가 또 그것들을 영원히 세우시고 폐하지 못할 명령을 정하셨도다.

**피조물들이 드리는 찬양**  찬양은 모든 피조물들로부터 시작되어 하나님께 이릅니다. 높고 높은 하늘에서 시작되어(1-4절), 해와 달과 별이 찬송하고(3절), 구름과 비가 경배합니다(4절). 시편 148편의 후반부는 바다생물과 산들, 나무들과 짐승들, 날아다니는 새들을 모두 아우릅니다(7-10절). 시편 기자는 지상의 모든 백성들에게 그러하듯(11-13절), 그 모든 피조물들을 향해서도 주님을 찬양하라고 명령합니다. 하지만 성경을 읽는 독자들은 인간을 제외한 나머지 피조물들은 이미 입을 모아 하나님을 찬양하고 있음을 금방 알아챕니다. 자연계 전체가 하나님의 영광을 노래하고 있습니다. 음을 맞추지 못하는 것은 인간뿐입니다. 스스로에게 물어보십시오. 어떻게 하면 이 웅장한 교향악에 다시 합류할 수 있을까요?

*Prayer*  주님을 찬양하려고 할 때마다 음을 제대로 맞추지 못한다는 느낌이 듭니다. 나는 아주 서툰 음악가입니다. 말씀의 진리와 심령에 주시는 성령님의 감동으로 "마음을 가다듬어 주님의 은혜를 노래하게 해 주십시오."[145] 아멘.

# December 29

시편 148편 7-14절   7 너희 용들과 바다여, 땅에서 여호와를 찬양하라. 8 불과 우박과 눈과 안개와 그의 말씀을 따르는 광풍이며 9 산들과 모든 작은 산과 과수와 모든 백향목 이며 10 짐승과 모든 가축과 기는 것과 나는 새며 11 세상의 왕들과 모든 백성들과 고관들 과 땅의 모든 재판관들이며 12 총각과 처녀와 노인과 아이들아, 13 여호와의 이름을 찬양 할지어다. 그의 이름이 홀로 높으시며 그의 영광이 땅과 하늘 위에 뛰어나심이로다. 14 그 가 그의 백성의 뿔을 높이셨으니 그는 모든 성도 곧 그를 가까이 하는 백성 이스라엘 자손 의 찬양 받을 이시로다. 할렐루야.

**하나로 어우러진 찬양**   오늘 본문에서는 들짐승들과 왕들, 노인과 젊은이 처럼 극단적이다 싶을 만큼 성격이 전혀 다른 주인공들이 함께 찬양하는(10- 12절) 모습을 볼 수 있습니다. '처녀 총각, 늙은이와 갓난이'[146]를 가리지 않습 니다. 어떻게 하면 이 음악 속으로 들어갈 수 있을까요? 14절은 "그가 그의 백 성의 뿔을 높이셨으니"라고 말합니다. 강력한 구원자를 세우셨다는 의미입니 다. 복음서들은 그분이 바로 예수님이라고 설명합니다(눅 1:69). 우리의 심령 이 은혜에 힘입어 하나님을 찬양하기 시작하면 이미 노래하고 있는 우주 전 체와 화음을 이루게 됩니다. 죄를 용서받고 구원을 받은 이의 목소리는 독특 한 화음을 보태며 숨 막히도록 아름다운 음악에 녹아듭니다. 또 찬양에는 서 로 하나가 되게 만드는 힘이 있습니다. "온통 하나님께만 매달리는 즐거운 집 착. 전혀 딴판인 인간들을 이을 수 있는 유일한 끈이 여기에 있습니다."[147] 주 님을 찬양하십시오!

*Prayer*   주님은 세상 앞에 그 거룩한 영광을 스스로 드러내 보이시고 큰 권 능을 펼치셔서 판이하게 다른 부류의 인간들을 예수 그리스도의 교회로 한데 묶으셨습니다. 인종과 계급, 성과 민족을 뛰어넘어 연합하여 찬양하게 하셨 습니다. 하나님이 그 선한 일을 시작하셨으니, 이제 예수 그리스도 안에서 완 성해 주옵소서. 아멘.

# December 30

시편 149편 1 할렐루야, 새 노래로 여호와께 노래하며 성도의 모임 가운데에서 찬양할 지어다. 2 이스라엘은 자기를 지으신 이로 말미암아 즐거워하며 시온의 주민은 그들의 왕으로 말미암아 즐거워할지어다. 3 춤추며 그의 이름을 찬양하며 소고와 수금으로 그를 찬양할지어다. 4 여호와께서는 자기 백성을 기뻐하시며 겸손한 자를 구원으로 아름답게 하심이로다. 5 성도들은 영광중에 즐거워하며 그들의 침상에서 기쁨으로 노래할지어다. 6 그들의 입에는 하나님에 대한 찬양이 있고 그들의 손에는 두 날 가진 칼이 있도다. 7 이것으로 뭇 나라에 보수하며 민족들을 벌하며 8 그들의 왕들은 사슬로, 그들의 귀인은 철고랑으로 결박하고 9 기록한 판결대로 그들에게 시행할지로다. 이런 영광은 그의 모든 성도에게 있도다, 할렐루야.

**구속받은 이들이 드리는 찬양**　하나님은 우리를 그분의 백성으로 삼으시고 (2-3절) 그런 대접을 받을 자격이 없음에도 불구하고(4절) 존중하고 기뻐해 주십니다(4-5절). 그러기에 거룩한 자녀들은 주님을 찬양할 수밖에 없습니다. 이런 사실을 깨달은 이들은 세상에 파송되어 하나님의 뜻을 이루는 데 동참하게 됩니다. 이스라엘 백성들에게 이는 곧 하나님을 거부하는 민족들과 치열한 전쟁을 벌이는 것을 의미했습니다(6-9절). 하지만 그리스도인이 가진 검은 하나님의 말씀이 담긴 복음입니다. 복음은 구원의 기쁜 소식에 방어적인 심령을 찔러 쪼갭니다(히 4:12). 그리스도인은 그리스도의 피와 주님이 우리 삶에 이루신 역사를 소개하는 증언을 무기로 상대를 무찌를 수 있습니다. 복음에서 비롯된 기쁨, 곧 그리스도 안에서 얼마나 존중과 사랑을 받고 있는지 깨달아 아는 데서 오는 즐거움은 그리스도인을 준비시켜 이 사명을 감당하게 합니다.

*Prayer*　"손과 발을 드리니 주여 받아 주셔서 주의 일을 위하여 민첩하게 하소서. 나의 음성 드리니 주여 받아 주셔서 주의 진리 말씀만 전파하게 하소서."[148] 아멘.

# December 31

시편 150편 1 할렐루야. 그의 성소에서 하나님을 찬양하며 그의 권능의 궁창에서 그를 찬양할지어다. 2 그의 능하신 행동을 찬양하며 그의 지극히 위대하심을 따라 찬양할지어다. 3 나팔 소리로 찬양하며 비파와 수금으로 찬양할지어다. 4 소고 치며 춤추어 찬양하며 현악과 통소로 찬양할지어다. 5 큰 소리 나는 제금으로 찬양하며 높은 소리 나는 제금으로 찬양할지어다. 6 호흡이 있는 자마다 여호와를 찬양할지어다. 할렐루야.

**영원히 이어질 찬양**　결국 시편은 삶의 축소판입니다. 참으로 살아계신 하나님께 기도한다면, 어떤 경험이든 마침내는 찬양으로 이어질 수밖에 없습니다. 회개와 고백은 죄를 용서받은 기쁨에 가 닿습니다. 탄식은 하나님 안에서 더 깊은 안식을 누리는 게 행복의 길이라는 인식에 도달합니다. 주님을 온전히 찬양할 수만 있다면 그분을 온전히 사랑하며 기쁨이 충만해질 것입니다. 새 하늘과 새 땅이 완벽할 수 있는 것은 모든 사람들과 세상 만물이 한 점 구김 없이 하나님을 영화롭게 하고 주님을 영원토록 즐거워하기 때문입니다. 그러므로 시편 150편은 도무지 가늠하기 어려운 미래를 언뜻 엿보게 해 줍니다. 어디서나(1절), 무엇이든 가리지 말고(2절), 모든 방법을 다 동원해서(3-5절) 하나님을 찬양하십시오. "호흡이 있는 자마다 여호와를 찬양할지어다"(6절).

*Prayer*　주님은 내게 이미 너무나도 많은 선물들을 주셨습니다. 하지만 한 가지만 더 베풀어 주시길 기도합니다. "내가 하고 싶을 때만 감사하지 않기를, 마치 주님의 축복을 누릴 날이 따로 있기라도 한 것처럼. 그런 마음을 주시기를. 맥박이 뛸 때마다 주님을 찬양하게 하소서."[149] 아멘.

**감사의 글**

# 함께 노래를 부릅시다

묵상집을 써 보라는 제안을 받자마자 우리 부부는 금방 시편을 떠올렸습니다. 일단, 소재가 풍부하니 아주 수월하게 썼으리라 예상했다면 오산입니다.

아내의 건강에 심각한 문제가 생겼고, 우리 부부는 사역에만 집중하기 어려워졌습니다. 더군다나 사랑하는 친구 데이비드가 세상을 떠나는 어려운 날들이 이어지면서 예정보다 늦게 작업을 시작했습니다. 유감스럽게도 처음 원고는 끔찍했습니다. 온갖 정보와 아이디어들이 매 쪽마다 차고 넘쳐서 마치 고도로 압축적인 상징주의 시를 읽는 느낌이었습니다.

초고는 깨끗이 잊고 새로 원고를 썼습니다. 이번엔 편집자(Brian Tart) 쪽에서 슬기롭고 타당한 이유를 들어 퇴짜를 놓았습니다. 형식이 너무 복잡해서 쉽게 읽히지 않는다는 이유였습니다.

정말 난감하고 힘들었지만, 아내까지 합류해서 서둘러 원고를 정리했습니다. 그렇게 지금 묵상집의 모양이 나왔습니다. 이 책은 여러 면에서 더없이 힘들게 썼지만 그 어떤 작품보다 개인적이고 친밀한 느낌을 주는 감미로운 글입니다.

글을 마무리 짓는 순간, 우리 부부는 서로를 쳐다보며 말했습니다. "지금까지 하루에 열다섯 시간씩 시편을 붙들고 살았는데, 이제 앞으로는 그 시간에 뭘 해야 하지?" 대답은 분명합니다. 독자들과 마찬가지로 다시 시편으로 돌아가서 날마다 한 편, 또는 한 부분을 붙들고 시간을 보낼 것입니다.

집필 기간 동안 여러 가지 방식으로 우리를 붙들어 준 이들에게 깊은 감사의 인사를 전합니다. 레인 부부(Ray and Gill Lane)는 잉글랜드 북쪽 레이크 디스트릭트에서 직접 운영하고 있는 B&B 호스텔(The Fisherbeck)에 머물게 해 주었습니다. 린 랜드(Lynn Land)와 맥그리비 부부(Jane and Brian McGreevy, 찰스턴), 제니스 워스(Janice Worth, 플로리다), 루이스 미드우드(Louise Midwood)도 잠시 머물며 집필할 자리를 마련해 주었습니다.

데렉 키드너(Derek Kidner)에게 큰 신세를 졌음을 꼭 알리고 싶습니다. 그의 시편 주석은 지난 40년 동안 시편을 이해하는 주요한 자료가 되어 주었습니다. 어느 한 구절 그냥 넘어가는 법 없이 본문에 담긴 지혜와 신령한 메시지를 족집게처럼 잡아 낸 해설서입니다. 시구의 분위기를 포착하는 키드너의 감각은 탁월해서 우리처럼 미련한 독자들에게도 엄청난 힘이 되었습니다. 앨릭 모티어(Alec Motyer, *The New Bible Commentary: 21st-Century Edition*)와 트렘퍼 롱맨(Tremper Longman, Tyndale Series)의 주석도 강력 추천합니다. 트렘퍼의 책들은 신약과 그리스도 복음의 관점에서 시편을 어떻게 읽을 것인가를 판단하는 데 더없이 큰 도움을 줍니다. 모티어의 주석에는 지극히 짧고 간결하지만 뛰어난 통찰이 덩어리째 들어 있습니다. 시편의 정수를 맛보고 싶어 하는 독자들이라면, 목회적인 시각과 그리스도 중심적인 관점으로 쓰여진 이 세 저자의 글을 반드시 읽어 볼 것을 권합니다.

이 땅에 발붙이고 살고 있음을 실감하게 해 준 아이들과 손자들에게도 고마운 뜻을 전하고 싶습니다. 데이비드(David), 젠(Jen), 샬럿(Charlotte), 그리고 마이클(Michael), 사라(Sara), 루시(Lucy), 케이트(Kate), 그리고 조너선(Jonathan), 앤-마리(Ann-Marie), 조만간 이름을 갖게 될 켈러 집안의 막내 아기까지 모두에게 사랑을 전합니다.

에이전트 데이비드 맥코믹(David McCormick)은 격려하고 세우는 은사를 가졌습니다. 이번 책과 관련해서는 수고를 마다하지 않고 까다로운 협의를 거듭해 가며 NIV 성경을 사용할 수 있도록 허락을 받아 냈습니다. 정말 최고라는 말을 전하고 싶습니다.

아울러 우리 부부를 여러 달 동안 시편의 세계에 몰아넣으신 주님께 큰 감사를 드립니다. 그 시간을 통해 우리는 서로를 향한 사랑이 더 깊어졌습니다. 아울러 언젠가 닿게 될 참다운 본향을 언뜻언뜻 넘겨볼 수 있었습니다.

"함께 서쪽으로 난 길을 갑시다. 그렇게 한참을 가다 보면, 끝내는 마음 편히 쉴 수 있는 곳을 찾게 될 겁니다."[150]

주

1. Gordon Wenham, *The Psalter Reclaimed : Praying and Praising with the Psalms*(Crossway, 2013), p. 16.

2. J. Calvin, *Commentary on the Psalms*(electronic ed.)(Albany, OR : Ages Software. 1998), comment on Psalm 20:1-2.

3. Wenham, *The Psalter Reclaimed*, p. 15에서 인용.

4. Aelc Motyer, *A Christian's Pocket Guide to Loving the Old Testament*(Rossshire, Scotland : Christian Focus, 2015), p. 97.

5. Ibid., p. 34.

6. Ibid., p. 26. Wenham은 '화행이론(speech-act theory)'을 들어 시편을 암송하고 그 본문으로 기도하는 행위가 변화의 경험이 되는 까닭을 설명한다.

7. Eugene H. Peterson, *Answering God : The Psalms as Tools for Prayer*(Harper San Francisco, 1989), pp. 5-6.

8. Derek Kidner, Psalms 1-72 : An Introduction and Commentary(Leicester, England : InterVarsity Press, 1973), p. 53.

9. John Newton, "Approach, My Soul, the Mercy Seat," *Olney Hymns*(London : W. Oliver, 1779). number 12, http://www.hymntime.com/tch/htm/a/p/p/approach.htm에서도 볼 수 있다.

10. Ibid.

11. Ibid.

12. Kidner, *Psalms* 1-72, p. 113.

13. C. S. Lewis, "The Weight of Glory"(설교, Church of St. Mary the Virgin, Oxford, June 8, 1942), http://

www.verber.com/mark/xian/weight-of-glory.pdf에서도 볼 수 있다.

14. Kidner, *Psalms* 1-72, p. 121.

15. Newton, "Approach, My Soul, the Mercy Seat."

16 Thomas Cranmer, "Second Collect for Good Friday," in *The Collects of Thomas Cranmer*, eds. C. Frederick Barbee and Paul F. M. Zahl(Grand Rapids, MI : William B. Eerdmans, 2006), p. 48.

17. Kidner, *Psalms* 1-72, p. 111.

18. Ibid., p. 133.

19. Lewis, "Weight of Glory."

20. Kidner, *Psalms* 1-72, p. 140.

21. From Thomas Cranmer, "The Collect for the Second Sunday in Advent," in Barbee and Zahl, *Collects of Thomas Cranmer*, p. 4.

22. Kidner, *Psalms* 1-72, p. 128.

23. Thomas Cranmer, "Collect for the Fourth Sunday After Easter," in Barbee and Zahl, *Collects of Thomas Cranmer*, p. 58에서.

24. Tom LeCompte, "The Disorient Express," *Air and Space*, September 2008, http://www.airspacemag.com/military-aviation/the-disorient-express-474780/.

25. C. S. Lewis, *Reflections on the Psalms*(San Diego, CA : Harcourt Brace, 1964), p. 94.

26. Last sentence adapted from John Newton, "How Sweet the Name of Jesus Sounds" in *Olney Hymns* : "Weak is the effort of my heart, and cold my warmest thought; But when I see Thee as Thou art, I'll praise Thee as I ought."

27. George Herbert, "Love(III)," *George Herbert and the Seventeenth-Century Religious Poets*(W. W. Norton, 1978), http://www.poetryfoundation.org/learning/poem/173632에서도 볼 수 있다.

28. Kidner, *Psalms* 1-72, pp. 155-56.

29. Ibid., p. 158. Sinclair B. Ferguson, *The Whole Christ* : *Legalism, Antinomianism, and Gospel Assurance* : *Why the Marrow Controversy Still Matters*(Wheaton, IL : Crossway Books, 2016)도 보라.

30. Lewis, "Weight of Glory."

31. 고린도후서 2장에서 바울이 소개하는 역설과 시편 37편의 이 본문을 비교하는 대목은 Kidner, *Psalms 1–72*, pp. 169-70에서 따왔다.

32. Newton, "How Sweet the Name of Jesus Sounds."

33. George Herbert, "Discipline," in *The Temple*(1633).

34. Newton, "Approach, My Soul, the Mercy Seat."

35. Kidner, *Psalms 1–72*, p. 157.

36. John Newton, "We Were Once as You Are," in *The Works of John Newton*, vol. 3 (1824) (repr.

Banner of Truth, 1985), p. 572에서.

37. Kidner, *Psalms 1–72*, p. 179.

38. Isaac Watts, "O God Our Help in Ages Past," hymn(새찬송가 71장).

39. C. S. Lewis, *Perelandra* (New York : Macmillan, 1965), pp. 121-22.

40. J. R. R. Tolkien, *The Return of the King* (New York : Del Ray Books, 1986), p. 209.

41. Kidner, *Psalms 1- 72*, p. 201.

42. Ibid., p. 207.

43. Alec Motyer, "The Psalms," in *The New Bible Commentary* : *21st Century Edition*, ed. D. A. Carson et al. (Downers Grove, IL : Intervarsity Press, 1994), p. 523.

44. Tremper Longman, *Psalms : An Introduction and Commentary* (Downers Grove, IL : IVP Academic, 2014), p. 242.

45. James Proctor, "It Is Finished," hymn.

46. 깊은 사랑에 사로잡혀 믿음으로 그리스도를 바라본다는 말의 참뜻을 더 알고 싶다면, John Owen, "Meditations and Discourses on the Glory of Christ," in *Works of John Owen*, vol. 1, ed. W. Goold (Edinburgh : Banner of Truth, 1965), pp. 274-461를 보라.

47. Kidner, *Psalms 1- 72*, p. 227.

48. Kidner, *Psalms 1- 72*, p. 252.

49. John Newton, "Begone Unbelief," in *Olney Hymns*.

50. Ibid.

51. 키르케고르(Søren Kierkegaard)가 쓴 고백록의 제목이기도 하다.

52. C. S. Lewis, "A Word About Praising," in *Reflections on the Psalms* (New York : Harcourt, Brace, and World, 1958), p. 95.

53. J. R. R. Tolkien, The Two Towers (New York : Del Ray Books, 1986), p. 327.

54. Kidner, Psalms 1- 72, p. 238.

55. George Herbert, "Time," in *George Herbert : The Complete English Poems*, ed. John Tobin, (London : Penguin Books, 1991), p. 114를 보라. Herbert는 시간과 죽음을 이렇게 노래했다.

> "그분의 축복 속에 그대도 복을 받았으니
>
> 전에는 기껏해야
>
> 망나니였을 뿐,
>
> 하지만 이제는 정원사, 더 나아가
>
> 안내자 영혼을 가장 먼 별들과 극점들
>
> 그 너머로 데려다줄."

56. Kidner, *Psalms 1- 72*, p. 263.

57. John Newton, "Letter VII to the Reverend Mr. R_____," in *The Works of the Reverend John Newton*(New York : Robert Carter, 1847), p. 337.

58. Kidner, *Psalms 1– 72*, p. 28.

59. C. S. Lewis, ed., *George MacDonald : An Anthology*(New York : HarperCollins Paperback, 2001), p. 44.

60. George Herbert, "Praise(2)," in Tobin, *George Herbert*, p. 137.

61. Elisabeth Elliot, in David Howard, "The Intrepid Missionary Elisabeth Elliot," *Wall Street Journal*, June 25, 2015.

62. Thomas Cranmer, "Collect for the Twelfth Sunday After Trinity," in Barbee and Zahl, *Collects of Thomas Cranmer*, p. 92에서 인용.

63. Motyer, "Psalms," in Carson, *New Bible Commentary*, p. 530.

64. John Newton, *Letters of John Newton* (London : Banner of Truth Trust, 1960), p. 179.

65. Thomas Cranmer, "Collect for the Fifth Sunday After Trinity," Barbee and Zahl, *Collects of Thomas Cranmer*, p. 78에서 인용.

66. Helen H. Lemmel, "Turn Your Eyes Upon Jesus," hymn.

67. Augustine, *Confessions*, trans. R. S. Pine-Coffin (London : Penguin Classics, 1961), book 2, chapters 4-8.

68. Ibid., book 4, p. 61.

69. George Herbert, "Joseph's Coat," in Tobin, George Herbert, p. 137에서 인용.

70. Elisabeth Elliot, "Epilogue II," in *Through the Gates of Splendor*, 40th ann. ed., (Tyndale, 1996), p. 267.

71. See Longman, *Psalms*, p. 242 : "예수님이 세상에 오시면서 더 이상 특별히 거룩한 장소가 필요치 않게 되었다. 예수님 자신이 곧 하나님의 임재 자체가 되었으며(요 1:14) 하늘로 올라가신 뒤에는 성령님을 보내서 우리 중심에 거하게 하셨기 때문이다.

72. *The Poems of Robert Herrick : A Selection from Hesperides and Noble Numbers* (BiblioLife, 2012), p. 379에서 인용.

73. 10절만 *NIV*성경을 사용했음.

74. Thomas Cranmer, "Collect for the First Sunday After Trinity," in Barbee and Zahl, *Collects of Thomas Cranmer*, p. 70.

75. William Cowper, "Walking with God," in *Olney Hymns*. http://cyberhymnal.org/htm/o/f/oforaclo.lhtm을 보라.

76. Cowper, "Walking with God"에 맞춤.

77. Charlotte Elliott, "O Jesus Make Thyself to Me," hymn.

78. Derek Kidner, *Psalms 73-150 : An Introduction and Commentary*(Downere Grove, IL : InterVarsity Press, 1975), pp. 324-25.

79. Kidner, *Psalms 73-150*, p. 327.

80. Longman, *Psalms*, p. 52.

81. Westminster Shorter Catechism : "Q. 1. What is the chief end of man? A. Man's chief end is to glorify God, and to enjoy him forever."

82. Kidner, *Psalms 73-150*, p. 313.

83. George Herbert, "Discipline," in *The English Poems of George Herbert*, ed. Helen Wilcox(Cambridge : Cambridge University Press, 2007), p. 621.

84. John Newton, "Glorious Things of Thee Are Spoken," hymn based on Psalm 87, *Olney Hymns*.

85. Charlotte Elliott, "O Jesus Make Thyself to Me," hymn.

86. John Newton, "The Resurrection and the Life," in *Olney Hymns*.

87. John Newton, "Let Us Love and Sing and Wonder," in *Olney Hymns*.

88. George Herbert, "Virtue," in Tobin, *George Herbert*, p. 81.

89. George Herbert, "Avarice," Tobin, *George Herbert*, p. 70.

90. Kidner, *Psalms 73–150*, p. 374.

91. Charles Wesley, "Jesus, Lover of my Soul," hymn.

92. Kidner, *Psalms 73–150*, p. 380.

93. Kidner, *Psalms 73– 150*, p. 349.

94. Newton, "How Sweet the Name of Jesus Sounds," published under the title "The Name of Jesus," *Olney Hymns*.

95. John Newton, "Dagon Before the Ark."

96. Newton, "How Sweet the Name of Jesus Sounds." 주 99번을 보라.

97. George Herbert, "Antiphon (1)," in Tobin, *George Herbert*, p. 47.

98. Kidner, *Psalms 73–150*, p. 359.

99. Motyer, "Psalms," in Carson, *New Bible Commentary*, p. 551.

100. Samuel Rutherford, *The Letters of the Rev. Samuel Rutherford* (New York : Robert Carter and Brothers, 1863) pp. 40 and 166.

101. Motyer, "Psalms," in Carson, *New Bible Commentary*, p. 552.

102. Jonathan Edwards [1722], The "Miscellanies" : (Entry Nos. a–z, aa–zz, 1–500) (WJE Online Vol. 13), entry a) "Of Holiness". 에드워즈는 공통적으로 나타나는 영적인 체험인 거룩함에 대해 설명하면서, 하나님을 한껏 찬양하는 노래를 부를 때 산과 바다, 나무도 함께 노래하는 걸 느낀다고 했다(시 19:1- 5).

103. Robert Grant, "O Worship the King," hymn.

104. Joseph Addison, "The Spacious Firmament," hymn.

105. This is a quote from a lecture that we (Tim and Kathy Keller) heard Elisabeth Elliot deliver at Gordon-Conwell Seminary in 1974.

106. Isaac Watts, "When I Survey the Wondrous Cross," hymn.

107. Ibid.

108. *Superman Returns* (2006), Warner Bros. Pictures, directed by Bryan Singer.

109. Josiah Conder, "'Tis Not That I Did Choose Thee," hymn.

110. David Lapp, "Do Scary Statistics Change People's Behavior?" *Family Studies*, June 16, 2015, http:// family-studies.org/ do-scary-statistics-change-peoples-behavior.

111. 이 작은 지면에 다 답할 수 없는 질문이다. 여기에 관해 더 깊이 탐색해 보고 싶다면 Tremper Longman and Daniel G. Reid, "When God Declares War," *Christianity Today*, October 28, 1996, and Tremper Longman, "The God of War," *Christianity Today*, May 1, 2003을 보라.

112. Kidner, *Psalms 73–150*, pp. 418- 19.

113. Charles Wesley, "And Can It Be?," hymn.

114. Ibid., p. 420.

115. "우리를 물러서게 하는 것은 기도했다는(다윗이) 사실 자체가 아니라 기도를 통해 표출하는 사실성이다. 어떤 식으로든 대적이 안온한 삶을 훼방하면, 분연히 일어나서 '주님, 예수님이 가르쳐 주신 것처럼 원수를 사랑하게 도와주세요. 그리고 부디 나 대신 그들을 상대해 주십시오'라고 말씀드린다. 시편 기자는 한층 현실적이었다. 거룩한 말씀에 보여 주신 방식 외에 하나님이 그들을 '처리하실' 무슨 다른 방도가 있겠는가? 거짓으로 고발하는 자들은 스스로 의도했던 결과를 고스란히 되돌려 받게 될 것이다(신 19: 16-19, 2절과 6절을 비교하라). 불순종하는 이들은 땅에서 아무것도 얻지 못할 것이다(신 4:1, 8절과 비교하라). 죄인들에게는 그 자손들까지 재앙이 미칠 것이다(출 34:7, 9-12절과 비교하라). 성경적인 사실성을 과감히 표현하는 시편 기자와 달리 막연한 간구로 물러선다면, 적어도 무얼 하고 있는지 정도는 의식하고 있어야 한다. 하지만 그러한 후퇴는 다분히 납득할 수 있는 일이며 허용되는 수준의 분노 역시 죄와 가까운 이웃지간이라는 바울의 주의와도(엡 4:26) 맥락을 같이 한다. 맥켄지(J. I. McKenzie)는 '완성도가 떨어져서가 아니라 우리가 흉내 내기에는 너무 고상한 까닭에 … 저주하는 시편들이 본보기 구실을 할 수 없는 게 아닌가?'(*American Ecclesiastical Review*, III, 1944, pp. 81-96)라고 묻는다." Motyer "Psalms," in *New Bible Commentary*, ed. Carson et al., p. 551.

116. John Newton, "Father, Forgive Them," *Olney Hymns*.

117. Ernest W. Shurtleff, "Lead On O King Eternal," hymn.

118. Ray Bradbury, *Something Wicked This Way Comes*(New York : Avon Reprint, 2006)를 보라. 1983년에는 같은 제목의 영화로도 제작되었으며 Jonathan Pryce가 주연을 맡았다. 여기에 열거한 항목들은 책보다 영화 속 등장인물들의 성격을 더 잘 반영하고 있다. Bradbury가 표지화에 인용한 "인간은 사랑에 빠지며 사라지는 걸 사랑한다"는 W. B. Yeats의 시구에 주목하고 우상들에 대해 이야기하는 시편 115편과 비교하라.

119. Adapted from John Newton, "I Asked the Lord," *Olney Hymns.*

120. Kidner, *Psalms 73–150*, p. 409.

121. George Herbert, "Easter," in Tobin, *George Herbert*, p. 37.

122. Ibid.

123. 여기서는 Motyer의 해석을 따랐다. Motyer, "Psalms," in Carson, *New Bible Commentary*, p. 565.

124. Kidner, *Psalms 73–150*, p. 421.

125. Conder, "'Tis Not That I Did Choose Thee," hymn.

126. Motyer, "Psalms," in Carson, *New Bible Commentary*, p. 569.

127. J. Newton and Richard Cecil, *The Works of John Newton*, vol. 1 (London : Hamilton, Adams, 1824), p. 141.

128. George Herbert, "The Holy Scriptures (1)," in Tobin, *George Herbert*, p. 52.

129. Motyer, "Psalms," in Carson, *New Bible Commentary*, p. 570.

130. Timothy Ward, *Words of Life : Scripture as the Living and Active Word of God*(Downers Grove, IL : IVP Academic, 2009), p. 177.

131. Edwin Hodder, "Thy Word Is Like a Garden, Lord," hymn.

132. Herbert, "Holy Scriptures (1)," in Tobin, *George Herbert*, p. 52.

133. Tremper Longman, *How to Read the Psalms*(Downers Grove, IL : InterVarsity Press, 1988), pp. 44- 45. Kidner, *Psalms 1–72*, p. 43도 보라.

134. Kidner, *Psalms 73–150*, p. 430.

135. Frances R. Havergal, "Take My Life."

136. John Milton, "Let Us with a Gladsome Mind," hymn.

137. George Herbert, "The Sacrifice," in Tobin, *George Herbert*, p. 24.

138. 작자 미상, 찬송가 "How Firm a Foundation"에서 인용.

139. George Herbert, "The Sacrifice," in Tobin, *George Herbert*, pp. 29- 30. '나무'는 십자가를 가리킨다는 점에 유의하라. 주님께는 죽음의 나무였기에 우리에겐 생명의 나무가 되었다.

140. Charles Wesley, "And Can It Be?," hymn.

141. Kidner, *Psalms 73–150*, p. 483.

142. Peterson, *Answering God*, p. 128.

143. Joseph Addison, "The Spacious Firmament," hymn.

144. 1974년, 우리(아내와 나)가 고든콘웰 신학교에 다닐 당시, Elisabeth Elliot의 수업에서 들은 예화다.

145. Robert Robinson, "Come Thou Fount of Every Blessing," hymn.

146. William Billings, "O Praise the Lord of Heaven" (based on Psalm 148), hymn.

147. Kidner, *Psalms 73–150*, p. 488.

148. Frances R. Havergal, "Take My Life and Let It Be," hymn.

149. George Herbert, "Gratefulness," in Tobin, *George Herbert*, p. 114.

150. J.R.R. Tolkien, *The Two Towers* (New York : Del Ray Books, 1986), p. 81.

THE SONGS OF JESUS

지은이

# 팀 켈러 Timothy Keller

〈뉴욕타임스〉가 선정한 베스트셀러 저자이자 〈뉴스위크〉에서 "21세기의 C. S 루이스"
라는 찬사를 받은 팀 켈러. 리디머 장로교회의 담임목사로, 뉴욕 한복판에서 방황하
는 수많은 젊은이들이 그를 통해 역동적인 하나님 나라의 역사 속으로 뛰어들고 있
다.

리디머 교회 성도들은 '맨해튼에서 가장 생기 넘치는 회중'이라고 불린다. 개척 당시
50여 명의 성도로 시작한 이 교회는 현재 3만 명 이상이 교회 웹사이트에서 팀 켈러
의 설교를 다운로드 받아 듣고, 약 6천 명의 성도들이 주일마다 모여 예배드리는 교
회로 성장했다. 이런 이유로 그에게는 '대도시에서 가장 성공한 기독교 복음 전도자'
라는 별명이 붙여졌다.

그는 펜실베이니아 주에서 태어나고 성장했으며 버크넬 대학을 졸업하고 고든콘웰신
학교와 웨스트민스터신학교에서 공부했다. 국내에 소개된 저서로는 《팀 켈러의 탕부
하나님》, 《팀 켈러의 설교》, 《팀 켈러의 센터처치》, 《팀 켈러의 기도》, 《팀 켈러의 일과
영성》, 《팀 켈러, 결혼을 말하다》, 《팀 켈러의 왕의 십자가》, 《팀 켈러의 정의란 무엇인
가》, 《당신을 위한 로마서 1, 2》, 《당신을 위한 사사기》(이상 두란노)가 있다.

뉴욕시에서 아내와 세 아들과 함께 살고 있으며, 지도자들을 훈련해 세계 각 도시 지
역에 교회를 개척해온 리디머 시티투시티(Redeemer City to City)의 설립자이기도 하다.

## 캐시 켈러 Kathy Keller

고든콘웰신학교에서 신학을 공부했다. 팀 켈러와 함께 《팀 켈러, 결혼을 말하다》를 썼
으며 두 번째 공동 작업으로 이 책을 내놓았다.

www.redeemer.com  www.timothykeller.com

옮긴이 **최종훈**

대학을 졸업하고 지금까지 줄곧 잡지사와 출판사에서 취재, 기획, 번역 등 글을 짓는 일
을 해오고 있다. 여행하고 사진 찍는 일을 일상의 즐거찾기에 넣어 두고 있다. 지은 책으
로 《벽수씨의 교회 원정기》(포이에마)가 있다. 번역한 책으로는 《팀 켈러의 기도》, 《팀 켈러
의 일과 영성》, 《팀 켈러, 결혼을 말하다》, 《팀 켈러의 정의란 무엇인가》, 《래디컬》, 《래디
컬 투게더》, 《팔로우 미》, 《닉 부이치치의 허그》(이상 두란노) 등이 있다.